政府采购
与您的关系

宋 军 ◎ 著

中国财经出版传媒集团

经济科学出版社
Economic Science Press
·北 京·

图书在版编目（CIP）数据

政府采购与您的关系／宋军著． -- 北京：经济科学出版社，2023.8
ISBN 978 - 7 - 5218 - 5058 - 1

Ⅰ.①政… Ⅱ.①宋… Ⅲ.①政府采购制度 - 研究 - 中国　Ⅳ.①F812.2

中国国家版本馆 CIP 数据核字（2023）第 161219 号

责任编辑：宋艳波
责任校对：李　建
责任印制：邱　天

政府采购与您的关系
宋　军　著

经济科学出版社出版、发行　新华书店经销
社址：北京市海淀区阜成路甲 28 号　邮编：100142
总编部电话：010 - 88191217　发行部电话：010 - 88191540
网址：www.esp.com.cn
电子邮箱：esp@esp.com.cn
天猫网店：经济科学出版社旗舰店
网址：http://jjkxcbs.tmall.com
固安华明印业有限公司印装
880 × 1230　32 开　20.25 印张　530000 字
2023 年 8 月第 1 版　2023 年 8 月第 1 次印刷
ISBN 978 - 7 - 5218 - 5058 - 1　定价：88.00 元
（图书出现印装问题，本社负责调换。电话：010 - 88191545）
（版权所有　侵权必究　打击盗版　举报热线：010 - 88191661
QQ：2242791300　营销中心电话：010 - 88191537
电子邮箱：dbts@esp.com.cn）

前言

中国特色社会主义进入了新时代,迎来了从站起来、富起来到强起来的伟大飞跃。作为国家治理的基础和重要支柱的财政,如何以人民为中心的发展思想作为出发点和落脚点、加快建立现代财政制度,是今后一个时期财政改革的突破口。因此,财政的支出结构、范围、比例、形式和管理模式都将发生深刻的变化。

党的二十大报告指出,从现在起,党的中心任务就是团结带领全国各族人民全面建成社会主义现代化强国、实现第二个百年奋斗目标,以中国式现代化全面推进中华民族伟大复兴。政府采购作为调整经济的重要手段,它必须以党的新时代指导思想为指针,紧紧围绕经济工作这个中心,在政府采购的基本原则确立、政府采购制度的设计、政府采购目标的实现以及采购方式、方法、程序等全要素、全领域、全方位,都应体现"中国式现代化"主旨思想。检验政府采购制度改革成功的标准,就是政府采购为实现"中国式现代化"的新征程中提供强有力的支撑。

自18世纪末英国建立政府采购制度以来,经过两百多年的发展,政府采购已不仅仅是一项经济制度,已经演进成一项社会制度和政治制度,政府采购正深刻地影响着社会生活中的每一个人。

我国自1996年试行政府采购制度改革以来,其采购规模增长迅速,从有政府采购统计数字起的1998年的31亿元增加到2020年的36970.6亿元,2020年的政府采购规模较2019年增加3903.6

亿元，增长11.8%，占全国财政支出、GDP的比重分别为10.2%、3.6%。截至2021年底，全国政府采购社会代理机构共22874家，集中采购代理机构共1640家。虽然我国二十多年的政府采购制度改革取得了较大成绩，但无论是在规模上，还是在对经济发展的促进作用上，与发达国家相比还存在较大的差距；特别是公众，对政府采购在社会和经济中的地位、作用认识不足，认为政府采购只是政府的事，与己无关，因此，除了有些供应商外，公众对政府采购的关注度不高，基于此，笔者策划撰写了本书。

二十多年来，我国出版了近百本政府采购方面的专业书籍，都从不同的角度论述政府采购及其制度，但大多偏重于理论性的研究，而本书以第二人称的手法，讲述"您"与政府采购的关系，更直接、更自然、更亲切、更生动，读者更易接受。

归纳本书之特色，笔者认为主要有四个方面：一是本书是以修订后的政府采购法规为依据撰写的，政策新。《政府采购法实施条例》出台后，财政部陆续对《政府采购货物和服务招标投标管理办法》《政府采购评审专家管理办法》《政府采购质疑和投诉办法》《政府采购信息发布管理办法》《政府采购代理机构管理暂行办法》等法规进行了修订，且相继出台了《政府采购需求管理办法》《政府购买服务管理办法》《政府采购框架协议采购方式管理暂行办法》等管理办法，本书可谓是对法规最新的解读。二是本书是以落实政府采购主体责任为前提构架的，内容新。强调采购人在政府采购活动中的主体地位是政府采购的本质要求。无论是采购预算的编制、采购项目需求的提出、采购方式的依法确定、采购代理机构的选择，还是采购项目的验收，都是采购人责任范围内的事。因此，本书在操作层面上重在落实采购人的主体责任。三是本书以结果导向思维为基础，观点新。"放管服"是今后政府深化改革、转变职能的总体要求，本书在政府采购程序的解读上重视"物有所值"目标的体现，强调了采购需求管理，注重与财政预算的融合，突出政府采购活动的绩效评价。四是本书以践行"双创"

精神为落脚点，视野新。本书从独特的角度全面审视了政府采购职业的广度和深度，将政府采购诠释为一种职业，为大众创业开拓了一条新的路径。同时，对政府采购制度改革发展也提出一些考虑和建议，具有前瞻性。

目 录
CONTENTS

1 第一讲
貌似很远,却与您休戚相关
一、无所不在的采购行为 / 1
二、政府采购是如何产生的 / 6
三、您不知不觉就能感受到政府采购 / 16
四、政府购买服务是政府采购的具体化 / 25
五、政府采购与 PPP 模式 / 29
六、政府采购节省的钱是您的 / 42

46 第二讲
量体裁衣,总有一款适合您
一、只要您是一个诚信的人就可以参与政府采购 / 46
二、登记一个属于您的采购代理机构 / 61
三、发挥您的专长也可以另外创收 / 72
四、还有许多新业态等着您去开拓 / 80
五、您的权利您做主 / 82

84 第三讲
不可投机取巧,但您可抢占先机
一、政府集中采购目录和采购限额标准有什么用 / 84

二、政府采购工作规程您更应该熟悉 / 91

三、您必须抓住政府采购预算所透露的信息 / 100

四、采购意向公开的信息量超级大 / 108

五、政府采购实施计划也十分重要 / 109

六、您需要时刻关注政府采购预算的追加 / 121

七、政府采购的基本原则您应该知晓 / 123

第四讲 127
想赚钱，您必须熟悉他们

一、谁是采购人 / 127

二、监管部门主要干什么 / 141

三、您应该及时捕捉政府采购信息 / 150

四、公共资源交易平台是什么角色 / 167

五、行业协会是"您的娘家" / 171

第五讲 177
政府采购方式看似复杂，其实很简单

一、招标就是"纸上谈兵" / 178

二、竞争性谈判就是"讨价还价" / 203

三、询价就是"一锤子买卖" / 220

四、竞争性磋商就是"自卖自夸" / 230

五、单一来源采购就是"无可奈何" / 243

六、框架协议采购就是"两阶段采购" / 255

七、采购活动就是一个"考试过程" / 271

第六讲 389
有理，就有人为您"撑腰"

一、不清楚就询问 / 389

二、不明白就质疑 / 391

三、不公正就投诉 / 399

四、行政复议 / 408

五、最后只能"打官司" / 414

六、磋商也是一种解决争端的办法 / 420

422　**第七讲**
您违规，是有代价的哟

一、规范是政府采购的本质 / 422

二、许多双眼睛盯着您 / 427

三、这些行为是不能有的 / 438

四、违规违法是要受到处罚的 / 451

468　**第八讲**
国际规则，也影响着您

一、WTO 谈成了《政府采购协议》/ 468

二、联合国有个《示范法》/ 488

三、世界银行出台了《采购指南》/ 504

四、欧盟达成了《公共采购指令》/ 515

五、亚太经济合作组织的《政府采购非约束性原则》/ 521

六、《区域全面经济伙伴关系协定》也有政府采购规定 / 526

536　**第九讲**
请您记住，政府采购是有风险的

一、政府采购风险无处不在 / 536

二、在这些情形下，您只能默默地接受 / 547

三、您如何防范和化解政府采购活动中的风险 / 551

四、加强政府采购文化建设是防范风险的基础 / 554

第十讲
您是大咖，可以修改规则

一、《政府采购法》价值目标应回归 / 569

二、政府采购的采购方式应重构 / 573

三、政府采购的回避机制应重塑 / 578

四、政府采购评审专家聘用应规范 / 583

五、国货概念应科学 / 586

六、全国性的政府采购行业协会应尽快成立 / 587

七、采购方式的评审模式应规范 / 595

八、进行绩效评价首先需要引入寿命周期成本概念 / 609

九、救济机制应接轨 / 613

十、政府采购的学科体系应加快建立 / 619

参考资料 / 632

后记 / 635

貌似很远，却与您休戚相关

"采购"加上"政府"两个字之后，好像很"高大上"，貌似离您很远，其实政府采购却与您息息相关，它不仅影响社会的经济和生活的方方面面，而且关系到您的日常生活，如果您了解它、关注它、参与它，甚至有可能改变您的人生。

一、无所不在的采购行为

如今不是小农经济，不可能自给自足；即使是小农经济时代，也有交换行为或买卖行为。而现代社会，社会分工越来越细，采购行为无所不在。

（一）对采购的界定

古人："采购"是同义复词。《说文解字》中的"采"，意为捋取；"购"，以财有所求也。

辞书：《辞海》中的"采"为摘取、搜集；"购"为买、悬赏征求，通"媾"。《现代汉语词典》对"采购"的解释为选择购买。

专家：美国采购学者亨瑞芝在其《采购原理与应用》一书中对采购的定义为："采购者，不仅为取得需要的原料与物资之行为及其应负职责，而且包括有关物资及其供应来源、计划、安排、决策以及研究与选择，确保正确交货之追查，及与接收前之数量与品质检验。"

英国采购学者贝雷在其《采购与供应管理》一书中对采购的定义为："组织采购是这样一个过程，组织确定它们对货物与服务需要，确认和比较现有的供应商和供应品，同供应商进行谈判或以其他方式同其达成一致的交易条件，签订合同并发出订单，最后接收货物或服务并支付货款。"

我国台湾地区采购专家叶彬在《采购学》一书中对采购的定义为："采购者即是以最低总成本，于需要时间与地点，以最高效率，获得适当数量与品质之物资，并顺利交于需用单位及时使用的一种技术。"

中南财经政法大学杨灿明教授在《政府采购问题研究》一书中对采购的理解为："采购应该是与销售相对的一个概念，它是经济主体基于生产、销售或消费的目的，有偿取得商品或劳务的一种交易行为。"

法律界定：《中华人民共和国政府采购法》对采购的定义为："采购是指以合同方式有偿取得货物、工程和服务的行为，包括购买、租赁、委托、雇用等。"

所以，基于对"采购"的理解，它包含如下内容：它是一种有目的的活动，目的有自用、赠与他用、再交易增值、深加工或作为原材料产生后交易、收藏等；它是一种有比较、选择的活动，在比较、选择中确定最能符合自己要求或需要的采购对象；它是一种有交易的活动，采购是双方活动，有买者才有卖者，反之，有卖者才有买者；它是一项有技术含量的活动，必须了解采购对象的基本特性，并通过谈判等各种技术手段达到采购目的；它是一项完整的过程，采购是包括有预算、有计划、有选择、有合同、有验收、有评价各个步骤的完整过程。

（二）采购的分类

1. 按采购主体分

采购可分为个人的采购、企业的采购、政府的采购。

（1）个人的采购。个人的采购主要是指个人为了消费而进行的购买性行为。个人的采购相对于其他主体的采购而言具有决策随意、品种单一、方式简单、次数频繁、终极消费等特点。个人采购就单个而言，其采购量比较有限，但综合一个地区乃至一个国家，其采购量就比较大，而且是社会采购的主流。

（2）企业的采购。企业的采购是指企业为了生产或转售等目的而进行的购买性行为。企业是以营利为目的的实体，企业为了生产产品或转售产品，必然发生大量的采购行为。企业的采购在企业经营与管理中占据着十分重要的地位，企业采购的产品和服务的质量，直接影响企业产品和服务的质量；企业采购产品和服务的成本，直接影响企业产品和服务的成本，从现代管理上说，企业采购及采购管理是直接关系企业生死存亡的大事。

（3）政府的采购。政府的采购是以政府为主体，为维护自身运转和满足社会公共需要而进行的购买性行为。它包括政府机关的采购、公共事业单位的采购、社会团体的采购和军事的采购。政府的购买性支出行为又包括较规范的、纳入制度化管理的政府采购行为和比较分散、开放的政府自由购买行为。政府的采购实质上为社会公众的采购，是一种社会公众行为。正因为此，政府的采购不仅要实现高质量、高效率的采购目标，而且还必须实现社会目标。所以国家要对政府的购买性行为进行规范化管理，制定出相应的法律制度，使其依照法定的程序、方式进行采购，并依法进行监督与管理，最终形成规范的政府采购市场。

随着政府的外延扩大，部分国有企业及国有控股企业行使政府委托职能，因此，其采购也定性为政府的采购。

2. 按采购模式分

按采购模式分，采购可分为 MRP 采购模式、JIT 采购模式、VMI 采购模式和电子采购模式。

（1）MRP 采购模式。物料需求计划（Material Requirement Planning，MRP）采购，主要应用于生产企业，是由企业采购人员采用 MRP 应用软件制订采购计划而进行采购的。MRP 采购，是以需求分析为依据，以满足库存为目的。由于计划精细、严格，所以它的市场响应灵敏度及库存水平都比订货点法采购有所进步。

（2）JIT 采购模式。准时化（Just in Time，JIM）采购，是一种完全以满足需求为依据的采购方法。需求方根据自己的需要，对供应商下达订货指令，要求供应商按照指定的时间、指定的品种、指定的数量送到指定的地点。JIT 采购做到了灵敏的响应需求，既满足用户的需求，又使用户的库存量最小。由于用户不需要设库存，所以实现了零库存生产。这是一种比较科学、理想的采购模式。

（3）VMI 采购模式。供应商掌握用户库存（Vendor Managed Inventory，VMI）采购，其基本思想是在供应链机制下，采购不再由采购者操作，而是由供应商操作。VMI 采购是用户只需要把自己的需求信息向供应商连续及时传递，由供应商自己根据用户的需求信息，预测用户未来的需求量，并根据这个预测需求量制订自己的生产计划和送货计划，用户的库存量的大小由供应商自主决策。它是一种科学的、理想的采购模式。供应商能够及时掌握市场需求信息、灵敏地响应市场需求变化、减少库存风险、提高经济效益。但是供应链采购对企业信息系统、供应商的业务运作要求高。

（4）电子采购模式。电子商务采购也就是网上采购，是在电子商务环境下的采购模式。其基本特点是在网上寻找供应商、寻找品种，网上洽谈贸易、网上订货甚至网上支付货款，但是在网下送货进货。该模式的好处是扩大了采购市场的范围、缩短了供需距离、简化了采购手续、减少了采购时间、节约了采购成本、提高了工作效率,是一种很有前景的采购模式。但是它依赖于电子商务的发展和物流配送水平的提高,而这两者几乎要取决于整个国民经济水平和科技进步的水平。但有人认为,不能将电子采购作为一种采购模式,而是一种采购方式。

3. 按采购资金性质分

按采购资金性质分,采购分为私人资金采购、企业资金采购和财政性资金采购。

(1) 私人资金采购。私人资金采购是指采购主体为自然人,使用自己劳动得到的货币购买采购对象的活动。私人资金采购的最大特点是采购的决定权在货币的拥有者身上,在一般情况下不会受到任何约束,相对其他资金来源的采购来讲,具有较大的随意性。

(2) 企业资金采购。企业资金采购是指采购主体为企业,使用资金购买采购对象的活动。企业是从事生产、流通、服务等经济活动的主体,以生产或服务满足社会需要,实行自主经营、独立核算、依法设立的一种营利性的经济组织。企业资金主要用于扩大再生产,它的采购受制于该经济组织的管理章程,所以它的采购具有较大的目的性和较强的约束性。

(3) 财政性资金采购。财政性资金采购是指采购主体为政府,使用财政性资金购买采购对象的活动。由于财政性资金主要来源于税收和各种规费,应取之于民、用之于民,它的使用是为满足公共需求,它是通过委托—代理来实现其目标的。财政性资金的性质决定了采购的性质,同时也决定了其采购活动必须公开、透明、高效。

4. 按采购的目的分

按采购的目的分,采购分为自己消费采购、再生产采购和公共服务采购。

(1) 自己消费采购。自己消费采购是指个体为了满足自身需要而购买采购对象的活动。它是人们维持自身生存和发展的必要条件，也是人类社会最大量、最普遍的经济现象和行为活动，随着我国综合国力的增强、居民收入的提高，个人消费占国内生产总值的比重不断提高，在 35%~45% 之间。这种消费一般为最终消费。

（2）再生产采购。再生产采购是指采购主体为了再生产的需要而购买采购对象的活动。再生产即不断反复进行的社会生产过程，如此周而复始，以维持人类社会的存在和发展。它购买采购对象的目的用于再生产或再加工，或改变其用途，或组合增加功能等，能够增值、创造剩余价值、赚取利润。

（3）公共服务采购。公共服务采购是指采购主体为了满足社会的发展和公共服务的需要，利用财政性资金购买采购对象的活动。公共服务分为基础公共服务、经济公共服务、社会公共服务和公共安全服务。基础公共服务是指通过国家权力介入或公共资源投入，为公民及其组织提供从事生产、生活、发展和娱乐等活动都需要的基础性服务。经济公共服务是指通过国家权力介入或公共资源投入为公民及其组织即企业从事经济发展活动所提供的各种服务，如科技推广、咨询服务以及政策性信贷等。公共安全服务是指通过国家权力介入或公共资源投入为公民提供的安全服务，如军队、警察和消防等方面的服务。社会公共服务则是指通过国家权力介入或公共资源投入为满足公民的社会开展活动的直接需要所提供的服务。由于公共服务目的的特殊性，促使公共服务采购必须依法进行。

二、政府采购是如何产生的

采购是社会和经济发展的必然结果。它是随着社会经济的发展、私有制的出现、社会分工的存在而产生，并随着人类社会的进步日益重要，它已成为人类生存和发展不可或缺的经济行为。

任何相对独立的社会主体，为了实现不同的目标，都会进行各种各样的采购。可以想象，一个没有采购行为的社会主体在当前的社会经济形势下，是无法生存与发展的。采购作为一种行为，随着人类的进步，经历了一个由简单到复杂、由低级到高级、由狭义到广义、由单一目标到综合目标的发展过程。

（一）政府采购的起源

在 20 世纪 80 年代中期，"政府采购"才正式进入我国人民的视野，特别是 2002 年 6 月 29 日，第九届全国人民代表大会常务委员会第二十八次会议通过了《中华人民共和国政府采购法》（以下简称《政府采购法》），从此，一个貌似陌生的政府采购开始悄悄地影响着您的生活。

1. 一般意义的政府采购是与国家同步产生

随着国家的产生和发展，采购主体出现了多元化，包括政权机构、企业、团体、家庭和个人。"政府"是国家权力机关的执行机关，自从有国家就有了政府，政府是随着国家的产生而产生的。政府作为国家权力的执行机关，它的运作必然要消耗或消费一定的资源、物质或物品，有些物质或物品虽然自产自销，没有商品交换的性质，但政府要维持劳动者的再生产能力，或支付再生产费用，必须给予劳动者生活资料。

最早关于政府的采购行为的文字记载是在中东地区 EI – Rash Shamra 发掘出的公元前 2800 年左右的楔形文字瓦片上，镌刻着一段记载，译文大致如下："HST（供方）在 AS（首领）统治期间（从第一天起）每 15 天运送 50 罐添加香料的润滑油。作为回报，他将得到 600 小计量单位的谷子。此订单将无限期延续，直至采购方或其子嗣取消订购为止。"①

---

① ［英］肯尼斯·莱桑斯（Kenneth Lysons）、［英］布莱恩·法林顿（Brian Farrington）：《采购与供应链管理》，胡海清译，机械工业出版社 2018 年版。

在我国古代社会，主要通过贡纳和赋税来满足政府的实物性财政支出，但仍有一部分支出所需的物资是通过政府在市场上购买来满足的。西周时期（约公元前1046年至公元前771年），工商业发展有了一定规模，政府为了稳定经济，在市场上收购一些多余的物资，既可以用于财政支出，又可以用于调节物价。《周礼·地官·廛人》："凡珍异之有滞者，敛而入于膳府。"① 而政府购买制度则在我国至迟肇端于战国时代。据说齐桓公（公元前685年至公元前643年）时，齐国用于军工生产的皮革、筋角、竹箭、羽毛等原料出现不足，管仲的解决办法就是优惠招商，发挥市场手段的作用，使"天下之商贾归齐若流水"。② 而我国有文字记载，且政府购买活动的真正大规模兴起于汉武帝（公元前156年至公元前87年）时期。"通西南夷道，作者数万人，千里负担馈粮，率十余钟致一石。散币于邛僰以集之。数岁道不能，蛮夷因以数攻，吏发兵诛之。悉巴蜀租赋不足以更之，乃募豪民田南夷，入粟县官，而内受钱于都内。"③ 当时的这种政府的购买行为，只能算和籴（dí）的一种形式，没有管理意义以及形成制度。

2. 管理意义的政府采购产生于英国

将政府采购赋予管理意义，则是始于英国。随着工业革命的产生、资产阶级革命的胜利与成功，民众的法治观念逐步增强，纳税人要求政府的运作与管理必须规范、透明。为此，英国政府于1782年首先设立了文具公用局，负责政府部门所需办公用品的采购，后发展为物资供应部，专门负责政府各部门所需物资的采购。英国最初推行政府采购制度的目的是规范政府的购买性支出行为，使政府的采购行为公开化、透明化，从而节约财政性资金，还纳税人一个明白。英国的重要贡献在于首次对政府采购行为进

---

① 马海涛、马金华：《我国古代政府购买的历史变迁及对当今改革的借鉴》，载于《中国财政采购》2010年第5期，第74页。
② 李晓：《宋朝政府购买制度研究》，上海人民出版社2007年版，第36页。
③ 司马迁：《史记·平准书》，中华书局1982年版。

行立法，从而对政府采购实行法治化管理，为政府采购制度的发展奠定了基础。

3. 现代意义的政府采购形成于美国

美国联邦政府民用部门的采购历史可以追溯到1778年，当时大陆会议批准采购委托人的任命，有了第一次有记载的采购行为。1792年美国国会通过了第一个规范采购法令，授权国防部和财政部代表国家签订合同，1795年有了第一个综合性的采购立法《公共货物承包商法案》，该法案成为军事采购的基础。1947年国会通过《武装部队采购法》，确立了国防采购的方法和程序。并将军事采购的责任赋予国防部的后勤局，在军事国防领域内实现了政府集中采购。1949年国会通过了《联邦财产与行政服务法》，该法为联邦服务总署提供了统一的采购政策和方法。美国的政府采购从1795年的《公共货物承包商法案》到1809年的《采购法案》再到1993年的《购买美国产品法》和1996年的《克林格尔—柯亨法案》，有关政府采购的法律规章已相当完备和严密，形成了以法律（法案、法令）、规章制度、行政和司法三个部分组成的制度体系。美国国会和有关部门制定了大约五千种与政府采购相关的法规或法案、法令，以致美国目前已成为世界上政府采购法律制度规范内容最广泛、条款最多的国家。其中《联邦政府采购法》和《美国联邦采购条例》（FAR）是政府采购法规体系的核心，统一规范了政府各机构的采购政策、标准、程序和方法。该法规体系不仅对政府采购的社会经济目的、采购人与纳税人的关系、采购组织形式进行了界定，而且对采购的合同形式、不同采购方式的适用性、操作步骤、采购商品目录等工作细节进行了规范，是政府采购部门和供货商共同遵守的准则。在《美国联邦采购条例》中，有专门针对技术创新成果采购方面的内容。更为重要的是这些制度法规在实际操作中得到了严格的遵守，体现和保证了美国政府采购的总原则，它就是"扶持和保护美国工业、美国人和美国投资资本"。特别是在20世纪30年代经济危机爆发以后，市场经济国家认识到市场不是万能的，它本身存在着缺陷，为此，在凯恩斯（John Maynard Keynes）经济理论的影响下，各国政府为避免经济危机都加大了对经济干预的力度，为了扩大内需，采用了扩张性财政政策。而政府采购规模和领域的扩张，是其扩张政策实施的有效工具。为此，以美国为首的发达国家赋予了政府采购新的含义，用以保护民族工业的发展。

4. 功能意义的政府采购发展于贸易自由化

完整意义上的政府采购制度是现代市场经济发展的产物，它又与市场经济国家干预政策的产生和发展紧密地联系在一起，是政府调控经济的重要手段之一。随着经济的发展，各国经济交往的加深，贸易的自由化也成了发展方向和世界相关经济组织追逐的目标。第二次世界大战以后，为了早日推进贸易自由化，纠正20世纪30年代初遗留的大量贸易保护主义措施，1946年联合国经济与社会理事会（ECOSOC，以下简称经社理事会）在首次经社理事会上，首次将政府采购提到国际贸易的议事日程，要求将最惠国待遇和国民待遇作为各国开放政府采购市场的原则。但由于种种原因，政府采购制度没有包含在关贸总协定的多边贸易规则之中。致使在20世纪70年代早期以前，各国的政府采购市场基本上是封闭的。发达国家经济快速增长，国内市场饱和，它们为了进一步开拓国外市场，特别是对日益增长的政府采购市场更加青睐，而各国的歧视性采购已成为贸易自由化的巨大障碍，不仅减少了社会总财富，还导致政府采购的效率低下。为了打破贸易壁垒，限制歧视性政府采购，这些国家提出应将政府采购纳入多边体制，并利用关贸协定举行东京回合谈判的机会，于1978年在"东京回合"（第七轮谈判）达成了第一个《政府采购守则》，该协议于1979年签订，1981年开始适用。《政府采购守则》的实施推动了各国政府采购的立法以及世界各国经济组织对政府采购法则的制定与修订，为开放各国的政府采购市场打下了基础。随着世界经济形势的发展，各经济组织也分别对其政府采购规则进行修订与完善。

而早在1964年，世界银行为了保证其贷款资金的有效利用和管理借款国的采购行为，就颁布了《国际复兴开发银行贷款和国际开发协会信贷采购指南》，其应该是历史上第一个国际政府采购规则，使一些国家的政府采购市场部分开放，从而促进了政府采购的国际化。之后的欧共体的《公共采购指令》、联合国贸易法委员会的《货物、工程和服务示范法》、亚太经济合作组织的《政府采购非约束性原则》也对全球政府采购市场的开放起到了积极的促进作用。

我国签署的《区域全面经济伙伴关系协定》（Regional Comprehensive Economic Partnership，RCEP）于2022年1月1日正式生效，这是全球规模最大的自贸协定，也是我国签署的首个具有政府采购承诺责任义务的区域性贸易协定，它被视为我国政府采购领域对外开放的重要尝试。

（二）政府采购是采购的一种类型

生产、分配、交换和消费是社会再生产的四个必然环节，采购是商品交换中的一个重要环节，没有采购就没有交换，社会的再生产也就无法进行下去。所以采购的历史非常悠久，自从人类社会开始从事商品交换活动——以物易物时，采购行为也随之产生。而政府采购制度则源于政府的购买性行为，萌芽于自由市场经济早期，发展于自由市场经济的中期，完善于20世纪30年代大规模经济危机之后。

政府采购（government procurement）是指国家各级政府为从事日常的政务活动或为了满足公共服务的目的，利用国家财政性资金或政府借款购买货物、工程和服务的行为。政府采购不仅是指具体的采购过程，而且是采购政策、采购程序、采购过程及采购管理的总称，是一种对公共采购管理的制度。

我国《政府采购法》对"政府采购"一词的界定为：各级国

家机关、事业单位和团体组织，使用财政性资金采购依法制定的集中采购目录以内的或者采购限额标准以上的货物、工程和服务的行为。

按照《政府采购法》的规定，纳入政府采购管理的采购行为应同时满足下列四个条件。

1. 主体是国家机关、事业单位和社会团体

国家机关是指依法设立的承担法定职能，并行使有关国家权力的政府机关，如各级党务机关、政府机关、人大机关、政协机关等。事业单位是指依法设立的从事某种公共职能的社会组织，如学校、医院、科研机构等。社会团体是指依法设立的从事某种社会活动的团体组织，如企业联合体、有关行业协会等。

随着政府采购制度改革的不断深入和我国加入《政府采购协议》步伐的加快，行使部分行政职能的国有企业或国有控股企业将会以采购实体的身份成为政府采购的主体。

2. 使用财政性资金

采购主体进行采购的资金来源可能是多方面的，有的来源于财政，有的来源于贷款或者捐赠。采购主体只有使用财政性资金，才属于《政府采购法》所调整的政府采购。所谓财政性资金包括财政预算内资金、纳入财政预算管理的政府性基金、纳入财政专户管理的全部预算外资金（非税收入）及其他财政资金。

国家机关、事业单位和团体组织的采购项目既使用财政性资金又使用非财政性资金的，使用财政性资金采购的部分，适用政府采购法及条例；财政性资金与非财政性资金无法分割采购的，统一适用《政府采购法》及条例。

3. 采购集中采购目录以内或采购限额标准以上的采购项目

采购的客体必须是集中采购目录所明确规定了的品目或采购项目的预算金额高于采购限额标准的才纳入《政府采购法》的调整范畴，不是将所有的政府购买性支出行为都纳入管理。

所谓集中采购目录是指一级政府依据提高采购质量，降低采购成本的原则，对一些通用的、大批量的采购对象应纳入政府采购管理和进行集中采购而确定的并由政府公布的货物、工程、服务的范围和具体的名称清单。采购限额标准是指由政府确定的，凡达到一定的采购资金额度应纳入《政府采购法》调整范围的额定标准。政府采购目录可分政府集中采购目录、部门集中采购目录和分散采购目录。属于中央预算的政府采购项目和采购限额标准，其政府采购目录由国务院确定并公布；属于地方预算的政府采购项目，其政府采购目录和采购限额标准由省、自治区、直辖市人民政府或者授权的机构确定并公布。

为了实行全国统一的政府采购大市场，今后，集中采购目录和采购限额标准将统一由国务院政府采购监督管理部门制定并颁布。

4. 采购主体在实施采购过程中按《政府采购法》规定的采购方式以及程序进行

《政府采购法》目前明确规定了五种政府采购方式，即公开招标、邀请招标、竞争性谈判、单一来源采购、询价，以及"国务院政府采购监督管理部门认定的其他采购方式"，即2014年认定的竞争性磋商采购方式和2022年认定的框架协议采购方式。

"政府采购"与"政府的采购"是有区别的，虽然他们只有一字之差，却是两个概念截然不同的词。从逻辑上讲，"政府的采购"包含"政府采购"，所有的"政府采购"都是"政府的采购"，但并不是所有的"政府的采购"都是"政府采购"。从两个词的定义上讲，"政府采购"是指各级国家机关、事业单位和团体组织，使用财政性资金采购依法制定的集中采购目录以内的或者采购限额标准以上的货物、工程和服务的行为。"政府的采购"与"政府的购买"同义，它是指政府各级及其所属机构为了开展正常的日常活动或为公众提供公共服务的需要，对货物、工程和服务的购买行为。在使用"政府采购"一词时，随着环境的不同其含义也不同，将其分为三种：一是大概念的"政府采购"，即指政府采购制度,是一种赋予政治制度、经济制度和管理制度含义的"政府采购",是广义的政府采购,不是单指某一项具体的采购活动和行为。二是小概念的"政府采购",即《政府采购法》所界定的"政府采购",它是特指《政府采购法》所调整的采购行为,是狭义的"政府采购",是指单一的按法律规定要求操作与执行的采购活动和行为。三是作为语法意义上定语词的"政府采购"。它是一个定性词组,如政府采购工程、政府采购方式、政府采购程序等。

(三) 政府采购与其他采购形式的区别

政府采购制度是国家对政府购买行为进行规范化管理而形成的。政府采购不仅仅是指具体的采购过程,它是采购政策、采购方式、采购程序、监督机制、救济途径等采购规范的总称,是一种对公共采购进行规范管理的制度。所以,现代意义的政府采购与推行之初大不相同,与其他个人采购、企业采购相比有显著的特征。

1. 公共性与政策性

公共性是指政府采购资金来源的公共性。政府采购的资金来源于财政性资金和需要财政偿还的公共借款,这些资金的最终来源为纳税人的税收和非税收入。政府采购资金来源的公共性决定了其采购行为必须坚持公开、公平、公正和效益原则,必须透明、合理地使用。

政策性是指政府采购执行的政策性。作为公共支出管理一个重要执行环节的政府采购,必然承担着执行国家政策的使命。所以,政府采购从最初开始制定目录到合同的履行,都要体现国家政策,实现国家某一阶段的目标,为国家经济和社会利益及公众利益服务。政府采购的政策性主要体现在政府通过调整政府采购的总规模,调节国民经济的运行状况;同时强制要求政府采购购买本国产品,促进自主创新,以实现保护民族产业的目标;强制要求政府采购购买符合环保节能要求的产品;政府采购还有促进中小企业的发展,加强对国有资产管理等功能。

2. 特定性与规范性

特定性是指政府采购主体的特定性。政府采购的主体，也称政府采购的实体，为依靠国家财政性资金运作的国家机关、事业单位和团体组织以及实体组织。

规范性是指政府采购运作的规范性。政府采购不是简单地一手交钱、一手交货的采购，而是要按照国家有关的法规，根据不同的采购规模、采购对象及采购时间要求等，采用不同的采购方式和采购程序进行的，体现公开、公平、公正和效益原则的采购。可以说，政府采购是有目的的采购、有预算的采购、有计划的采购、有规模的采购、有程序的采购和有监督、公开的采购。

3. 广泛性与直接性

广泛性是指政府采购对象的广泛性。政府采购对象包罗万象，小到办公用纸张，大到公务用飞机；既有民用产品，也有军用产品。国际上通行的做法是按其性质将采购对象分为三大类：货物、工程和服务。

直接性是指政府采购资金支付的直接性。即财政部门不是将采购资金支付给采购人，而是按采购人与供应商签订的合同将资金直接支付给合同供应商。

4. 影响性与非商业性

影响性是指政府采购对社会和经济发展的影响力。政府采购规模一般占 GDP 的 10% 以上或占财政总支出的 20%~30%。由于政府采购对社会经济有着较大的影响力，所以已成为各国政府通常使用的一种宏观经济调控手段。特别是与积极的财政政策一并使用，可以刺激消费、拉动内需、促进经济发展。

非商业性是指政府采购不是以盈利为目标，也不是为了卖而买，而是通过购买为政府部门提供消费品或向社会提供公共服务。但目前关于对国家储备物资的采购问题有一些争论，政府通过政府采购方式将储备物资采购进来，在适当的时候再卖出去，最终目的虽然不是为了盈利，但客观上也有产生利润的可能。

三、您不知不觉就能感受到政府采购

您虽然不知晓、不了解政府采购,但作为一个社会的成员,您不可能不与财政打交道,且无时无刻不在感受政府采购、享受政府采购。

(一)政府采购在公共财政中的作用和地位

公共财政是指政府集中一部分社会资源,用于为市场提供公共物品和服务,满足社会公共需要的分配活动或经济行为。它的最大特点是弥补市场缺陷。所以说,在市场经济条件下,让公共财政这只"看得见的手"去调节市场,是十分必要的;而公共财政这只"看得见的手"又大多是通过政府采购的方式来实现的。

1. 收入分配职能是公共财政的主要职能

公共财政主要有资源配置、收入分配、调控经济和监督管理职能,而收入分配和调控经济职能则是主要职能。所谓收入分配职能是指政府的收支活动客观上对社会收入与财富的分配产生直接与间接的影响。财政收入分配职能有四种实现方式。一是税收调节。即通过累进税率调节收入差距,如通过对个人所得税的调节来减小收入差距与贫富悬殊。二是转移支付。通过转移支付保障社会成员的基本生活,包括政府之间的转移支付和政府对个人的转移支付,如社会保障支出、救济支出和补贴等,维持每个社会成员的基本生活及福利水平。三是购买性支出。即政府通过干预自然垄断行业和进行公共性投资支出来改善社会福利分布状态。四是其他各种收入政策。

而政府的购买性支出基本上是政府采购制度调整的范畴。所谓调控经济职能是指通过实施特定的财政政策,实现充分就业、物价稳定、经济增长等目标,实现国际收支平衡。调控经济的主要手段:一是调节社会总需求,实现供求总量的大体平衡。在经济发展的不同时期，采取不同的财政政策，实现社会总供给与总需求的基本平衡。当经济下滑、社会总需求不足、失业增加时，政府应采取扩张性财政政策，增加财政支出，同时减少税收，以刺激总需求的扩大。当经济膨胀、社会总需求过度、引起通货膨胀时，政府应采取紧缩性财政政策，以控制总需求，抑制通货膨胀。二是通过事先的制度安排，发挥财政的"自动稳定器"的作用。三是调节社会供求结构上的平衡。通过财政支出扶持教育、卫生、科技、文化等事业的发展，促进经济社会的协调发展；通过财政政策治理污染，保护环境。四是通过财政政策的制定与实施，为社会发展提供和平与安定的环境。所有这些手段的实施，都与政府采购有一定关联，政府采购或多或少地影响着经济的运行，在公共财政中占有相当重要的地位。

2. 解决市场失灵主要靠政府采购政策的实施

在市场经济条件下，市场必然会出现失灵状态，这是由市场的本质决定的，即市场出现了无法有效率地分配商品和劳务的情况。其主要表现在：一是微观经济缺乏效率；二是宏观经济的不稳定性；三是社会分配缺乏与效率相适应的公平性。造成市场失灵的主要原因在于市场存在着垄断或不完全竞争，使其并不总是产生最有效的结果；市场行为的外部性可能产生负面的外溢效果；市场机制不能保证公共物品的供给；市场信息的不完全性或不对称性所导致的经济中的不确定性和市场所导致的收入分配后果在政治上或道义上无法接受。种种这些都是市场自身所不能克服和解决的，只有政府才能通过采取宏观调控手段加以解决。主要措施为：

（1）政府要调整支出结构，加大对公共服务和公共需求的投入，搞好基础设施建设，以保证整个国民经济有良好的"硬件条件"。同时，政府还要承担起那些投资规模大、资金回收期长、对经济发展起重大影响作用、关系国计民生项目的投入。

（2）政府要建立良好的政治、经济、法律等制度和具体的运行体制，制定各级各类中长期的发展规划，降低交易成本，为经济的发展创造良好的"软件条件"。

（3）政府还需要利用利率、国债、汇率、税收、预算等经济调控手段来"熨平"经济周期，使经济导入持续稳定的发展。

（4）政府要通过收入政策、税收政策和其他相关政策，努力缩小地区之间的差异、城乡之间的差距、居民收入水平的差距。

（5）政府要提高执政能力，要不断提高面对突发事件的快速反应能力。

以上五项解决市场失灵的措施中有三项是通过与财政管理有关的手段来实施的，而加大公共服务和公共需求的投入、利用经济手段"熨平"经济周期、缩小地区之间的差异，则直接或间接地要靠政府采购政策来实现。

政府采购政策功能，是指政府利用政府采购的资源优势，在满足采购基本要求的前提下，实现政府的经济与社会宏观调控目标。政府的购买行为对于单个采购人而言，是一种微观经济行为，但将政府作为一个整体而言，政府采购就成为一种宏观经济活动，它的影响远远超过了政府购买物品或服务所要达到的一般性单个目标，一旦政府通过并利用政府采购与其他经济手段结合起来使用，将可以实现政府的重大政策目标。

（二）政府采购时刻影响着您

政府采购有三大功能，即经济功能、社会功能和政治功能。

1. 经济功能

作为国家公共财政支出的重要手段，政府采购标准、规模、方式等对经济的发展都具有重要的影响。其采购标准的变化，对企业经营、生产方式造成直接影响，将直接影响到产品结构、产业结构以及区域经济结构的变化，对经济发展起着引导性和示范性效应；其采购规模的变化直接影响社会总需求，进而影响整个国民经济的运行；其采购方式的变化，直接影响供应商的经营，推动企业加强管理。

(1) 作为经济手段与其他政策配合使用,可以调节国民经济。在自由市场经济初期,经济运行完全或基本上由市场来调节,但随着凯恩斯主义的出现,政府干预经济的力度越来越大。由于"社会总需求(D) = 消费性需求(C) + 投资性需求(I) + 政府购买(C) + 出口(X)",政府购买性支出(一部分)即政府采购是社会总需求的重要组成部分。政府采购的乘数效应,会引起社会的生产和分配在总量与结构方面的变化,从而能够调控宏观经济总量的平衡。根据宏观经济的冷热及其发展态势,政府可以利用政府采购,通过在可利用的弹性区间内安排采购资金,对国民经济总量进行调节,使之达到总量平衡。例如,当总需求小于总供给而导致需求萎缩、经济不景气时,可通过适当增加和提前进行政府采购,这样便增加了社会消费并促进了企业扩大投资,提高社会总需求水平,从而刺激经济的增长。反之,当总需求大于总供给而导致经济过热、需求膨胀时,可通过适当压缩和推迟政府采购来使经济降温。一般说来,各国政府支出占GDP的30%左右,其中有一半以上是用于购买;也就是各国的政府采购占GDP的10%以上,或占财政支出的30%左右。

(2) 规范财政支出,节约财政资金。推行政府采购制度改革的初衷就是为了规范财政支出。当初英国民众为了规范政府的购买性行为,要求政府对购买性支出行为进行规范,制定了规范性的管理办法,并通过立法,将采购原则、方式、程序规定下来。实行政府采购之所以具有规范财政支出、节约财政资金、加强国有资产的管理的功能,主要原因:一是政府采购一般要事前编制政府采购预算,并同部门预算一起批复,政府采购预算做到专款专用,减少了采购的盲目性,从源头上就节约了财政资金。二是政府采购通过一系列的制度规定,加强了政府对财政资金由价值形态向实物形态转变过程的影响、监督与管理,大大提高了财政资金的使用效益,并规范了国有资产的管理。三是通过政府采购,将政府采购资金的使用市场化运作,即政府采购制度规定的采购方式、采购程序,通过公开、公平、公正的竞争机制,从市场上获得物美价廉的货物、工程和服务,提高了采购资金的使用效益。四是政府采购通过集中统一采购形式,可以实现资源共享和规模效益,从而减少重复采购,降低采购成本、节约行政支出,提高财政资金的使用效益。

(3) 购买国货支持民族企业发展。随着经济全球化趋势的加速发展,曾经相对封闭和独立的各国政府采购市场将逐步走向开放。发达国家或地区利用自己雄厚的资金优势、先进的生产工艺、科学的管理水平,一方面推销自己的产品,开拓国外市场;另一方面又通过各种手段封闭自己的市场,阻止它国产品进入本国市场。号称市场经济最发达、市场最开放、综合国力最强、竞争最具优势的美国,为了保护其国内企业,早在1993年就制定和颁布了《购买美国产品法》,以限制外国产品进入美国的政府采购市场,从政策和法律上确保美国政府购买本国的产品。我国实行改革开放政策,一方面要加大对外开放力度,吸引国外的资金和先进技术与管理经验;另一方面要在开放中保护民族优质企业。我国加入WTO,使我国的民族企业获得了开拓国际市场的机会,但同时也面临着巨大的国际竞争压力。在这种形势下,政府应在不违背国际政府采购相关协定的情况下,按照国际惯例,利用政府采购,规定政府购买国货,支持和保护民族企业,扶持国内老字号品牌企业的发展。

(4) 支持中小企业发展。世界经济发展证明,中小企业具有科技创新、经营灵活、吸收劳动力就业等方面的优势,在促进社会经济发展中占有十分重要的地位。但在政府采购中,由于采用招标采购方式,所以对供应商的要求较高,它在必须具备《政府采购法》所规定的基本条件外,还必须具备采购人依据"采购项目的特殊要求,规定供应商的特定条件"。因此,在大多数情况下的政府采购活动中,中小企业往往处于不利地位,其竞争能力很难与大企业抗衡,这与中小企业为国民经济所作出的贡献极不对称。为此，针对这种情况，政府采购必须贯彻扶持和促进中小企业发展的政策，让中小企业分得政府采购的"一杯羹"。一些经济发达的国家，在政府采购中，对中小企业或者实行比例照顾，即法律规定政府采购的订单必须有多少份额授予中小企业；或者直接规定中小企业在参与政府采购活动中，可以在价格、交货期限或其他方面享有一些特殊的权利和照顾。我国的《政府采购法》也明文规定：政府采购应当有助于促进中小企业发展。同时，我国专门出台了《政府采购促进中小企业发展管理办法》《关于进一步加大政府采购支持中小企业力度的通知》，以法规的形式支持中小企业的发展。

2. 社会功能

政府采购作为一种兼有行政性和市场性的特殊采购行为，在实施过程中，并不仅仅只具有节约财政资金等经济功能，同时还可以体现社会的公共要求，贯彻政府的政策意图，落实政府的执政理念，实现诸多社会目标，共同促进社会的繁荣、廉洁、文明。

（1）支持自主创新，提高国内企业乃至整个民族的核心竞争力。核心竞争力是一个企业乃至民族赖以生存与发展的基础。核心竞争力是一个企业能够长期获得竞争优势的能力，是企业所特有的、能够经得起时间考验的、具有延展性，并且是竞争对手难以模仿的技术或能力。这种竞争对手难以模仿的技术或能力，必须通过自主创新才能获得，其他形式是无法拥有的。自主创新能力是企业拥有核心竞争力的根本。只有国内大多数企业都具有了核心竞争力，才能形成民族的核心竞争力，一个民族才能屹立世界民族之林。

核心竞争力不仅是企业持续竞争优势的源泉，也是企业能否控制未来、掌握未来市场竞争主动权的根本。现代企业的核心竞争力是一个以知识、创新为基本内核的企业某种关键资源或关键能力的组合，是能够使企业、行业和国家在一定时期内保持现实或潜在竞争优势的动态平衡系统。既然自主创新是企业的生存和发展的关键，关系到企业的核心竞争力，乃至关系到民族、国家的利益，那么，政府采购的实施有责任也有能力支持企业自主创新。为此，我国于2007年4月出台了《自主创新产品政府采购预算管理办法》《自主创新产品政府采购评审办法》《自主创新产品政府采购合同管理办法》三个政府采购支持自主创新的管理办法，并于2007年12月出台了《自主创新产品政府首购和订购管理办法》。对于符合《国家自主创新产品目录》内的项目，符合首购或订购条件的直接采用首购或订购的方式采购，其他的则在评标环节、合同履行上给予一定程度的扶持与照顾，从而保证自主创新产品在政府采购中具有竞争优势，为民族振兴服务。2011年6月23日，财政部发布通知，从2011年7月1日起停止执行《自主创新产品政府采购预算管理办法》《自主创新产品政府采购评审办法》《自主创新产品政府采购合同管理办法》。但不管如何，政府采购支持自主创新的政策不会改变。

（2）扶持不发达地区和少数民族地区的发展。小康路上一个都不能掉队，这是党在十九大上的庄严承诺。政府采购支持和鼓励竞争是绝对的，但作为一项政府政策，必须综合考虑社会效益，它必须是经济效益与社会效益的统一体。我国是一个幅员辽阔、多民族的国家，由于自然的、历史的原因，存在着东部与西部、沿海与内地、内地与边疆、资源丰富地区与资源贫瘠地区的差别，这种差别的缩短与消灭，仅靠所在地公众的努力是不够的，也是市场所不可能所为的，如果政府无视这种情况，必将使这些地区经济与环境长期且继续恶化，最终影响整个国家经济的发展，这也是一个不稳定的因素，所以它是一个社会问题，必须由政府来考虑。因此，一方面，发展经济必须鼓励公平竞争；另一方面，对于由于特殊原因造成的企业不在同一起跑线上的问题，政府应该采取相应的措施加以合理、合法的保护。在政府采购实施过程中，可以通过对经济不发达地区和少数民族地区的供应商给予较为宽松、优惠的条件，以扶持其弱者，让他们获取政府采购订单，直接扶持和促进不发达地区和少数民族地区经济的发展，达到社会共同进步、共同富裕的目的。

（3）实行节能减排，保护公共环境。环境是人类生存和发展的基础。随着工业革命的诞生，人类在享受工业革命所带来的物质文明的同时，也制造了大量的工业及生活垃圾，人类的生存和发展环境在不断恶化，赖以生存的地球自身已无法进行调节和平衡了，如不采取措施，人类的生存危机并非危言耸听。为此，人们逐渐认识到保护环境对人类社会的重要意义，并引起了人类各阶层、各种组织的高度重视。我国是一个发展中的大国，也是一个负责任的大国，我国近年来逐步认识到环境保护的重大意义，相继制定了多部法律，也出台了长远的节能减排和环境规划，保护环境已成为我国政策目标体系中的一个首要目标。所以我国《政府采购法》明确规定：政府采购应该是保护环境。为此，国务院办公厅专门制发了《关于建立政府强制采购节能产品制度的通知》，财政部、环保总局还出台了《环境标志产品政府采购实施的意见》，制定了"环境标志产品政府采购清单"，并定期发布《关于印发环境标志产品政府采购品目清单的通知》。

政府采购在保护环境方面的作用，主要体现在对采购对象的选择上，就是要通过政府采购，给供应商一个信号，政府拒绝采购对环境污染和危害较大的产品，支持绿色产品，支持节能降耗，从而引导供应商生产、提供有利于保护环境的产品和服务，在节能和保护环境方面为全社会作出榜样。

（4）稳定物价。物价问题虽然是一个经济问题，但一旦当它失控之后，则是一个社会问题。所以稳定物价在一定程度上是政府的责任，一个负责任的政府和一个有执政能力的政府是不会对物价问题坐视不管的。政府除了加强对物价的监督与管理外，更重要的是运用政府采购并配合其他经济手段稳定物价。

利用政府采购稳定物价，主要有两种方式，一种是直接平抑物价。也就是通过政府采购的方式采购大量的物资储备，通过存货的吞吐，达到平抑、稳定物价的目的，实行价格调控。我国早在西周时期，政府为了稳定物价，在市场上收购一些多余的物资，既可以用于财政支出，又可以用于调节物价。《周礼》有载："凡珍异之有滞者，敛而之于膳府。""敛"指管理市场的官员大量低价收购积压的珍禽异兽，集中到膳府，既解决了商品积压问题，又降低了膳食成本。另据《周礼·地官·泉府》记载："泉府，掌以市之征布（币），敛市之不售、货之滞于民用者，以其贾买之，物而书之，以待不时而买者，买者各从其抵。"也是讲的同样道理。[①] 另一种是间接通过政府采购方式达到稳定物价的目的。政府的购买性支出是整个社会总需求的重要组成部分，而纳入政府采购管理的政府购买性支出占了相当大的比例，许多发达国家的政府采购支出一般占其当年财政支出的比重达到了30%。在《中华人民共和国政府采购法》实施的2003年，我国政府采购实际发生额为1659.4亿元；到2020年，政府采购规模已达36970.6亿元，占当年全国财政支出和GDP的比重分别为10.2%和3.6%。政府采购与其他财政政策配合使用，可以间接地稳定物价，其主要方式是，当物价上涨时，政府可以减少购买性支出，不与民争利益；当经济低迷、物价走低时，政府可以加大购买性支出，从而达到社会总需求的平衡。

3. 政治功能

每一个国家的政府购买性支出都是一笔巨大的开支，在市场经济条件下，供应商都想获得采购合同，如果不实行公开、透明的操作就有设租和寻租的可能，所以必须进行规范。同时，一个国家巨大的政府采购市场，也是其他国家所"青睐"的对象，它可以作为一种砝码，为国家整体利益服务。

（1）抑制腐败，建立廉洁政府。传统的政府购买行为多为分

[①] 张家瑾：《我国政府采购市场开放研究》，对外经济贸易大学出版社2008年版，第56页。

散采购，其采购方式也没有一定之规，采购人的自由裁量权较大，很容易导致采购人不负责、财政部门无从管理、供应商谋求利益最大化，使采购的经办人和管理者在采购活动中存在"寻租"的可能和机会。"经济人"的理论告诉我们，只有完整的制度约束和公开透明的程序，才能最大限度地限制"经济人"的权力，保证国家的利益少受侵害。政府采购制度由于有其特殊的运作机制和公开透明的操作程序可以较好地解决政府购买行为中的腐败现象。其主要在于：首先，政府采购的资金是按财政预算执行，资金实行国库集中支付，直达中标成交供应商。其次，政府采购供应商主要是通过招标采购等方式，按法定的程序，由专家组成的评标委员会依据招标文件的要求，按评标标准确定的。整个采购过程都是按照公开、公平、公正和诚实信用的原则进行的。最后，整个政府采购的过程是公平竞争的过程，供应商中标凭的是实力，供应商通过行贿手段中标的预期下降，从而有效地解决因供应商与采购人的合谋使公共财政资金损失的问题。

（2）协调贸易摩擦，维护国家利益。随着我国综合国力的增强、经济水平的提升，我国的对外贸易逐步增加，特别是对几个主要贸易国的顺差逐步增多，这使与这些国家之间的贸易摩擦也逐渐多了起来。为了减少贸易摩擦，保持合理的外汇储备结构，我们可以通过政府采购的方式，直接到国外采购国内急需的产品，以充实国内市场。同时，还可以通过政府采购，为我国独立自主的外交政策服务，维护国家的核心利益。

四、政府购买服务是政府采购的具体化

2013年9月26日，国务院办公厅印发《关于政府向社会力量购买服务的指导意见》。该指导意见就推进政府购买服务工作作出了明确的要求。党的二十大强调，要实现好、维护好、发展好最广大人民根本利益，紧紧抓住人民最关心最直接最现实的利益问

题,坚持尽力而为、量力而行,深入群众、深入基层,采取更多惠民生、暖民心举措,着力解决好人民群众急难愁盼问题,健全基本公共服务体系,提高公共服务水平,增强均衡性和可及性,扎实推进共同富裕。改革开放以来,我国公共服务体系和制度建设不断推进,公共服务提供主体和提供方式逐步多样化,初步形成了政府主导、社会参与、公办民办并举的公共服务供给模式,但由于我国还处在发展时期,与人民群众日益增长的公共服务需求相比,不少领域的公共服务存在质量效率不高、规模不足和发展不平衡等突出问题,迫切需要政府进一步强化公共服务职能,创新公共服务供给模式,有效动员社会力量,构建多层次、多方式的公共服务供给体系,提供更加方便、快捷、优质、高效的公共服务。

(一) 政府购买服务的概念

政府购买服务,是指通过发挥市场机制作用,把政府直接提供的一部分公共服务事项以及政府履职所需服务事项,按照一定的方式和程序,交由具备条件的社会力量和事业单位承担,并由政府根据合同约定向其支付费用的行为。

(二) 政府购买服务的内容

就政府购买服务的内容,财政部、民政部和工商总局专门出台了《政府购买服务管理办法(暂行)》,该办法规定,以下内容可以纳入政府购买服务的范畴。

1. 基本公共服务

基本公共服务包括:公共教育、劳动就业、人才服务、社会保险、社会救助、养老服务、儿童福利服务、残疾人服务、优抚安置、医疗卫生、人口和计划生育、住房保障、公共文化、公共体育、公共安全、公共交通运输、"三农"服务、环境治理、城市维护等领域适宜由社会力量承担的服务事项。

2. 社会管理性服务

社会管理性服务包括：社区建设、社会组织建设与管理、社会工作服务、法律援助、扶贫济困、防灾救灾、人民调解、社区矫正、流动人口管理、安置帮教、志愿服务运营管理、公共公益宣传等领域适宜由社会力量承担的服务事项。

3. 行业管理与协调性服务

行业管理与协调性服务包括：行业职业资格和水平测试管理、行业规范、行业投诉等领域适宜由社会力量承担的服务事项。

4. 技术性服务

技术性服务包括：科研和技术推广、行业规划、行业调查、行业统计分析、检验检疫检测、监测服务、会计审计服务等领域适宜由社会力量承担的服务事项。

5. 政府履职所需辅助性事项

政府履职所需辅助性事项包括：法律服务、课题研究、政策（立法）调研草拟论证、战略和政策研究、综合性规划编制、标准评价指标制定、社会调查、会议经贸活动和展览服务、监督检查、评估、绩效评价、工程服务、项目评审、财务审计、咨询、技术业务培训、信息化建设与管理、后勤管理等领域中适宜由社会力量承担的服务事项。

6. 其他适宜由社会力量承担的服务事项

为了规范政府购买服务，防止有些部门将职责内的事也通过购买服务的方式履职，出现"懒政"现象，有些地方还专门出台了政府购买服务的负面清单，主要包括：一是不能或不宜由市场配置资源的公益一类事业单位承担的义务教育、基础性科研、公共文化、公共卫生及基层的基本医疗服务等基本公益服务事项由政府提供。有关政府部门应当加强对所属公益一类事业单位的经费保障和管理，强化公益属性，有效发挥政府设立事业单位提供基本公共服务的职能作用。二是货物、建设工程不得作为政府购买服务项目。不得将原材料、燃料、设备、产品等货物，以及建筑物和构筑物的新建、改建、扩建及其相关的装修、拆除、修缮等建设工程作为政府购买服务项目。严禁将铁路、公路、机场、通信、水电煤气，以及教育、科技、医疗卫生、文化、体育等领域的基础设施建设，储备土地前期开发，农田水利等建设工程作为政府购买服务项目。严禁将建设工程与服务打包作为政府购买服务项目。严禁将金融机构、融资租赁公司等非金融机构提供的融资行为纳入政府购买服务范围。

（三）政府购买服务的方式

1. 谁可以购买

政府部门中谁可以购买服务呢？也就是购买主体是谁？政府向社会力量购买服务的主体是各级行政机关和参照《中华人民共和国公务员法》管理、具有行政管理职能的事业单位。纳入行政编制管理且经费由财政负担的群团组织，也可根据实际需要，通过购买服务方式提供公共服务。

2. 向谁购买

承接政府购买服务的主体包括依法在民政部门登记成立或经国务院批准免予登记的社会组织，以及依法在工商管理或行业主管部门登记成立的企业、机构等社会力量。承接政府购买服务的主体应具有独立承担民事责任的能力，具备提供服务所必需的设施、人员和专业技术的能力，具有健全的内部治理结构、财务会计和资产管理制度，具有良好的社会和商业信誉，具有依法缴纳税金和社会保险的良好记录，并符合登记管理部门依法认定的其他条件。承接主体的具体条件由购买主体会同财政部门根据购买服务项目的性质和质量要求确定。

3. 以什么方式购买

按规定，购买工作应按照《中华人民共和国政府采购法》的有关要求执行，采用公开招标、邀请招标、竞争性谈判、竞争性磋商、单一来源采购、询价等方式确定承接主体，严禁转包行为。购买主体要按照合同管理要求，与承接主体签订合同，明确所购买服务的范围、标的、数量、质量要求，以及服务期限、资金支付方式、权利义务和违约责任等，按照合同要求支付资金，并加强对服务提供全过程的跟踪监管和对服务成果的检查验收。承接主体要严格履行合同义务，按时完成服务项目任务，保证服务数量、质量和效果。

（四）政府购买服务与政府采购的关系

政府购买服务属于政府采购服务类项目的范畴。财政部门按国家相关规定制定政府向社会力量购买服务的指导目录中均规定政府购买服务按照《政府采购法》的规定执行。《关于推进和完善服务项目政府采购有关问题的通知》按照受益对象将服务项目分为三类，即：第一类为保障政府部门自身正常运转需要向社会购买的服务。第二类为政府部门为履行宏观调控、市场监管等职能需要向社会购买的服务。第三类为增加国民福利、受益对象特定，政府向社会公众提供的公共服务。其中，第一类、第二类服务项目是政府自身需要的服务，第三类服务项目属于政府向社会公众提供的公共服务。

《中华人民共和国政府采购法实施条例》按照服务的直接对象的不同，将服务分为政府自身需要的服务和政府向社会公众提供的公共服务，进一步明确了向社会购买公共服务属于政府采购范围，并在制定采购需求、适用采购方式、履约验收等方面的采购公共服务作出了专门规定。在合同方面，政府采购服务合同的类型也更加灵活多样。根据政府采购服务项目的需求特点，可以采取购买、委托、租赁、雇用等各种合同方式，也可以签订金额不固定、数量不固定、期限不固定和特许经营服务等新型合同。

五、政府采购与 PPP 模式

推行政府和社会资本合作（PPP）模式，可以鼓励和引导社会投资，增强公共产品供给能力，促进调结构、补短板、惠民生，有利于理顺政府与市场关系，加快政府职能转变。对于社会资本的选择，无论是国务院和各部委出台的文件、财政部《关于印发〈政府和社会资本合作项目财政管理暂行办法〉的通知》，还是《政府和社会资本合作法》（征求意见稿）以及《政府采购法》（修订征求意见稿）都明确规定，应按照《政府采购法》所规定采购方式与程序进行选择，所以，决定了政府和社会资本的合作模式与政府采购有着必然的联系。

（一）PPP模式的基本概念与发展

1. PPP模式的概念

PPP 是 Public – Private – Partnership 的字母缩写，通常被称为"公共私营合作制"，是政府与社会资本为了合作建设城市基础设施项目，或为了提供公共产品或服务而建立的"全过程"合作关系，以授予特许经营权为基础，以利益共享和风险共担为特征，通过引入市场竞争和激励约束机制，发挥双方优势，提高公共产品或服务的质量和供给效率的一种运作模式。

联合国发展计划署 1998 年给 PPP 的界定是：PPP 是指政府、营利性企业和非营利性组织基于某个项目而形成的相互合作关系的形式。通过这种合作形式，合作各方可以达到比预期单独行动更有利的结果。合作各方参与某个项目时，政府并不是把项目的责任全部转移给私营部门，而是由参与合作的各方共同承担责任和融资风险。

《中华人民共和国政府与社会资本合作法》（征求意见稿）称，"政府与社会资本合作"，是指政府和社会资本以合作协议的方式提供公共产品和服务的行为。

2. PPP模式的起源与发展

（1）PPP模式诞生于收费公路项目。据历史记载，公元前1950年，亚述人就修建了从叙利亚到巴比伦的收费道路。这可能是现在可看到的最早的收费公路记载了。希腊历史学家和哲学家斯特雷波（Strabo，公元前 63 年至公元 21 年）也记载了收取通行费的做法。作为对养护道路、带路和跨山脉搬运的回报，罗马大帝授予部落征收通行费的特许权。这可以被称为最为原始的 PPP 形式。

在英文中最早的公路之所以被称为"turnpike"（收费高速公路），是因为路段上布置了可移动的路障，管理者通过移动横杆（mobile rail）来阻断路面交通（一方面出于安全考虑；另一方面在战时可以减缓骑兵的袭击速度，起到一定的抵挡作用）。到了 17 世纪，税务机构开始推行公路收费政策，turnpike 的作用发生变化，开始用来阻挡过往车辆，收取"过路费"后再放行。

（2）PPP 模式发端于英国。就目前而言，英国是 PPP 的先驱、倡导者，同时也是 PPP 的促进者。在交通方面，英国早在 1281 年就开始对通过伦敦桥的车辆、行人和船只收费。1706 年还专门成立了收费信托机构，负责收费公路的筹资、建设、维护和经营。它的成立促成了上百个法案的通过，这些法案几乎将这一制度推广至英格兰全境。到了 19 世纪 40 年代，有效的收费公路法案接近 1000 个；特别是在撒切尔夫人时代，极大地推动了 PPP 的进程。1992 年后，适于 PPP 模式的工程包括：交通（公路、铁路、机场、港口）、卫生（医院）、公共安全（监狱）、国防、教育（学校）、公共不动产管理。

（3）PPP 模式发展于金融危机之后。21 世纪初，由美国次贷危机所引发的开始席卷美国、欧盟和日本等世界主要金融市场的金融危机，导致人们开始思考、探索公共服务建设与管理的新模式。由于 PPP 模式既可以充分发挥民间资本的优势，又可分担风险，因此，PPP 模式被包括联合国、世界银行、欧盟及亚洲开发银行等在内的国际组织和市场经济体制国家所大力推崇，目前发展中国家已经纷纷开始实践。

3. 我国 PPP 模式的探索与推行

（1）完全意义的 PPP 模式在我国的探索发端于清朝。我国完全意义的 PPP 模式的运作，可以追溯到 1906 年 6 月开工的新宁铁路，它是我国内陆最南端的一条民营铁路。光绪皇帝于 1906 年 1 月 22 日签字批准立项。该线路自广东省斗山之北街修起，全长 109 公里，支线 28.5 公里。这条线路由新宁县的华侨陈宜禧集资兴办，当时分三段施工，于 1913 年竣工。

（2）我国 PPP 模式探索开启于改革开放初期。改革开放初期，我国本着解放思想、先试先创的精神，大胆地进行了投资领域的改革，除引进外资外，还采用合资的形式共同投资建设公共设施和服务项目，探索合作了广州白天鹅酒店、北京国际饭店等。特别是 1994 年党的十四大提出社会主义市场经济概念后，国家计委先后推出 5 个试点项目，即 BOT 试点，比较典型的有广西来宾第一电厂等。在地方也开展了一些试点项目，如沈阳的自来水项目、上海浦东大桥项目等。

（3）现代意义的 PPP 模式推广于党的十六届三中全会之后。2003 年 10 月，党的十六届三中全会通过了《关于完善社会主义市场经济体制若干问题的决定》，决定明确指出：清理和修订限制非公有制经济发展的法律法规和政策，消除体制性障碍。放宽市场准入，允许非公有资本进入法律法规未禁入的基础设施、公用事业及其他行业和领域。建设部发布了《大力推进市政公用市场化的指导意见》。这标志着民营资本可以全面进入基础设施和公用事业领域，当时最为引起民营资本兴趣的领域是城市居民供水。法国威望迪集团以约 20 亿元人民币的价格，拍得浦东自来水厂 50% 的股权、50 年的经营权。一些地方采用 BOT 方式建立发电厂和桥梁、高速公路等。

（4）2015 年在我国被称为 PPP 模式的"元年"。在党的十八届三中全会上，审议通过了《中共中央关于全面深化改革若干重大问题的决定》。全会公报指出，中央成立全面深化改革领导小组，负责改革总体设计、统筹协调、整体推进、督促落实。党的十八届三中全会还指出：要加强中央政府宏观调控职责和能力，加强地方政府公共服务、市场监管、社会管理、环境保护等职责。允许社会资本通过特许经营等方式参与城市基础设施投资和运营。推广政府购买服务，凡属事务性管理服务，原则上都要引入竞争机制，通过合同、委托等方式向社会购买。国务院要求财政部门深入贯彻落实党的十八届三中全会精神，更好地发挥财政职能作用，要在制度安排上处理好政府与市场、政府与社会的关系。财政作为国家治理的基础和重要支柱，是优化资源配置、维护市场统一、促进社会公平、保障国家机器运行的载体。推广运用PPP模式，是作为财政部门发挥财政职能作用的切入点和深化财政体制改革的抓手。

2014年9月，国务院下发了《国务院关于加强地方政府性债务管理的意见》，该意见明确要求"推广使用政府与社会资本合作模式"。

2014年11月，国务院下发了《国务院关于创新重点领域投融资机制鼓励社会投资的指导意见》，该意见要求给民间资本平等投资机会，并明确了放开投资的领域。

为了落实党的十八大和十八届三中、四中全会的精神，财政部等有关部委在2014年密集下发了多个推行政府和社会资本合作模式的实施意见、管理办法和操作指南等，为在我国全面开展PPP模式打下了良好的法规基础，因此说，2015年是我国PPP模式开启的"元年"。

4. PPP模式的意义与特点

（1）推行PPP模式的意义。PPP模式打破了以往对公共基础设施、公共服务等项目的建设、运营只能由政府运用财政资金单一投入的模式，通过股权融资、基金注资、特许经营等方式，吸引社会资本参与到公共产品和公共服务的建设、运营过程中，这样既能有效地撬动社会资本进入公共领域，又能充分发挥社会专业力量的作用，实现"专业的人做专业的事"。

一是创新投资机制，缓解资金压力。由于PPP模式具有合作周期长、现金流稳定等特点，将单一年度的预算支出通过"一次承诺、分期兑现、定期调整"的方式，延长财政支出时限，平滑财政支出，有效解决项目建设前期投入大的问题，同时也有利于激发社会资本活力，形成多元化、可持续的资金投融资机制。二是实行优势互补，提升资金效益。PPP模式能够将政府的战略规划、市场监管、公共服务与社会资本的管理效率、技术创新有机结合在一起，不仅可以放大当期投入资金数额，提高资金使用效率，同时也可以减少政府对微观领域的不必要干预，提高公共服务的供给效率和质量。三是转变政府职能，推行专业运作。PPP模式通过新的投资模式、运营方式及风险分担机制，由专业团队进行项目运作，有助于厘清政府与市场边界，使政府在项目建设运营中由"运动员"变为"裁判员"，更加有利于增强政府的法治意识、契约意识和市场意识，实现政府公共服务水平全面提升。

（2）PPP模式的特点。相比政府财政单一投资，推行PPP模式有如下几方面特点。

一是投资主体的多元化。利用社会力量来提供资产和服务，能为政府部门提供更多的资金和技能，可以促进投融资体制改革，为公共服务提供更多的资金。解决了当期投资不足与社会投资渠道不多的矛盾问题，可以有效防止社会资本"扎堆"性的投机行为。

二是投资风险合理分担。PPP模式可以使政府与社会资本根据各自的控制能力分担风险，风险分配更合理，减少了政府、承建商和投资商的风险，从而降低融资难度，提高项目融资成功的可能性，政府在分担风险的同时也拥有一定的控制权。

三是财政资金"引擎"作用。通过发挥财政资金的引擎作用，引导社会资本投入，可以从根本上扭转财政资金对公共服务投入不足的问题，并且，在PPP模式中有利于借助社会力量和专业化的力量，提高合作项目的经营效率，能较好地解决当前政府投资领域存在的一些低效、低质问题。

四是保障合作各方利益。PPP模式旨在利用市场机制合理分配风险，在项目运行中，政府和企业是在平等协商、依法合规的基础上达成合作关系，充分发挥双方优势，提高公共产品或服务的供给数量、质量和效率，在保障社会资本得到长期合理回报的同时，又避免了社会资本利润超出合理空间，实现公共利益最大化，确保PPP合作项目各方实现双赢或多赢，达到物有所值、物超所值的效果。

五是有利转变政府职能。按照权责对等的原则，政府与市场明确各自的职责，该由政府管的，依法管住管好；该由企业做的，企业可以放手去做。政府可以从过去的基础设施、公共服务的"提供者"变成"监管者"，而社会资本的进入，又减轻了政府公共财政举债压力。同时，社会力量参与还能推动在项目设计、施工、设施管理过程等方面的革新，提高办事效率，传播最佳管理理念和经验。

5. PPP模式存在的弊端

推行PPP模式并非一把解决公共服务投入不足的"万能钥匙"，也不是说PPP模式一好百好，更不是说PPP模式就没有风险，反而，如果把握和控制不好，它所带来的副作用将远远大于公共服务短缺本身。

（1）社会资本的逐利性。公共设施是为大众服务的，资本是逐利的。将两者有机结合，必须有完善的制度与管理作支撑。社会资本投入公共服务体系，必然要产生利润，如果PPP项目管理不到位，政府不能起主导作用，或过分依赖社会资本，那么政府就会被"绑架"，公众就得花更多钱去购买服务。正如马克思在《资本论》中所言："当利润达到10%的时候，他们将蠢蠢欲动；当利润达到50%的时候，他们将铤而走险；当利润达到100%的时候，他们敢于践踏人间的一切法律；当利润达到300%的时候，他们敢于冒绞刑的危险。"

由于社会资本在技术、信息和资金方面具有谈判强势，容易造成项目暴利，致使政府面临社会公众的压力，促使政府违约风险加大，会威胁到三方关系的平衡。公共服务是民生工程，关系民众的切身利益，一旦因社会资本追逐暴利增加了民众的负担，引起社会动荡，那么，相比公共服务的短缺危害更大。

（2）财政预算的长期性。说到底，PPP模式是政府对于公共服务，采取引入社会资本来投资，然后通过政府付费、使用者付费、可行性缺口补助等形式（包括投资资金的利息）逐步归还给投资主体。

虽然，PPP模式是"单一年度的预算收支管理，逐步转向强化中长期财政规划"的一种改革，且我国规定PPP模式必须纳入预算管理，"合作期限一般不少于25年"（有规定为10～30年），同时也规定，每一年度全部PPP项目需要从预算中安排的支出责任，占一般公共预算支出比例应当不超过10%。按照我国政府行政任期的规定，25年是五届政府的任期年限，如果第一届政府就把政策用足，PPP项目都占公共预算支出的10%，那么，有可能第一届政府就用完了10%，余下的政府只有每年一般公共预算支出的增量了。

预算支出是以预算收入为前提的，预算的收入是一个不定数，现在就能保证25年期间内财政收入增长一定会高于GDP吗？财政收入的增长还能维持8%以上增长速度吗？所以，一届政府把下一届甚至下几届政府的部分预算都审批或用完了，再加上政府债务（有规定地方政府借债的最高限额为40%），必定存在财政风险。

（3）社会资本的风险性。只要是资本都有风险。社会资本组成、来源十分复杂，资本的短缺、断档、断链现象时有发生，由此，社会资本在投入中也会存在资金链断裂的问题，所以存在着风险。

（4）管理运作的复杂性。采用PPP模式建设、管理公共服务，不仅主体多元化，既有政府及其授权实施机构，也有社会资本及其支持金融机构，还有众多施工单位、材料供应方和中介机构，而且还涉及社会公众利益，所以涉及面广、人数庞大，甚至会影响一个地区的稳定。由于PPP模式相关主体层级多、交叉复杂，整个交易合同体系庞大复杂，项目操作技术要求高，风险易传导和放大，具有连锁违约、连锁反应的突出特点，导致PPP项目管理十分复杂。

（二）PPP模式中采购方式运用的风险

在PPP模式中，采用政府采购的方式选择合作伙伴既可做到公平、公正，又可达到物有所值的目的。但由于采购方式各有优劣，在选择政府采购的采购方式时也会存在风险，因此，要依据合作内容、合作方式、合作期限等，在"两害相权取其轻，两利相权取其重"的原则下，科学地选择政府采购的采购方式。

1. PPP管理与政府采购管理的关系

在PPP模式的管理上，不管是国务院的文件、决定、转发的通知，还是财政部出台的实施意见和操作指南，都规定为"按照《政府采购法》及有关规定，依法选择项目合作伙伴"。由此确定，在PPP模式的管理和运作上，特别是合作伙伴的选择上，PPP模式依据《政府采购法》的规定进行。

（1）PPP模式属于《政府采购法》管理范畴值得商榷。如何界定PPP模式是否属于《政府采购法》调整范畴，关键在于PPP模式是否具有《政府采购法》所规定的基本属性。我国《政府采购法》对"政府采购"有明确的界定，即：指各级国家机关、事业单位和团体组织，使用财政性资金采购依法制定的集中采购目录以内的或者采购限额标准以上的货物、工程和服务的行为。

一是采购人性质。PPP项目的管理者，即采购人，应该属于国家机关、事业单位和团体组织。二是项目资金的公共性，即财政性资金。由于PPP项目都属于公共服务型项目，资金虽然由合作伙伴共同承担，最终"买单"者是财政或使用者，所以，项目资金属于财政性资金。三是集中采购目录的归集。只有纳入依法制定的集中采购目录以内的或者采购限额标准以上的货物、工程和服务的行为，才属于政府采购。那么，无论是《国务院关于创新重点领域投融资机制鼓励社会投资的指导意见》中所列公共设施和公共服务行业、类型，还是《财政部关于政府和社会资本合作示范项目实施有关问题的通知》所列项目，都属于《政府采购品目分类目录》及各地的集中采购目录和限额标准所列项目，因此，PPP项目属于集中采购目录内的项目。

综上所述，PPP项目应该纳入《政府采购法》管理范畴。

（2）法规只明确PPP模式管理中适用《政府采购法》的情形。为了规范PPP模式的管理，国务院、财政部等都出台了相应的管理规定和办法。从目前收集到的管理规定中，已明确PPP模式管理中适应《政府采购法》情形的有：一是《政府和社会资本合作项目政府采购管理办法》的规定。该管理办法第二条规定：所称PPP项目采购，是指政府为达成权利义务平衡、物有所值的PPP项目合同，遵循公开、公平、公正和诚实信用原则，按照相关法规要求完成PPP项目识别和准备等前期工作后，依法选择社会资本合作者的过程。也就是说，选择合作者的过程，按照《政府采购法》的规定进行。二是该管理办法第二十二条规定：参加PPP项目采购活动的社会资本对采购活动的询问、质疑和投诉，依照有关政府采购法律制度规定执行。三是该管理办法第二十四条规定：PPP项目采购有关单位和人员在采购活动中出现违法违规行为的，依照《政府采购法》及有关法律法规追究法律责任。

在这些规定中，只是强调了PPP项目采购过程的管理依据政府采购法规的规定进行，其他的项目识别、项目准备、项目执行和项目移交都不在政府采购法规管理范围内。

2. PPP模式及采购方式运用的风险

目前，PPP模式管理规定已明确可以采用公开招标、邀请招标、竞争性谈判、竞争性磋商和单一来源采购等五种政府采购的采购方式选择PPP项目的合作伙伴，但没有具体规定其五种采购方式的适用条件。这说明应参照财政采购的有关适用条件执行，但由于在采购方式的确定、变更、审核或批准和执行过程中存在自由裁量权，所以存在一定的风险。

（1）选择的风险。我国法规规定，政府采购的采购方式有七种，即公开招标、邀请招标、竞争性谈判、竞争性磋商、询价、单一来源采购和框架协议采购，可以适用PPP模式的除询价、框架协议、采购方式外还有五种。而公开招标是主要的采购方式。在采购方式选择上的风险点有两个，一是初始选择的风险。因为可选择的采购方式有五种，原则上应该最先或最优选择公开招标采购方式，但由于有五种方式可供选择，这就使选择者有了自由裁量权。二是采购方式的变更。原本采用公开招标采购方式进行选择的，但由于采购的对象、采购的要求、采购执行的时间、供应商数量不能满足要求等因素的出现，不能按原采购方式进行，只得变更采购方式，再行采购。这种情形下，就需要进行变更，变更是由人决定的。前面论述过，各种采购方式都有优劣、利弊，如果出于私利，就有可能选择有利于自己操纵的采购方式。明明应该选择公开招标采购方式的，却选择单一来源采购方式，这就为控制、操纵采购活动留下了空间。

（2）执行的风险。政府采购活动的执行是指采购活动的实施组织行为。政府采购的执行是一个责任主体明确、程序操作规范、步骤规程完善、时间节点明晰的活动，每一项、每一步都必须依法进行，否则，就不能达到公开、公平、公正和效益的目的。一是信息公开的风险。信息公开是保证采购活动公平、公正的基础与前提。信息公开不仅对内容有要求，而且对公开的媒体、时间有规定，否则违法。二是执行程序的风险。《政府采购法》对各种采购方式的程序都作出了明确、详细的规定，政府采购的程序既不可减少，也不可颠倒，更不可更改。三是评审过程的风险。对于参与评审的专家的资格以及评审专家的抽取、评标委员会的组成人员、人数，法律都有规定，如不按规定执行，就不能评出"物有所值"的供应商，也给牟私利者留下了可钻的空子。

（3）监管的风险。PPP模式都是一些公共服务类的项目，涉及公共利益，社会关注度高，其影响力可想而知，因此，对PPP项目的监管来不得半点马虎。在PPP项目中，由于各参与人众多，可能出现都管或都不管的现象，或者好管的都争着管、不好管的都不管，也就会出现缺位或越位、争利与推责并存的现象。由于存在监管的风险，可能使采购过程流于形式，也可能会成为"萝卜"采购。

（4）履约的风险。在PPP项目中，合作伙伴是履约责任人，合作伙伴可能因自身或不可抗力原因导致不能按招标文件的要求和投标文件的承诺履约。合作伙伴的违约有两种可能，一是在项目的建设期，不能按时完成建设项目；二是在项目的服务期，也就是项目建成后不能按合同要求对公众实施服务。合作伙伴的违约必然会对公共服务产生影响，因此存在风险。

（5）验收的风险。PPP项目主要为公众提供服务，因此，PPP项目的建设质量与安全是公众十分关心的问题，也是后期提供服务的前提。PPP项目验收工作依据法律规定，将由发起方的主管部门负责，验收工作不认真，将导致项目带有安全隐患或不能正常运行，所以存在风险。

3. 防范PPP模式风险的措施

在PPP模式中，风险可谓无处不在，但只要加强防范意识，采取有效措施，就可以有效地规避和防范风险。

（1）做好项目评估论证。做好项目评估论证工作是防范风险的前提。PPP项目投资大、周期长、涉及面广、社会关注度高，因此，必须做到以下几点：一是事前科学地评估论证；二是广泛地征求各方建议，如果仅凭领导好恶和"拍脑袋"决策，必然加大项目的风险；三是进行定性和定量评价；四是进行财政承受能力认证与评估。

（2）明确项目主体责任。明确项目主体责任是防范风险的有效手段。PPP项目中与之相关的人员较多，依据PPP项目的特点，目前可归纳有十二类。一是项目发起方及主管部门；二是项目论证专家组成人员；三是PPP模式监管机关及主管部门；四是组织采购的代理机构；五是参与评审的专家评委；六是待选合作伙伴；七是出资银行；八是被选定的合作伙伴；九是项目的承建商；十是项目的监理商；十一是项目的验收人；十二是项目的专业运营团队。如此众多的相关人员，职责不明确必定有风险。因此，只有明确了PPP项目的各当事人或相关人员的主体责任，每一个人都认真履行职责，才能有效地规避风险。

（3）公开信息透明操作。公开项目信息实行透明操作是防范风险的关键。只有公开，才能做到公平、公正。PPP项目是民生工程，服务于公众，信息的公开透明是保证项目依法实施的前提。只有信息公开，才能防止暗箱操作，将各种违规行为暴露于众，才能将风险降至最低。

（4）依法选择采购方式。正确选择政府采购的采购方式是防范风险的根本。政府采购的各种采购方式都有相应的适用条件，只有依法选择对了采购方式，才能选择到合适的合作伙伴，才能保证PPP项目做到物有所值，才能为社会提供完整的公共服务，也才能规避采购过程中的风险。

（5）规范实施采购活动。规范实施采购活动是防范风险的保证。选择了采购方式，还必须按照该采购方式所规定的程序实行采购活动。政府采购的采购活动既要求程序合法，也要求程序到位。每一个步骤的时间节点也十分重要，切不可"偷工减料"，更不可"弯道超车"，上一步骤没有进行完毕，不能进行下一步。所以，不能因为时间紧、任务重，而减少相关程序，否则就违法。只有依法实施，才能规避风险。

（6）实行全方多维监督。实行全方位、多维度监督是防范风险的重要举措。通过新闻媒体信息公开、聘请特约监督员、邀请人大代表和政协委员以及社会名流参与、公证和纪检监察介入等多种监督形式、多种监督方式进行有效监督，才能有效防范PPP项目中的风险。

（7）进行项目绩效评价。进行项目绩效评价是防范风险的措施。PPP项目是否产生社会和经济效益，一方面服务对象最有发言权，另一方面可以请专业机构进行绩效评价。通过进行绩效评价，可以为今后类似项目决策提供依据，可以更好地防范PPP模式中的风险。

（8）认真总结经验教训。"前车之鉴，后事之师"，通过认真总结PPP项目中的经验教训，可以为今后的PPP项目提供经验。所以，为了有效地防范风险，每一个PPP项目完成之后都要认真地进行总结，成功的经验是什么？不足之处在哪里？只有不断地总结，才能有效地防范风险。

六、政府采购节省的钱是您的

政府采购能节省财政资金，这是世界公认的，毋庸置疑，这也是政府采购制度受到全世界大多数市场经济国家或地区以及国际主要经济组织所推崇的原因之一。

（一）政府采购市场规模有多大

按照现代政府采购两百多年的发展历程的经验和国际惯例，一国的政府采购规模一般占该国GDP的10%左右或占该国财政支出的30%左右。根据世界银行统计，2012年全球公共采购总体规模达6万亿美元。有资料统计，2016年全球GDP总量达到了74万亿美元；我国2020年的GDP首次突破100万亿元人民币，较2019年的增幅为2.3%。2020年全国一般公共预算支出为24.7850万亿元人民币。2020年全国政府采购规模达36970.6亿元（人民币，下同），较上年增加3903.6亿元、增长11.8%，占全国财政支出和 GDP 的比重分别为 10.2% 和 3.6%。① 按照国际惯例，2020 年我国的政府采购规模应该在 7 万亿元以上，这说明我国的政府采购规模还有很大的上升空间。

仅以 3 万亿元采购规模计算，政府集中采购、部门集中采购、分散采购规模分别为 12385.1 亿元、4086.7 亿元和 20498.8 亿元，占全国政府采购规模的 33.5%、11.1% 和 55.4%。部门集中采购和分散采购规模达到了 14543.7 亿元（政府集中采购是不收费的），按《国家发展改革委关于降低部分建设项目收费标准规范收费行为等有关问题的通知》的文件精神的收费标准，即：中标金额在 5 亿~10 亿元的为 0.035%；10 亿~50 亿元的为 0.008%；50 亿~100 亿元为 0.006%；100 亿元以上为 0.004%。取简单值，以 0.035%~0.004% 计算，全国至少有 8700 万~5 亿元的代理市场。

再简单地测算 30000 亿元的政府采购市场规模，按平均 2%~4% 的纯利润，将有 600 亿~1200 亿元的利润。

（二）政府采购为什么能节省钱

由于众多的原因，目前人们对政府采购有些"诟病"，认为通过政府采购买的东西贵、不省钱，这种观点有些偏激。只要是按《政府采购法》规定的采购方式、采购程序进行采购，节省费用是一定的。要么就是该采购项目没有真正按《政府采购法》的规定进行。为什么政府采购能节省费用呢？

1. 从源头上把关，提高财政资金的使用效益

在推行政府采购制度以前，由于实行分散的购买模式，对购买行为没有制度进行约束，只要能获得购置资金，也不管是否编制过采购预算和采购计划，因此在实施采购时，一些单位不顾实际需要，喜欢摆阔气、比气派、讲排场，相互攀比，出现盲目采购、重复采购和超标准采购现象，造成了财政资金的巨大浪费。

---

① 资料来源：中国政府采购网统计数据。

而实行政府采购制度，将购买行为从采购需求的提出开始就纳入监督和管理的范围内，在采购人编制政府采购预算后，财政部门按照是否符合满足公共需求为标准，对采购的需求进行严格的审核。主要审核四个方面的内容，一是审核采购项目的完整性，看采购项目是否明确、具体，是否存在漏报问题；二是审核采购项目的合理合法性，看采购项目安排是否合理，资金是否有保障，评估是否有水分；三是审核采购项目的真实必要性，看采购项目具体内容的真实性和必要性，以防止采购人采取"偷梁换柱"的手段，截留或挪用财政资金；四是审核采购项目的关联性，通过审核，剥去一些不需要的项目和开支，同时，按统一的配置标准来安排预算资金，使采购人在采购时不能突破预算资金，从源头上就加强了财政资金的管理，也对采购后的监督提供了依据，从而提高了财政资金的使用效益。

2. 实行集中采购产生规模效应，降低采购成本

政府采购是一个最大的"团购"。如果实行分散采购，数量少、规模小，采购价格相对较高，产品质量参差不齐，不仅耗费大量的人力、物力和财力，浪费行政资源，而且增加行政成本，也给监管带来了较大的困难。而建立政府采购制度，实行集中采购，一方面可以将相同的采购需求集中起来，产生规模效应，吸引更多的供应商参与竞争，从而实现"货比三家"、优中选优，以较少的支出采购到物美价廉的采购对象；另一方面通过集中采购可以节约行政成本，由政府或部门实行集中采购，减少了采购次数，避免了重复劳动，从而提高了采购效率，减少了行政支出，达到了为社会创造更高价值目标的目的。

3. 实行专业机构采购，提高资金的使用效益

推行政府采购制度，实行法律的制定、法律的执行和法律的监督"三个分离"，形成了较为完善的运行机制。政府采购实行集中采购与分散采购相结合。集中采购目录以内的采购对象全部由采购人委托给集中采购机构组织操作。集中采购机构作为一个非

营利的专门从事采购事宜的事业法人，受采购人的委托，具体从事政府采购的执行，即采购活动。集中采购机构具有政策熟、业务精、信息灵、渠道广等特点，了解产品和服务的性能及价格知识，具备市场分析与判断的能力，所以对采购业务轻车熟路，同时通过政府采购指定媒体发布采购信息，吸引众多的供应商参与竞争，通过竞争，可以采购到低于市场平均价格的采购对象，从而提高财政资金的使用效益。

4. 通过市场竞争，获取物美价廉的采购对象

通过政府采购，将政府采购资金的使用市场化运作，即按政府采购规定的采购方式、采购程序，通过公开、公平、公正的竞争机制，从国内市场上获得物美价廉的货物、工程和服务，提高了采购资金的使用效益。

2012年，财政部公布了一组数据，我国政府采购规模由2002年的1009亿元增加到2011年的1.13万亿元，10年间节约资金6600多亿元。对此数据，财政部回应称，采购节约资金是指采购金额与采购预算的差额，与采购规模扩大并不矛盾。虽然人们对10年间政府采购节约6600多亿元的数据产生怀疑与质疑，且自2012年后财政部再也没有公布政府采购的节约率和节约额，但政府采购供应商却越来越感到政府采购项目的钱不好赚了，其利润空间越来越小了，为了占领市场份额，某互联网公司甚至以0.01元的价格中标预算原本为495万元的厦门政务云项目。虽然是个案，但也说明一个问题，如果没有政府采购，没有公开、公平、公正的竞争，就不可能有这种现象出现。所以说，政府采购节省财政资金是不争的事实，只要您不带偏见，政府采购在精细预算、规范操作和严格验收的情形下，一般节约率在3%~5%，也就是说，30000亿元的政府采购规模，其节约额在900亿~1500亿元。

量体裁衣,总有一款适合您

政府采购参加人包括政府采购当事人和其他参与人。政府采购当事人是指采购人和参加政府采购活动的供应商;其他参与人包括采购人委托的采购代理机构、政府采购评审专家、专业咨询人员、与采购活动有关的第三人等。政府采购不仅规模大、领域广、项目多,而且"产业链"长。只要您有本领、有技术、有专业,您都可以量体裁衣,找到一份适合您的机会。

一、只要您是一个诚信的人就可以参与政府采购

2020年,我国GDP已超过100万亿元,全国一般公共预算支出达到245588亿元。2019年我国在加入世贸组织《政府采购协议》谈判中,在第七份清单上,首次列入军事部门,增加了7个省,出价范围涵盖了除自治区外的全部26个省和直辖市,新增了16家国有企业和36所地方高校。同时,增列了服务项目,调整了例外情形。政府采购市场可谓前景广阔、机会多多。

（一）说起来复杂，其实简单

政府采购所购买的对象包括货物、工程和服务，大到汽车、飞机，小到笔墨纸张；既可以是软件服务，也可以是物业服务，只要您想成为政府采购的供应商，门槛是很低的。

我国政府采购供应商的各主体是指在中国境内注册登记的法人组织和其他非法人组织以及中国公民个体（自然人），不包括在我国境外注册登记的法人和其他组织以及外国公民。由于特殊的历史原因，在我国香港特别行政区、澳门特别行政区和我国台湾地区注册登记的法人和其他非组织以及外国公民暂视为外商。

政府采购供应商是指参加政府采购活动，有意愿向采购人提供货物、工程或者服务的法人、非法人组织或者自然人。

按照不同的标准，可以对政府采购供应商进行分类。

1. 按基本属性分

依据供应商的基本属性，可将供应商分为法人供应商、非法人组织供应商和自然人供应商。

2. 按参与活动的状况分

依据供应商在参加政府采购活动的状态，可将供应商分为潜在供应商、报名供应商、投标（响应）供应商、中标候选供应商和中标供应商、成交供应商以及未成交供应商。在政府采购活动中，采购人发布采购信息，邀请供应商参与投标，所有对邀请感兴趣的供应商并准备参加投标的供应商称为潜在供应商；参与报名，获取采购文件的称为报名供应商；响应了采购人的邀请，购买了招标文件，参与了投标活动的供应商称为投标供应商；经过开标、评标程序，被评审委员会（询价小组、谈判小组、采购人）确定为中标候选供应商的称为中标候选供应商；中标候选供应商经公示后无异议，获取了中标通知书的供应商为中标供应商；中标供应商最终与采购人签订了采购合同的则称为成交供应商；投递了响应文件但未实质响应采购文件或投标无效或无效投标被判定或确定为非成交的供应商称为未成交供应商。

在我国《政府采购法》中将中标供应商和成交供应商统称为中标、成交供应商。但中标供应商和成交供应商还是有一点区别的，中标并不一定成交，当中标供应商被检举或质疑，其在投标（响应）过程中有违反政府采购法规的行为时，将有被取消中标供应商的资格的可能，只有当中标供应商的资格公示无异议后，其与采购人正式签订了采购合同才能成为成交供应商或与采购人签订合同的称为合同供应商，这时的中标供应商和成交供应商才是一个概念。

3. 按采购对象分

依据政府采购对象的不同，可将供应商分为货物供应商、工程承包商和服务提供者。给采购人提供其所需货物的供应商被称为货物供应商；承接采购人的工程项目建设任务的供应商被称为工程承包商；满足采购人服务需求的供应商被称为服务供应商。

4. 按注册地分

依据供应商的注册地的国籍不同，可将供应商分为国内供应商和国外供应商。与采购人同属一国注册地的供应商被称为国内供应商；与采购人分属不同国籍的供应商被称为国外供应商。我国《政府采购法》规定，政府采购应当采购本国的货物、工程和服务，只有在国内供应商无法满足要求或在境外使用等情况下，才能采购国外供应商的货物、工程和服务。

5. 按所处的角色分

依据供应商参加政府采购的组织形式和所处的角色不同，可将供应商分为单一供应商、联合体供应商和分包供应商。单一供应商是指以自己的名义独立地参加政府采购的一些活动的供应商；两个或两个以上的法人、自然人以联合体的身份参加政府采购活动的供应商被称为联合体供应商；经采购人允许，成交供应商将其采购合同中的一部分非主体工作量分给有资格承担任务来完成的供应商被称为分包供应商。

其实您只需要懂得，政府采购的供应商是为社会提供公共需求的货物、工程和服务的法人或自然人就可以。

(二) 参与政府采购的门槛很低

我国《政府采购法》对供应商参加政府采购活动应具备的条件作了一般性的规定。

1. 您有十八周岁,具有独立承担民事责任的能力

这个前置规定,是由作为政府采购供应商的特点所决定的。没有民事责任承担能力的,则不能承担相应的法律责任,就没有资格与采购人签订合同;而且在经济活动中一旦发生纠纷或争议时,法人能以自己的名义起诉或应诉,并以自己的财产作为自己的债务的担保手段。规定供应商要具备独立承担民事责任的能力,是供应商参加政府采购活动必须具备的最基本的条件,目的是保护采购人的合法权益。

2. 您的信誉比较好,且具有良好的商业信誉和健全的财务会计制度

要求供应商有良好的商业信誉和健全的财务会计制度,一方面是从采购活动的安全性和高效率上考虑的,另一方面也充分体现了政府采购活动的高标准和严要求。商业信誉是市场经济中不可缺少的基本元素,它反映了供应商及管理者的经营道德与理念,也反映了供应商的经营水平,可以说明供应商具有良好的履约业绩和信用记录。信誉是一个企业的生命,讲信誉、善管理的企业,生命力强,有发展前景,政府应当鼓励,将政府采购订单交给他们,也是一种政策导向。健全的财务会计制度是对供应商的基本要求,只有财务管理制度健全、账务清晰,才能全面、真实地反映企业的生产经营活动,表明供应商是一个规范管理的企业。

随着社会的发展,今后自然人也会有自己专属的财务管理。

3. 您有一定的专长和能力,具有履行合同所必需的设备和专业技术能力

具有履行合同所必需的设备和专业技术能力,是保证政府采购活动圆满完成的直接要求,也是对供应商专业水平和资格的最现实、最直接的基本要求。

4. 您对社会负责任,有依法缴纳税金和社会保障资金的良好记录

作为供应商,依法纳税和缴纳社会保障资金是应尽的义务,是起码的社会道德要求,如果允许供应商依靠偷逃税款、逃避缴纳社会保障资金等手段降低成本行为获取政府采购合同,则是助长了违法行为。

5. 您没有污点,参加政府采购活动前三年内,在经营活动中没有重大违法记录

要求供应商遵纪守法是基本准则,要求供应商在参加政府采购活动前三年内的经营活动没有重大违法记录,是衡量一个企业信誉度和合法性的标准,也是对企业形象的直接要求。

6. 您符合特殊要求,以及法律、行政法规规定的其他条件

对于供应商必须遵守法律、行政法规规定的其他条件,这是一个概括性规定,除上述明确特别要求外,政府采购供应商还必须遵守国家其他法律规定,包括符合《中华人民共和国民法通则》《中华人民共和国公司法》《中华人民共和国公司登记管理条例》等国家法律、法规规定的条件,要符合国家的产业政策,要鼓励节能减排、绿色环保等,要保护妇女和残疾人的利益等。有些行业,国家实行行政许可制度,所以还必须符合国家行政许可的要求。

7. 采购人的特殊要求还是有的,但不能是差别待遇或者歧视待遇

政府采购项目千千万万,所以对供应商的资格、资质有特别的要求。《政府采购法》第二十二条规定的供应商参加政府采购应当具备的条件是共性要求,是基本条件,也可以说是必要条件。因此,《政府采购法》又规定,采购人可以根据采购项目的特殊要求,规定供应商的特定条件,并可依法就采购项目的特殊性对供应商提出特定要求，对供应商的资格进行审查。对供应商的特定条件、要求应依据不同的采购项目提出。但采购人不能因采购项目的特殊性，以不合理的条件对供应商实行差别待遇或者歧视待遇。也就是说，除了技术条件等内在因素外，不能再有其他诸如地域、部门、系统、企业性质等方面的限制和要求。

差别待遇是指在政府采购活动中，采购人根据自己的爱好或出于某种目的，而对参加响应同一标的的供应商分别提出不同的要求和条件的行为。

歧视待遇是指在政府采购活动中，采购人对参加响应同一标的的供应商采用不平等的条款和划分不同标准的行为。

（三）了解您的权利与义务是参与政府采购的前提

由于政府采购供应商有别于其他供应商，所以在政府采购活动中供应商应享有相应的权利和承担相应的义务。

1. 供应商的权利

在政府采购活动中，供应商的权利主要有：

（1）知情权。《政府采购法》多处明确规定，采购人应当公布有关信息，这反过来也证明了供应商有知情权，不告知，供应商怎么知情呢？

（2）参与权。只要符合《政府采购法》第二十二条所规定具备条件的国内供应商或自然人，不论大小，不论经济结构，一律有权平等参与政府采购活动。

（3）询问、质疑权。在政府采购活动中，采购人往往处在主动地位，而供应商则相对比较被动。为了保护供应商的权益，《政府采购法》还明确规定了在政府采购活动中，供应商有疑惑的地方，还有询问权。自己的权益受到损害时，可以以书面的形式向采购人或采购代理机构提出质疑。

（4）投诉权。投诉权是供应商保护自己合法权益的最后一道"防火墙"（包括行政复议和诉讼），国际上称之为救济途径。有的国家和地区由独立的采购仲裁机构负责处理，也有不少国家和地区则由地方法院负责裁决。在我国是由政府采购监督管理部门负责处理供应商的投诉事宜。

（5）监督权。虽然《政府采购法》没有直接明确规定供应商有监督权，但可以从两个方面得出供应商对政府采购活动有监督权。一是供应商作为一个合法的纳税人或者法人、非法人组织、自然人，有权对政府行为进行监督；二是供应商既是监督者，也是被监督者，具有双重身份，特别是可以监督采购人的采购行为是否遵纪守法。

（6）选择权。所谓选择权是由《政府采购法》派生出来的权利。有两款法律条款可以理解为有选择权，一是对评审专家及相关人员进行选择，这是回避制度的落实；二是为自己提供货物生产和制造商进行选择，采购人不能强制要求成交供应商对产品供货商的选择。

（7）表现权。表现权也可称为展现权。在政府采购活动中每一个供应商都有平等表现或展现自己的权利，如在大型招投标活动中，一般安排有讲标（陈述）时间，讲标时间应对每个投标供应商是一样的；还有对供应商业绩的考察，这也是供应商展现自己的大好机会，也应一视同仁。

2. 供应商的义务

权利与义务是对等的，在政府采购活动中，供应商的义务主要有：

（1）接受资格审查。我国《政府采购法》对供应商的准入作了基本的规定。也就是说供应商如果想进入政府采购市场，必须按采购人提出的要求办，提供相应的资质证明，接受采购人的审查。同时，在政府采购活动中还应接受评审专家的质询。对于评审专家的质询，供应商应如实回答。

（2）公平参与竞争。供应商参与竞争是权利，但公平参与竞争又是应尽的义务，不得采取非法手段排挤他人。

(3) 平等签订合同。供应商中标后,就有义务平等地与采购人按照《民法典》的要求签订合同。不管是大供应商还是小采购人,不管过去采用什么方式签订合同,政府采购的供应商都应按《民法典》的要求与采购人用书面形式平等地签订合同。同时,供应商还不能随意放弃、终止合同。

(4) 按时保质履约。保质保量地按照合同履约是供应商应尽的最基本的义务。

(5) 接受监督检查。供应商应自觉接受政府采购监督管理部门的监督检查,接受采购人的监督。

(6) 提供售后服务。政府采购供应商服务的对象是政府部门,而政府部门又是为公共大众服务的,供应商为政府部门提供优质的售后服务,可以促进和提高政府部门的服务水平。所以,供应商应尽自己最大努力做好售后服务。

(7) 报送相关信息。政府采购信息资料是政府采购监督管理部门制定有关政策的基础,所以,政府采购供应商有别于向企业和私人提供服务的供应商,应及时、准确地向政府采购监督管理部门报送信息资料,为决策提供依据。因此,政府采购供应商有义务报送相关信息资料。

(四) 当您感觉能力不济时,可以"组团"其他供应商

政府采购项目成千上万,而且有些项目既有货物和工程,还有服务,靠一己之力难以承担,怎么办?您可以整合力量,组成联合体供应商共同参与政府采购活动。

《政府采购法》第二十四条规定:两个以上的自然人、法人或者其他组织可以组成一个联合体,以一个供应商的身份共同参加政府采购。

所谓联合体,指两个以上的法人、自然人和其他组织,以契约形式重新组合而成的一个临时性的生产经营体,以一个供应商的身份参加政府采购活动,并按照契约约定分享应得利益或承担

相应责任的组织。无论是自然人、法人或者其他组织，在组成联合体后，在政府采购活动中就不再具有各自独立的权利、义务，而是以一个供应商的身份共同参加政府采购，相对于该次政府采购活动，联合体各个体以整体形式出现，该个体在该次采购活动中也只能出现一次。也就是联合体各方不得再单独或者与其他供应商另行组成联合体参加同一合同项下的政府采购活动。

联合体中至少应当有一方符合采购人根据采购项目的要求规定的特定条件。联合体中有同类资质的供应商按联合体分工承担相同的工作的，应当按照资质等级较低的供应商确定资质等级。

1. 允许供应商以联合体的身份参加政府采购的原因

（1）政府采购项目通常为批量性的项目，规模较大，一般情况下一个供应商难以独立完成。

（2）分担风险、分散压力，让更多的供应商获得政府采购的商业机会。

（3）政府采购项目通常为复合型采购项目，即一个采购项目中包含货物、工程或者服务等多个品目，需要有专业特长的供应商联合完成，充分发挥各供应商的专业特长，从而形成 1+1>2 的效果。

（4）促进中小企业的发展。我国《中小企业促进法》第三十四条规定，政府采购应当优先安排向中小企业购买商品或者服务。《政府采购法》第九条规定，政府采购应当有助于促进中小企业发展。由于有些政府采购项目规模较大或资质要求较高，单个中小企业供应商一般没有资格参加或难以胜任，即使降低门槛，允许中小企业参加，也因竞争力不强而难以获得政府采购合同。所以，为了照顾中小企业，促进中小企业的发展，允许中小企业优势互补，成立联合体供应商，从而提高竞争力。

2. 联合体组成是有条件的

供应商组成联合体参加政府采购，必须具备下列条件：

（1）联合体内每个供应商都必须符合《政府采购法》第二十

二条的规定，都具有参加政府采购活动的资格，保证构成联合体也具有参加政府采购活动的资格，以及采购人提出的特定条件、要求；如果涉及资质要求的，联合体的资格按就低不就高的原则认定。

（2）各供应商组成一个联合体时，应当签订联合协议，在协议中载明联合体各方应该承担的职责和履行的义务。

（3）组成的联合体各方原有的隶属关系不变、法人地位不变、财务关系不变。各个供应商组成的联合体是以一个供应商的身份参加政府采购的，联合体各方应共同与采购人签订采购合同，组成联合体的供应商之间签订的联合协议也应向采购人提供。联合体各方共同与采购人签订采购合同，对于该采购合同约定事项各方应负连带责任。

3. 联合体履行不是分包履行

在政府采购活动中，允许联合体参与，其主要目的是实行强强联合，它与政府采购分包实施政府采购合同是有区别的：

（1）主体不同。参加政府采购投标（响应）的主体不同，联合体是两个以上的供应商联合一起参与合同竞争；而分包则是成交供应商将合同的非主体业务经采购人同意后分给其他未参与竞争或未中标供应商履行的行为。

（2）资格不同。联合体参加政府采购投标（响应）的资质必须全部符合采购人提出的资格条件及要求；而分包则只需要中标供应商的投标（响应）资质符合采购人提出的资格条件及要求，其分包商的资质则可以不需要达到采购人提出的资格条件及要求。

（3）责任不同。联合体按其签订的联合合同、约定的条款共同承担责任，向采购人负责；而分包行为则是分包商与采购人之间不存在直接的合同上的权利义务关系，一般来说，分包商仅就分包合同的履行向成交供应商负责，并不直接向采购人承担责任。但为了维护采购人的权益，也可规定成交供应商与分包商应当就分包项目对采购人承担连带责任。

（五）作为中小企业的供应商，您还可以享受许多优惠

政府采购作为一种经济手段，具有促进中小企业健康发展的历史使命。为了促进中小企业发展，我国出台了《政府采购促进中小企业发展管理办法》，2022年5月针对特殊的经济形势（新冠疫情）财政部再次印发《关于进一步加大政府采购支持中小企业力度的通知》，要求做好财政政策支持中小企业纾困解难工作，助力经济平稳健康发展。

《政府采购促进中小企业发展管理办法》所称中小企业，是指在中华人民共和国境内依法设立，依据国务院批准的中小企业划分标准确定的中型企业、小型企业和微型企业，但与大企业的负责人为同一人，或者与大企业存在直接控股、管理关系的除外。符合中小企业划分标准的个体工商户，在政府采购活动中视同中小企业。采购人在政府采购活动中应当通过加强采购需求管理，落实预留采购份额、价格评审优惠、优先采购等措施，提高中小企业在政府采购中的份额，支持中小企业发展。

1. 预留份额

主管预算单位应当组织评估本部门及所属单位政府采购项目，统筹制定面向中小企业预留采购份额的具体方案，对适宜由中小企业提供的采购项目和采购包，预留采购份额专门面向中小企业采购，并在政府采购预算中单独列示。

根据《政府采购促进中心企业发展管理办法》，符合下列情形之一的，可不专门面向中小企业预留采购份额：

（1）法律法规和国家有关政策明确规定优先或者应当面向事业单位、社会组织等非企业主体采购的。

（2）因确需使用不可替代的专利、专有技术，基础设施限制，或者提供特定公共服务等原因，只能从中小企业之外的供应商处采购的。

（3）按照本办法规定预留采购份额无法确保充分供应、充分

竞争，或者存在可能影响政府采购目标实现的情形。

（4）框架协议采购项目。

（5）省级以上人民政府财政部门规定的其他情形。

除上述情形外，其他均为适宜由中小企业提供的情形。

《政府采购促进中小企业发展管理办法》规定：超过200万元的货物和服务采购项目、超过400万元的工程采购项目中适宜由中小企业提供的，预留该部分采购项目预算总额的30%以上专门面向中小企业采购，其中预留给小微企业的比例不低于60%。预留份额通过下列措施进行：

（1）将采购项目整体或者设置采购包专门面向中小企业采购。

（2）要求供应商以联合体形式参加采购活动，且联合体中中小企业承担的部分达到一定比例。

（3）要求获得采购合同的供应商将采购项目中的一定比例分包给一家或者多家中小企业。组成联合体或者接受分包合同的中小企业与联合体内其他企业、分包企业之间不得存在直接控股、管理关系。

《关于进一步加大政府采购支持中小企业力度的通知》要求：400万元以下的工程采购项目适宜由中小企业提供的，采购人应当专门面向中小企业采购。超过400万元的工程采购项目中适宜由中小企业提供的，在坚持公开、公正、公平竞争原则和统一质量标准的前提下，2022年下半年面向中小企业的预留份额由30%以上阶段性提高至40%以上。

2. 价格评审优惠

《政府采购促进中小企业发展管理办法》规定：对于经主管预算单位统筹后未预留份额专门面向中小企业采购的采购项目，以及预留份额项目中的非预留部分采购包，采购人、采购代理机构应当对符合本办法规定的小微企业报价给予6%～10%（工程项目为3%～5%）的扣除，用扣除后的价格参加评审。适用《中华人民共和国招标投标法》（以下简称《招标投标法》）的政府采购工程建设项目，采用综合评估法但未采用低价优先法计算价格分的，评标时应当在采用原报价进行评分的基础上增加其价格得分的3%~5%作为其价格分。接受大中型企业与小微企业组成联合体或者允许大中型企业向一家或者多家小微企业分包的采购项目，对于联合协议或者分包意向协议约定小微企业的合同份额占到合同总金额30%以上的，采购人、采购代理机构应当对联合体或者大中型企业的报价给予2%~3%（工程项目为1%~2%）的扣除，用扣除后的价格参加评审。适用《招标投标法》的政府采购工程建设项目，采用综合评估法但未采用低价优先法计算价格分的，评标时应当在采用原报价进行评分的基础上增加其价格得分的1%~2%作为其价格分。组成联合体或者接受分包的小微企业与联合体内其他企业、分包企业之间存在直接控股、管理关系的，不享受价格扣除优惠政策。

《关于进一步加大政府采购支持中小企业力度的通知》要求：调整对小微企业的价格评审优惠幅度。货物服务采购项目给予小微企业的价格扣除优惠，由《政府采购促进中小企业发展管理办法》规定的6%~10%提高至10%~20%。大中型企业与小微企业组成联合体或者大中型企业向小微企业分包的，评审优惠幅度由2%~3%提高至4%~6%。政府采购工程的价格评审优惠按照《政府采购促进中小企业发展管理办法》的规定执行。自本通知执行之日起发布采购公告或者发出采购邀请的货物服务采购项目，按照本通知规定的评审优惠幅度执行。

3. 优先采购

根据《政府采购促进中心企业发展管理办法》，采购项目涉及中小企业采购的，采购文件应当明确以下内容：

（1）预留份额的采购项目或者采购包，明确该项目或相关采购包专门面向中小企业采购，以及相关标的及预算金额。

（2）要求以联合体形式参加或者合同分包的，明确联合协议或者分包意向协议中中小企业合同金额应当达到的比例，并作为供应商资格条件。

（3）非预留份额的采购项目或者采购包，明确有关价格扣除比例或者价格分加分比例。

（4）规定依据本办法规定享受扶持政策获得政府采购合同的，小微企业不得将合同分包给大中型企业，中型企业不得将合同分包给大型企业。

（5）采购人认为具备相关条件的，明确对中小企业在资金支付期限、预付款比例等方面的优惠措施。

（6）明确采购标的对应的中小企业划分标准所属行业。

（7）法律法规和省级以上人民政府财政部门规定的其他事项。

（六）这类牌子您也可以挂到

您可能经常看到一些商家门口挂着一个牌子，上面写着"政府采购定点采购供应商"或"政府采购协议供应商"。这个牌子可不是随便挂的，那是商家通过参加政府采购活动争取的，只要您符合条件，积极参与也可以挂一个这样的牌子，而且有时一挂就是三年，定点采购和协议供货供应商是一种特殊形式的供应商。

1. 定点供应商的牌子

定点采购通常是一级政府或部门将经常发生的、小额的服务类采购项目以采购人的角色，委托给采购代理机构，由采购代理机构通过招标等方式，综合考虑投标供应商的各方面的因素，择优确定一家或几家供应商，同它们签署采购协议，并根据协议在协议期限内向采购人提供有关服务，采购人在需要服务时，只需在通过招标等方式确定的一家或几家供应商定点服务的一种管理模式。在政府采购过程中，尤其在通用型的服务采购上，定点采购的方式应用非常广泛。定点采购期限基本上是一至三年，在此期间，采购人需要采购服务项目时，按照日常提出的服务需求，由定点供应商根据合同规定进行服务，定期通过国库集中收付中心进行结算和支付。

2. 协议供应商的牌子

协议供货在西方发达国家有比较长的历史，它是企业常用的一种采购方式。对于大宗标准化商品的采购，采购者和供应商通过长期商业往来，在形成比较可靠的商业信用的基础上，通过相互信任，采购者和供应商双方同意通过协议，达成长期供货合同，从而形成了这种采购方式。在协议供货合同中，约定双方的权利与义务，规定了商品的品种、规格、数量、供货期限、付款方式、索赔等条款。在我国的政府采购实践中，通过借鉴协议供货采购方式的优点，结合我国政府采购工作的实际，将它演绎成协议供货采购管理模式。对于协议供货采购管理模式，我国已出台的法规中还没有对其进行界定。关于什么是协议供货，《中央国家机关政府集中采购信息类产品协议供货实施办法（试行）》有一个解释，即：本办法所称协议供货，是指中央国家机关政府采购中心通过公开招标等方式，确定中标供应商及其所供产品（型号、具体配置）、最高限价、订货方式、供货期限、售后服务条款等，并以中标合同的形式固定下来，由采购人在协议有效期内，自主选择网上公告的供货商及其中标产品的一种政府集中采购组织形式。

政府采购协议供货是指对纳入政府集中采购目录以内的通用政府采购项目，通过招标等采购方式，统一确定中标协议供应商，并用协议的形式将其所供货物的品牌、型号、配置、价格、供货期限、优惠率、服务承诺等明确下来，采购人需要该货物时，在协议范围和期限内，直接到协议供应商处采购的一种政府采购管理模式。

那么，协议供货供应商是什么呢，所谓协议供货供应商是指对采购人采购集中采购目录以内的采购金额小、数量多、次数频繁的采购项目，由一级政府或部门（多为政府采购监督管理部门）集中代表采购人，事先委托政府采购代理机构，通过招标采购等方式，统一确定一定期限内的供货者，并与其就所供货物的品牌、价格、供货期限、服务承诺等内容，签订供货协议加以明确，各采购人在需要采购时为其提供货物服务的供应商。随着电子化采购方式和采购管理模式的不断推进，电商模式将可能代替协议供货模式。

不管是成为定点采购供应商还是协议供货供应商，都必须参与采购活动，所以，您要关注本级政府采购网站的采购信息，报名参与。

目前，人们常将定点采购与协议供货混为一起，认为定点采购就是协议供货，协议供货也是定点采购，其实不然。定点采购以服务类项目为主，采购服务时，其价格是固定不变的，即供应商在投标（响应）时所承诺的服务价格不可因其他客观条件的变化而改变，且只能在承诺的价格上更优惠，它是定点、定价的。协议供货是以货物类项目为主，协议供货没有固定的价格，只有优惠率，协议供应商给予政府采购的价格是在采购时的市场价格的基础上，按投标（响应）时承诺的优惠率给予优惠，采购价是市场时价乘以优惠率。

3. 框架协议的牌子

2022年1月14日，财政部发布了《政府采购框架协议采购方式管理暂行办法》，将框架协议认定为法定的采购方式。所以，自2022年3月1日起，多频次、小额度采购活动都可以采用框架协议的采购方式进行采购。

如果您在框架协议采购过程中，在第一阶段被确定为入围供应商，那么，您也可以挂一个政府采购框架协议供应商的牌子。

二、登记一个属于您的采购代理机构

社会越发展，分工越细小，专业人做专业事。您不想做政府采购供应商，您也可以做一个职业经纪人，专业做政府采购的代理业务。

在政府采购活动中为什么要实行代理制度，这是源于政府采购的特点，由代理的特性所决定。政府本身是一个大"代理"机构，它的委托人是全国公众，政府采购事宜是政府运用纳税人的钱代为采购用于为公众服务的事，它也存在一种代理关系。在整个社会的委托—代理链条中，采购代理机构接受委托处在第五级位置上，即纳税人—政府—财政部门—采购人—采购代理机构，而具体落实则是由经办人员承担。而代理是一种独立的法律制度，是商品经济发展的结果。代理制度的产生，能使民事主体不仅可以利用自己的能力和知识参加民事活动，而且可以利用他人的能力和知识进行民事活动，从而使民事主体从事民事活动的能力得到了极大的提高，这也是一种"强强联合"的方式，也是社会发展、社会化分工越来越细的结果。

（一）什么是采购代理机构

所谓代理机构，就是指接受委托人的委托，在委托权限范围内办理委托人委托事务的服务组织。

采购代理机构包括集中采购机构和社会代理机构，是指接受采购人的委托，在委托权限范围内办理政府采购事宜的中介服务组织。

我国《政府采购法》规定：政府采购实行集中采购和分散采购相结合。既然实行集中采购，就必须有集中采购机构为采购人服务，所以，我国《政府采购法》还规定：采购人采购纳入集中采购目录的政府采购项目，必须委托集中采购代理机构采购；采购未纳入集中采购目录的政府采购项目，可以自行采购，也可以委托集中采购机构在委托的范围内代理采购。同时又规定：采购人可以委托在中国政府采购网上注册登记的采购代理机构，在委托的范围内办理政府采购事宜。所有这些规定都是为了明确政府采购主要实行代理采购，由专业化的采购机构和人员操作政府采购的采购事宜，达到规范、高效的目的。

1. 政府采购中心也是采购代理机构

在我国，人们通常所说的政府集中采购机构，一般称为政府采购中心，它也是一个采购代理机构。这是《政府采购法》给集中采购机构基本的定性。所谓集中采购机构是指受采购人委托，专门代为从事政府采购活动事宜的非营利性、不隶属于任何行政主管部门的事业法人。采购人与采购代理机构是一种代理与被代理、委托与受托的关系。

关于设立集中采购机构的问题，我国《政府采购法》作出了"三原则"规定，即：一是地域性原则。设区的市、自治州以上的人民政府可以设立集中采购机构，也就是地市级以上的人民政府可以设立集中采购机构。二是非强制性原则。地市级以下的人民政府是否设立集中采购机构，应当根据本地的集中采购规模具体确定。如果集中采购规模不大，也可以不必设立专门的集中采购机构。三是独立设置原则。政府采购监督管理部门不得设置集中采购机构，不得参与属于集中采购的活动，采购代理机构与行政机关不得存在行政隶属关系或者其他利益关系。也就是说，集中采购机构不得设立在行政机关内，它没有行政主管部门，应当独立设置，保护其独立性。

以上"三原则"的规定，决定了我国的集中采购机构的性质。

政府集中采购机构不是政府机关。政府采购是政府行为，但政府集中采购机构的行为不属于政府行为，它与采购人之间的关系，只是一种代理与被代理、委托与受托的民事法律关系。政府集中采购机构不是由政府领导的职能部门，没有管理权，与政府的相关部门之间不存在领导与被领导的关系，其目的就是政府采购的代理行为不受政府有关部门的行政干扰，政府集中采购机构依法代理，只对采购人和自身的工作负责。

政府集中采购机构又不同于纯粹的社会中介代理机构。因为，我国《政府采购法》明确规定：集中采购机构是非营利事业法人，根据采购人委托办理采购事宜。这里包含两层含义：一是政府集中采购机构不能以营利为目的；二是政府集中采购机构是事业法人，说明政府集中采购机构虽然不是政府行政机关，不受行政干扰，但仍然是公共事业单位，而不是纯粹的社会中介代理机构。因为，纯粹的社会中介代理机构都是以营利为目的，没有营利无法生存，也就不能承担代理采购事务。因此，既然负有社会公共职责，政府集中采购机构接受采购代理更多的是一种责任和义务。

2. 集中采购目录内的政府采购项目由政府集中采购机构代理采购

我国《政府采购法》还规定：采购人采购纳入集中采购目录的政府采购项目，必须委托集中采购代理机构采购；采购未纳入集中采购目录的政府采购项目，可以自行采购，也可以委托集中采购机构在委托的范围内代理采购。

（二）上网登记一个属于您的采购代理机构

自鼓励"双创"、简政放权后，我国从2014年8月之后起对社会采购代理机构管理由审批制改为名录登记管理，程序十分简单。

1. 注册、登记公司

（1）在工商行政管理部门依法注册一个采购代理公司。业务范围可以依据您的"实力"而定。

（2）执业基本门槛。一是具有独立承担民事责任的能力；二是建立完善的政府采购内部监督管理制度；三是拥有不少于5名熟悉政府采购法律法规、具备编制采购文件和组织采购活动等相应能力的专职从业人员；四是具备独立办公场所和代理政府采购业务所必需的办公条件；五是在自有场所组织评审工作的，应当具备必要的评审场地和录音录像等监控设备设施并符合省级人民政府规定的标准。

（3）采购代理机构在工商登记注册地（以下简称注册地）省级分网（中国政府采购网）填报以下信息申请进入名录，并承诺对信息真实性负责：一是代理机构名称、统一社会信用代码、办公场所地址、联系电话等机构信息；二是法定代表人及专职从业人员有效身份证明等个人信息；三是内部监督管理制度；四是在自有场所组织评审工作的，应当提供评审场所地址、监控设备设施情况；五是省级财政部门要求提供的其他材料。

如果您的登记信息发生变更了，应当在信息变更之日起十个工作日内自行更新。

当您的代理机构登记信息不完整，财政部门会及时告知其完善登记资料；登记信息完整清晰的，财政部门会及时为您开通相关政府采购管理交易系统信息发布、专家抽取等操作权限。

（4）当您在注册地省级行政区划以外从业时，应当向从业地财政部门申请开通政府采购管理交易系统相关操作权限，从业地财政部门不得要求您重复提交登记材料，不得强制要求您在从业地设立分支机构。

（5）您的采购代理机构注销时，应当向相关采购人移交档案，并及时向注册地所在省级财政部门办理名录注销手续。

2. 采购代理机构代理业务范围

记住一句话，只要不是政府集中采购目录以内的采购项目您都可以代理，因为工程的招标投标代理资格也取消了。但代理前要先依法与采购人签订委托协议，明确双方的权利与义务。

与采购人签订委托代理协议，明确采购代理范围、权限、期限、档案保存、代理费用收取方式及标准、协议解除及终止、违约责任等具体事项，约定双方权利义务。

协议书的基本格式及内容为：一是委托人；二是受托人；三是委托事项；四是委托的范围、限制、时间等。

标题。直接用"政府采购代理委托书"作标题。

委受双方简介。一般包括委托人和受托人双方的基本情况，如果是自然人的则主要有委托人的姓名、性别、住址、职业和身份证号，如果是法人则为单位全称、单位地址和单位代码，受托人的单位全称、单位地址和单位代码。法人或者其他组织实施的委托，应写明单位的全称和法定代表人或主要负责人的姓名、职务。

正文。正文主要包括四个方面的内容：一是委托事项；二是委托权限；三是有无转委托权；四是委托期限。

落款。落款为委托人、受托人签字盖章。如果是法人委托，则由法定代表人或主要负责人签名或盖章,并加盖公章。一般委托文书中是没有受托人签字盖章的,之所以设计此款,是免除了受托人接受委托之后还需出具有关凭证之事。签署时间年月日用小写数字表述。

3. 信用记录特别重要

由于法规规定,采购人应当根据项目特点、代理机构专业领域和综合信用评价结果,从名录中自主择优选择代理机构。所以,您必须依法操作。

(1)采购代理机构应当严格按照委托代理协议的约定依法依规开展政府采购代理业务,相关开标及评审活动应当全程录音录像,录音录像应当清晰可辨,音像资料作为采购文件一并存档。

(2)采购代理机构应当在采购文件中明示代理费用收取方式及标准,随中标、成交结果一并公开本项目收费情况,包括具体收费标准及收费金额等。

(3)采购人和采购代理机构在委托代理协议中约定由采购代理机构负责保存采购文件的,采购代理机构应当妥善保存采购文件,不得伪造、变造、隐匿或者销毁采购文件。采购文件的保存期限为从采购结束之日起至少十五年。

(4)采购文件可以采用电子档案方式保存。采用电子档案方式保存采购文件的,相关电子档案应当符合《中华人民共和国档案法》《中华人民共和国电子签名法》等法律法规的要求。

4. 收费方式及标准

代理服务费用可以由中标、成交供应商支付,也可由采购人支付(法理上是谁委托谁付费)。由中标、成交供应商支付的,供应商报价应当包含代理服务费用。代理服务费用超过分散采购限额标准的,原则上由中标、成交供应商支付。

(三)采购代理机构的权利与义务

您的代理机构虽然不是政府集中采购机构,但权利和义务是一样的。

1. 采购代理机构的权利

（1）接受采购人的委托，组织承办政府采购项目的采购事宜。包括采购人委托纳入集中采购目录以内、采购限额标准以上的项目，公开招标数额标准以上的项目。采购人委托的部门集中采购目录以内或限额标准以下的政府采购项目以及政府采购监管部门委托或交办的其他采购项目（此项只适用集中采购机构）。

（2）建立政府采购的信息网络系统，收集和整理供应商、产品和服务信息，调查市场行情，建立各类信息库，为提高政府采购质量和效率服务。

（3）组织具体采购活动。包括发布政府采购信息，在政府采购监督管理部门指定媒体发布政府采购招标（包括其他采购方式公告，下同）公告、中标公告等有关采购信息。按照政府采购监督管理部门提供的采购文件范本格式编制招标文件，组织招标或谈判活动。

（4）接受采购人的委托，确定中标供应商与成交供应商签订采购合同，并监督采购合同的履行，代为采购人对采购结果进行验收。

（5）可以接受部门集中采购目录以内的由采购人自行组织的采购项目的委托。

（6）对采购人提交的采购项目采购需求进行审核，防止采购人以采购需求为名，提出歧视性条款。同时，按照采购人的要求对供应商的资质进行审核。

（7）有权拒绝采购人或供应商的非法要求，有权拒绝和防范任何单位或个人对采购活动的非法干预；有权按标准收取采购人委托的非政府集中采购目录以内的采购项目的代理服务费（关于此问题，有争议，有人认为不该收费，对于非政府集中采购目录以内的采购项目，政府集中采购机构接受委托是非职责范围内的工作，按标准收取一定的代理服务费是应该的）。

2. 采购代理机构的义务

（1）必须接受采购人政府集中采购目录以内的采购项目的委托。接受委托后在政府采购监督管理部门指定的媒体上，全面、真实、准确、及时地发布各类政府采购信息（此条只适用集中采购机构）。作为社会中介组织的采购代理机构，只能接受采购人政府集中采购目录以外的采购项目，也就是部门集中采购目录的项目和分散采购的项目。

（2）接受社会各方面的监督。首先是政府采购监督管理部门的监管，政府采购监督管理部门有权对政府集中采购机构进行培训和业务指导，对出现的问题有权进行调查、追究和处罚，在规定的程序内还可将采购活动暂停或终止。政府集中采购机构要及时将有关采购信息等资料报送政府采购监督管理部门审核或备案。其次，作为特殊的事业单位，还应该接受监察委的监督、审计部门审查。最后，作为特殊公共事业部门和焦点部门，还应该主动接受新闻媒体等社会的监督。

（3）建立健全内部监督管理制度。科学设置内部机构，制定内部工作管理办法。负责内部工作人员的教育、培训，定期考核采购人员的专业水平、工作实绩和职业道德状况。

（4）受理和处理供应商的询问或者质疑。在采购活动中当供应商对采购文件、采购过程和中标、成交结果提出询问或者质疑时，政府集中采购机构有责任和义务在委托的范围内给予回答或答复。配合监督管理部门做好投诉或行政复议的处理工作。

（5）按规定保管政府采购的采购文件及相关信息资料。政府采购文件包括采购预算、采购需求调查资料、采购计划、招标文件、投标文件、评标标准、评标报告、定标文件、采购活动记录、合同文本、验收证明及报告、询问与质疑的说明与答复、投诉处理决定等。这些资料保存期至少是十五年。

（6）接受同级政府采购监督管理部门的业绩考核。按照《集中采购机构监督考核管理办法》的规定，政府采购监督管理部门每半年对政府集中采购代理的业务进行定期考核，并将考核结果公之于众。

（7）建立供应商的诚信档案。供应商的诚信直接关系到政府采购合同的履行、采购项目的完成，还关系到公众的利益。所以政府采购的合同必须授予给那些诚信经营、对公众利益负责的供应商。对于供应商在政府采购活动中的情况，采购代理机构有义务和责任进行记载，并建立供应商的诚信档案。

（8）对评审专家进行评价并建立相关使用与业绩档案。依据《政府采购评审专家管理办法》的规定，评审专家采用"管用分离"的办法进行管理，采购人或者采购代理机构应当于评审活动结束后五个工作日内，在政府采购信用评价系统中记录评审专家的职责履行情况。

（四）对采购代理机构的工作要求

虽然您是一个社会中介机构，但您代理的是政府采购业务，所以对您的采购代理机构也有一定的要求。我国《政府采购法》专门针对集中采购机构的工作提出了规范性的四项要求。这既是对集中采购机构的工作要求，也是工作标准。所以，社会政府采购中介代理机构在工作中也都必须遵照执行。

1. 采购价格要低于市场平均价格

物有所值和一定的经济效益，这是对采购代理机构工作最基本的要求。政府采购要节约财政支出，用什么来衡量呢？主要是通过采购对象的价格来反映，也就是采购价格要低于市场平均价格。何为市场平均价格？是成本加上合理利润，既不是市场价格，也不能低于成本。通过政府集中采购，之所以要求采购价格低于市场平均价格，是因为有广泛的竞争、有规模效益、供应商减去了相关的公关费用，才能实现这一工作要求。

2. 采购效率更高

集中采购相对于分散采购来说，效率可能要低一些，但如果采购代理机构通过加强内部管理、提高采购人员的素质和业务能力、运用现代化的采购手段、加强采购工作的计划性，是能够达到效率更高这个工作要求的；而且因为是专业人员，它比非专业人员更熟练操作，就可以抵消其环节多而影响采购效率的问题。

3. 采购质量优良

采购质量是指采购对象的规格、性能、安全等方面的要求，采购质量不仅指采购对象本身，还涉及售后服务水平。政府采购的对象的质量直接关系到政府提供公共服务的水平，因此，必须保证采购质量，实现物有所值的目标。采购代理机构作为专门从事采购的机构，要通过提高工作人员的综合素质、吸纳和培养质量管理等方面的人才，熟悉市场质量标准，科学制定评标标准，来严把政府采购的质量关。同时，通过强化质量检验与验收工作，来提高采购质量，达到采购质量优良的目的。

4. 服务良好

服务良好是对采购代理机构的定性要求。首先，采购代理机构必须自我定位，作为服务机构，提高服务水准是十分重要的，要有为采购人服务、为供应商服务的思想。其次，政府集中采购机构要加强自身建设，提高工作人员的思想道德水平，强化服务意识，克服官僚作风，防止腐败现象的发生。最后，树立国家利益至上原则，始终把国家利益、公众利益、采购人的利益放在第一位。

您的采购代理机构与政府集中采购机构唯一不同的是以营利为目的，靠收取委托人的代理服务费而维持企业的运转，所以，您也必须遵守这四项基本要求。

同时，在采购活动中采购代理机构必须落实政府采购的政策功能。

（五）采购代理机构的信用评价及监督检查

1. 信用评价

信用评价管理是政府采购监管部门的职责，但各相关参与人应依照规定对相关人员进行认真、及时、负责任的信用评价。

（1）政府采购监管部门负责组织开展采购代理机构综合信用评价工作。采购人、供应商和评审专家根据采购代理机构的从业情况对采购代理机构的代理活动进行综合信用评价。综合信用评价结果在全国范围内共享。

（2）采购人、评审专家在采购活动或评审活动结束后五个工作日内，在政府采购信用评价系统中记录对您的采购代理机构的职责履行情况。

供应商也可以在采购活动结束后五个工作日内，在政府采购信用评价系统中记录采购代理机构的职责履行情况。

而您可以在政府采购信用评价系统中查询本机构的职责履行情况，并就有关情况作出说明。

2. 监督检查

（1）政府采购监管部门将采取定向抽查和不定向抽查相结合的随机抽查方式对您的采购代理机构进行检查。对存在违法违规线索的政府采购项目开展定向检查；对日常监管事项，通过随机抽取检查对象、随机选派执法检查人员等方式对您的采购代理机构开展不定向检查。

同时，政府采购监管部门还可以根据综合信用评价结果合理优化对您的采购代理机构的监督检查频次。所以，信用情况涉及您今后业务的开展。

（2）政府采购监管部门监督检查包括以下内容：一是采购代理机构名录信息的真实性；二是委托代理协议的签订和执行情况；三是采购文件编制与发售、评审组织、信息公告发布、评审专家抽取及评价情况；四是保证金收取及退还情况，中标或者成交供应商的通知情况；五是受托签订政府采购合同、协助采购人组织验收情况；六是答复供应商质疑、配合政府采购监管部门处理投诉情况；七是档案管理情况；八是其他政府采购从业情况。

（3）政府采购监管部门对您的采购代理机构的监督检查结果

将在省级以上政府采购监管部门指定的政府采购信息发布媒体向社会公开。

（4）如果您的采购代理机构受到政府采购监管部门禁止代理政府采购业务处罚，就应当及时停止代理业务，已经签订委托代理协议的项目，按下列情况分别处理：一是尚未开始执行的项目，应当及时终止委托代理协议；二是已经开始执行的项目，可以终止的应当及时终止，确因客观原因无法终止的应当妥善做好善后工作。

（5）如果您的采购代理机构及其工作人员违反政府采购法律法规的行为，依照政府采购法律法规进行处理；涉嫌犯罪的，依法移送司法机关处理。

您的采购代理机构的违法行为给他人造成损失的，还应依法承担民事责任。

三、发挥您的专长也可以另外创收

如果您具有一定的专业特长，又拥有中级以上职称，且有一个固定的工作，不想创业，但又想有另外创收，那么您可以申请当一名政府采购的评审专家，上班、赚钱两不误。评审专家实行统一标准、管用分离、随机抽取的管理原则。财政部负责制定全国统一的评审专家专业分类标准和评审专家库建设标准，建设管理国家评审专家库，所以您还可以参加异地评审。

（一）评审专家的资格条件及申请手续

所称评审专家，是指经省级以上人民政府财政部门选聘，以独立身份参加政府采购评审，纳入评审专家库管理的人员。

1. 评审专家的资格条件

我国的政府采购评审专家申请、选聘采用省级以上人民政府财政部门通过公开征集、单位推荐和自我推荐相结合的方式。只要您具备下列条件就可以申请。

（1）具有良好的职业道德，廉洁自律，遵纪守法，无行贿、受贿、欺诈等不良信用记录。

（2）具有中级专业技术职称或同等专业水平且从事相关领域工作满8年，或者具有高级专业技术职称或同等专业水平。

（3）熟悉政府采购相关政策法规。

（4）承诺以独立身份参加评审工作，依法履行评审专家工作职责并承担相应法律责任的中国公民。

（5）不满70周岁，身体健康，能够承担评审工作。

（6）申请成为评审专家前三年内，无《政府采购评审专家管理办法》第二十九条规定的不良行为记录。

对评审专家数量较少的专业，前款第（2）项、第（5）项所列条件可以适当放宽。

2. 评审专家的申请手续

评审专家的申请采用网上申报的形式，符合《政府采购评审专家管理办法》第六条规定条件，自愿申请成为评审专家的人员，登录中国政府采购网，进入"专家注册"窗口，按要求填写、申报以下申请材料，且根据本人专业或专长申报评审专业。

（1）个人简历、本人签署的申请书和承诺书。

（2）学历学位证书、专业技术职称证书或者具有同等专业水平的证明材料。

（3）证明本人身份的有效证件。

（4）本人认为需要申请回避的信息。

（5）省级以上人民政府财政部门规定的其他材料。

申报完后，省级以上人民政府财政部门对申请人提交的申请材料、申报的评审专业和信用信息进行审核，符合条件的选聘为评审专家，纳入评审专家库管理，并以短信的方式通知您。

请注意，当您的工作单位、联系方式、专业技术职称、需要回避的信息等发生变化的，应当及时向相关省级以上人民政府财政部门申请变更相关信息。

3. 评审专家的解聘

评审专家存在以下情形之一的,省级以上人民政府财政部门则会将其解聘:

(1) 不符合《政府采购评审专家管理办法》第六条规定条件的。

(2) 本人申请不再担任评审专家的。

(3) 存在《政府采购评审专家管理办法》第二十九条规定的不良行为记录的。

(4) 受到刑事处罚的。

(二) 评审专家的权利与义务

虽然我国的《政府采购评审专家管理办法》对评审专家的权利没有作出明确的规定,但依据《政府采购法》的有关规定和评审专家在评审活动的地位与作用,可以归纳为:

1. 权利

(1) 对政府采购制度及相关情况的知情权。

(2) 对供应商所供货物、工程和服务采购项目质量的评审权。

(3) 依法或接受委托推荐中标、成交候选供应商的表决权。

(4) 对政府采购活动中出现的违法违规行为有控告和检举权。

(5) 对采购代理机构的评价权,评审专家应当于评审活动结束后五个工作日内,在政府采购信用评价系统中记录采购人或者采购代理机构的职责履行情况。

(6) 对改进完善政府采购监督管理、评审工作、业务代理工作的建议权。

(7) 按规定获取相应的评审劳务报酬收益权以及法律、法规和规章规定的其他权利。

对政府采购制度及相关情况的知情权体现在两个方面,一是评审专家有义务主动了解政府采购制度与相关情况,不断更新和拓宽自己的知识面,跟踪政府采购知识的发展,跟上政府采购前进步伐；二是政府采购评审专家管理部门有义务对评审专家进行定期的培训，帮助他们进行知识更新，知晓政府采购的相关知识。评审权体现在评审专家按照《政府采购法》的有关规定，在评标方法以及定标原则大的框架内独立地行使对投标等文件进行评判、检查、审核的权力。评审专家的表决权反映在依据自己的判断，对投标供应商排名或决定取舍上独立地行使自己的决定权。

2. 义务

《政府采购评审专家管理办法》也没有对评审专家的义务作出明确的规定。但依据《政府采购法》的相关规定，评审专家的义务主要分为评审前、评审中和评审后。

（1）评审前主要为参加和接受政府采购监管部门组织的培训。

（2）评审中主要有为政府采购工作提供真实、可靠的评审意见；严格遵守政府采购评审工作纪律，不得向外界泄露评审情况；发现供应商在政府采购活动中有不正当竞争或恶意串通等违规违法行为，应及时向政府采购评审工作的组织者或政府采购监管部门报告并加以制止。

（3）评审后主要解答有关方面对政府采购评审工作有关问题的咨询或质疑，配合处理质疑、投诉事项；及时向政府采购专家库管理部门告知个人信息的变更情况；接受监督管理部门的考核；法律、法规和规章规定的其他义务等。

（三）评审专家管理与使用

1. 谁决定您是否参加评审

您是否参加政府采购评审活动，并不是您想参加就参加、想参加什么项目就参加什么项目的，而是采购人或者采购代理机构在需要时，从省级以上人民政府财政部门设立的评审专家库中随机抽取评审专家。评审专家库中相关专家数量不能保证随机抽取需要的，采购人或者采购代理机构可以推荐符合条件的人员，经审核选聘入库后再随机抽取使用。技术复杂、专业性强的采购项目,通过随机方式难以确定合适的评审专家的,经主管预算单位同意,采购人可以自行选定相应专业领域的评审专家。

自行选定评审专家的,应当优先选择本单位以外的评审专家。

除采用竞争性谈判、竞争性磋商方式采购,以及异地评审的项目外,采购人或者采购代理机构抽取评审专家的开始时间原则上不得早于评审活动开始前两个工作日。

特殊情况的处理:出现评审专家缺席、回避等情形导致评审现场专家数量不符合规定的,采购人或者采购代理机构应当及时补抽评审专家,或者经采购人主管预算单位同意自行选定补足评审专家。无法及时补足评审专家的,采购人或者采购代理机构应当立即停止评审工作,妥善保存采购文件,依法重新组建评标委员会、谈判小组、询价小组、磋商小组进行评审。

省级以上人民政府财政部门可根据评审专家履职情况等因素设置阶梯抽取概率。

2. 回避

以下情形您属于"有利害关系",不可参与评审,应主动申请回避。

(1)参加采购活动前三年内,与供应商存在劳动关系,或者担任过供应商的董事、监事,或者是供应商的控股股东或实际控制人。

(2)与供应商的法定代表人或者负责人有夫妻、直系血亲、三代以内旁系血亲或者近姻亲关系。

(3)与供应商有其他可能影响政府采购活动公平、公正进行的关系。

采购人或者采购代理机构发现评审专家与参加采购活动的供应商有利害关系的,应当要求其回避。

还有三项明文规定,您不得参与评审,一是各级财政部门从事政府采购监督管理的工作人员,不得作为评审专家参与政府采购项目的评审活动;二是评审专家对本单位的政府采购项目只能作为采购人代表参与评审活动；三是由自己所在采购代理机构组织的采购活动，评审专家不能参与该项目的评审活动。

3. 评审时的要求

（1）采购人或者采购代理机构应当在评审活动开始前宣布评审工作纪律，并将记载评审工作纪律的书面文件作为采购文件一并存档。

（2）评审专家应当严格遵守评审工作纪律，按照客观、公正、审慎的原则，根据采购文件规定的评审程序、评审方法和评审标准进行独立评审。

（3）评审专家发现采购文件内容违反国家有关强制性规定或者采购文件存在歧义、重大缺陷导致评审工作无法进行时，应当停止评审并向采购人或者采购代理机构书面说明情况。

（4）评审专家应当配合答复供应商的询问、质疑和投诉等事项，不得泄露评审文件、评审情况和在评审过程中获悉的商业秘密。

（5）评审专家发现供应商具有行贿、提供虚假材料或者串通等违法行为的，应当及时向财政部门报告。

（6）评审专家在评审过程中受到非法干预的，应当及时向财政、监察等部门举报。

（7）评审专家应当在评审报告上签字，对自己的评审意见承担法律责任。对需要共同认定的事项存在争议的，按照少数服从多数的原则作出结论。对评审报告有异议的，应当在评审报告上签署不同意见并说明理由，否则视为同意评审报告。

（8）采购人、采购代理机构发现评审专家有违法违规行为的，应当及时向采购人本级财政部门报告。

4. 您所关心的创收

（1）集中采购目录内的项目，由集中采购机构支付评审专家劳务报酬；集中采购目录以外的项目，由采购人支付评审专家劳务报酬。

省级人民政府财政部门应当根据实际情况,制定本地区评审专家劳务报酬标准。中央预算单位参照本单位所在地或评审活动所在地标准支付评审专家劳务报酬。

(2) 评审专家参加异地评审的,其往返的城市间交通费、住宿费等实际发生的费用,可参照采购人执行的差旅费管理办法相应标准向采购人或集中采购机构凭据报销。

(3) 评审专家未完成评审工作擅自离开评审现场,或者在评审活动中有违法违规行为的,不得获取劳务报酬和报销异地评审差旅费。评审专家以外的其他人员不得获取评审劳务报酬。

(四) 评审专家的管理

作为评审专家,您必须遵守《政府采购法》的规定,并服从政府采购监督部门的管理;而使用评审专家的采购人或采购代理机构,也要按规定进行。

1. 保密

评审专家名单在评审结果公告前应当保密。评审活动完成后,采购人或者采购代理机构应当随中标、成交结果一并公告评审专家名单,并对自行选定的评审专家作出标注。

各级财政部门、采购人和采购代理机构有关工作人员不得泄露评审专家的个人情况。

2. 对评审专家进行评价

采购人或者采购代理机构应当于评审活动结束后五个工作日内,在政府采购信用评价系统中记录评审专家的职责履行情况。

评审专家可以在政府采购信用评价系统中查询本人职责履行情况记录,并就有关情况作出说明。

3. 处罚

(1) 评审专家未按照采购文件规定的评审程序、评审方法和评审标准进行独立评审或者泄露评审文件、评审情况的,由财政部门给予警告,并处 2000 元以上 2 万元以下的罚款;影响中标、成交结果的，处2万元以上5万元以下的罚款，禁止其参加政府采购评审活动。

评审专家与供应商存在利害关系未回避的，处2万元以上5万元以下的罚款，禁止其参加政府采购评审活动。

评审专家收受采购人、采购代理机构、供应商贿赂或者获取其他不正当利益，构成犯罪的，依法追究刑事责任；尚不构成犯罪的，处2万元以上5万元以下的罚款，禁止其参加政府采购评审活动。

评审专家有上述违法行为的，其评审意见无效；有违法所得的，没收违法所得；给他人造成损失的，依法承担民事责任。

（2）采购人或者采购代理机构未按照《政府采购评审专家管理办法》规定抽取和使用评审专家的，依照《政府采购法》及有关法律法规追究法律责任。

（3）财政部门工作人员在评审专家管理工作中存在滥用职权、玩忽职守、徇私舞弊等违法违纪行为的，依照《政府采购法》《公务员法》《行政监察法》《政府采购法实施条例》等国家有关规定追究相应责任；涉嫌犯罪的，移送司法机关处理。

4. 不良行为记录

您作为申请人或评审专家有下列情形的，将会被列入不良行为记录：

（1）未按照采购文件规定的评审程序、评审方法和评审标准进行独立评审。

（2）泄露评审文件、评审情况。

（3）与供应商存在利害关系未回避。

（4）收受采购人、采购代理机构、供应商贿赂或者获取其他不正当利益。

（5）提供虚假申请材料。

（6）拒不履行配合答复供应商询问、质疑、投诉等法定义务。

（7）以评审专家身份从事有损政府采购公信力的活动。

四、还有许多新业态等着您去开拓

政府采购是一个古老而又年轻的行业,它的"产业链"比较长,有许多与政府采购相关的新业态等着您去开拓,依据"法无禁止即可为"的原则,您都可以去开发新的政府采购行业,政府采购为"双创"提供了许多新的机遇。

(一)您可以专门做代理投标

《政府采购货物和服务招标投标管理办法》第八条第二款规定,采购代理分支机构不得在所代理的采购项目中投标或者代理投标。本条规定,虽然是一个禁止性条款,但从中可以得出,可以做代理投标。而且,我国目前的政府采购法规并没有禁止代理投标行为,也没有成立代理投标公司的前置规定,只需要到工商部门登记注册一个公司,您就可以做投标代理了。

(二)替人维护权益

于2018年3月1日起实施的《政府采购质疑和投诉办法》(中华人民共和国财政部令第94号,以下简称94号令)第八条规定,供应商可以委托代理人进行质疑和投诉。有些供应商由于对政府采购法规不熟悉,即便自己的权益受到损害,也不知道拿起法律的武器来维权,而有些供应商明知自己的权益受到了损害,但费时费力,而不愿质疑和投诉,94号令的出台则解决了这个问题,可以让专业人做专业事。所以,如果您对政府采购法规十分熟悉,则可以专门做替人质疑、投诉和"打官司"的事,从而维护政府采购市场的公平、正义。

(三)进行绩效评价也是可行的

党的十九大报告指出,要建立全面规范透明、标准科学、约束有力的预算制度，全面实施绩效管理。政府采购作为预算执行的重要方面，要"将结果导向和绩效理念贯穿采购活动的全过程"。所以，对政府采购活动或项目实行绩效评价是大势所趋。您可以成立一个绩效评价公司，专门做政府采购活动或项目的绩效评价。

（四）专门代理采购需求调查

《政府采购需求管理办法》规定，采购人对采购需求管理负有主体责任，按照该办法的规定开展采购需求管理各项工作，对采购需求和采购实施计划的合法性、合规性、合理性负责。主管预算单位负责指导本部门采购需求管理工作。采购人可以在确定采购需求前，通过咨询、论证、问卷调查等方式开展需求调查，了解相关产业发展、市场供给、同类采购项目历史成交信息，可能涉及的运行维护、升级更新、备品备件、耗材等后续采购，以及其他相关情况。面向市场主体开展需求调查时，选择的调查对象一般不少于3个，并应当具有代表性。所以，您可以发挥您的专业特长，成立一个专门的咨询公司，专业从事政府采购的采购需求调查。

（五）创办一所培训学校也是一个不错的选择

随着我国加入 GPA 谈判进程的加快，我国的政府采购法律法规将更加国际化。《政府采购法》调整的范围将有所扩大，政府采购的市场"蛋糕"将越来越大。截至 2022 年 1 月 7 日，全国有 34358 家注册登记的采购代理机构（不包括政府集中采购机构），每家不少于五人，每个采购人都有 1~2 人从事政府采购的管理操作工作，而供应商数量更是不计其数，政府采购评审专家聘用人数也可能是一个 5 位数量级。从事政府采购工作人员或与之有关的人员是一个特殊的、庞大的、层次不一的复杂群体，如此众多的人员，良莠不齐，靠大专院校等科班出身的人肯定是不够的，而政府采购知识也是在不断地更新之中,必须长期进行知识更新培训,所以,您创办一所政府采购知识培训学校也是一个不错的选择。

(六)开设一家咨询公司也是可以有收益的

政府采购是一个融政策性、知识性和市场性于一体大集成、宽覆盖的购买活动,具有综合性与交叉性、实践性与应用性和管理性与执行性的特点,政府采购涉及经济学、管理学、法学、政治学、伦理学、商品学、价格学等,还涉及其他一些学科的知识点,包括国际经济组织政府采购规则知识、计算机、电子商务、政府采购文体写作、商务谈判知识、公共关系知识、审计知识等。一个采购活动涉及的人群也比较多,不是所有的参与政府采购活动的人都对政府采购的相关知识熟悉和掌握的,所以,您可以开一家政府采购咨询公司,专门提供政府采购的咨询服务。

五、您的权利您做主

《中华人民共和国宪法》规定,人民依照法律规定,通过各种途径和形式,管理国家事务,管理经济和文化事业,管理社会事务。中华人民共和国公民对于任何国家机关和国家工作人员,有提出批评和建议的权利;对于任何国家机关和国家工作人员的违法失职行为,有向有关国家机关提出申诉、控告或者检举的权利,但是不得捏造或者歪曲事实进行诬告陷害。即便您不参与政府采购活动,但政府采购的钱是纳税人的钱,是您的钱,您要关心政府采购活动。俗话说"旁观者清",作为一名中华人民共和国的公民,您可以以各种身份和形式,对政府采购活动进行监督。所以,您的权利您做主。

(一)批评权

批评就是评论、评判,对事物加以分析比较,评定其是非优劣,同时指出所认为的缺点和错误,并对缺点和错误提出意见。在我国,政府采购还是一个新生事物,您作为一个"局外人"更能发现政府采购活动中存在的问题,通过您的判断力,客观、公正地对政府采购进行评论、评判。

(二) 建议权

所谓建议是指针对政府采购所发生的客观事实,提出自己合理的见解或意见,并提出一定的改革或改良的措施,使其向着更加良好的、积极的方向去完善和发展。政府采购制度改革不可能一蹴而就,也不可能一帆风顺,在推行之中可能会遇到或出现各种各样的困难、问题,因此,不仅需要公众的理解和支持,更需要公众提出改革的建议。

(三) 监督权和检举权

无论您是政府采购的参与者,还是一个普通的公民,您都应该履行监督政府和与政府有关的活动的权利,最终来维护国家利益和公共利益。不管您是亲身经历的,还是您看到的、听到的一切违反政府采购法规的行为,您都应该通过各种正规渠道或途径进行揭发、检举,从而促进政府采购的公开、公平与公正。

不可投机取巧，但您可抢占先机

政府采购以诚信为原则，不可投机取巧，更不能有欺诈行为，但您可以通过对政府采购相关知识的了解，通过政府采购相关信息来捕捉商机，赢得先机，而知己知彼更是打赢商战的前提。

一、政府集中采购目录和采购限额标准有什么用

政府集中采购目录和采购限额标准被称为政府采购的第一信息，它反映的是《政府采购法》调整的范畴，体现的是政府采购政策取向，实现的是国家的政策目标。说白了，政府采购集中目录和采购限额标准就是政府当年要购买的东西的一个目录清单和管理花钱的底线，如果您对政府集中采购目录和采购限额标准都不清楚、不了解、不熟悉，那您就不用参与政府采购了。

（一）什么是政府集中采购目录和采购限额标准

由于政府集中采购目录和采购限额标准的重要性，我国《政府

采购法》将其发布的权限进行了规定：政府集中采购的范围由省级以上人民政府公布的集中采购目录确定。属于中央预算的政府采购项目，其集中采购目录和采购限额标准由国务院确定并公布；属于地方预算的政府采购项目，其集中采购目录和采购限额标准由省、自治区、直辖市人民政府或者其授权的机构确定并公布。《政府采购法》规定了政府采购集中采购目录和采购限额标准管理体制，明确了制定政府集中采购目录和采购限额标准的权限，实行的是分级管理模式。

所谓政府集中采购目录和采购限额标准，是指由省级以上人民政府或者其授权的机构制定并公布的应纳入政府采购管理、要求实行集中采购的工程、货物和服务的项目清单以及额度限制标准及相关说明。

我国的政府采购实行集中采购和分散采购相结合的管理模式，政府的政府采购组织实施形式既有集中采购，也有分散采购，两者同时并存。我国之所以设计这种管理模式，是因为集中采购和分散采购各有优劣，可以互为补充。所谓集中采购，有广义和狭义之分。广义的集中采购是指政府采购的一种管理模式，它包括了跨部门、跨行业间的采购需求的集中和部门与系统内部间的需求的集中。而狭义的集中采购是指由政府集中采购机构依据政府制定的集中采购目录，受采购人的委托，按照政府集中采购目录和采购限额标准确定的采购方式，以及公开、公平、公正和诚实信用的原则，并根据法定的采购程序进行的统一采购的行为。所谓分散采购，是相对于集中采购而言的，是采购人使用财政性资金依法采购集中采购目录以外、采购限额标准以上的货物、工程和服务的行为。分散采购的主体是各采购人。

集中采购的优势主要有：一是产生规模效益。将分散的采购加以集中，使采购规模扩大，从而产生规模效应，既节约采购支出，也节约行政成本。二是实行专业的运作。集中采购由专业团队操作，并由专家参与评审，他们懂采购对象的性能、质量等，熟悉采购方式与程序，能有效地保证政府采购质量。三是采购规模相对大。实行集中采购其采购规模较大，便于采用招标采购方式，将采购信息公开、透明，引入竞争机制。集中采购规模大，容易发挥政府采购的政策导向作用。四是集中采购使采购标准统一，避免了采购人之间的相互攀比。五是集中采购规模大、量多，可以要求供应商简化外包装、减少装潢，实行绿色采购，节能环保。实行集中采购也有缺陷，主要为：容易滋生官僚习气，采购效率不高；难以满足采购人多样性、个性化需求；采购周期较长。

分散采购也有优势，主要有：一是突出了采购人的自主权，增强了责任感；二是能够满足采购人对及时性和多样性的需求；三是采购效率较高。分散采购也存在一定的弊端，主要表现为：不能产生规模效益，增加了行政成本；运作不规范，不便于监督管理。

由于政府采购实行集中采购和分散采购相结合的管理模式，所以政府集中采购目录制定分为三大块，即政府集中采购目录、部门集中采购目录和分散采购目录（以采购限额标准形式规定）。凡纳入政府集中采购目录范围内的政府采购项目，采购人应当委托集中采购机构代理采购。凡纳入部门集中采购目录范围内的政府采购项目，采购人应当实行部门集中采购，部门没有能力组织或不符合省级以上政府采购监督管理部门规定的部门组织集中采购要求的，应委托在中国政府采购网上登记的采购代理机构代理采购。分散采购目录内的采购项目，采购人可以自行依法组织采购。

政府集中采购目录和采购限额标准，是从两个方面对纳入政府采购管理的项目进行明确，没有设定限额标准的按品目全部纳入，设定限额标准的则为限额标准以上的品目纳入。品目内的采购项目，不管其预算金额有多少，都是《政府采购法》调整的范畴。不是品目范围内的采购项目，如果其预算金额达到了限额标准，也是《政府采购法》调整的范畴。

随着政府采购制度改革的不断深化以及人们对政府采购规律认识的深入，在政府集中采购目录的制定上，又推出了"目录＋限额标准"的管理模式，避免了目录内（采购品目）采购项目管理过细、项目预算金额太小的问题。

（二）政府集中采购目录和采购限额标准制定的原则与依据

政府集中采购目录和采购限额标准的制定与发布，是否规范、其质量的高低，直接关系到政府采购的预算编制、计划执行、监管实施，甚至关系到政府采购政策功能的落实与发挥。因此，在制定政府集中采购目录和采购限额标准时应遵循一定的原则。

1. 有利于国家大政方针落实的原则

实行政府采购制度改革，不只是为了加强财政支出管理，节约财政资金，更重要的是维护国家的经济利益，落实国家的大政方针。要通过政府采购来达到支持和保护民族工业发展、支持和鼓励自主创新、实行节能环保、扶持和促进不发达地区与少数民族地区经济的发展、保护和促进中小企业的发展等目的，而这些目标的落实都需要通过制定政府集中采购目录和采购限额标准来间接地实现，所以，在制定政府集中采购目录时，应充分考虑发挥政府采购调节经济的作用，用政府集中采购目录通过市场经济的手段来间接调控国民经济结构，有利于国家政策和方针的落实。

2. 有利于促进经济发展的原则

政府采购是国家调控经济的手段之一，而调控则是通过采购量的大小、频率、采购的倾向性来实现的，政府可以根据国内市场情况，通过增加或减少采购数量，来刺激或抑制市场需求，从而调节经济总量的平衡。2008年的全球金融危机，我国出口受阻、内需不旺，国家则出台了十大措施，主要通过拉动内需来促进经济的发展，这大多是通过政府采购来实现的。特别是2022年，由于受新冠疫情影响，我国内需不旺，经济不振，国家提出提前实施采购、加大政府采购力度的政策,通过内外循环来提振经济。所以,政府集中采购目录范围的大小、政府采购限额标准的高低,间接地影响国民经济的走向,刺激经济的发展。

3. 有利于操作与管理的原则

政府集中采购目录和采购限额标准是采购人编制政府采购预算的依据,也是政府采购监督管理部门实施监管的依据,因此,在制定政府集中采购目录和采购限额标准时,应充分考虑这两个方面的因素,不管是政府集中采购目录,还是部门集中采购目录和分散采购目录,品目过宽或过窄,都不利于采购人操作,也不利于监管。

政府集中采购目录和采购限额标准的制定应主要依据国家的宏观经济政策,不可脱离或背离国家的经济发展长远规划和短期目标,同时还要依据相关部门出台的《办公用品配置标准》来制定,还应考虑参考纪检监察部门制定的有关管理办法。省级以下在制定和出台政府集中采购目录和采购限额标准时,还应依据、参考本省的经济发展水平以及考虑全省经济发展的差距问题等。

(三)政府集中采购目录和采购限额标准制定的部门与发布媒体

作为重要的政府采购信息之一的政府集中采购目录和采购限额标准,它的制定和发布在《政府采购法》中都有明确的规定,属于中央预算的政府采购项目,其集中采购目录由国务院确定并公布,属于地方预算的政府采购项目,其集中采购目录由省、自治区、直辖市人民政府或者其授权的机构确定并公布。目前我国将政府集中采购目录制定权限设定在省一级或授权的机构,随着我国加入WTO的《政府采购协议》,我国的政府集中采购目录和采购限额标准将与国际接轨,与出价清单要合二为一,那时,政府集中采购目录和采购限额标准的制定将更为重要。其制定和公布的权限在省级以上人民政府或国务院,并实行先审核、后公布的管理模式。

政府集中采购目录和采购限额标准除了采用公文的形式发布以外，还应在政府采购监督管理部门指定的媒体上发布。由于政府集中采购目录和采购限额标准是采购人编制政府采购预算的依据，因此其发布的时间应提前。我国现在编制部门预算的时间一般在九十月份，所以，它应在六七月份发布。而且政府集中采购目录和采购限额标准对供应商来说还是一个十分重要的商业信息，它反映的是政府的经济政策走向，供应商会根据它来制订生产计划，组织生产。所以从这个角度来讲，政府集中采购目录和采购限额标准出台或公布的时间越早越好。

（四）政府集中采购目录和采购限额标准的基本要素

政府集中采购目录和采购限额标准是采购人编制政府采购预算的依据，更是采购人执行政府采购政策操作的依据。那么，其基本要素应包括哪些内容呢？政府集中采购目录和采购限额标准要告知公众的信息主要有以下三个方面。

一是工程、货物和服务项目的清单属于纳入本级政府采购管理的范畴；二是采购项目当其一次性购买或一年内累计购买的金额超过一定限额标准之后虽然清单上没有列出，但也要纳入政府采购的管理，以及超过一定的数额标准还应采用公开招标方式采购；三是有关说明与要求。

政府集中采购目录和采购限额标准结构一般由标题、正文和说明三个部分构成。一是标题。标题一般由"发文者＋年份＋文体"构成。二是正文。正文一般由目录（包括政府集中采购目录和部门集中采购目录、分散采购目录）和采购限额标准、公开招标数额标准组成。目录一般按财政部公布的《政府采购品目分类目录》进行编号。三是说明。说明一般对目录和标准进行解释，并提有关要求。

按理，政府集中采购目录和采购限额标准不应有说明，但在开展政府采购工作初期，说明还是不可缺少的，它能帮助人们理解和了解政府集中采购目录和采购限额标准，随着政府采购改革的不断深入，人们对政府采购比较熟悉之后就不需要"说明"了。①

（五）政府集中采购目录和采购限额标准的分类

1. 按组织形式分类

政府集中采购目录和采购限额标准按采购的组织形式分类，可分为政府集中采购目录和采购限额标准、部门集中采购目录和采购限额标准、分散采购的限额标准。政府集中采购目录所规范的是通用类采购品目，采购人采购时必须委托集中采购机构代理采购，这是强制性的。而采购限额标准包括两个部分：一是采购人采购的项目虽然没有纳入政府集中采购目录之内，但其一次性采购的预算金额达到了采购限额标准，也必须依法进行采购；二是采购人采购项目的预算金额达到了公开招标的数额标准，必须采用公开招标方式进行采购。同样，部门集中采购目录所规范的是各部门通用性或特殊性的采购品目，采购人需要采购时由部门组织采购。但规定，部门有能力组织采购的，应按《政府采购货物和服务招标投标管理办法》第九条的规定执行，否则也需委托采购，受托人可以是集中采购机构，也可以是按《政府采购代理机构管理暂行办法》规定进行登记的采购代理机构。而此时的采购限额标准也同政府集中采购的限额标准一样管理。自行采购（分散采购）的采购限额标准是指具有特殊性、只有采购人自己需要采购的项目，但其采购的数额较大，也应由采购人按《政府采购法》规定的采购方式、采购程序自行组织采购或委托采购。

2. 按管理模式分类

政府集中采购目录和采购限额标准按管理模式分类，可分为定点采购、协议供货、采购卡采购、网上反拍卖（逆向拍卖）、框架协议采购。

---

① 宋军：《政府采购文体解》，经济科学出版社2009年版，第66页。

定点采购和协议供货都是通过一定的采购方式确定下来的，用以满足采购人零星的、及时性的、通用性的、小额的采购需要。定点采购多用于服务类的采购对象，协议供货多用于货物类的采购对象（用框架协议采购方式进行采购）。

采购卡采购适用于采购人的小额的零星采购，一般多用于办公用低值消耗品的采购。政府采购监督管理部门将采购人经常发生的、零星的采购项目拟订一个范围，采购人在需要时不需办理有关手续，用充值卡直接到供应商处采购，不用支付现金，统一实行国库集中支付。采购卡采购，方便灵活，便于管理。在政府采购目录中可将不便管理、采购人又经常发生、在公务支出费用中占有一定的比例、容易产生腐败的项目纳入其中。

网上反拍卖是指利用互联网平台，由采购人按照拍卖的有关法规，合格供应商在统一标准下在网上进行竞价，最终由设定的相关程序与系统确定报价最低价为中标供应商的一种政府采购形式。网上反拍卖适用于采购标的的规格和标准统一、市场货源充足、可替代或替换产品较多、便于采购人和供应商迅速辨识或确认的项目。而目前采用询价方式采购的项目基本适用反拍卖采购形式组织。网上反拍卖也有人称之为"电商"。

3. 按采购对象和采购方式分类

政府集中采购目录和采购限额标准按采购对象分类，可分为货物、工程和服务。

政府集中采购目录和采购限额标准按采购方式分类，可分为公开招标采购、邀请招标采购、竞争性谈判采购、竞争性磋商、询价、单一来源采购和框架协议采购。

二、政府采购工作规程您更应该熟悉

政府采购的管理与执行都是有一定"规律"的，也就是按工作规程进行的，如果您对政府采购的工作规程都不了解，一方面您不知道如何操作，另一方面您也无法与采购人或监管部门人员进行沟通，您当然也就赚不到政府采购的钱了。

所谓政府采购工作规程，就是政府采购的"规则+流程"，是指政府采购的管理、执行与监管工作的标准、要求和规定。依据政府采购工作的性质与特点，其工作规程与程序主要有以下几个方面。

（一）年度政府集中采购目录和采购限额标准制定

依据《政府采购法》的规定，省级以上人民政府制定、公布每年度的政府集中采购目录和采购限额标准。随着改革的不断深化，并保证政策的稳定性，政府集中采购目录和采购限额标准现在一般是两年颁布一次，时间为五六月份。

（二）政府采购预算编制

1. 政府采购预算编制主体

采购人是本部门、本单位政府采购预算的编制和执行主体，负责本部门、本单位的政府采购预算编制及执行，并对其编制及执行结果负责。财政部门是政府采购监督管理的部门，依法履行对政府采购预算编制的监督管理职责。

2. 预算资金

财政性资金是指纳入预算管理的资金。以财政性资金作为还款来源的借贷资金，视同财政性资金。财政性资金与非财政性资金无法分割采购的，适用《政府采购法》。

3. 同部门预算一起编制

采购人应当依法按照财政部《政府采购品目分类目录》以及省级以上人民政府颁布的《年度政府集中采购目录和采购限额标准》随同部门预算一起编制本部门、本单位年度政府采购预算。政府采购预算中，属于政府购买服务清单中的政府采购项目应单独编列。

4. 申报与批复

本级人民代表大会批准部门预算后，由财政部门向各部门批复部门预算的同时将政府采购预算批复给各部门。

（三）采购意向公开

本级人大批准和财政部门下达政府采购预算后，主管预算单位应将本部门的政府采购意向在政府采购监管部门指定媒体和本部门的相关媒体上予以公布。

主管预算单位是指负有编制部门预算职责，向同级财政部门申报预算的国家机关、事业单位和团体组织。

除以协议供货、定点采购方式实施的小额零星采购和由集中采购机构统一组织的批量集中采购外，按项目实施的集中采购目录以内或者采购限额标准以上的货物、工程、服务采购均应当公开采购意向。

采购意向公开的内容应当包括采购项目名称、采购需求概况、预算金额、预计采购时间等。其中，采购需求概况应当包括采购标的名称，采购标的需实现的主要功能或者目标，采购标的数量，以及采购标的需满足的质量、服务、安全、时限等要求。采购意向应当尽可能清晰完整，便于供应商提前做好参与采购活动的准备。采购意向仅作为供应商了解各单位初步采购安排的参考，采购项目实际采购需求、预算金额及执行时间以预算单位最终发布的采购公告和采购文件为准。

采购意向由预算单位（采购人，下同）定期或者不定期公开。部门预算批复前公开的采购意向，以部门预算"二上"内容为依据；部门预算批复后公开的采购意向，以部门预算为依据。预算执行中新增采购项目应当及时公开采购意向。采购意向公开时间应当尽量提前，原则上不得晚于采购活动开始前30日公开采购意向。因预算单位不可预见的原因急需开展的采购项目，可不公开采购意向。

省级以下各级预算单位2022年1月1日起实施的采购项目，应当按规定公开采购意向。

(四) 政府采购预算执行

1. 预算是基础

政府采购严格按照批准的预算执行,在执行过程中不得突破或随意增加。

2. 编制采购实施计划

采购人应当根据集中采购目录、采购限额标准和已批复的部门预算编制政府采购实施计划,报本级人民政府财政部门备案。政府采购实施计划和政府采购执行情况实行网络备案。

3. 依法确定采购组织形式和采购方式

采购人应当根据采购项目特点,依法确定政府采购组织形式和采购方式,即编制政府采购实施计划,政府采购实施计划实行报备制管理,报本级人民政府财政部门备案。集中采购目录的项目委托集中采购机构代理采购。列入集中采购目录的项目,适合实行批量集中采购的,应当实行批量集中采购。达到公开招标数额标准,因特殊情况需要采用公开招标以外的采购方式的,按照《政府采购法》的相关规定执行。因特殊情况需要采购进口产品的,按照财政部《政府采购进口产品管理办法》的相关规定执行。

4. 确定采购需求

采购人在政府采购活动中,应当维护国家利益和社会公共利益,公正廉洁,诚实守信,厉行节约,科学合理确定采购需求。

按照《政府采购需求管理办法》的要求,对于下列采购项目,应当开展需求调查:

(1) 1000万元以上的货物、服务采购项目,3000万元以上的工程采购项目。

(2) 涉及公共利益、社会关注度较高的采购项目,包括政府向社会公众提供的公共服务项目等。

(3) 技术复杂、专业性较强的项目,包括需定制开发的信息化建设项目、采购进口产品的项目等。

（4）主管预算单位或者采购人认为需要开展需求调查的其他采购项目。

编制采购需求前一年内，采购人已就相关采购标的开展过需求调查的可以不再重复开展。

5. 编制各类采购文件

采购人应当根据政府采购政策、采购预算、采购需求编制采购文件。采购需求应当符合法律法规以及政府采购政策规定的技术、服务、安全等要求。政府向社会公众提供的公共服务项目，应当就确定采购需求征求社会公众的意见。除因技术复杂或者性质特殊，不能确定详细规格或者具体要求外，采购需求应当完整、明确。必要时应当就确定采购需求征求相关供应商、专家的意见。

6. 落实政策功能

采购人在预算执行中应当认真贯彻落实国家关于政府采购政策功能的相关规定，购买本国货物、工程和服务。通过制定采购需求标准、预留采购份额、价格评审优惠、优先采购等措施，实现支持自主创新、节约能源、保护环境、扶持不发达地区和少数民族地区、促进中小企业发展等目标。

（五）采购项目的具体操作

采购人或采购代理机构按采购实施计划确定的采购组织形式、采购方式依法组织采购活动。（详见第五讲）

（六）政府采购合同签订、备案及履约验收

1. 签订合同

政府采购合同适用《中华人民共和国民法典》。各部门、各单位（采购人，下同）应当在中标、成交通知书发出之日起30日内，按照采购文件确定的事项与中标、成交供应商签订政府采购合同，政府采购合同应当由合同的双方当事人法人签章。

政府采购合同的中标、成交供应商及合同金额、标的物数量、单价、品牌、规格型号、服务内容、服务期限、交货（竣工）和资金支付时间等合同要素应与招标文件、投标文件、竞争性谈判文件、询价通知书、响应文件和中标、成交通知书等相关内容一致。

中标、成交通知书对各部门、各单位和中标、成交供应商均具有法律效力。中标、成交通知书发出后，各部门、各单位改变中标、成交结果的，或者中标、成交供应商无正当理由放弃中标、成交项目的，应当依法承担法律责任。

2. 合同备案

采购人应当自政府采购合同签订之日起七个工作日内，按照《政府采购法》的规定将政府采购合同副本及采购项目合同备案说明报政府采购监督管理部门备案。

3. 履约

政府采购合同的双方当事人不得擅自变更、中止或者终止合同。政府采购合同继续履行将损害国家利益和社会公共利益的，双方当事人应当变更、中止或者终止合同。有过错的一方应当承担赔偿责任，双方都有过错的，各自承担相应的责任。

4. 验收

采购人应当按照采购合同的约定，依法组成验收小组，负责对供应商履约的验收。大型或者复杂的政府采购项目，应当邀请国家认可的质量检测机构参加验收工作。

验收小组应当按照政府采购合同规定的技术、服务、安全标准组织对供应商履约情况进行验收，并出具验收书。验收书应当包括每一项技术、服务、安全标准的履约情况。验收的标的物应与政府采购合同一致。验收小组对验收结果承担相应的法律责任。

（七）政府采购资金支付

1. 支付资金

采购人应当按照政府采购合同规定，及时向中标、成交供应商支付采购资金。应按照《保障中小企业款项支付条例》的规定支付政府采购资金,即:机关、事业单位从中小企业采购货物、工程、服务,应当自货物、工程、服务交付之日起 30 日内支付款项;合同另有约定的,付款期限最长不得超过 60 日。

政府采购项目资金支付程序,按照财政资金支付管理的规定执行。

2. 支付金额与合同金额一致

采购人应确保资金使用的安全,严格按照政府采购合同要素登记备案的相关信息办理采购资金支付。项目资金的收款人、支付的合同金额必须与政府采购合同一致。

按政府采购合同的约定,采购项目资金需跨年度支付或者采购项目招标活动在本年度未实施完毕的,财政部门应当根据资金管理规定办理项目资金的结转手续。各部门、各单位上一年政府采购预算的结转、结余资金随部门预算的结转、结余资金一并管理。

(八)政府采购信息及档案管理

1. 政府采购信息内容

采购人或采购代理机构应当依法依规将政府采购项目信息及时在省级以上人民政府财政部门指定的媒体上公告,包括集中采购和分散采购的信息。信息公告的内容主要包括采购公告、采购项目预算、招标文件、竞争性谈判文件、询价通知书、中标或者成交结果、政府采购合同等。

中标、成交供应商确定之日起两个工作日内,应当在省级以上人民政府财政部门指定的媒体上公告中标、成交结果,招标文件、竞争性谈判文件、询价通知书随中标、成交结果同时公告。中标、成交结果公告内容应当包括采购人和采购代理机构的名称、地址、联系方式,项目名称和项目编号,中标、成交供应商名称、地址和中标、成交金额,主要中标、成交标的的名称、规格型号、数量、单价、服务要求以及评审专家名单。

政府采购合同自签订之日起两个工作日内,在省级以上人民政府财政部门指定的媒体上公告,但政府采购合同中涉及国家秘密、商业秘密的内容除外。

政府向社会公众提供的公共服务项目,验收结果应当向社会公告。验收小组应当按照政府采购合同规定的技术、服务、安全标准组织对供应商履约情况进行验收,并出具验收书。验收书应当包括每一项技术、服务、安全标准的履约情况。验收的标的物应与政府采购合同一致。验收小组对验收结果承担相应的法律责任。

2. 政府采购信息发布指定媒体

政府采购信息公告指定媒体包括中国政府采购网、《中国政府采购》杂志、《中国政府采购报》等。

3. 采购文件

采购人或采购代理机构应当妥善保存政府采购项目的采购文件,不得伪造、变造、隐匿或者销毁。

采购文件包括采购活动记录、采购预算、招标文件、投标文件、评标标准、评估报告、定标文件、合同文本、验收报告、质疑答复、投诉处理决定及其他有关文件、资料。采购文件的保存期限为从采购结束之日起至少保存十五年,可以用电子档案方式保存。

(九) 政府采购监督检查

1. 自查

采购人应当加强本部门、本单位项目采购的管理,建立内部控制和内容检查制度。内部检查制度是内部管理制度的组成部分,自查结果作为检查内容之一。

2. 监管部门的检查

采购人或采购代理机构应当如实向财政部门反映政府采购情况,提供有关材料,接受财政部门对政府采购活动的监督检查。

3. 监督检查的内容

财政部门负责监督检查本级各部门及其所属各单位政府采购

预算的编制、执行情况。具体包括：
(1) 政府采购法律、行政法规和规章的执行情况。
(2) 采购范围、采购方式、采购程序的执行情况。
(3) 政府采购人员的职业素质和专业技能。

财政部门制订年度政府采购监督检查计划，每年确定对本级部门及其所属单位政府采购执行情况进行重点检查。重点检查政府采购实施计划备案、内部控制制度、采购需求管理、采购标准执行、采购行为规范、采购合同备案、履约验收、资金支付、信息公开、政府采购政策执行以及台账的建立等情况。检查结果报本级人民政府和监察、审计部门。

4. 检查后的处理

采购人或采购代理机构有违反《政府采购法实施条例》第六十七条规定的情形之一的，由财政部门责令限期改正，给予警告，对直接负责的主管人员和其他直接责任人员由相关部门依法给予处分，并予以通报。

采购人或采购代理机构有违反《政府采购法实施条例》第六十八条规定的情形之一的，依照《政府采购法》第七十一条、第七十八条的规定由相关部门追究法律责任。

（十）政府采购绩效管理

采购人和集中采购机构应当制定本部门预算绩效评价规章制度，合理确定绩效目标；组织本部门绩效评价工作，对常年性项目、政府采购服务项目做好绩效考核工作并及时向财政部门报送绩效报告和绩效评价报告。

财政部门应当根据预算项目绩效目标及政府采购物有所值的原则，制定科学、合理的政府采购绩效评价指标、评价标准和评价方法，并对政府采购预算支出的经济性、效率性和效益性进行客观、公正的评价。及时整理、分析、反馈绩效评价结果，并将其作为改进预算管理和安排以后年度预算的重要依据。

三、您必须抓住政府采购预算所透露的信息

随着公共财政体制的建立,财政支出更加注重科学性、规划性和绩效性。我国目前每年从9月起,就开始编制下年度的部门预算,而政府采购预算是部门预算的重要组成部分。所谓政府采购预算就是各单位(采购人)下一个年度所要采购东西用钱的计划。所以,您必须抓住政府采购预算所透露的信息,"打有准备之仗"。

(一) 什么是部门预算

所谓部门预算,通俗地讲就是一个部门一本预算,是由各部门根据其职能和社会发展的需要,统一编制反映本部门所有收入和支出的预算。根据国际经验,部门预算是由政府各部门编制、财政部门审核、经政府同意后报人大(议会)审议通过的、全面反映部门所有收入和支出的预算。

在我国部门预算改革中所谓的"部门"具有特定含义,它是指那些与财政直接发生经费领拨关系的一级预算会计单位。具体而言,根据中央政府部门预算改革中有关基本支出和项目支出试行单位范围的说明,部门预算改革中所指"部门"应包括三类:一是开支行政管理费的部门,包括了人大、政协、政府机关、共产党机关、民主党派机关、社团机关;二是公检法司部门;三是依照公务员管理的事业单位。

纵观国际上各国对部门预算的管理,相比其他预算管理模式,其部门预算的特征主要有以下几个方面。

1. 法律性

部门预算的法律性特征显示在部门预算的编制是以法律为依据的。大到确定预算编制与执行的法律法规,小到每一个项目细节的变动,均以法律形式加以确认,包括每一项支出的标准都有法律依据,不会因执政党派的不同而随意改变。

2. 综合性

部门预算综合反映了部门内外收入、事业收入以及其他合法收入，实现了部门公共资源的统一，从微观基础上保证了预算总量控制目标的实现，有利于提高财政透明度。通过国库集中收付改革的不断深入，有望实现流量收入和存量财力的统一，将结余资金纳入年度财政运营中；还可以逐步提高财政资源的集成度，打破财政资金部门分割，甚至打破公共部门和私营部门的分割，也就是说，借以推动预算的成熟。根据中长期宏观经济规划，视财政结余调整税收力度，变"量入为出"为"量出为入"，达到财政管理的最高境界。

3. 科学性

部门预算是零基预算，"零基"作为一种理念甚于作为一种支出测算方法，可以使预算更精确。作为一种方法而言，任何支出的测算都要建立在真实可靠的历史数据基础上，完全的零基预算是不可能的，但作为一种理念，可以激励人们努力改进预算技术，更加真实合理地测算支出。部门预算的科学性将会扭转当前预算博弈中财政部门的被动局面，压缩行政管理费支出，为优化财政资源配置、调整财政支出结构打开空间，从而提升预算的配置效率。部门预算的科学性还反映在编制程序的严谨上，各个程序有严格的规定，各司其职。

4. 绩效性

部门预算的编制是紧紧围绕满足公共需求这个目标进行的，从而最大程度发挥财政资金的效益。绩效性表现在两个方面，一是编制过程中的效率高。通过借助计算机技术，利用计量经济模型对影响财政收入的许多自变量、因变量进行定量分析，对支出预期进行科学预测，使预算更加精细，同时实行模块化操作，提高编制的效率。二是财政资金的使用效率高。通过对支出项目的评估，为增减部门预算金额提供了依据，提高了预算的准确性，从而提高了财政资金的使用效益。

5. 透明度

部门预算的透明度是通过公开来实现的。一是编制过程的公开，不管是财政部门或编制、审核部门，还是预算单位都对部门预算编制的整个过程知晓，对相关收支情况熟悉，并有一个"讨价还价"的过程。同时，将涉及公众切身利益的公共项目建设资金，交给公众讨论，并由公众决定，使预算编制更加公开、民主、透明，这样既提高了资金使用效率，避免了腐败，同时唤醒了民众的民主意识和参与意识，为民意的充分表达提供了平台。二是部门预算的公开，由于部门预算是按照一定的程序经过立法机关批准的，一经批准就通过各种形式公开。部门预算不仅具体、细化，而且一目了然，便于公众知晓。三是部门预算执行的公开。部门预算执行的公开是为了便于纳税人进行财政支出的监督。

（二）政府采购与部门预算和国库集中收付的关系

政府采购预算是指采购人根据事业发展计划和行政任务编制的，并经过规范程序批准的年度政府采购计划。

政府采购预算是行政事业单位财务预算的一个组成部分。它一般包括采购项目、采购资金来源、数量、型号、单价、项目实施时间等。它集中反映了预算年度内各级政府用于政府采购的支出计划，在一定程度上反映了行政事业单位的资金收支规模、业务活动范围和方向，是部门预算的组成部分，也是政府采购工作的基础。

国库集中收付制度是对财政资金实行集中收缴和支付的制度，由于其核心是通过国库单一账户对资金进行集中管理，所以这种制度一般又称作国库单一账户制度。它是指所有财政性资金纳入国库单一账户体系管理，收入直接缴入国库或财政专户，支出通过国库单一账户体系支付到商品和劳务供应者或用款单位。资金清算采取国库单一账户通过银行的零余额账户，与商品和劳务供应商清算方式进行。

您赚的钱就是从国库集中支付给您的。

目前我国进行的预算体制的改革,正在向法治化、公开性和科学化方面迈进,实行部门预算、国库集中收付和政府采购三项财政支出制度的改革都与预算改革密切相关,其中部门预算是关于预算编制模式的改革,而政府采购和国库集中收付又是关于预算执行的改革。所以,部门预算、政府采购和国库集中收付统称为公共支出改革的三项制度,也是在公共财政诸项制度建设处于核心地位的三项制度,它们三者的关系是体现在以下三个方面。

1. 编制部门预算是基础

实行部门预算,就是要细化预算,从改革预算编制的体系分类和预算科目着手,重新按定员定额确定人员经费,重新按支出标准确定公务经费。它为确定政府采购的品目目录、编制政府采购预算和制订政府采购计划奠定了基础。如果仍然按照以前粗放式的预算编制方法,政府采购品目目录的确定、政府采购预算的编制和政府采购计划的制订将难以完成。

2. 实行国库集中收付制度是手段

国库集中收付制度不同于财政根据预算安排将资金按预算级次层层下拨的方式,而由集中收付机关根据批复的部门预算按实际支出的时间和金额从国库统一支付。实行国库集中收付制度,解决了由于资金分配交叉造成难以整体控制的问题,可使财政资源达到最优配置,克服财政资金被部门挤占和挪用的问题,保证预算资金的及时、足额支付。通过国库集中收付,也有利于对部门预算执行的监督,有利于政府采购制度的执行。

3. 政府采购制度是保证

政府采购制度是将行政、事业单位购买货物、工程和服务的行为公开化、规范化、程序化。实行政府采购制度,可提高部门预算执行准确性和效率。主要体现在:一是通过政府采购并在配套的支出标准的约束下,可全过程管理和监督预算单位对财政资金的使用,压缩不合理支出;二是通过政府采购可将原来由各单位自行分散的采购活动形成规模优势,通过法定的集中采购方式,充分运用竞争机制,好中选优,大幅度节约财政资金;三是通过政府采购制度所遵循的公开、公平、公正原则,极大地增强了采购过程的透明度,在提高财政资金使用效益的同时,从源头上预防腐败现象的发生。

(三) 政府采购预算的编制

严格意义上讲,政府采购预算的编制分两个步骤,并非人们所说的"两上两下",即:政府的购买需求计划和政府采购预算的编制。

政府的购买需求计划是指采购人依据下年度的工作需要而提出或制定的购买采购对象的布置和安排。采购人的购买需求计划,是编制政府采购预算的基础,也是一级政府制定下一年度政府采购工作规划的前提,同时,编制购买需求计划也是实行科学化和精细化管理的要求。由于政府的购买需求项目并非全部为政府采购项目,也就是说并非全部纳入政府采购管理的范围,所以才有"政府的购买需求计划"概念。

1. 政府的购买需求计划编制的原则与依据

政府的购买需求计划的编制基本原则有三个:一是公共服务原则。公共财政的最基本原则是满足公共需求,所以在需求项目的安排上也应遵循这一原则,公共服务项目优先安排。二是民生优先原则。在需求项目的安排上,以关系国计民生的项目优先安排,而改造办公环境等项目应位列最后。三是轻重缓急原则。按照轻重缓急的要求,对需求项目进行排位,先安排重点项目或亟待解决问题的项目。

政府的购买需求计划的编制依据主要有两个方面:一方面是一级政府的国民经济发展规划,即五年规划,凡一级政府的五年规划中纳入了或涉及的,可以提出购买需求,编制购买需求计划;另一方面是一个部门下年度工作计划中提及的或需要配套解决问题的项目，可以提出购买需求，编制购买需求计划。

一个符合实际要求的政府的购买需求计划，需要通过逐级的审核和科学的论证才能完成。它的基本步骤为：

（1）基层采购人提出，报一级预算单位汇总，由一级预算单位综合平衡并审核。

（2）需要评估。大型项目的购买计划要请专业机构或专家学者进行需要评估，看是否有此必要，有没有可代替方案等。

（3）报一级政府的发展改革委等部门再次进行综合平衡，看有没有重复项目或交叉项目。

（4）发展改革委等部门进行综合平衡后，从一级政府发展目标出发，再将所有项目进行排序。

（5）对每个大型项目（各级政府可以依据经济实力确定一定数额标准）进行投资评审，其结果才是编制政府采购项目预算的资金依据。

（6）形成一级政府的购买需求计划。

2. 政府采购预算的编制

财政工作的精细化、科学化和法治化的实现是通过财政工作的各个环节共同努力来实现的。政府采购的精细化管理首先是政府采购预算的规范化。为此，我国《政府采购法》第六条规定：政府采购应当严格按照批准的预算执行。同时还规定：负有编制部门预算的部门在编制下一财政年度部门预算时，应当将该财政年度政府采购的项目及资金预算列出，报本级财政部门汇总。部门预算的审批，按预算管理权限和程序进行。这就规定了政府采购预算编制的原则、责任单位和程序等。

财政性资金是指纳入预算管理的资金。以财政性资金作为还款来源的借贷资金，视同财政性资金。

政府采购预算具有从属性、完整性、公开性和控制性的特点。它的从属性表现在政府采购预算不是独立的预算体系，而是部门预算的一个组成部分，是依附于部门预算的，包括它的编制过程、汇总、上报与审批等，是随部门预算的进行而进行的。它的完整性表现在政府采购预算是一个有机的整体，包括采购对象的名称、数量、拟采购的时间、资金的组成、采购项目完成的时间、预算的资金等，从而全面反映采购人的整个采购活动及资金来源安排。它的公开性表现在政府采购预算的所有资料是对公众开放的，是可查询的，它和部门预算一起，是公开透明的，接受全社会的监督。它的控制性表现在政府采购预算作为部门预算的一部分，在整个预算的大体框架内不可能突破，且在执行中也不能突破，反映为对采购人采购行为的控制。

政府采购预算的重要性要求各与之相关的每一个人都应认真对待其编制工作。政府采购预算编制的方法和程序与部门预算是一致的，所不同的是更加细化、更加具体。

既然政府采购预算同部门预算一同编制，那么其程序也是一样的，即"两上两下"。

第一步："一上"，由下而上地将政府采购预算逐级填报、汇总。负有编制部门预算责任的采购人，在编制部门预算时，依据一级政府的购买需求计划中所列项目，并按照财政部门规定的部门预算表格及政府采购预算表格和要求，将本财政年度政府采购的项目及资金来源渠道预算列出，汇总报财政部门主管业务科室审核。

第二步："一下"，由上至下审核、修改政府采购预算。部门预算分为收入预算、基本支出预算、专项支出预算和政府采购预算。专项支出预算是政府采购预算的主要资金来源。财政部门接到各采购人上报的政府采购预算后，结合核定的各采购人的支出控制数以及专项支出预算一起进行审核，在审核的基础上重新编制各部门政府采购预算，并将重新编制的政府采购预算下达给各采购人征求意见。

第三步："二上"，由下至上重新编制政府采购预算。各采购人根据财政部门下达的预算控制数，结合本单位预算年度收支情况，特别是财政拨款数变动情况，对相关收支项目进行调整，包括调整政府采购预算，编制正式部门预算。采购人在调整政府采购预算时，应根据事业发展计划和工作任务，提出具体采购项目预算金额及实施时间。各采购人要按规定时间将正式预算报送主管部门审核汇总，由主管部门报财政部门汇总报批。

第四步："二下"，由上至下批复下达政府采购预算。财政部门将各单位包括政府采购预算在内的部门预算汇总编入本级的财政预算，按法定程序批准后，随同各单位的部门预算一起逐级下达各预算单位（采购人）。

（四）政府采购预算编制的环节主体责任

在政府采购预算的编制过程中，经历了编制、申报、审批、下达等四个环节，在这四个环节中，各主体的责任不同。

1. 政府的购买需求计划和政府采购预算的编制

在政府采购预算的编制环节中，政府采购监督管理部门协同预算编制管理部门做好组织、协调、指导、督办、验收等工作；采购人按要求做到应编尽编，对拟采购对象进行认真的市场研究，并结合近几年来所发生的采购活动的情况，科学地概算出采购对象的预算金额和按一级政府最后形成的政府购买需求计划中投资评审的资金数，认真填报各种表格，并按要求时间上报。

各采购人首先根据一级政府编制的政府的购买需求计划，再依据《政府集中采购目录和采购限额标准》，将下年度需要实施的采购项目分货物、工程和服务一一列出，先在《支出预算表》中明示，然后填制《政府采购项目清单》。《支出预算表》与《政府采购项目清单》对应，同时填制《政府采购预算表》。《政府采购预算表》主要包括预算编制单位、科目名称、项目名称、主要采购品目及数量、资金来源，资金来源包括财政拨款（补助）的经费拨款（补助）、纳入预算管理的非税收收入安排的拨款、预算内投资和预算外专户安排的资金、纳入预算管理的政府性基金、上年财政拨款结转、其他自有资金。填完这些表格后，按预算级次逐一上报，由部门统一汇总后报财政部门。

2. 政府采购预算的申报

在政府采购预算的申报环节中，采购人按预算级次逐一上报，各部门应认真进行验收、汇总，做到不遗漏、无差错。政府采购监督管理部门协助财政的预算编审机构对本级的政府采购预算进行验收、汇总，然后上报本级政府，由本级政府审核后报人大审批。

3. 政府采购预算的审批

人大按法定程序对本级本年度的财政预算进行审议、批准。

4. 政府采购预算的下达

经人大批准后的预算，包括政府采购预算，在一个月内由财政的预算编审机构逐级下达给各采购人。

四、采购意向公开的信息量超级大

采购人公开的采购意向有很大的信息量，它基本上将采购人当年已批复的政府采购预算的基本情况都进行了公开，且公开的内容更多、更具体。

（一）什么是采购意向公开

采购意向，是指采购人拟开展采购活动所表现出的愿望、希望、谋虑等行为。采购意向公开是指采购人按要求将一个年度内的采购意图通过政府采购监管部门的指定媒体向社会公布的行为。

推进采购意向公开是优化政府采购营商环境的重要举措。做好采购意向公开工作有助于提高政府采购透明度，方便供应商提前了解政府采购信息，对于保障各类市场主体平等参与政府采购活动，提升采购绩效，防范抑制腐败具有重要作用。

（二）采购意向公开的内容

采购意向公开的内容主要包括采购项目名称、采购需求概况、预算金额、预计采购时间等，其中，采购需求概况应当包括采购标的名称、采购标的需实现的主要功能或者目标、采购标的数量，以及采购标的需满足的质量、服务、安全、时限等要求。采购意向应当尽可能清晰完整，便于供应商提前做好参与采购活动的准备。采购意向仅作为供应商了解各单位初步采购安排的参考，采购项目实际采购需求、预算金额及执行时间以预算单位最终发布的采购公告和采购文件为准。

（三）采购意向公开的媒体与时间要求

采购意向由预算单位（采购人）负责公开。中央预算单位的采购意向在中国政府采购网（www.ccgp.gov.cn）中央主网公开，地方预算单位的采购意向在中国政府采购网地方分网公开，采购意向也可在省级以上财政部门指定的其他媒体同步公开。主管预算单位可汇总本部门、本系统所属预算单位的采购意向集中公开，有条件的部门可在其部门门户网站同步公开本部门、本系统的采购意向。

采购意向由预算单位（采购人）定期或者不定期公开。部门预算批复前公开的采购意向，以部门预算"二上"内容为依据；部门预算批复后公开的采购意向，以部门预算为依据。预算执行中新增采购项目应当及时公开采购意向。采购意向公开时间应当尽量提前，原则上不得晚于采购活动开始前30日公开采购意向。因预算单位不可预见的原因急需开展的采购项目，可不公开采购意向。

五、政府采购实施计划也十分重要

《政府采购法实施条例》第二十九条规定，采购人应当根据集中采购目录、采购限额标准和已批复的部门预算编制政府采购实施计划，报本级人民政府采购部门备案。

《政府采购需求管理办法》规定：采购人应编制采购实施计划。采购实施计划包括合同订立安排、合同管理安排，即合同类型、定价方式、合同文本的主要条款、履约验收方案、风险管控措施。

政府采购预算只是说采购人有采购的需要，只有当同级人大批准后，方可以实施，但是否一定会实施，还是一个未知数，而只有采购人开始编制政府采购的实施计划了，说明采购人已经启动了具体的采购程序，开展组织采购是十拿九稳的事了，所以，关注政府采购实施计划也十分重要。

（一）这个十分重要的政府采购实施计划是什么

所谓政府采购实施计划，是指采购人依据批复的政府采购预算，按照工作的安排与进程，在采购前编制的包括采购项目具体需求与要求的采购实施方案。由于没有统一的规定，各地对政府采购实施计划的理解、操作都不一样。但较为统一的是政府采购实施计划内容主要包括品目代码、标的的名称以及规格、计量单位（货物）、采购预算、采购资金来源构成、需求时间、申请或拟订采购方式等。

政府采购实施计划是财政部门对政府采购预算执行实施管理的一种方式。政府采购实施计划对列入政府采购预算中的采购项目，有采购组织实施形式、采购方式、政府采购资金实行财政直接拨付范围、政府采购预算补报及政府采购项目的调整程序等方式说明，目的是指导政府采购预算的实际执行，它是政府采购预算的具体化，是采购人在具体实施采购前工作的进一步细化，也是责任的进一步明确与落实。

（二）政府采购实施计划编制的作用与意义

政府采购预算相对于政府采购实施计划要粗略一些，特别是政府采购预算编制时间较早，虽然当时编制时也是经过反复的论证，但毕竟"时过境迁"，有些情况也发生了变化，因此，采购人在实施采购前，需要编制一个详细的实施计划，以便于政府采购监督管理部门按规定进行审核，集中采购代理机构按计划组织采购或受托人按委托协议组织采购活动。

编制政府采购实施计划的意义主要体现在以下四个方面。

1. 有利于对政府采购实行精细化管理

要求采购人编制实施计划，采购人能再一次对采购对象进一步地进行论证，并提出详细的采购需求和更接近市场平均价的预算数，以便于节约财政资金。

2. 有利于实行采购的规模化操作

要求采购人在采购前编制实施计划，是为了将各采购人采购需求相同的采购对象集中起来，然后进行统一集中委托，实施批量集中采购，从而实行规模效应，既节约财政性资金，又省采购成本。

3. 有利于落实政府采购的政策功能

采购人编制实施计划，可将采购需求提得更加具体、详细，政府采购监督管理部门依据实施计划，在采购活动的实际操作中，采取有效的措施，充分体现和贯彻落实政府采购的政策功能，从而达到保护民族产业、支持自主创新以及节能环保的目的。

4. 有利于对采购人的政府采购活动进行监督管理

采购人编制实施计划并报政府采购监督管理部门备案，一方面政府采购监督管理部门对其采购方式选择进行核查；另一方面政府采购监督管理部门通过实施计划可对采购人实施的采购活动及有关政府采购当事人的行为进行监督管理，防止采购人采用化整为零等手段规避政府采购以及政府采购当事人之间串通而损害国家利益。同时，还有利于政府采购监督管理部门加强对政府采购活动相关资料的收集与整理，为今后的政府采购工作提供依据。

（三）政府采购实施计划的编制与申报

采购人是编制政府采购实施计划的主体。

政府采购实施计划由采购人按照政府采购预算中拟订的采购时间，根据采购对象与采购项目的大小情况提前编制。之所以有一个提前量，是考虑采购活动的实施有一个过程，有些过程、程序和时间要求是法定的，不可删减、颠倒和越过。为了保证采购项目的采购活动与合同履行、验收有充足的时间，有些大型采购项目至少要提前3个月编制政府采购实施计划，需要采用招标方式采购的采购项目至少需提前三十个工作日，采用其他非招标方式采购的采购项目也需提前十至十五个工作日。

政府采购实施计划的具体内容主要包括以下八个方面。

1. 采购人名称

在实施计划中，采购人名称应填写全称，并将采购人的具体联系人以及联系方式注明，以便于采购代理机构或供应商与采购人联系。

2. 采购对象及主要技术参数

采购对象分为货物、工程和服务。采购人在编制实施计划时，应提出采购对象详细的采购需求或技术参数（服务要求），其目的是提供给采购代理机构编制采购公告、采购文件等。

3. 采购的资金构成与支付的方式、时间

在实施计划中采购人应将采购资金来源、构成、预算数以及合同款的支付方式、时间交代清楚，以便于供应商判断是否参与采购活动。

4. 采购活动的完成时间要求或交货的时间与地点

采购人编制实施计划时，应将采购对象的完成时间或交货的时间与地点交代清楚，使供应商知晓采购人的要求，有能力承担的则响应。

5. 采购活动的组织形式

我国政府采购活动的组织形式有：集中采购和分散采购。集中采购又分为政府集中采购和部门集中采购。

集中采购目录以内的采购项目必须委托集中采购机构进行采购。部门集中采购目录以内的采购项目进行部门集中采购。

分散采购主要指集中采购目录以外的、达到了采购限额标准的项目，自行采购或者委托采购代理机构采购。

6. 采购方式的选择

《政府采购法》第二十六条规定，公开招标应作为政府采购的主要采购方式。《政府采购法实施条例》第二十三条规定，采购人采购公开招标数额标准以上的货物或者服务，符合《政府采购法》第二十九条、第三十条、第三十一条、第三十二条规定情形或者有需要执行政府采购政策等特殊情况的，经设区的市级以上人民政府财政部门批准，可以依法采用公开招标以外的采购方式。

7. 合同类型的选择

在政府采购中可依据采购项目特点，以及实现项目目标的要求，采取固定总价或者固定单价、成本补偿、绩效激励等单一或者组合定价方式。

8. 其他需要特别说明的问题

在采购活动中，采购人有不违反法规规定的特别要求可以提出，便于供应商视情况响应。

（四）特殊情形的处理

1. 达到了公开招标数额标准的货物和服务采购项目，拟采用非招标采购方式的

对于达到公开招标数额标准的货物、服务采购项目，拟采用非招标采购方式的，采购人应当在采购活动开始前，报经主管预算单位同意后，向设区的市、自治州以上人民政府财政部门申请批准。

根据《政府采购非招标采购方式管理办法》第四条规定，申请采用非招标采购方式采购的，采购人应当向财政部门提交以下材料并对材料的真实性负责。

（1）采购人名称、采购项目名称、项目概况等项目基本情况说明。

（2）项目预算金额、预算批复文件或者资金来源证明。

（3）拟申请采用的采购方式和理由。

2. 单一来源采购方式的选择要求

属于《政府采购法》第三十一条第一项情形,且达到公开招标数额的货物、服务项目,拟采用单一来源采购方式的,采购人、采购代理机构在按照《政府采购非招标采购方式管理办法》第四条规定,报财政部门批准之前,应当在省级以上财政部门指定媒体上公示,并将公示情况一并报财政部门。公示期不得少于五个工作日,公示内容应当包括:

(1)采购人、采购项目名称和内容。

(2)拟采购的货物或者服务的说明。

(3)采用单一来源采购方式的原因及相关说明。

(4)拟订的唯一供应商名称、地址。

(5)专业人员对相关供应商因专利、专有技术等原因具有唯一性的具体论证意见,以及专业人员的姓名、工作单位和职称。

(6)公示的期限。

(7)采购人、采购代理机构、财政部门的联系地址、联系人和联系电话。

任何供应商、单位或者个人对采用单一来源采购方式公示有异议的,可以在公示期内将书面意见反馈给采购人、采购代理机构,并同时抄送相关财政部门。

采购人、采购代理机构收到对采用单一来源采购方式公示的异议后,应当在公示期满后五个工作日内,组织补充论证,论证后认为异议成立的,应当依法采取其他采购方式;论证后认为异议不成立的,应当将异议意见、论证意见与公示情况一并报相关财政部门。

采购人、采购代理机构应当将补充论证的结论告知提出异议的供应商、单位或者个人。

同时,根据《政府采购法》第二十七条规定,未达到公开招标数额标准符合《政府采购法》第三十一条规定情形只能从唯一处采购的政府采购项目,可以依法采用单一来源采购方式。此类项目在采购活动开始前，无须获得设区、自治州以上人民政府采购监督部门的批准，也不用按照《政府采购法实施条例》第三十八条的规定在省级以上财政部门指定的媒体上公示。

3. 进口产品采购

政府采购应当采购本国产品，确需采购进口产品的，实行审核管理。所谓进口产品是指通过中国海关报关验放进入中国境内且产自关境外的产品。

采购人采购进口产品时，应当坚持有利于本国企业自主创新或消化吸收核心技术的原则，优先购买向我方转让技术、提供培训服务及其他补偿贸易措施的产品。

采购人需要采购的产品在中国境内无法获取或者无法以合理的商业条件获取，以及法律法规另有规定确需采购进口产品的，应当在获得财政部门（设区的市、自治州以上人民政府财政部门）核准后，依法开展政府采购活动。

采购人在报财政部门审核时，应当按照财政部出台的《政府采购进口产品管理办法》的规定出具以下材料：

（1）《政府采购进口产品申请表》。

（2）关于鼓励进口产品的国家法律法规政策文件复印件。

（3）进口产品所属行业的设区的市、自治州以上主管部门出具的《政府采购进口产品所属行业主管部门意见》。

（4）专家组出具的《政府采购进口产品专家论证意见》。

如果采购人拟采购的进口产品属于国家法律法规政策明确规定鼓励进口产品的，在报财政部门审核时，应当出具《政府采购进口产品管理办法》第八条第（1）款、第（2）款材料。

如果采购人拟采购的进口产品属于国家法律法规政策明确规定限制进口产品的，在报财政部门审核时，应当出具《政府采购进口产品管理办法》第八条第（1）款、第（3）款和第（4）款材料。

采购人拟采购国家限制进口的重大技术装备和重大产业技术的，应当出具发展改革委的意见。采购人拟采购国家限制进口的重大科学仪器和装备的，应当出具科技部的意见。

采购人拟采购其他进口产品的，在报财政部门审核时，应当出具《政府采购进口产品管理办法》第八条第（1）款材料，并同时出具第（3）款或者第（4）款材料。

专家组应当由五人以上的单数组成，其中，必须包括一名法律专家，产品技术专家应当为非本单位并熟悉该产品的专家。采购人代表不得作为专家组成员参与论证，而参与论证的专家不得作为采购评审专家参与同一项目的采购评审工作。

政府采购进口产品应当以公开招标为主要方式。因特殊情况需要采用公开招标以外的采购方式的，按照政府采购有关规定执行。

采购人及其委托的采购代理机构在采购进口产品的采购文件中应当载明优先采购向我国企业转让技术、与我国企业签订消化吸收再创新方案的供应商的进口产品。

采购人因产品的一致性或者服务配套要求，需要继续从原供应商处添购原有采购项目的，不需要重新审核，但添购资金总额不超过原合同采购金额的10%。政府采购进口产品合同履行中，采购人确需追加与合同标的相同的产品，在不改变合同其他条款的前提下，且所有补充合同的采购金额不超过原合同采购金额的10%的，可以与供应商协商签订补充合同，不需要重新审核。

4. 高校和科研机构科研仪器设备的采购

高校和科研机构采购科研仪器设备的，依据《关于完善中央单位政府采购预算管理和中央高校、科研院所科研仪器设备采购管理有关事项的通知》的规定，高校和科研机构可以自行选择采购组织形式和采购方式。

（1）高校、科研院所可自行组织或委托采购代理机构采购各类科研仪器设备，采购活动应按照政府采购法律制度规定执行。

（2）对高校、科研院所采购进口科研仪器设备实行备案制管理。

（3）简化高校、科研院所科研仪器设备变更政府采购方式审批流程。

高校、科研院所达到公开招标数额标准的科研仪器设备采购项目需要采用公开招标以外采购方式的，申请变更政府采购方式时可不再提供单位内部会商意见，但应将单位内部会商意见随采购文件存档备查。高校、科研院所申请变更政府采购方式时可注明"科研仪器设备"，财政部门将予以优先审批。申请变更为单一来源采购方式的专业人员论证以及提交"一揽子"变更申请等工作，按《中央预算单位变更政府采购方式审批管理办法》的规定执行。

5. 批量采购

列入集中采购目录的项目，适合实行批量集中采购的，应当实行批量集中采购，但紧急的小额零星货物项目和有特殊要求的服务、工程项目除外。

6. 工程不进行招标的

政府采购工程依法不进行招标的，应当依照《政府采购法》《政府采购法实施条例》规定的竞争性谈判或者单一来源采购方式采购。

政府采购实施计划由采购人编制，采购人有主管部门的，主管部门审核，然后通过网络报本级政府采购监管部门备案。

（五）政府采购活动中采购方式的变更

在政府采购活动中，可能会因各种原因使采购失败而无法进行下去，或因特殊情况需要采用公开招标以外的采购方式，或采用非公开招标方式采购更经济、实惠等，为此，《政府采购法》规定：因特殊情况需要采用公开招标以外的采购方式的，应当在采购活动开始前获得设区的市、自治州以上人民政府的政府采购监督管理部门的批准。

政府采购活动中采购方式的变更，是指在选择采购方式前或正在进行的采购活动，即该项采购活动采用公开招标等采购方式进行采购时不符合政府采购的效益原则或因某种原因无法进行下去，不得不改变采购方式才能完成采购任务，在采购前或中途进行的改变。

政府采购活动的采购方式变更分为活动前的申请变更和活动中的申请变更。

1. 采购活动前申请变更和活动中申请变更的情形

（1）采购活动前的申请变更情形。采购人采购达到公开招标数额标准的货物或者服务，因特殊情况需要采用公开招标以外的采购方式，且符合《政府采购法》第二十九条、第三十条、第三十一条、第三十二条规定情形或者有需要执行政府采购政策等特殊情况的，应当在采购活动开始前获得设区的市、自治州以上人民政府政府采购监督管理部门的批准。

（2）采购活动中的申请变更情形。采购活动进行时因各种原因导致需要变更采购方式的较为复杂，又有两种情形：一是采用招标采购方式采购时，采购失败或废标需要变更为非招标采购方式或政府采购监管部门责令采购人采用招标采购方式采购；二是非招标采购方式采购失败需要变更为单一来源采购的。

第一种情形中，一是因各种原因使采购出现废标，且不能采用原采购方式进行采购，只能变更采购方式才能完成采购任务。主要情形有招标采购活动中，投标截止时间结束后参加投标的供应商不足三家或在评标期间出现符合资格条件的供应商或对招标文件作出实质性响应的供应商不足三家且招标文件没有不合理条款，招标公告时间及程序符合规定的，可以变更采购方式。二是因采购当事人的过错，使采购活动中止，重启采购活动时，采购项目如按原采购方式进行会出现影响公平、公正以及效率的情形时，可申请变更采购方式。主要情形有采购活动进行中，因采购人、采购代理机构、评标委员会的过错等原因，被政府采购监督管理部门查处而要求中止采购活动，当采购活动重新启动时，在时间上无法满足采购人的要求或改变采购方式更有利于采购任务的完成时，采购人或采购代理机构可以申请变更采购方式或政府采购监督管理部门要求变更采购方式。三是由于采购人采取化整为零的方式规避公开招标采购，政府采购监督管理部门发现查处后，要求采购人变更采购方式后改用招标采购方式进行采购。

第二种情形中，没有达到公开招标限额标准采用非招标采购方式采购时，报名截止时，供应商只有一家或在资格性、符合性审查中实质性响应（谈判、磋商）的供应商只有一家，而采购文件没有歧视性、排他性等不合理条款且采购程序符合规定的申请单一来源采购，由采购人的主管预算单位审批即可。

2. 申请变更的要求及审批后的处理

（1）对于法规规定的可采用非公开招标方式的几种情形，采购人应在编制实施计划时一同提出变更申请，并报政府采购监督管理部门批准。采购人应提出变更采购方式的理由，特别是采用单一来源采购方式采购的，采购人应请专家进行论证，并在政府采购监督管理部门指定的媒体上发布公告，在公告期满，确定为在全国范围内只有唯一的供应商能够满足采购需求时，政府采购监督管理部门才可批准。

（2）公开招标失败后，采购人申请方式变更的，报经主管预算单位同意后，依法向财政部门提出申请，并提交申请报告和相关附件资料。申请报告应包括：采购人名称、采购项目名称、项目概况等项目基本情况说明；项目预算金额、预算批复文件或者资金来源证明；拟申请采用的采购方式和理由；项目招标文件和招标过程是否有供应商质疑及质疑处理的情况说明等内容。附件资料包括：采购代理机构对代理项目的执行情况说明；采购人或其委托的采购代理机构在省级以上财政部门指定媒体上发布的招标公告的证明材料；评标委员会或3名以上评审专家出具的项目招标文件没有以不合理的条件对供应商实行差别待遇或者歧视待遇的论证意见，其中应针对项目竞争性不足和唯一性出具具体的论证意见。

（3）因当事人的过错而需变更采购方式的。对于这一类的采购方式的变更，其提起人可以是采购人，也可以是采购代理机构，还可以由政府采购监督管理部门责令其有过错的当事人变更采购方式。如果因当事人过错的原因而迫不得已需变更采购方式的，由有过错的当事人提出，报同级政府采购监督管理部门核实并提出意见，再报具有审批权的政府采购监督管理部门审批。其申请书应包括如下内容：申请单位名称；采购项目名称及项目总预算；原采购方式和拟采购时间及原审批人；申请变更的理由及处理的意见；项目内容及拟申请采用采购方式；同级政府采购监督管理部门的核实意见；具有审批权的政府采购监督管理部门及审批人的审批意见；申请经办人联系电话及申请时间等。如果其政府采购监督管理部门责令有过错的当事人变更采购方式，则由政府采购监督管理部门下达处理意见书，要求其当事人在规定的时间内，按政府采购监督管理部门确定的采购方式组织采购。

（4）单一来源采购的公告要求。达到公开招标数额标准，属于《政府采购法》第三十一条第一项规定情形，只能从唯一供应商处采购的，拟采用单一来源采购方式采购的，采购人在报财政部门批准方式变更之前，应当在省级以上财政部门指定媒体上进行公示。

不公示的情形有：因采购任务涉及国家秘密的，可不公示；未达到公开招标数额标准符合《政府采购法》第三十一条第一项规定情形只能从唯一供应商处采购的政府采购项目，可以依法采用单一来源采购方式。此类项目在采购活动开始前，无须获得设区的市、自治州以上人民政府采购监督管理部门的批准，也不用按照《政府采购法实施条例》第三十八条的规定在省级以上财政部门指定媒体上公示。

公示的内容包括：采购人、采购项目名称和内容；拟采购的货物或者服务的说明；采用单一来源采购方式的原因及相关说明；拟订的唯一供应商名称、地址；专业人员对相关供应商因专利、专有技术等原因具有唯一性的具体、细化或公共服务项目有特殊要求的论证意见，以及专业人员的姓名、工作单位和职称；公示的期限；采购人、财政部门的联系地址、联系人和联系电话。

公示期限不得少于五个工作日。

采购人或其委托的采购代理机构收到供应商、单位或者个人对拟采用单一来源采购方式公示的书面意见后，应当在公示期满后五个工作日内，组织补充论证，论证后认为异议成立的，应当依法采取其他采购方式；论证后认为异议不成立的，应当将异议意见、论证意见与公示情况一并报财政部门。采购人或其委托的采购代理机构应当将补充论证的结论告知提出异议的供应商、单位或者个人。

六、您需要时刻关注政府采购预算的追加

由于我国的预算管理体制正在不断完善之中，再加上我国的财政年度与日历年是同步的，人大的召开往往在每年的三月份，还因为财政的转移支付不规范，以及地方政府突出性工作、中心工作较多，使政府采购预算追加现象十分严重。在省级以下，政府采购预算的追加几乎占整个预算的30%以上，而这种追加大多在下半年，所以，您必须时刻关注政府采购预算追加的这一部分政府采购项目。

（一）什么是政府采购预算的追加

政府采购预算的追加，也称追加政府采购预算，是指在原核定的政府采购预算总额以外，按规定程序编制的增加新的政府采购购买支出费用的预算。它是预算调整的一部分。我国各级预算在执行过程中，如因政府政策的规定、国民经济计划的调整，或其他特殊原因，必须增加原核定的收入或支出时，应提出追加预算。

政府采购预算追加的原因是多方面的，主要有：一是上级专项资金及转移支付资金而需要开展政府采购活动；二是本级中心工作和突击性的任务需要开展政府采购活动；三是年底预算调整新增购买项目。这些政府采购预算追加在年初的预算中是没有列

出的,所以,您必须关注它。

(二) 政府采购预算追加的程序

政府采购预算追加与当初编制政府采购预算有一定的区别,一般情形下,是必须做的事情,因此,追加的程序有所不同。

1. 提出

预算单位(采购人)提出追加的理由,也就是为什么要进行该项目的采购。

2. 受理

财政部门的业务主管部门(处室)将预算单位追加政府采购预算的申请进行特事特办,及时提出拟办意见。一般情形下由综合部门(办公室)统一受理。

3. 承办

承办处室对预算单位申请追加政府采购预算支出事项,应充分听取预算单位意见,按照实事求是、勤俭节约的原则,认真进行调查研究,收集相关政策依据,测算具体支出需求,对于项目依据不明确、内容不具体、预算不翔实的追加支出事项还应要求预算单位进一步补充资料,并最终提出处理意见。

4. 会核

财政的预算处室根据预算安排情况、本级财力情况以及相关事项综合平衡情况,提出会核意见。国库、预算绩效处室对"以收定支"的非税收入(行资收益)完成情况以及涉及资产配置的相关事项,提出会核意见。

5. 审签

承办处室就政府采购预算追加事项,与会核处室协商形成一致意见,经各相关处室主要负责人会签后报分管领导审签。

6. 报批

分管领导审签后,承办处室制成正式文件,报送本级政府,由本级政府按照本级财政资金审批程序办理。本级政府审核后上人大会议，此程序和部门预算审批的程序一样。财政部门相关处室再按程序办理相关具体事宜。

7. 其他

本级党委、政府有关文件、会议纪要已经明确的增支事项，由主管部门预算管理处室以机关内部签报形式，提出追加预算申请，送预算处室会签并报分管领导审定后办理。

8. 上指标

预算单位（采购人）将已追加的政府采购预算增加到政府采购管理系统上，然后，采购人就可以在网上按政府采购的操作程序进行运作，才可以启动采购程序。

七、政府采购的基本原则您应该知晓

政府采购领域普遍推崇的一般性原则为公开透明原则、公平竞争原则、公正原则、诚实信用原则、效益性原则、功能性原则。此外，国民待遇原则和非歧视性原则是已经加入WTO的《政府采购协议》的成员必须遵循的两个重要原则。

（一）公开透明原则

所谓公开透明原则，就是围绕政府采购活动的一切事项都要公开、透明。政府采购的公开包括三个方面：一是政府采购的法律、法规、实施办法和各类政策性文件以及政府采购的信息都必须公开，任何部门、企业、团体组织或个人都可随时了解和掌握。二是向社会公开采购资金的使用情况。政府采购资金主要来源于税收和公共收费，政府只是公共资金的管理者，需要对纳税人负责。三是政府采购的项目、数量、质量、规格、要求必须公开，让公众知晓。所谓透明是指政府采购的活动必须透明，政府采购对其操作程序公开的程度就是透明度，公开得越多，透明度越大，也便于纳税人的监督，其效果也越明显。同时，透明度高还可使政府采购项目具有可预测性，供应商可以预计出参加采购活动的代价与风险，从而提出最有利的价格，让采购人得到最大实惠。

（二）公平竞争原则

公平竞争原则是同一层面的两个不同点，只有公平，竞争才能产生正常结果。所以说先有公平，才有竞争，也才能竞争。政府采购的公平性原则有两个方面的内容：一是机会均等，指政府采购原则上应使所有供应商参加政府采购活动的机会均等，凡符合条件者都有资格参加，这是他们的权利。政府采购的主体无权排斥有资格的供应商参与政府采购活动。机会均等包括获取政府采购信息的机会均等和参与政府采购活动的机会均等。二是待遇平等，指政府采购对所有当事人都是平等的，它包括采购人与供应商是平等的，采购人对供应商是一视同仁的，不能有差别待遇，而造成歧视。政府采购竞争是手段，通过竞争，优胜劣汰。通过竞争机制，政府采购可形成买方市场。供应商之间公平的竞争，使政府采购主体能够以最有利的价格条件获取高质量的货物、工程和服务，从而节约财政性资金。竞争原则的实现主要是通过政府采购信息的发布给了供应商一个公平竞争的平台。

（三）公正原则

所谓公正原则是指在政府采购的交易中要公允正当，不管是采购人，还是供应商，不能以自己所处的地位，强压对方接受不合理的条件，或者无理要求。政府采购的代理机构也应公正地对待采购人和供应商，不管采购项目如何，也不管采购人是谁，应公正地对待，他们都是服务对象；在同一采购项目中，不管是大供应商、联合体，还是自然人，也应一视同仁，平等公正地对待。同时，政府采购监督管理部门在政府采购监督管理活动中，特别是政府采购的争议中，更应公正地对待每一个当事人，客观、公正地处理争议、投诉、复议、行政诉讼事宜。

（四）诚实信用原则

市场经济从一定意义上讲是信用经济。所谓诚实信用，诚实是指忠诚老实，言行一致，表里如一；信用是长时间积累的信任度和诚信度。政府采购的诚实信用原则是指在政府采购活动中无论作为采购人，还是供应商，或其他参加人在从事采购、代理或供货与服务中的行为，都应当诚实、讲究信用，不能有任何欺骗和欺诈的情形发生。政府采购的采购行为在公共管理领域的购买性活动中与一般采购主体相比，更有理由坚持这一原则。这是因为，在遵守社会交易规则和道德规范方面，政府比其他社会主体负有更大的责任，应该成为诚实信用的典范。

自党的十八大以来，我国加快了推进社会信用体系建设的力度。我国信用体系的架构包括三个方面的内容：一是以市场交易人为主体的基础信用；二是以法律制度、国际惯例和商业习惯为主导的制度信用；三是以政府监管为主的监督信用。作为市场监管主体，政府行使广泛的监督职权，通过支持引导守信行为，及时惩戒失信行为，保障基础信用的健康发展，促进整个社会信用的建立。

目前，我国已经建起了"信用中国"网站，对于政府采购当事人，都可以在"信用中国"网站上查到各自的信用信息。同时，在中国政府采购网站上也可以查询到供应商的失信和被处罚的信息。

（五）效益性原则

政府采购的效益原则就是要求在采购过程中考虑经济效益。它有两层含义，一是要强化政府采购的预算管理，通过最充分公开的竞争，购买到物美、价廉的货物，或得到高效、优质的服务，实现货币价值的最大化，有效地节约财政资金。二是在采购过程中要精心组织采购活动，充分利用现代化的办公手段，开展采购活动，加大预算性、计划性，最大限度地实行集中统一采购，实行规模效益，节约采购成本。

（六）功能性原则

现代意义的政府采购必须考虑与国家的大政方针相匹配，要通过政府采购实现国家的最高目标和保护国家利益与公共利益。一是要发挥政府采购的宏观调控作用。政府采购制度是加强财政支出管理的一项制度，同时也是在市场经济条件下政府运用财政支出实施宏观调控的一项手段。政府采购发挥宏观调控作用的基础是将政府机构作为一个消费者对待，采购规模较大，通过政策引导，与积极的财政政策相配合，弥补市场缺陷，起到调控经济的目的。二是通过政府采购保护和促进民族工业的发展。购买国货是政府采购制度的内在要求。政府采购资金来源于纳税人缴纳的税金，既然这些财政资金来源于民，也应当用之于民，通过采购本国货物、工程和服务，支持国内企业的发展，维护国家利益和公共利益。政府采购是市场经济条件下支持国内产业发展的有效措施，其支持方式与计划经济条件下的做法完全不同，是给予商业机会，扶持优势企业，增强其竞争实力。三是通过政府采购支持自主创新，增强企业和国家的核心竞争力。四是通过政府采购活动实现诸如环境保护、节能减排、扶持中小企业、支持不发达地区、少数民族地区经济发展以及促进残疾人和妇女就业等国家政策。

第四讲

想赚钱，您必须熟悉他们

政府采购，虽然是一个买卖的行为，但又不是一个简单的买卖过程，它不仅有买卖双方当事人，还有被委托人、相关参与人，而且还有监管部门与监察机关等。因此，如果您将与政府采购打交道，您就必须熟悉他们，了解他们的职责，才能与他们进行沟通。

一、谁是采购人

采购就是一种买卖活动，政府采购——采购人是买者，供应商是卖者。采购人是谁呢？他们在政府采购活动中处于什么地位？

对于采购人在政府采购活动中的地位问题，有一个形象的比喻，政府采购制度在改革初期是"扶着走"，接着是"牵着走"，随着我国政府采购制度体系的不断完善，社会对政府采购认知程序的不断提高，现在是放开手让采购人"自己走"，所以，现在自上而下反复强调要落实采购人的主体责任，也就是说，采购人你买东西，你自己负责，权利与义务对等。

（一）哪些人是采购人

1. 采购人的概念

采购人是采购活动的发起者、是买方、是购买或使用所购买的货物、服务和工程的需方主体。政府采购所指的采购人有其特定的含义。我国《政府采购法》第十五条规定：采购人是指依法进行政府采购的国家机关、事业单位、团体组织。

根据我国《宪法》规定，国家机关包括国家权力机关、国家行政机关、国家审判机关、国家检察机关、国家监察委员会、军事机关等。事业单位是指政府为实现特定目标而批准设立的事业法人。团体组织是指各党派及政府批准成立的社会团体。

随着政府采购制度改革的不断深入，我国的采购人范围将有所扩大，一些履行公共职能的国有企业或国有控股企业将会纳入采购人范围，国际上习惯称之为采购实体。

2. 采购人的特征

政府采购的采购人不同于其他类型的采购者，它具有如下特征：

（1）政府采购的采购人具有民事行为能力和法人资格，独立享有民事权利和承担民事责任的法人组织，而且不需要办理法人登记，从成立之日起便具有法人资格。政府采购的采购人法人不同于一般企业法人，更不同于自然人。

（2）政府采购的采购人具有行政权力或赋予的行政权力。这是其他采购者所没有的独有特征。

（3）政府采购的采购人使用财政性资金运作。我国的政府采购法所调整的主体前提是使用财政性资金的法人，这与我国的行政管理体制、财政管理体制相关。也就是说在我国即使同样是事业单位，但不是财政预算单位、没有纳入财政供养，也不是政府采购的采购人。

（4）政府采购的采购人决策具有政策性。政府采购的采购人代表着国家利益、公众利益和社会公共利益,其采购活动的本身目的是更好地服务于公众,是为了实现政府或社会公众的某些特定目标,有时,其采购行为所产生的后果的政策性大于服务性,最终影响一个国家的产业的兴衰,甚至经济的发展。所以政府采购的采购人的决策不能由少数人说了算,必须经过论证,充分考虑并兼顾各方面的利益,处处体现国家意志和公众意志。

(5) 政府采购的采购行为从筹划、决策到实施,都有一个集体决策过程,都是有预算、有计划的行为。

按照国际惯例,团体组织是没有上述(1)、(3)项特征的,但我国实行的是中国共产党领导的多党合作和政治协商制度,它是我国的一项基本政治制度,是具有中国特色的社会主义政党制度。所以,也将团体组织纳入了《中华人民共和国政府采购法》的调整范围。

(二) 采购人的权利与义务

在市场经济条件下,政府采购活动中各参与主体都是平等的,都应遵守市场规则,在享有权利的同时,也应尽相应的义务。

1. 采购人的权利

作为《政府采购法》调整的对象——采购人的权利和义务与其行政管理者方面的权利和义务有很大的区别。采购人的权利主要有以下几点。

(1) 自主或自行地选择采购代理机构。《政府采购法》第十九条规定:采购人有权自行选择采购代理机构,任何单位和个人不得以任何方式为采购人指定采购代理机构。采购人自主或自行地选择采购代理机构也是相对的,一是属于政府集中采购目录以内的采购项目,采购人只能在政府集中采购机构中,即政府采购中心中委托选择;二是非政府集中采购目录以内的采购项目,采购人只能按《政府采购代理机构管理暂行办法》规定在中国政府采购网进行名录登记的采购代理机构中择优选择。《政府采购法》之所以规定采购人在限定范围内有自由的选择权，是从防止垄断与腐败的角度来考虑的。如果由监督管理部门统一指定采购代理机构或只有一个固定的采购代理机构进行采购，没有选择的余地，极易产生政府采购管理部门与固定的采购代理机构合谋以权谋私，特别是当一个地区或部门只有一家采购代理机构时，就有可能缺乏竞争，形成垄断，也会导致采购效率低下，甚至出现腐败。但由采购人自主地选择采购代理机构，也存在一定的问题，对于同一采购对象，由于采购人分别委托给了不同的采购代理机构，不能产生批量采购，也就不能产生规模效益，也加大了采购的行政成本。

（2）按照采购需要与集中采购机构签署委托协议。在现实生活中，委托是一种司空见惯的现象，也是市场经济条件下市场细分、专业分工的表现，在政府采购工作中委托也普遍存在。采购人在法律规定的框架下自主地选择采购代理机构之后，必须与受托人签订委托代理协议，委托协议约定双方的责、权、利。

（3）要求采购代理机构遵守委托协议约定。委托代理协议是委托合同的一种，在委托代理协议中，采购人可以委托采购代理机构处理一项或数项事务，也可全权委托采购代理机构处理一切事务，也就是部分委托或全部委托均可。采购人委托采购代理机构办理采购事宜，应该遵循《中华人民共和国民法通则》（以下简称《民法通则》）和《中华人民共和国民法典》（以下简称《民法典》）的有关规定，委托之后不得干预采购的具体活动。同时，作为受托人、代理人，政府采购代理机构也必须遵循《民法通则》和《民法典》的有关规定。按照有关规定，采购人有权要求采购代理机构遵守委托协议的约定，及时报告委托事务的处理情况，在委托人没有同意的情况下，不得进行再委托，当委托合同终止时，采购代理机构应当报告委托事务的结果。

（4）规定供应商的特定条件，对供应商的资格进行审查以及对相关采购文件包括采购公告进行确认。为了保护采购人的利益，《政府采购法》第二十二条、第二十三条分别规定：采购人可根据采购项目的特殊要求，规定供应商的特定条件，并根据《政府采购法》规定的供应商条件和采购项目对供应商的特定要求、对供应商的资格进行审查。但采购人规定供应商的特定条件的确定前提是不得以不合理的条件对供应商实行差别待遇或者歧视待遇。在实际操作中，由于采购人在设定供应商条件上有话语权，所以在采购非标准化货物或服务项目时，采购人按自己的偏好去设定供应商条件，而采购代理机构或政府采购监督管理部门采购货物或服务的专业性不了解，不好判定是否为差别待遇或者歧视待遇，容易由采购人说了算。因此必须聘请专业人士对招标公告和招标文件进行审核，防止采购人以此抬高门槛或依照某一个供应商的情况设定条件，合伙围标。

（5）依据采购标准和评标标准，对评标委员会提出的采购结果和中标建议有最终确定权。《政府采购货物和服务招标投标管理办法》第五十九条规定：采购人应当在收到评标报告后五个工作日内，按照评标报告中推荐的中标候选供应商顺序确定中标供应商，也可以事先授权评标委员会直接确定中标供应商。

（6）平等自愿地签订政府采购合同，参与对供应商提供的货物、服务和工程履约的验收工作。政府采购的公平原则体现在采购活动的各个阶段。当形成买方市场时，采购人往往不能认识到市场经济的买卖公平、平等的基本原则；同理，当形成卖方市场时，或采购人面对供应商是大企业时，也应平等地对待，与供应商平等自愿地签订采购合同，未经采购人许可，中标供应商不得分包履行合同。同时，要认真地履行验收权，因为市场经济条件下，供应商总是追求利润的最大化。所以，《政府采购法》第四十一条规定：采购人或者其委托的采购代理机构应当组织对供应商履约的验收。大型或者复杂的政府采购项目，应当邀请国家认可的质量检测机构参加验收工作。验收方成员应当在验收书上签字，并承担相应的法律责任。

（7）对特殊项目申请实施部门集中采购和申请变更采购方式

或批准采购方式的变更的权利。由于采购对象的多样性,采购人可对采购项目或供应商有特殊要求,而政府集中采购部门对特殊项目不是十分了解。为了方便采购人灵活地运用政府采购政策,高效快捷地采购到所需的采购对象,我国《政府采购法》作了特殊而灵活的规定:属于本部门、本系统有特殊要求的项目,应当实行部门采购;属于本单位有特殊要求的项目,经省级以上人民政府批准,可以自行采购。为规范部门或自行采购行为,防止违规操作,《政府采购法》同时规定:不得以不合理的条件对供应商实行差别待遇或者歧视待遇。

因特殊原因需要变更采购方式和自行采购的权利。同时,主管预算单位有权批准公开招标数额标准以下的采购项目的采购方式的变更。

2. 采购人的义务

(1) 执行政府采购的法规和各项管理制度。作为政府采购当事人,首要义务就是要遵守和执行政府采购的法规与制度,依照政府采购方面的法律、法规、规章、制度办事,认真落实政府采购的政策功能,按照政府采购的操作规程进行采购活动。

(2) 编制政府采购预算和实施计划。政府采购预算是政府采购的基础工作,也是部门预算的重要组成部分,采购人应按部门预算和政府采购预算的相关规定编制政府采购预算。同时,在实施采购活动前,要依据批复的部门预算和政府集中采购目录及采购限额标准编制采购实施计划和选择采购方式,并报本级人民政府财政部门备案。

(3) 确定采购需求。采购需求是指采购人为实现项目目标,拟采购的标的及其需要满足的技术、商务要求。技术要求是指对采购标的的功能和质量要求,包括性能、材料、结构、外观、安全,或者服务内容和标准等。商务要求是指取得采购标的的时间、地点、财务和服务要求,包括交付(实施)的时间(期限)和地点(范围)、付款条件(进度和方式)、包装和运输、售后服务、保险等。采购人应依据工作目的与要求，科学地确定采购需求。采购需求应当符合法律法规、政府采购政策和国家有关规定，符合国家强制性标准，遵循预算、资产和财务等相关管理制度规定，符合采购项目特点和实际需要。采购需求应当依据部门预算（工程项目概预算）确定。

采购人可以在确定采购需求前，通过咨询、论证、问卷调查等方式开展需求调查，了解相关产业发展、市场供给、同类采购项目历史成交信息，可能涉及的运行维护、升级更新、备品备件、耗材等后续采购，以及其他相关情况。面向市场主体开展需求调查时，选择的调查对象一般不少于3个，并应当具有代表性。

对于下列采购项目，应当开展需求调查：一是1000万元以上的货物、服务采购项目，3000万元以上的工程采购项目；二是涉及公共利益、社会关注度较高的采购项目，包括政府向社会公众提供的公共服务项目等；三是技术复杂、专业性较强的项目，包括需定制开发的信息化建设项目、采购进口产品的项目等；四是主管预算单位或者采购人认为需要开展需求调查的其他采购项目。编制采购需求前一年内，采购人已就相关采购标的开展过需求调查的可以不再重复开展。按照法律法规的规定，对采购项目开展可行性研究等前期工作，已包含按规定的需求调查内容的，可以不再重复调查；对在可行性研究等前期工作中未涉及的部分，应当按照规定开展需求调查。

（4）接受政府采购监督管理部门的管理以及相关部门的管理、监督、检查。作为政府采购的当事人，除了要接受政府采购监督管理部门的监督管理外，还要接受审计部门、监察委员会的监督，有责任、有义务积极支持与配合政府采购管理、监督工作。

（5）尊重和保护供应商的合法权益。市场经济实行的是公平交易，因此，在采购活动中，采购人应平等地对待每一个供应商，不管是上市公司的大供应商，还是以自然人出现的小供应商，采购人都应一视同仁。同时，还有保守供应商商业秘密的责任与义务。

(6）按规定接受或回答采购的询问和质疑。在采购活动中，采购人是采购活动的发起者，占有主动地位，供应商是响应者，处于被动地位。供应商可能对采购标的、采购需求参数、评标标准、交货时间与地点、付款方式等问题提起询问，采购人以及采购代理机构在不涉及商业秘密的前提下，都应回答。当供应商认为采购文件、采购过程和中标、成交结果使自己的权益受到损害，在规定的时间提出质疑时，采购人以及采购代理机构也应在规定的时间内认真进行答复。

（7）在规定时间内平等地与中标供应商签订政府采购合同，并按合同约定支付政府采购资金。在供应商投标中标或被确定为成交供应商以后，采购人必须按照《政府采购法》的规定，在中标、成交通知书发出之日起30天内，按招标文件所确定的有关要约，平等地与供应商签订采购合同，并按招标文件或合同约定的时间与方式支付采购资金，同时并保管好政府采购资料。

（8）将政府采购信息按规定向社会公布。实行政府采购制度改革，就是要将政府采购活动公开化、透明化。所以，采购人有义务与责任将政府采购信息按规定在政府采购监督管理部门指定的媒体上向社会公布。其内容主要包括：政府采购预算、政府采购需求、政府采购方式、政府采购评标文件及标准、评审委员会成员、评标结果等。

（9）进行政府采购绩效评价。对政府采购项目进行绩效评价，是采购人对采购项目的最后总结，也是为下一步的采购活动提供经验与数据资料。因此，采购人应认真地做好采购项目的绩效评价工作。

（三）采购人在采购活动中的主体责任

作为政府采购活动的重要责任主体，采购人究竟担负着哪些责任？通俗而言就是采购人的权力有多大，他们的决定权在哪些方面，依据政府采购工作流程，经梳理可知采购人的主体责任主要有以下几点。

1. 采购人预算编制，有采购决定权

《政府采购法》第三十三条规定，负有编制部门预算职责的部门在编制下一财年的部门预算时，应当将政府采购的项目及资金预算列出，报本级财政部门汇总。部门预算的审批，按预算管理权限和程序进行。

政府采购预算是部门预算的重要组成部分，是随部门预算一起编制的。各部门、各单位是本部门、本单位的预算执行主体，负责本部门、本单位的预算执行，并对执行结果负责。《中华人民共和国预算法》（以下简称《预算法》）是上位法，政府采购预算的编制必须按照《预算法》的要求进行。

采购人在采购预算的编制过程中是第一责任人，对政府采购预算编制的质效负全责。采购活动中必须公开政府采购项目的预算，预算过高，国家利益受损；预算过低，易出现废标或失败现象。采购项目预算编制既要按照《预算法》"勤俭节约、量力而行、讲求绩效"的原则，又要遵循《政府采购法实施条例》第十一条和第五十九条规定的采购原则和标准进行。

采购标准是指项目采购所依据的经费预算标准、资产配置标准和技术、服务标准等。

采购人在编制政府采购预算的过程中，必须将政府采购政策功能融入其中，采取预算预留的方式落实政策功能等。

2. 采购人编制采购实施计划并报备，特别是决定采购项目的采购需求和选择采购方式

《政府采购法实施条例》第二十九条对采购方式的选择权做了明确规定：采购人应当根据集中采购目录、采购限额标准和已批复的部门预算编制政府采购实施计划，报本级人民政府财政部门备案。这就明确了，凡是经过批复的政府采购预算项目，采购人应按照集中采购目录和采购限额标准依法自主选择采购方式。只有在采购活动因废标等原因终止或失败后，需要采用原选择的采购方式之外其他方式时，才需要向政府采购监管部门提出变更采购方式的申请。

为解决财政管理体制与《政府采购法》相冲突的问题，《政府采购法实施条例》第七十八条规定，财政管理实行省直接管理的县级人民政府，可以根据需要并报经省级人民政府批准，行使《政府采购法》和《政府采购法实施条例》规定的设区的市级人民政府批准变更采购方式的职权。

为落实政府采购的政策功能，《政府采购法实施条例》第二十三条还规定，执行政府采购政策等特殊情况的，经设区的市级以上人民政府财政部门批准，可以依法采用公开招标以外的采购方式。

采购人在编制采购实施计划过程中，除了确定实施计划和选择采购方式外，更重要的是明确采购需求和落实政府采购政策功能。

采购实施计划包括明确以下五个方面的内容：

（1）明确采购的组织形式及方案。采购人依据政府集中采购目录来确定该采购项目采用的组织形式，是集中采购，还是分散采购；是委托采购，还是自行采购。

（2）明确采购方式。采购人依据采购限额标准选择采购方式，采购人可依法选择的采购方式有：公开招标、邀请招标、竞争性谈判、询价、单一来源采购和竞争性磋商采购、框架协议采购。

（3）明确采购需求。采购需求是采购的源头，是解决"贵慢差"的关键，也是实现物有所值目标的基础。《政府采购法实施条例》第十一条明确规定，采购人应当科学合理确定采购需求。《政府采购货物和服务招标投标管理办法》规定，采购人应当对采购标的的市场技术或者服务水平、供应、价格等情况进行市场调查，根据调查情况、资产配置标准等科学、合理地确定采购需求，进行价格测算。

采购需求应当完整、明确，包括以下内容：采购标的需实现的功能或者目标，以及为落实政府采购政策需满足的要求；采购标的需执行的国家相关标准、行业标准、地方标准或者其他标准、规范；采购标的需满足的质量、安全、技术规格、物理特性等要求；采购标的的数量、采购项目交付或者实施的时间和地点；采购标的需满足的服务标准、期限、效率等要求；采购标的的验收标准；采购标的的其他技术、服务等要求。

（4）明确落实政策功能的措施。采购人要将落实政府采购政策功能和采购活动结合起来，通过完善具体采购项目的采购需求标准、预留采购份额、价格评审优惠等方式，自觉落实节能环保、支持创新及中小企业及少数民族地区、落后地区发展等政策功能。

（5）合同订立安排、合同管理安排、风险控制方案，包括对采购需求和采购实施计划进行审查，即一般性审查和重点审查。

3. 采购人决定采购项目实施方式，并自主选择采购代理机构

采购人完成政府采购项目有四种实现方式可选，不论是哪种实现方式，都要对自己的行为负责。

（1）委托采购。《政府采购法》第十八条规定，采购人采购纳入集中采购目录的政府采购项目，必须委托集中采购机构代理采购；采购未纳入集中采购目录的政府采购项目，也可以委托集中采购机构在委托的范围内进行代理采购。委托采购的采购人，必须与政府采购代理机构签订委托协议，并明确双方的职责。

（2）批量集中采购。《政府采购法实施条例》第二十八条规定，列入集中采购目录的项目，适合实行批量集中采购的，应当实行批量集中采购，但紧急的小额零星货物项目和有特殊要求的服务、工程项目除外。

（3）自行采购。《政府采购法》第十八条规定，采购未纳入集中采购目录的政府采购项目，可以自行采购。自行采购必须具备相应的条件，即符合《政府采购货物和服务招标投标管理办法》第十二条的规定，否则必须委托采购代理机构采购。

（4）框架协议采购。

4. 采购人对所有采购文件有确认权和认可采购结果的权力

（1）确认采购文件。对于委托采购代理机构代理采购的，采购人应对采购文件进行确认，采购文件主要包括招标（竞争性谈判、竞争性磋商、单一来源采购、询价）公告、招标（竞争性谈判、竞争性磋商、单一来源采购、询价）文件、变更公告等。

（2）确认采购结果。采购人实行委托采购的，《政府采购法实施条例》第四十三条规定，采购代理机构应当自评审结束之日起两个工作日内，将评审报告送交采购人。采购人应当自收到评审报告之日起五个工作日内，在评审报告推荐的中标或者成交候选人中，按顺序确定中标或者成交供应商。

采购人或者采购代理机构应当自中标或者成交供应商确定之日起两个工作日内发出中标或者成交通知书，并在省级以上人民政府财政部门指定的媒体上公告该项目的中标或者成交结果。

（3）对采购结果进行公示。采购人委托采购的，由采购代理机构在公告中标或者成交结果的同时，也要将招标文件、竞争性谈判文件、询价通知书等随之公告。

中标、成交结果公告内容应当包括采购人和采购代理机构的名称、地址、联系方式，项目的名称和项目编号，中标或者成交供应商的名称、地址和中标或者成交金额，主要中标或者成交标的的名称、规格型号、数量、单价、服务要求以及评审专家的名单。

采购人自行采购的，自己对中标、成交结果按规定进行公示。

《政府采购法实施条例》还强调，采购人或者采购代理机构不得通过对样品进行检测、对供应商进行考察等方式改变评审结果。

5. 采购人必须签订采购合同

《政府采购法》第四十六条规定，采购人或者采购代理机构按照《民法典》的要求，在中标或者成交通知书发出之日起30天内，按照采购文件确定的事项签订政府采购合同。

《政府采购法实施条例》第五十条规定，采购人应当自政府采购合同签订之日起两个工作日内，将政府采购合同在省级以上人民政府财政部门指定的媒体上进行公告，但政府采购合同中涉及国家秘密或商业秘密的内容除外。

《政府采购法》第四十七条规定，合同自签订之日起七个工作日内，采购人应当将合同副本报同级政府采购监督管理部门和有关部门备案。

6. 采购人负责组织项目验收和支付采购资金

《政府采购法实施条例》第四十五条规定，采购人或采购代理机构，应当按照政府采购合同规定的技术、服务、安全标准，组织对供应商的履约情况进行验收，并出具验收书。

对于政府向社会公众提供的公共服务类项目，验收时还应当邀请服务对象参与并出具意见。验收结果应当通过相关媒体向社会公告。

对验收合格的，采购人应当按照政府采购合同相关规定，及时向中标或成交供应商支付采购资金。政府采购项目资金支付程序，按照国家有关财政资金支付管理的规定执行。

7. 采购人应建立内控机制

《政府采购法实施条例》对采购人建立相互配合、相互监督、相互制约的内控机制体系提出了要求，为此，财政部专门出台了《关于加强政府采购活动内部控制管理的指导意见》，要求坚持底线思维和问题导向，创新政府采购管理手段，切实加强政府采购活动中的权力运行监督，有效防范舞弊和预防腐败，提升政府采购活动的组织管理水平和财政资金使用效益，提高政府采购公信力。

采购人要落实好完善内控的主体责任，遏制寻租腐败，促进政府采购提质增效，要加强对政府内部权力的制约，对财政资金分配使用、政府采购等权力集中的部门和岗位实行分事行权、分岗设权、分级授权，定期轮岗。采购人要建立健全完善的内控制度要求，明确单位内部责任划分和岗位设置，明确采购环节的具体责任人和具体职责，完善相关管理制度和工作规程，建立有利于实现物有所值目标的采购保障机制。

8. 采购人必须对采购项目进行绩效评价

《预算法》第五十七条规定，各级政府、各部门、各单位应当对预算支出情况开展绩效评价。因此，采购人应建立绩效考评体系，加强政府采购的绩效评价工作，保证政府采购原则的落实。各级预算应当遵循统筹兼顾、勤俭节约、量力而行、讲求绩效和收支平衡的原则。

9. 资料保存是采购人必须做的

采购人对政府采购项目每项采购活动的采购文件应当妥善保存，不得伪造、变造、隐匿或者销毁。采购文件的保存期限为从采购结束之日起至少保存十五年。

采购文件包括采购活动记录、采购预算、招标文件、投标文件、评标标准、评估报告、定标文件、合同文本、验收证明、质疑答复、投诉处理决定及其他有关文件、资料。

（四）采购人也可以自行组织采购活动

采购人实行采购，除了按规定必须委托采购代理机构采购外，在特别情况下，还可以自行采购。这个自行采购与不受《政府采购法》调整或约束的自由采购是有本质区别的，自行采购与政府集中采购和部门集中采购的区别只是采购活动的组织者不同，而采购方式、采购程序等都应按政府采购法规的要求进行。自由采购是采购人指对没有纳入政府采购预算的采购项目，不受《政府采购法》调整，也就是说政府集中采购目录以外、采购限额标准以下的采购对象可以想采用什么方式、怎么买都行，只要不违反自己单位的有关规定就行。

1. 采购人自行采购的情形

《政府采购法》对于采购人自行采购规定了两种情形，一是采购未纳入集中采购目录的政府采购项目，可以自行采购，也可以委托集中采购机构在委托的范围内代理采购；二是属于本单位有特殊要求的项目，经省级以上人民政府批准，可以自行采购。

第一种情形是法律明确规定可以自行采购的采购项目，即未纳入集中采购目录的政府采购项目。第二种情形是虽然法律规定该采购项目应该集中采购，但因为有特殊要求，采购人可以申请自行采购，这就需要报省级以上人民政府财政部门批准，然后才能实行自行采购。

2. 采购人自行采购的条件

对于采购人是否能自行组织采购活动，按照"法无授权不可为"的行政理念。目前，《政府采购货物和服务招标投标管理办法》已明确规定，采购人自行采用招标采购方式组织采购活动的，应当符合两个条件，即：有编制招标文件、组织招标的能力和条件；有与采购项目专业性相适应的专业人员。也就是说，采购人不具备这两个条件的，不能自行组织招标采购活动。至于非招标采购方式的采购活动组织没有相关规定，法规没有要求。

二、监管部门主要干什么

党的十九大报告指出：全面依法治国是国家治理的一场深刻革命，必须坚持厉行法治，推进科学立法、严格执法、公正司法、全民守法。时任国务院总理李克强也多次强调"法无授权不可为，法定职责必须为"。各级财政部门作为"依法履行对政府采购活动的监督管理职责"的部门，应依法行使监管权。参与政府采购活动就必须依靠监管部门，随着"放管服"改革的深入，政府采购监管部门履职尽责必须在《政府采购法》《政府采购法实施条例》以及财政部部长令等法律法规的框架内，做到不缺位、不越位、不违法。

《政府采购法》第十三条规定，各级人民政府财政部门是负责政府采购监督管理的部门，依法履行对政府采购活动的监督管理职责。

（一）法律法规直接规定的监管职责

所谓法律法规直接规定的政府采购监管部门的职责，是指我国现行政府采购法规制度中明文规定的职责。我国已颁布的政府采购法规主要有《政府采购法》《政府采购法实施条例》《政府采购货物和服务招标投标管理办法》《政府采购信息公告管理办法》《政府采购质疑和投诉办法》《集中采购机构监督考核管理办法》《政府采购评审专家管理办法》《政府采购非招标方式采购管理办法》《政府采购代理机构管理暂行办法》等。经笔者梳理，这些法规制度中直接规定的政府采购监管部门的职责主要有以下方面。

1. 对政府采购进行监督管理

《政府采购法》第十三条规定，各级人民政府财政部门是负责政府采购监督管理的部门，依法履行对政府采购活动的监督管理职责。虽然该条还规定各级人民政府其他有关部门依法履行与政府采购活动有关的监督管理职责，但财政部门是监管第一责任人，负责对政府采购对象（即货物、工程和服务采购项目）的全面监管。

2. 制定政府采购政策

政策是国家为了实现社会、政治和经济目标，通过一定组织程序而制定的奋斗目标、遵循的行动原则、完成的明确任务、实行的工作方式、采取的一般步骤及具体措施。《政府采购法实施条例》第六条规定，国务院财政部门应当根据国家的经济和社会发展政策，会同国务院有关部门制定政府采购政策，通过制定采购需求标准、预留采购份额、价格评审优惠、优先采购等措施，实现节约能源、保护环境、扶持不发达地区和少数民族地区、促进中小企业发展等目标。

3. 对政府采购信息公告活动进行监督、检查和管理

政府采购信息是指规范政府采购活动的法律、法规、规章和其他规范性文件，以及反映政府采购活动状况的数据和资料的总称。政府采购信息的及时公开和真实、详细，是保证政府采购"公开、公平、公正"的基础。因此，《政府采购信息发布管理办法》第五条规定，财政部指导和协调全国政府采购信息发布工作，并依照政府采购法律、行政法规有关规定，对中央预算单位的政府采购信息发布活动进行监督管理。地方各级人民政府财政部门（以下简称财政部门）对本级预算单位的政府采购信息发布活动进行监督管理。

4. 汇总政府采购预算

政府采购预算的编制随部门预算一起进行，由采购人依据《预算法》的规定和政府采购集中采购目录和采购限额标准进行编制，但政府采购监管部门负有汇总预算的职责。《政府采购法》第三十三条规定，负有编制部门预算职责的部门在编制下一财政年度部门预算时，应当将该财政年度政府采购的项目及资金预算列出，报本级财政部门汇总。

5. 受理采购人采购实施计划的报备

采购人在实施采购时，要将采购实施计划报本级财政部门备案，以便财政部门加强对政府采购活动的监管。《政府采购法实施条例》第二十九条规定，采购人应当根据集中采购目录、采购限额标准和已批复的部门预算编制政府采购实施计划，报本级人民政府财政部门备案。

6. 审批采购人或采购代理机构采购方式的变更申请

采购人、采购代理机构在实施采购活动前或实施采购活动中，因各种原因需要变更法定的采购方式。对此，我国规定的是报批制，其审批权限在设区的市、自治州以上人民政府政府采购监管部门或政府有关部门。

《政府采购法》第二十七条和第三十七条分别规定，因特殊情况需要采用公开招标以外的采购方式的，应当在采购活动开始前获得设区的市、自治州以上人民政府政府采购监督管理部门的批准。废标后，除采购任务取消情形外，应当重新组织招标；需要采取其他方式采购的，应当在采购活动开始前获得设区的市、自治州以上人民政府政府采购监督管理部门或者政府有关部门批准。

关于采购方式变更的审批权问题，《政府采购法实施条例》第七十八条规定，财政管理实行省直接管理的县级人民政府可以根据需要并报经省级人民政府批准，行使《政府采购法》和本条例规定的设区的市级人民政府批准变更采购方式的职权。

7. 规定政府采购合同文本内容

《政府采购法》规定，政府采购合同适用《合同法》，但必须推行标准化合同文本。其第四十五条规定，国务院政府采购监督管理部门应当会同国务院有关部门，规定政府采购合同必须具备的条款。

8. 受理采购人的合同报备

对采购合同的管理，我国实行的是备案制。《政府采购法》第四十七条规定，政府采购项目的采购合同自签订之日起七个工作日内，采购人应当将合同副本报同级政府采购监督管理部门和有关部门备案。

9. 依法处理投诉与行政复议

为保护供应商的合法权益，我国政府采购设计了多重救济制度，有询问、质疑、投诉、行政复议及行政诉讼，而投诉和行政复议由财政部门处理。《政府采购法》第五十六条和第五十八条分别规定，政府采购监督管理部门应当在收到投诉后三十个工作日内，对投诉事项作出处理决定，并以书面形式通知投诉人和与投诉事项有关的当事人。投诉人对政府采购监督管理部门的投诉处理决定不服或者政府采购监督管理部门逾期未作处理的，可以依法申请行政复议或者向人民法院提起行政诉讼。《政府采购法实施条例》第五十八条还规定，财政部门处理投诉事项，需要检验、检测、鉴定、专家评审以及需要投诉人补正材料的，所需时间不计算在投诉处理期限内。

财政部门在依法处理投诉或行政复议案件时可以视情况决定采购活动是否暂停进行。《政府采购质疑和投诉办法》第二十八条规定，财政部门在处理投诉事项期间，可以视具体情况书面通知采购人和采购代理机构暂停采购活动，暂停采购活动时间最长不得超过30日。

采购人和采购代理机构收到暂停采购活动通知后应当立即中止采购活动，在法定的暂停期限结束前或者财政部门发出恢复采购活动通知前，不得进行该项采购活动。

10. 对政府采购工作进行检查

检查是监管的具体形式。《政府采购法》第六十五条规定，政府采购监督管理部门应当对政府采购项目的采购活动进行检查，政府采购当事人应当如实反映情况，提供有关材料。

11. 对集中采购机构进行考核

我国实行的是集中采购与分散采购相结合的模式。《政府采购法》第六十六条规定，政府采购监督管理部门应当对集中采购机构的采购价格、节约资金效果、服务质量、信誉状况、有无违法行为等事项进行考核，并定期如实公布考核结果。《政府采购法实施条例》第六十条规定，财政部门应当制订考核计划，定期对集中采购机构进行考核，考核结果有重要情况的，应当向本级人民政府报告。

12. 对采购代理机构进行监督检查

《政府采购代理机构管理暂行办法》第四条规定，各级人民政府财政部门依法对代理机构从事政府采购代理业务进行监督管理。第十七条规定，财政部门负责组织开展代理机构综合信用评价工作。同时，财政部门应当建立健全定向抽查和不定向抽查相结合的随机抽查机制。对存在违法违规线索的政府采购项目开展定向检查；对日常监管事项，通过随机抽取检查对象、随机选派执法检查人员等方式开展不定向检查。财政部门可以根据综合信用评价结果合理优化对代理机构的监督检查频次。

财政部门监督检查包括以下内容：代理机构名录信息的真实性；委托代理协议的签订和执行情况；采购文件编制与发售、评审组织、信息公告发布、评审专家抽取及评价情况；保证金收取及退还情况，中标或者成交供应商的通知情况；受托签订政府采购合同、协助采购人组织验收情况；答复供应商质疑、配合财政部门处理投诉情况；档案管理情况；其他政府采购从业情况。

13. 建立评审专家库，并对专家的使用进行监管

《政府采购评审专家管理办法》第四条规定，省级人民政府财政部门负责建设本地区评审专家库并实行动态管理，与国家评审专家库互联互通、资源共享。

各级人民政府财政部门依法履行对评审专家的监督管理职责。《政府采购货物和服务招标投标管理办法》第四十八条规定，采购人或者采购代理机构应当从省级以上财政部门设立的政府采购评审专家库中，通过随机方式抽取评审专家。

14. 对违反政府采购法规的行为进行处罚

已出台的政府采购法律法规均明确，政府采购监管部门应当对违反政府采购法规的行为给予处罚，处罚的形式主要有责令改正、通报批评、停止支付资金、列入不良行为记录名单和罚款。处罚对象包括采购人、采购代理机构、供应商和评审专家。

15. 审核竞争性磋商采购方式中的权重

《政府采购竞争性磋商采购方式管理暂行办法》第二十四条规定，有特殊情况需要在规定范围外设定价格分权重的，应当经本级人民政府财政部门审核同意。对集中采购机构拟订的框架协议采购方案进行审核，接受主管预算单位的框架协议采购方案的备案。

（二）法律法规间接规定的监管职责

所谓间接规定的政府采购监管部门的职责，是指我国现行政府采购法律法规中未明文规定，而是间接规定的职责。

1. 制定集中采购目录

《政府采购法》第七条和第八条分别规定，集中采购的范围由省级以上人民政府公布的集中采购目录确定。政府采购限额标准，属于中央预算的政府采购项目，由国务院确定并公布；属于地方预算的政府采购项目，由省、自治区、直辖市人民政府或者其授权的机构确定并公布。政府由各职能部门组成，财政部门是政府

采购的监管部门，按政府职能分工，则政府授权财政部门制定集中采购目录。

2. 确定政府采购信息发布媒体

为保证政府采购信息发布的及时性、真实性、权威性，《政府采购法》第十一条规定，政府采购的信息应当在政府采购监督管理部门指定的媒体上及时向社会公开发布，但涉及商业秘密的除外。这就间接地规定了政府采购监管部门应确定政府采购信息发布的媒体。《政府采购信息发布管理办法》第六条还详细规定，财政部对中国政府采购网进行监督管理。省级（自治区、直辖市、计划单列市）财政部门对中国政府采购网省级分网进行监督管理。《政府采购法实施条例》第八条规定，政府采购项目信息应当在省级以上人民政府财政部门指定的媒体上发布。采购项目预算金额达到国务院财政部门规定标准的，政府采购项目信息应当在国务院财政部门指定的媒体上发布。

3. 制定政府采购招标方式的招标文件范本

《政府采购法实施条例》第三十二条规定，采购人或者采购代理机构应当按照国务院财政部门制定的招标文件标准文本编制招标文件。此条虽然是针对采购人和采购代理机构提出的，但间接规定了政府采购监管部门应制定和出台标准化的招标文件范本，提供给采购人和采购代理机构。

4. 有权认定采购活动是否废标和决定采购项目重新评审、中止或终止

《政府采购质疑和投诉办法》第三十一条规定，投诉人对废标行为提起的投诉事项成立的，财政部门应当认定废标行为无效。

《政府采购法实施条例》第四十四条规定，除国务院财政部门规定的情形外，采购人、采购代理机构不得以任何理由组织重新评审。采购人、采购代理机构按照国务院财政部门的规定组织重新评审的，应当书面报告本级人民政府财政部门。

《政府采购质疑和投诉办法》第三十一条规定，投诉人对采购

文件提起的投诉事项,财政部门经查证属实的,应当认定投诉事项成立。经认定成立的投诉事项不影响采购结果的,继续开展采购活动;影响或者可能影响采购结果的,财政部门按照下列情况处理:

(1)未确定中标或者成交供应商的,责令重新开展采购活动。

(2)已确定中标或者成交供应商但尚未签订政府采购合同的,认定中标或者成交结果无效,责令重新开展采购活动。

(3)政府采购合同已经签订但尚未履行的,撤销合同,责令重新开展采购活动。

(4)政府采购合同已经履行,给他人造成损失的,相关当事人可依法提起诉讼,由责任人承担赔偿责任。

《政府采购质疑和投诉办法》第三十二条规定,投诉人对采购过程或者采购结果提起的投诉事项,财政部门经查证属实的,应当认定投诉事项成立。经认定成立的投诉事项不影响采购结果的,继续开展采购活动;影响或者可能影响采购结果的,财政部门按照下列情况处理:

(1)未确定中标或者成交供应商的,责令重新开展采购活动。

(2)已确定中标或者成交供应商但尚未签订政府采购合同的,认定中标或者成交结果无效。合格供应商符合法定数量时,可以从合格的中标或者成交候选人中另行确定中标或者成交供应商的,应当要求采购人依法另行确定中标、成交供应商;否则责令重新开展采购活动。

(3)政府采购合同已经签订但尚未履行的,撤销合同。合格供应商符合法定数量时,可以从合格的中标或者成交候选人中另行确定中标或者成交供应商的,应当要求采购人依法另行确定中标、成交供应商;否则责令重新开展采购活动。

(4)政府采购合同已经履行,给他人造成损失的,相关当事人可依法提起诉讼,由责任人承担赔偿责任。

《政府采购非招标方式采购管理办法》第二十一条规定,除资格性审查认定错误和价格计算错误外,采购人或者采购代理机构不得以任何理由组织重新评审。采购人、采购代理机构发现谈判小组、询价小组未按照采购文件规定的评定成交的标准进行评审的，应当重新开展采购活动，并同时书面报告本级财政部门。

《政府采购法》第五十条还规定，政府采购合同继续履行将损害国家利益和社会公共利益的，双方当事人应当变更、中止或者终止合同。虽然该条款规定变更、中止或终止合同是双方当事人的责任，但监管部门应从维护国家利益和社会公共利益的角度出发，当双方当事人未变更、中止或终止合同时，应督促其变更、中止或终止合同。

5. 进行政府采购信息统计

政府采购信息指定发布媒体应当对其发布的政府采购信息进行分类统计，并将统计结果按期报送同级人民政府财政部门。政府采购信息是一个大的概念，它还包括政府采购各类数据统计等，因此，监管部门还负有政府采购信息资料统计的职责。

6. 对政府采购绩效进行管理

党的十九大报告指出：要建立全面规范透明、标准科学、约束有力的预算制度，全面实施绩效管理。政府采购管理是财政支出管理的重要组成部分，政府采购必须要实施绩效管理，政府采购监管部门要从政府采购项目的评估和项目的评价两个方面加强对政府采购的绩效管理。

7. 信用体系建设与管理

为落实《国务院关于印发社会信用体系建设规划纲要（2014—2020年）的通知》《国务院关于建立完善守信联合激励和失信联合惩戒制度 加快推进社会诚信体系建设的指导意见》《国务院办公厅关于运用大数据加强对市场主体服务和监管的若干意见》有关要求，推进社会信用体系建设、健全守信激励失信约束机制，财政部与有关部门联合签署了《关于对重大税收违法案件当事人实施联合惩戒措施的合作备忘录》《失信企业协同监管和联合惩戒合作备忘录》《关于对违法失信上市公司相关责任主体实施联合惩戒的合作备忘录》《关于对失信被执行人实施联合惩戒的合作备忘录》《关于对安全生产领域失信生产经营单位及其有关人员开展联合惩戒的合作备忘录》，依法限制相关失信主体参与政府采购活动。各级财政部门和有关部门应当根据政府采购法及其实施条例相关规定，对参加政府采购活动的供应商、采购代理机构、评审专家的不良行为予以记录，并纳入统一的信用信息平台。各级财政部门、采购人、采购代理机构应当通过"信用中国"网站（www.creditchina.gov.cn）、中国政府采购网（www.ccgp.gov.cn）等渠道查询相关主体信用记录，并采取必要方式做好信用信息查询记录和证据留存，信用信息查询记录及相关证据应当与其他采购文件一并保存。

三、您应该及时捕捉政府采购信息

我们已经进入一个"后信息经济"时代，信息对人类的重要性不言而喻，对于想参与政府采购活动的您来说，其政府采购信息的重要性可想而知。

（一）捕捉政府采购信息的渠道

政府采购的基本原则之一就是公开透明，公开是最好的防腐剂。信息的发布是需要一定的载体的，目前，依据国际惯例和法律规定，发达市场经济国家和世界主要经济组织等都公布了或指定了政府采购信息发布媒体，只有在指定的媒体上发布的信息才是可靠的或合法的。

1. 我国政府采购监管部门指定的媒体

《政府采购法》第十一条规定，政府采购的信息应当在政府采购监督管理部门指定的媒体上及时向社会公开发布，但涉及商业秘密的除外。

《政府采购法实施条例》第八条更加明确规定，政府采购项目信息应当在省级以上人民政府财政部门指定的媒体上发布。采购项目预算金额达到国务院财政部门规定标准的，政府采购项目信息应当在国务院财政部门指定的媒体上发布。

目前，在我国，由国务院财政部门指定的信息公开媒体主要有：中国政府采购网（www.ccqp.qov.cn）、《中国政府采购报》、《中国政府采购》杂志。

各省也依据自己的实际，在财政部指定的信息公开媒体的基础上，也指定了各自的信息公开媒体，主要有：中国政府采购网、省级政府采购网（与中国政府采购网连接）、《中国政府采购报》、《中国政府采购》杂志、《政府采购信息报》和省级政府网站等。

2. 政府采购信息包含的内容

政府采购信息是指政府采购法律、法规、政策规定以及反映政府采购活动状况的资料和数据的总称。

依据政府采购信息的性质、特点，政府采购信息可分为法规类、告知类、合约类、救济类、其他类或相关类。而在这五类的政府采购信息中，法规类、告知类和救济类信息对您来说尤为重要，您必须时刻关注。

法规类信息是指政府采购的各种管理性、规范性的法律、法规和制度信息；告知类信息是指政府采购活动中各类晓谕性信息，它主要是采购人或采购代理机构对外发布的各种信息，包括政府采购公告、政府采购通知、通报等；合约类信息是指政府采购活动中各种带有合同性质的信息，它主要包括政府采购招标文件、政府采购各类合同、协议等；救济类信息是指政府采购活动中各主体维权性或处理维权活动时使用的信息，包括政府采购质疑的提起与答复、投诉的提起与处理、行政复议的处理等信息；其他相关类信息是指政府采购活动中各相关当事人应当公开或公示的信息。包括依法出具的各种报告、公证书和请示、批复、决定、决议等。

3. 政府采购信息必须公开的内容

《政府采购信息发布管理办法》规定，除涉及国家秘密、供应商的商业秘密，以及法律、行政法规规定应予保密的政府采购信息以外，下列政府采购信息必须公告：

所称政府采购信息，是指依照政府采购有关法律制度规定应予公开的公开招标公告、资格预审公告、单一来源采购公示、中标（成交）结果公告、政府采购合同公告等政府采购项目信息，以及投诉处理结果、监督检查处理结果、集中采购机构考核结果等政府采购监管信息。

除上述规定的内容外，省级以上财政部门可以根据管理需要，增加需要公告的政府采购信息内容。

（二）政府采购法规类信息

参与政府采购首先必须熟悉政府采购法规。所以，您应该了解我国的政府采购法规体系、掌握政府采购的法规知识、知晓法规内容。

依法治国，法治先行。我国政府采购制度改革经过三十多年的发展，已经构建成以《政府采购法》为核心，以《政府采购法实施条例》为主体，以政府采购部门规章为补充以及各级政府出台的政府采购管理和操作实施细则为准则的完善的政府采购法规体系。

1. 政府采购的法律

《政府采购法》是我国政府采购的基本法，是制定其他政府采购法规制度的依据。

《政府采购法》由全国人大常委会于 2002 年 6 月 29 日审议通过，自 2003 年 1 月 1 日起施行。2014 年 8 月 31 日第十二届全国人民代表大会常务委员会第十次会议对《政府采购法》进行了修订。

《政府采购法》共九章，八十八条。第一章总则，共十三条。规定了立法目的、适用范围、政府采购原则、政府采购工程招标投标适用的法律、政府采购组织形式、政府采购政策性规定、政府采购信息管理以及政府采购的监督管理部门等。第二章政府采购当事人，共十二条。规定了政府采购当事人的范围和含义、集中采购机构的设立和要求、供应商资格条件、供应商组成联合体等。第三章政府采购方式，共七条。规定了政府采购的方式、适用情形和有关要求等。第四章政府采购程序，共十条。规定了政府采购预算编制、采购方式及程序要求、履约验收和采购文件保存等。第五章政府采购合同，共八条。规定了政府采购合同适用的法律、合同形式、合同必备条款、合同订立、合同备案、分包履行、补充合同、合同变更、合同中止或者终止等。第六章质疑与投诉，共八条。规定了供应商就有关政府采购事项进行询问、质疑、投诉的方式、途径和时限，采购人或采购代理机构以及政府采购监督管理部门进行答复、处理的方式和时限，供应商申请行政复议和诉讼的权利等。第七章监督检查，共十二条。规定了政府采购监督管理部门监督检查的主要内容和要求，集中采购机构及人员的要求和考核，审计、监察机关和其他相关部门等的监督职责等。第八章法律责任，共十三条。规定了各当事人、政府采购监督管理部门及其工作人员违法行为应当承担的法律责任。第九章附则，共五条。规定了《政府采购法》的例外适用情形以及生效日期等。

由于我国在《政府采购法》颁布前就已出台了一部程序性的法律《招标投标法》，因此，在《政府采购法》调整对象政府采购工程进行招标投标的，适用《招标投标法》，所以，您还必须熟悉《招标投标法》。

政府采购还肩负着政策功能，至少涉及《中小企业促进法》《环境保护法》《节约能源法》等法律，同时，政府采购活动还适用有关法律，包括《民法典》《产品质量法》《行政复议法》《行政诉讼法》等法律，您也必须了解这些法律。

2. 政府采购法规

政府采购法规是调整经济生活中政府采购关系的法律规范。政府采购法规由国务院制定发布或者由国务院有关部门拟订经国务院批准发布，制定依据是《政府采购法》。《中华人民共和国政府采购法实施条例》就是由国务院颁布实施的关于政府采购的法规。

《政府采购法实施条例》于 2014 年 12 月 31 日国务院第 75 次常务会议通过，自 2015 年 3 月 1 日起施行。

《政府采购法实施条例》分为总则、政府采购当事人、政府采购方式、政府采购程序、政府采购合同、质疑与投诉、监督检查、法律责任、附则，共 9 章 79 条。

《政府采购法实施条例》是对《政府采购法》的细化、完善、明确和补充。《政府采购法实施条例》主要突出了四个方面：一是对政府采购信息的发布规定更加明确、具体。它规定了政府采购信息的发布内容、时间、媒体等要求，更加保证了政府采购活动的公开、透明。二是强化了政府采购的源头管理和结果管理，明确了主体责任，要求采购人做到采购需求制定科学合理，履约验收把关严格，减少违规操作空间，保障采购质量。三是明确了回避的对象、形式及要求，更加明确政府采购活动中"利害关系"的外延，增强回避制度的可操作性。四是对采购的效益和效率问题提出了较为可操作性的规定。

3. 政府采购的规章

政府采购规章是指财政部及法律授权的其他行政机关根据《政府采购法》和相关行政法规制定和发布的规范性文件。政府采购规章包括由财政部和国务院相关部门颁发的有关政府采购的部门规章和由地方人民政府颁布实施的地方性政府采购规章。目前，我国已经出台的行政规章主要有：

（1）《政府采购货物和服务招标投标管理办法》。为了规范政府采购当事人的采购行为，加强对政府采购货物和服务招标投标活动的监督管理，维护社会公共利益和政府采购招标投标活动当事人的合法权益，财政部于 2004 年 8 月 11 日公布了《政府采购货物和服务招标投标管理办法》（财政部令第 18 号，以下简称 18 号令），并于2004年9月11日起施行。《政府采购法实施条例》的颁布实施后，随着政府采购制度改革的不断深入，政府采购的内外环境发生了变化，财政部对原《政府采购货物和服务招标投标管理办法》进行了修订，修订后的《政府采购货物和服务招标投标管理办法》（财政部令第87号，以下简称87号令）于2017年7月11日公布，自2017年10月1日起施行。87号令共分总则、招标、投标、开标与评标、中标和合同、法律责任、附则，共7章88条。《政府采购货物和服务招标投标管理办法》是一个专门规范采购人采用招标方式采购货物和服务的管理办法。

　　87号令相对于18号令而言，它有10大亮点，即：一是强调了落实政府采购的政策功能。政府采购是调节经济的重要手段。作为政府采购的主要采购方式公开招标，有"义务"也有"责任"带头担起落实政府采购政策功能的重任。87号令第五条专门强调：采购人应当在货物服务招标投标活动中落实节约能源、保护环境、扶持不发达地区和少数民族地区、促进中小企业发展等政府采购政策。二是明确了采购人的主体责任。87号令不仅要求采购人在招标采购活动中要加强内部控制管理，明确采购人在招标采购活动的应执行"编制政府采购预算和实施计划、确定采购需求、组织采购活动、履约验收、答复询问质疑、配合投诉处理及监督检查"的主体责任，还对招标采购活动中的关键环节的责任进行了明确，第十条、第七十四条分别规定：采购人应当对采购标的的市场技术或者服务水平、供应、价格等情况进行市场调查，根据调查情况、资产配置标准等科学、合理地确定采购需求，进行价格测算。采购人应当及时对采购项目进行验收。同时，还对采购人在制定采购项目需求的内容进行了细化和明确，要求采购人从七个方面来制定采购需求。今后如再发生采购的标的要求不是采购人所需，其责任将十分明确。并在法律责任中专门规定，采购人"未按照《政府采购货物和服务招标投标管理办法》的规定编制采购需求的"将受到处罚，将不依法编制采购需求的行为上升为违规行为。三是采购预算额度内可以设定最高限价。在长期的采购实践中，特别是在工程的招标采购中，对于在采购项目中采购预算额度内设定最高限价的做法社会普遍认可，且有一定的好处，将此做法引入到货物和服务的招标采购中，是实践认知的结果。同时，还规定不得设定最低限价，要求采购人更加注重采购预算的编制，使采购预算也更加精细，此举达到节约财政资金的目的。四是规定了差别待遇或歧视待遇的情形。87号令规定不得将"注册资本、资产总额、营业收入、从业人员、利润、纳税额等或进口货物以外的生产厂家授权、承诺、证明、背书等"作为资格条件或者评审因素，解决了在招标采购活动中哪些规定和条款是差别待遇或歧视待遇行为的认定问题。五是允许投标人提供样品参评。原18号令对于在货物的招标采购中是否可以提供样品等没有进行规定，特别是那些"仅凭书面方式不能准确描述采购需求或者需要对样品进行主观判断以确认是否满足采购需求"的采购项目在实际操作很难把握。而修改后的87号令规定投标人可以通过提供样品的方式参评，评标委员会可更加直截了当地接触实物，通过主观判断和亲身体验来作出评审决定，使评审更加科学、合理。六是对"提供相同品牌产品的不同投标人参加同一合同项下投标"的情形进行了规定。提供相同品牌产品的不同投标人参加同一合同项下投标是一个老大难问题，包括"核心产品品牌相同的问题"，因为有围标之嫌，对此如何处理，一直没有法规依据，导致在实际操作中争议时常发生，而87号令对招标采购方式的两种评标方法下的"提供相同品牌产品的不同投标人参加同一合同项下投标"的情形作出了明确规定。七是对评审中出现的特殊和异常情况的操作进行了规范。在招标采购评审活动中，因评审专家多、评审时间长，评审可能出现特殊和异常情况，采购人或采购代理机构应该如何应对呢，87号令第四十八条、第四十九条分别作出了较为明确的规定。对于因评审专家的过错或者错误所形成的评审意见的处理，第六十二条、第六十四条、第六十七条也分别进行规定。这些规定既明确了责任,又便于采购人、采购代理机构操作和监管部门实施监督管理。八是代理投标成为可能。87号令既突出了本届政府的"双创"精神,也体现了专业人做专业事的理念。87号令第八条规定:采购代理机构及其分支机构不得在所代理的采购项目中投标或者代理投标,不得为所代理的采购项目的投标人参加本项目提供投标咨询。此项规定虽然是一个禁止性规定,但释放了一个信号,也就是说,现在实施委托代理采购,今后还可以委托代理投标。九是要求采购文件更加标准化、模式化。87号令对公开招标公告、资格预审公告、招标文件、评标报告、中标结果公告、合同等采购文件的基本要素进行了具体的规定,其中较为明确地要求采购人或采购代理机构在编制招标文件时,必须包括16个基本要素和主要内容,使政府采购活动向标准化、模式化方向又迈进了一步。十是验收多了一个专业"主体"。为了解决验收环节中不透明问题或采购人因采购需求制定失误而采购到所购非所要的问题,87号令第七十四条规定,"采购人可以邀请参加本项目的其他投标人或者第三方机构参与验收"。让参与投标的供应商参与验收,一方面发挥了投标供应商的专业特长,由内行参与验收,可以防止中标供应商与采购人作假,防止中标供应商以次充好;另一方面由投标供应商参与验收,是内行的监督,可以对采购活动的全过程进行监督。

(2)《政府采购非招标采购方式管理办法》。我国法定的采购方式为"5+2"种,按照招标性质划分,可分为招标采购和非招标采购,招标采购方式有公开招标和邀请招标,非招标采购方式竞争性谈判、单一来源采购、询价和竞争性磋商以及框架协议采购。为了规范非招标采购方式的采购活动,加强对采用非招标采购方式采购活动的监督管理,财政部于2013年12月19日公布了《政府采购非招标采购方式管理办法》(财政部令第74号,以下简称74号令),并自2014年2月1日起施行。

74号令共分总则、一般规定、竞争性谈判、单一来源采购、询价、法律责任和附则，共 7 章 62 条。该管理办法在《政府采购法》规定的原则和范围内，对三种非招标采购方式进行了全面、系统的规范，主要包括：一是明确了达到公开招标数额标准的采购项目采用非招标采购方式的适用条件、需变更的审批程序，谈判小组、询价小组的组成、职责和义务，保证金的缴纳与退还，选择符合资格条件的供应商的方式，成交结果公告等内容。二是对三种非招标采购方式的整个流程进行了全面规范，包括竞争性谈判采购方式具体程序、谈判要求、谈判文件可实质性变动的内容、确定成交供应商的标准；单一来源采购的公示要求、协商程序和情况记录；询价采购方式的具体程序和要求、确定成交供应商的标准等。三是在政府采购法规定的法律责任的基础上，补充和明确了政府采购当事人和相关人员在非招标采购方式活动中的法律责任。

（3）《政府采购信息发布管理办法》。为了规范政府采购信息公告行为，提高政府采购活动透明度，促进公平竞争，财政部于 2004 年 8 月 11 日公布了《政府采购信息公告管理办法》（财政部令第 19 号，以下简称 19 号令），并自 2004 年 9 月 11 日起施行。19 号令共分总则、政府采购信息公告范围与内容、政府采购信息公告管理、政府采购信息指定媒体管理、法律责任和附则，共 6 章 36 条。政府采购要做到公开透明，首先要求做到政府采购信息公开，让社会公众了解政府的采购预算、采购计划、采购过程和采购结果；告诉社会公众政府有哪些采购需求、什么时候开始采购、如何开展采购活动。19 号令对政府采购信息公开的主体、媒体、内容及时间进行明确的规定，特别是如下内容必须公开，即：一是有关政府采购的法律、法规、规章和其他规范性文件；二是省级以上人民政府公布的集中采购目录、政府采购限额标准和公开招标数额标准；三是政府采购代理机构名录；四是招标投标信息（包括其他采购方式的采购信息），包括公开招标公告、邀请招标资格预审公告、中标公告、成交结果及其更正事项等；五是财政部门受理政府采购投诉的联系方式及投诉处理决定；六是财政部门对集中采购机构的考核结果；七是采购代理机构、供应商不良行为记录名单；八是法律、法规和规章规定应当公告的其他政府采购信息。除上述规定的八点内容外，还有政府采购当事人的信用信息也应公开。

2019年11月27日，财政部发布101号令，《政府采购信息发布管理办法》自2020年3月1日起施行。该管理办法共有21条，其相对于19号令，101号令强调了采购人发布政府采购信息的主体责任，强化了指定媒体的职责，突出了信息发布的规范性问题。

（4）《政府采购评审专家管理办法》。为加强政府采购评审活动管理，规范政府采购评审专家评审行为，财政部会同监察部于2003年11月17日发布的《政府采购评审专家管理办法》（以下简称原《办法》），2016年11月18日财政对原《办法》进行了修订，修订后的《政府采购评审专家管理办法》（以下简称新《办法》）共分总则、评审专家选聘与解聘、评审专家抽取与使用、评审专家监督管理和附则，共5章36条。财政部和监察部制定《政府采购评审专家管理办法》，对推动建立专家评审制度发挥了积极作用。但随着实践的发展，原《办法》的一些规定已经不适应管理要求，需要进行修订。按照依法修订、突出重点、问题导向的原则，财政部对原《办法》进行了修订，规范了评审专家选聘与解聘、抽取与使用、监督管理等内容。主要修订内容有六个方面：一是调整原《办法》适用范围。原《办法》规定，政府采购评审和前期咨询专家都应当从专家库中随机抽取，而通过实践，对于前期咨询专家不适应，故调整出了适用范围，只专门针对评审专家。二是严格专家资格条件。特别是增加了对评审专家的年龄及健康要求、信用记录要求以及专家不良行为记录的要求。三是建立专家退出机制。新《办法》明确了专家解聘的四种具体情形。四是细化随机抽取规定。细化了专家随机抽取的具体规定，进一步明确了专家不足时的两种处理办法，对专家补抽、专家抽取时间等作了规定。五是加大对评审专家的监管力度。为了与《政府采购法实施条例》对接，明确了专家不良行为记录的具体情形并将专家不良行为记录与专家资格条件和退出机制相衔接，明确采购人和采购代理机构对评审专家违法违规行为的报告义务，并对评审专家的信用评价纳入了规范。六是明确专家劳务报酬支付主体和标准。

（5）《政府采购质疑和投诉办法》。为了防止和纠正违法的或者不当的政府采购行为，保护参加政府采购活动供应商的合法权益，维护国家利益和社会公共利益，建立规范高效的政府采购投诉处理机制，2004年8月财政部颁布了《政府采购供应商投诉处理办法》（财政部令第20号，以下简称20号令）。通过实践，原20号令存在许多不足，2017年12月26日财政部又颁布了修改后的《政府采购质疑和投诉办法》（财政部令第94号，以下简称94号令），并自2018年3月1日起施行。94号令共分总则、质疑提出与答复、投诉提起、投诉处理、法律责任和附则，共6章45条。原20号令只对供应商提起投诉、财政部门受理投诉和作出决定进行了规范，而94号令将供应商质疑与采购人或采购代理机构的答复也进行了规范。

较20号令而言，94号令新增14条、删除1条、修订29条。修订的主要内容包括：一是修改规章名称并增设专章对质疑程序予以规定。针对实践中采购人、采购代理机构拒收供应商在法定质疑期内发出的质疑函、不依法答复质疑等问题，明确了相应的法律责任。二是对政府采购法及条例的有关规定进行补充细化。规定以联合体形式参加政府采购活动的，其投诉应当由组成联合体的所有供应商共同提出；规定供应商对评审过程、中标或者成交结果提出质疑的，采购人、采购代理机构可以组织原评审委员会协助答复质疑；明确了投诉书应当包括的内容，以及投诉书内容不符合规定时财政部门的处理方式；补充规定了财政部门组织质证的相关要求，投诉人及被投诉人未按规定提供相关证据材料的后果，财政部门应当驳回投诉的情形；细化了不计入投诉处理期限的检验、检测、鉴定、专家评审及需要投诉人补正材料所需时间，以及投诉事项属实情况下财政部门的处理方式等。三是进一步强化公开透明，提高采购效率，保障公平公正要求。明确潜在供应商已依法获取其可质疑的采购文件的，可以对该文件提出质疑；对投诉书内容不符合要求的增加了补正期限的规定，以充分维护供应商的合法权益。四是明确了财政部门的相关权责。明确了经调查发现投诉不符合法定受理条件的，财政部门应当驳回投诉。五是参照现行法律及司法解释，进行技术性完善。20号令还明确规定涉外和涉港澳台证据以及期间计算等问题，参照《最高人民法院关于行政诉讼证据的若干规定》，对涉外和涉港澳台证据要求进行了规范。

（6）《政府采购竞争性磋商采购方式管理暂行办法》。为了深化政府采购制度改革，适应推进政府购买服务、推广政府和社会资本合作（PPP）模式等工作需要，维护国家利益、社会公共利益和政府采购当事人的合法权益，依据《政府采购法》的规定，财政部于2014年12月31日颁布了《政府采购竞争性磋商采购方式管理暂行办法》，该管理暂行办法认定竞争性磋商为我国法定的采购方式，弥补了我国采购方式的不足。该管理暂行办法共分总则、磋商程序和附则，共3章38条。

作为一种采购方式的管理暂行办法，对竞争性磋商采购方式的适用条件、磋商的程序、磋商的办法以及评审的要求进行了明确的规定。

（7）《集中采购机构监督考核管理办法》。集中采购是政府采购组织形式中的一种采购模式，也是政府采购的重要特征之一。为正确开展对政府集中采购机构的监督考核工作，确保监督考核工作的规范性，促进集中采购机构工作质量的提高，财政部和监察部于2003年11月17日颁布了《集中采购机构监督考核管理办法》，该管理办法共分总则、考核内容、考核要求、考核方法、考核结果及责任和附则，共6章33条。财政部门对集中采购机构考核的规定，包括两方面的含义：一是财政部门应当对集中采购机构的采购价格、节约资金效果、服务质量、信誉状况、有无违法行为等事项全面进行考核。二是财政部门对集中采购机构的有关事项进行考核，应当定期公布考核结果。

考核的具体内容主要有八个方面：一是集中采购机构执行政府采购的法律、行政法规和规章情况，有无违纪违法行为。二是采购范围、采购方式和采购程序的执行情况。三是集中采购机构建立和健全内部管理监督制度情况，包括是否建立岗位工作纪律要求，工作岗位设置是否合理，管理操作环节是否权责明确，是否建立内部监督制约体系。四是集中采购机构从业人员的职业素质和专业技能情况。五是基础工作情况，包括日常基础工作和业务基础工作。日常基础工作包括政府采购文件档案管理制度是否规范有序，归档资料是否齐全、及时。六是采购价格、资金节约率情况，包括实际采购价格是否低于采购预算和市场同期平均价格等。七是集中采购机构的服务质量情况。八是集中采购机构及其从业人员的廉洁自律情况。

财政部门对集中采购机构的考核，可以实行定性与定量相结合、自我检查与财政检查相结合、定期与随机检查相结合、专项检查与全面检查相结合等多种方法。

（8）《政府采购代理机构管理暂行办法》。为加强政府采购代理机构监督管理，促进政府采购代理机构规范发展，财政部于2018年1月4日颁布了《政府采购代理机构管理暂行办法》，自2018年3月1日施行。该管理暂行办法共分总则、名录登记、从业管理、信用评价及监督检查和附则，共5章27条。

该管理暂行办法对采购代理机构如何实行名录登记管理进行了规定，要求必须具备具有独立承担民事责任的能力；建立完善的政府采购内部监督管理制度；拥有不少于5名熟悉政府采购法律法规、具备编制采购文件和组织采购活动等相应能力的专职从业人员；具备独立办公场所和代理政府采购业务所必需的办公条件；

在自有场所组织评审工作的，应当具备必要的评审场地和录音录像等监控设备设施并符合省级人民政府规定的标准等五个基本条件。只有具备这五个基本条件，通过省级分网填报代理机构名称、统一社会信用代码、办公场所地址、联系电话等机构信息；法定代表人及专职从业人员有效身份证明等个人信息；内部监督管理制度；在自有场所组织评审工作的，应当提供评审场所地址、监控设备设施情况；省级财政部门要求提供的其他材料等信息方可申请进入名录。该管理暂行办法还对采购人如何选择代理机构、如何收取费用进行了规定。特别是为了配合信用体系建设，还专门规定财政部门负责组织开展代理机构综合信用评价工作。采购人、供应商和评审专家根据代理机构的从业情况对代理机构的代理活动进行综合信用评价。综合信用评价结果应当全国共享。为了加强管理，还规定财政部门应当建立健全定向抽查和不定向抽查相结合的随机抽查机制。对存在违法违规线索的政府采购项目开展定向检查；对日常监管事项，通过随机抽取检查对象、随机选派执法检查人员等方式开展不定向检查。对采购代理机构的监督检查的内容包括代理机构网上登记信息的真实性；委托代理协议的签订和执行情况；采购文件的编制与发售、评审组织、信息公告发布、评审专家抽取及评价情况；保证金收取及退还情况，中标或者成交供应商的通知情况等八项内容。

（9）《政府采购框架协议采购方式管理暂行办法》。为了规范多频次、小额度采购活动，提高政府采购项目绩效，根据《政府采购法》《政府采购法实施条例》等法律法规规定，财政部以部长令110号的形式，发布了《政府采购框架协议采购方式管理暂行办法》，由此确认，框架协议采购为一种采购方式。该管理暂行办法共6章52条，自2022年3月1日起实施。

该管理暂行办法规定，所称框架协议采购，是指集中采购机构或者主管预算单位对技术、服务等标准明确、统一，需要多次重复采购的货物和服务，通过公开征集程序，确定第一阶段入围供应商并订立框架协议，采购人或者服务对象按照框架协议约定规则，在入围供应商范围内确定第二阶段成交供应商并订立采购合同的采购方式。

符合下列情形之一的，可以采用框架协议采购方式采购：一是集中采购目录以内品目，以及与之配套的必要耗材、配件等，属于小额零星采购的；二是集中采购目录以外，采购限额标准以上，本部门、本系统行政管理所需的法律、评估、会计、审计等鉴证咨询服务，属于小额零星采购的；三是集中采购目录以外，采购限额标准以上，为本部门、本系统以外的服务对象提供服务的政府购买服务项目，需要确定2家以上供应商由服务对象自主选择的；四是国务院财政部门规定的其他情形。

框架协议采购包括封闭式框架协议采购和开放式框架协议采购。

封闭式框架协议采购是框架协议采购的主要形式。除法律、行政法规或者另有规定外，框架协议采购应当采用封闭式框架协议采购。

（10）《政府购买服务管理办法》。为规范政府购买服务行为，促进转变政府职能，改善公共服务供给，根据《预算法》《政府采购法》《民法典》等法律、行政法规的规定，财政部以部长令102号的形式发布了《政府购买服务管理办法》。该管理办法共7章35条，自2020年3月1日起施行。

该管理办法规定，所称政府购买服务，是指各级国家机关将属于自身职责范围且适合通过市场化方式提供的服务事项，按照政府采购方式和程序，交由符合条件的服务供应商承担，并根据服务数量和质量等因素向其支付费用的行为。

政府购买服务的内容包括政府向社会公众提供的公共服务，以及政府履职所需辅助性服务。

但以下各项不得纳入政府购买服务范围：一是不属于政府职责范围的服务事项；二是应当由政府直接履职的事项；三是政府

采购法律、行政法规规定的货物和工程，以及将工程和服务打包的项目；四是融资行为；五是购买主体的人员招、聘用，以劳务派遣方式用工，以及设置公益性岗位等事项；六是法律、行政法规以及国务院规定的其他不得作为政府购买服务内容的事项。

政府购买服务的具体范围和内容实行指导性目录管理，指导性目录依法予以公开。

政府购买服务项目采购环节的执行和监督管理，包括集中采购目录及标准、采购政策、采购方式和程序、信息公开、质疑投诉、失信惩戒等，按照政府采购法律、行政法规和相关制度执行。

（三）告知类信息

政府采购告知类信息对您来说可谓非常重要，您如果不了解、不熟悉、不掌握，根本不可能参与政府采购活动，更谈不上赚政府采购的钱。

政府采购告知类信息是指政府采购活动中各类晓谕性信息，它主要是政府采购监管部门对外发布的各种信息，采购人或采购代理机构发布的政府采购的公告、通知等信息。

政府采购告知类信息主要有：政府采购监管部门发布的令及公告、政府集中采购目录和采购限额标准、政府采购的检查通知书和检查结论书及通报、采购人或采购代理机构发布的公开招标公告或政府采购招标邀请书及供应商资格预审公告、政府采购更正公告、政府采购中标（成交）公告、中标（成交）通知书和未中标（成交）通知书等。在政府采购活动中，告知类的采购公告、更正公告、中标公告或中标通知书、单一来源采购公示信息经常出现，且与您有关，而不知晓又不可为，所以，应重点掌握。

1. 公开招标公告

公开招标公告，是指采购人或采购代理机构在政府采购监督管理部门指定媒体上公开登载的向潜在供应商发出邀请其参与公开招标采购活动信息的文书。

公开招标公告的公示期为五个工作日。

2. 邀请招标资格预审公告

邀请招标资格预审公告，是指采购人或采购代理机构在政府采购监督管理部门指定媒体上公开登载的向潜在供应商发出邀请对其进行资格预审信息的文书。

邀请招标资格预审公告的公示期为五个工作日。

3. 竞争性谈判公告

竞争性谈判公告，是指采购人或采购代理机构在政府采购监管部门指定媒体上公开登载的向潜在供应商发出邀请参与竞争性谈判采购活动信息的文书。

竞争性谈判公告的公示期为三个工作日。

4. 竞争性磋商公告

竞争性磋商公告，是指采购人或采购代理机构在政府采购监督管理部门指定媒体上公开登载的向潜在供应商发出的邀请参与竞争性磋商采购活动信息的文书。

竞争性磋商公告的公示期为三个工作日。

5. 单一来源采购项目公示

单一来源采购项目公示，是指采购人或采购代理机构在政府采购监督管理部门指定的媒体上公开登载的旨在采用单一来源采购方式进行采购活动情况公告信息的文书。

单一来源采购项目公示的公示期为五个工作日。

6. 变更或更正公告

变更或更正公告，是指采购人或采购代理机构因其采购标的等因素发生了变化，在政府采购监督管理部门指定的媒体上发布的告知其改变或变更、更正内容的书面文书。

变更、更正公告的发布应该在原信息发布的媒体上进行，公告时间是以变更或更正的原公告的时间进行公告。

7. 中标（成交）公告

中标（成交）公告，是指采购人或采购代理机构通过采购选定中标、成交供应商后,在政府采购监督管理部门指定的媒体上,向社会公众及投标人(响应供应商)和中标(成交)供应商发布的,旨在说明或告知采购情况及中标(成交)供应商名单的书面文书。

中标(成交)公告的公示期为一个工作日。

(四)救济类信息

我国政府采购供应商的维权、救济形式主要有询问、质疑、投诉、行政复议和行政诉讼。在政府采购活动中,您可能不是当事人,不是质疑和投诉提起人,属于局外人,但您可以借鉴,也许对您有所启发。您也可能因为自己的正当权益受到侵害,进行维权,是直接提起质疑和投诉的当事人,因此,对于这类的信息,您有必要知晓。

在这类信息中,您需要捕获的是:在政府采购活动中,哪些事项是违反政府采购法规规定的,是采购人或采购代理机构所不能为的,您的哪些权益受到损害是可以通过救济渠道来维权的,投诉处理决定引用法规是适当的,政府采购监管部门的"审判官"行为是否公平、公正等。通过了解这些信息,可以对自己今后维权予以借鉴。

《政府采购质疑和投诉办法》第三十四条规定,财政部门应当及时将投诉处理结果在省级以上财政部门指定的政府采购信息发布媒体上公告。

四、公共资源交易平台是什么角色

(一)公共资源交易平台的由来

自 20 世纪 90 年代初,为了规范土地、矿产、国有产权等交易行为,全国各地陆陆续续地成立了各自的公共资源交易平台。这些分散在各个部门的公共资源交易平台,市场分散设立、重复建设,市场资源不共享、职能定位不准、运行不规范、公开性和透明度不够、违法干预交易主体自主权,交易市场存在乱收费现象、市场主体负担较重,公共资源交易服务、管理和监督职责不清、监管缺位、越位和错位现象不同程度存在,备受诟病。为此,2002年,建设部、中纪委、监察部出台了《关于健全和规范有形建筑市场的若干意见》。党的十八大以来,国务院多次要求推进公共资源交易的市场化改革,实行全流程的透明化管理,建立统一规范的公共资源交易平台,把工程建设项目招标投标、土地使用权和矿业权出让、国有产权交易、政府采购等公共资源交易,纳入规范化、法治化轨道。

2015年,国务院办公厅专门颁布了《整合建立统一的公共资源交易平台工作方案》,并按照《国务院机构改革和职能转变方案》的要求,交易平台要尽快"建起来",电子系统尽快"联起来",交易数据尽快"用起来"。

(二) 公共资源交易平台的定位

1. 基本定位

《整合建立统一的公共资源交易平台工作方案》的主旨是充分发挥市场在资源配置中的决定性作用,核心是"四个整合",即将平台层级、信息系统、场所资源、专家资源进行整合,目的是减少行政干预、促进阳光操作、强化监督制约、构建惩防体系,为提高公共资源配置效率和效益,推进公共资源交易法治化、规范化。

那么,按照上述工作方案的精神,公共资源交易平台的职能定位是:立足公共资源交易平台的公共服务职能。

2. 基本原则

(1) 坚持政府推动、社会参与。政府要统筹推进公共资源交易平台整合,完善管理规则,优化市场环境,促进公平竞争。鼓励通过政府购买服务等方式,引导社会力量参与平台服务供给,提高服务质量和效率。

（2）坚持公共服务、资源共享。立足公共资源交易平台的公共服务职能定位，整合公共资源交易信息、专家和场所等资源，加快推进交易全过程电子化，实现交易全流程公开透明和资源共享。

（3）坚持转变职能、创新监管。按照管办分离、依法监管的要求，进一步减少政府对交易活动的行政干预，强化事中、事后监管和信用管理，创新电子化监管手段，健全行政监督和社会监督相结合的监督机制。

（4）坚持统筹推进、分类指导。充分考虑行业特点和地区差异，统筹推进各项工作，加强分类指导，增强政策措施的系统性、针对性和有效性。

3. 整合内容

（1）整合平台层级。各级政府应整合建立本地区统一的公共资源交易平台。基本不再新设公共资源交易平台。政府应积极创造条件，通过加强区域合作、引入竞争机制、优化平台结构等手段，在坚持依法监督前提下探索推进交易主体跨行政区域自主选择公共资源交易平台。

（2）整合信息系统。各级政府应整合本地区分散的信息系统，依据国家统一标准建立全行政区域统一、终端覆盖市县的电子交易公共服务系统。鼓励电子交易系统市场化竞争，各地不得限制和排斥市场主体依法建设运营的电子交易系统与电子交易公共服务系统对接。实现国家级、省级、市级电子交易公共服务系统互联互通。中央管理企业有关电子招标采购交易系统应与国家电子交易公共服务系统连接并按规定交换信息，纳入公共资源交易平台体系。

（3）整合场所资源。各级公共资源交易平台整合应充分利用现有政务服务中心、公共资源交易中心、建设工程交易中心、政府集中采购中心或其他交易场所，满足交易评标（评审）活动、交易验证以及有关现场业务办理需要。整合过程中要避免重复建设，严禁假借场所整合之名新建楼堂馆所。对于社会力量建设并符合标准要求的场所，地方各级政府可以探索通过购买服务等方式加以利用。

（4）整合专家资源。各级政府应按照全国统一的专业分类标准，整合本地区专家资源。推动实现专家资源及专家信用信息全国范围内互联共享，有条件的地方要积极推广专家远程异地评标、评审。

（三）政府采购与公共资源交易平台的关系

有个形象的比喻就是：公共资源交易平台是一个剧场，各交易主体到剧场"演出"，并按规矩"演出"，剧场应搞好服务，满足依法"演出"的条件。

政府采购的集中采购机构和采购代理机构就是"演出团队"，有采购项目的评审活动，就在"剧场"举行。公共资源交易平台以及它的管理部门，也是一个服务的机构，并没有法定的监管权。也不是法定的集中采购机构的一个新的"婆婆"，更不能因为有了公共资源交易中心或其监管部门，把依法设立的政府集中采购机构或撤销或兼并。集中采购机构是各级人民政府根据政府采购项目组织集中采购的需要而依法设立的，其法律地位不容随意撼动。

对于政府采购而言，如何搞好与公共资源交易平台的关系呢？

一是应积极支持，搞好整合。应将政府采购指定媒体与平台信息媒体对接，将政府采购评审专家库等信息与平台管理系统融通。把集中采购机构的场所或平台交由公共资源交易中心管理，实行资源共享。

二是保持政府集中采购机构的法律地位，促使其依法、独立地组织采购活动。

三是所有的政府采购活动都在公共资源交易中心开展，接受监督。

四是积极与发改委等相关部门进行信息互通。

五是处理好依法监管与综合监管的关系,发挥社会力量作用,加强对政府采购的监督。

政府采购监管部门一定要牢记,政府采购的监管主体责任是财政部门,一定要按《公共资源交易平台管理暂行办法》的规定履职尽责,即:各级行政监督管理部门按照规定的职责分工,加强对公共资源交易活动的事中事后监管,依法查处违法违规行为。否则,其行为属于失职渎职。

五、行业协会是"您的娘家"

"发挥社会组织作用,实现政府治理和社会调节、居民自治良性互动。"这是我国今后一个时期社会治理的基本策略。行业协会具有的民间性、广泛性、自愿性和双重赋权性的特性,可以弥补管理部门对行业管理的不足,这也是国际惯例。政府采购行业协会也是所有政府采购参与人的"娘家"。

作为一个民间组织,政府采购行业协会能为您做什么呢,它有哪些作为呢?

(一) 制定行业准则,实行行业自律

纵观各类行业协会的职能与发展历程,无不把行业自律作为主要职责。所以,实行行业的自我管理、自我约束也是政府采购协会的重要职能之一。实行行业自律,首先必须确定以什么标准自律。大概念的行业自律应包括确定行业标准、执行行业标准和监督落实行业标准全过程。

政府采购是一个特殊的行业,它的特殊性源于实现采购目标的多重性和从业者的多元性,从而加大了行业自律的难度。因此政府采购的行业标准应由三个部分构成:一是具有共性的政府采购行业技术标准;二是政府采购各参加人的职业标准;三是政府

采购各参加人的行为规范和道德操守。政府采购协会应依据政府采购工作的特点，分别制定政府采购的行业标准，并制定系列规章制度，督促政府采购行业内的所有相关人员自觉执行与遵守。

（二）反映各方诉求，维护正当权益

政府采购协会会员主要来自六个方面，即政府采购监管部门、采购人、供应商、采购代理机构、评审专家和研究政府采购的专家学者。由于政府采购协会各方面会员在政府采购活动中所充当的角色和所处的地位不同，其代表的利益阶层也不一样，因此，各方利益需求也不一样，当发生矛盾时，需要政府采购协会这个渠道和平台，来反映政府采购各相关利益团体的诉求，维护政府采购各相关人的正当权益，特别是加入GPA之后我国的供应商参与国际政府采购市场的竞争，因此，维护我国供应商在对外贸易活动中的权益十分重要。政府采购协会主要是通过三个渠道来反映诉求和维护各相关人的正当权益的。一是政府采购协会通过组织专题的调研活动、召开研讨会等形式，了解各相关人的诉求；二是各相关人直接向政府采购协会反映诉求，政府采购协会综合后形成一致意见再向相关管理部门反映；三是相关管理部门委托政府采购协会征求政府采购相关人的诉求，为出台政策及管理制度和决策提供依据。

（三）成立援助中心，实施技术服务

政府采购应当有助于实现国家的经济和社会发展政策目标，包括保护环境、扶持不发达地区和少数民族地区、促进中小企业发展等。在市场经济条件下，不发达地区和少数民族地区以及中小企业，参与政府采购活动一般处于劣势，所以，《政府采购法》规定应采取有效措施支持不发达地区和少数民族地区以及中小企业，即在合同预留、评标打分优惠上做了明确的硬性规定。作为政府采购的行业组织如何支持不发达地区和少数民族地区的企业以及中小企业参与政府采购活动呢？最直接的方式是成立政府采购技术援助中心，当不发达地区和少数民族地区的企业以及中小企业在参与政府采购活动中遇到技术困难时，政府采购协会可以利用了解政府采购法规、知晓政府采购政策的优势，直接免费提供咨询服务，搞好技术援助，帮助供应商，特别是中小企业的供应商，解决在政府采购活动中遇到的一些技术问题，为他们做技术支撑，帮助和扶持他们参加政府采购活动。

（四）发挥智力优势，完善监督机制

现代社会管理实行的是一种委托制的行政管理模式，需要完善的监督体系和健全的监管机制。政府采购活动是一个多层次的委托活动，如何使政府采购公开、公平、公正的优越性发挥出来，重点在于建立完善的政府采购监督机制。

在政府采购活动中，由于涉及各相关当事人的切身利益，一旦发现自己的权益受到侵害时，就会产生纠纷和争议，而目前解决纠纷和争议的渠道就是质疑、投诉等。为了避免政府采购有些纠纷一开始就直接进入行政救济程序，中间有一个调解的过程，采取由专业技术人员组成的再监督委员会实施调解和监督，可以起到事半功倍的效果。

政府采购协会是人才汇聚的地方，聚集着政府采购各方面的优秀人才，特别是各专业委员会是通过民主选举产生的，全部是政府采购行业的精英，具有代表性和权威性，他们对整个行业十分了解和熟悉。而许多政府采购的执行和操作工作属于委托性质，是由临时性的组织来完成的，如政府采购的评标工作就是由抽取的评审专家临时组成的评标委员会完成的。对他们工作的监督主要由采购人、采购代理机构和政府采购监管部门来进行，但当对评审结果发生了争议或多次对评审的结果出现异议或差异时，就必须有一个权威的、公正的、大家都认可的机构或组织来裁决。

因此，政府采购协会就应该充分发挥人才智力优势，成立再

监督委员会，其主要职责：一是对采购代理机构组织政府采购活动的合法性、公正性再监督。二是对评审委员会的评审进行再监督。因评审专家的素质不一，会使评审结果出现偏差，产生争议，而这种争议将可能演变成质疑、投诉。三是对质疑答复进行裁决。对于质疑的答复，是否符合要求或满意，由谁来决定，最好的办法是由公正的第三方，即政府采购的再监督委员会进行裁决。四是对投诉处理争议的判定。投诉处理决定由政府采购监管部门作出，是否公正、公平，也需要第三方来进行判定。

通过建立政府采购的再监督委员会，一方面可以调解纠纷，化解矛盾；另一方面可以作为一种监督的补充形式，从而完善政府采购监督体系，健全政府采购监督机制。

（五）进行理论研究，构建学科体系

对政府采购进行研究是每一个从事政府采购工作者的责任和义务，也是政府采购理论不断向前发展的动力。政府采购协会的职能之一就是要充分利用协会人才济济、联系广泛、协会的会员熟悉和了解政府采购实践活动的优势，组织开展政府采购的理论研究，建立政府采购的学科体系，用理论指导实践、用实践丰富理论。

在此基础上，协会要广泛地组织会员开展调查研究活动，为政府制定有关政府采购的法律法规、政策措施、行业发展战略、政府采购发展规划、改革方案提供决策依据。

（六）开展宣传培训，提高会员素质

宣传政府采购法规，对政府采购从业人员进行继续教育培训，提高政府采购从业人员素质是一项长期的工作。因此，作为一个行业组织，政府采购协会有责任协助政府采购监管部门搞好政府采购的宣传和业务培训工作。宣传工作包括宣传政府采购的法律法规，新出台的管理办法、制度、操作规程，各类与政府采购相

关的政策等。在宣传的对象上，既包括对协会会员的宣传，也包括对全社会的宣传。政府采购的业务培训包括政府采购从业人员的岗前培训、专业知识的提高培训、从业资格的考试培训、职业道德教育和继续教育的知识更新培训。

（七）加强横向联系，组织交流活动

要通过政府采购协会这个平台，组织开展横向的学习交流活动，特别是与国内和国际政府采购团体、政府采购的执业组织开展业务交流活动。通过交流，学习和借鉴发达国家或地区以及国际经济组织政府采购的先进管理经验，从而提高政府采购的管理水平。

（八）建立职业制度，推行资格管理

政府采购的特殊性决定了政府采购是一项准入性的职业，所以，建立政府采购从业人员职业化管理制度势在必行。职业资格是对从事某一职业所必备的学识、技术和能力的基本要求。职业资格包括从业资格和执业资格。从业资格是指从事某一专业（职业）学识、技术和能力的起点标准。执业资格是指政府对某些责任较大、社会通用性强、关系公共利益的专业（职业）实行准入控制，是依法独立开业或从事某一特定专业（职业）学识、技术和能力的必备标准。

从业资格是起点标准，只有具备了政府采购这个职业所需的学识、技术和能力的人员并通过一定的专业知识考试，才能获得从业资格。执业资格是被承认具有对某些文件签字的权力，且要负法律责任，是政府对某些责任较大、社会通用性强、关系公共利益的专业技术工作实行的准入控制，是专业技术人员依法独立开业或从事某种专业技术工作学识、技术和能力的必备标准，必须通过考试取得。

按照国际惯例，职业资格的管理是由行业协会进行的。随着

我国行政管理体制改革的不断深入，我国对于职业资格的管理也将推行"三分离"的管理模式，就政府采购的职业资格管理而言，其管理模式为：由人力资源和社会保障部负责全国的职业资格统筹规划、法规的制定、职业的分类等；行业协会具体履行该行业职业标准的制定、职业资格准入、后继教育、注册登记等服务工作；政府采购监管部门负责对行业协会所履行的职业资格管理的职能进行监督和管理。

（九）完善考核机制，参与绩效评价

实行"全面绩效管理"是政府采购由程序导向型向问题导向型转变的基本指导思想，也是注重"物有所值"的具体措施。由第三方组织对政府采购的绩效进行评估是较为客观和公正的。通过建立政府采购的绩效评价体系，结合行政效能建设，对政府采购项目的效率进行评估，对政府采购活动的社会效益、经济效益、环境效益进行评估，为政府采购决策提供依据。

（十）收集信息资料，建立大数据库

我国政府采购工作才刚刚起步，各种信息资料都不齐全，需要建立完善的政府采购数据库，为政府采购决策、预算编制、政府采购执行提供服务。政府采购资料库包括外国政府的和国际经济组织的政府采购的法律法规信息库、政府采购执行数据库、政府采购供应商库及商品库和诚信档案库、政府采购的采购标准信息库、政府采购案例库等，通过汇集大量的政府采购信息资料，编制和发布政府采购的价格指数。

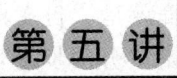

政府采购方式看似复杂，其实很简单

采购任务的最终完成，是要通过一定的手段来实现的，政府采购的采购方式在一定程度上有别于其他的采购活动，它是政府采购制度有机整体的一个重要组成部分。各国对政府采购方式的确定都十分重视，都依据本国的实际情况，认定了一些采购方式，并用法规的形式规定下来，使之成为规范的、固定的、完整的操作模式。我国《政府采购法》第二十六条规定：公开招标、邀请招标、竞争性谈判、单一来源采购、询价和国务院政府采购监督管理部门认定的其他采购方式为我国政府采购法定的采购方式，其中公开招标为政府采购的主要采购方式。为适应政府购买服务、推广政府与社会资本合作模式等工作的需要，2014年12月财政部颁布了《政府采购竞争性磋商采购方式管理暂行办法》，将竞争性磋商采购方式认定为法定的采购方式；2022年1月14日，财政部以110号部长令的形式，发布了《政府采购框架协议采购方式管理暂行办法》，将框架协议采购认定为法定的采购方式，至此，我国法定的采购方式为"5+2"种。

不管您是供应商还是采购代理机构或评审专家，政府采购的采购方式及操作看似复杂，但如果各用一句话来概括，则为：招标就是"纸上谈兵"、竞争性谈判就是"讨价还价"、询价就是"一锤子买卖"、竞争性磋商就是"自卖自夸"、单一来源采购就是"无可奈何"，框架协议就是"分两步走"，这些既是它们各自的特点，也是精髓之所在，您认为是不是很简单呢？

一、招标就是"纸上谈兵"

通常我们说的招标，是一个大的概念，指招投标活动与管理。而此时的招标专指招标采购方式，即公开招标和邀请招标两种采购方式。

为什么说招标就是"纸上谈兵"呢？因为在整个招标、投标采购过程中，采购人的委托人——评审专家在评审过程中只对供应商的投标文件进行评审，而不需借助外部因素（力量），也基本上不与供应商接触，只凭对投标文件的响应程度和评审标准对其进行评审，供应商的"实力"都反映在投标文件上，哪怕是作为投标供应商的您实力很强、价格最低，但您在本次采购项目的投标文件上没有作实质性的响应或者投标文件做得很差，评标委员会也不可能推荐您为中标候选人。

由于公开招标和邀请招标采购方式在操作程序上只是确定或邀请供应商的形式不一样，其他的采购程序基本相同，所以，您只需掌握公开招标采购方式的操作就能融会贯通。

（一）招标采购的概念

有关国家和组织将招标采购方式按其公开性的程度不同，分为竞争性招标采购（也就是公开招标采购）、有限招标采购、选择性招标采购和限制性招标采购四种。

公开招标是指采购人或采购代理机构在指定的媒介上登载招

标信息，凡具备招标公告所规定的资格条件、对该招标项目有兴趣的供应商都有均等机会获取招标资料、进行投标，再由采购人或采购代理机构依法组成的评标委员会对有效投标文件进行评审，最后选出价格和条件优惠的供应商，与之签订合同的一种采购方式。由于这种方式对竞争没有限制，因此又称为无限竞争性招标。

我国《政府采购货物和服务招标投标管理办法》对公开招标的界定为：是指采购人依法以招标公告的方式邀请非特定的供应商参加投标的采购方式。

邀请招标是指采购人或采购代理机构根据供应商的资信和业绩，通过一定的方式，从符合相应资质条件的供应商中随机邀请三家以上供应商，向其发出投标邀请书，邀请他们参加投标竞争，并按规定组成评标委员会对其有效投标文件进行评审，从中选定中标供应商的一种采购方式。

我国《政府采购货物和服务招标投标管理办法》对邀请招标的界定为：是指采购人依法从符合相应资格条件的供应商中随机抽取三家以上供应商，并以投标邀请书的方式邀请其参加投标的采购方式。

是否采用公开招标和邀请招标采购方式，是由各地的政府集中采购目录和公开招标限额标准决定的。

（二）公开招标的主要特点

我国之所以规定公开招标作为主要采购方式，是因为公开招标方式符合我国政府采购的总体原则，有助于实现公开、公平、公正和物有所值以及效益优先的目标。公开招标的主要特点有以下四点。

1. 招标的广泛性

公开招标的广泛性是指采购人或采购代理机构通过媒介发布招标公告，广而告之，邀请所有符合招标公告上所规定的投标资格条件的供应商参与投标。对于供应商而言，没有地域、种族、企业性质、供应商规模大小等限制，只要符合招标公告上规定的资格条件都可以报名参与竞争。采购人邀请供应商没有针对性，参与投标的供应商具有不特定性。

2. 条件的固定性

目前，在公开招标活动中，许多条件是格式化的，一般不会随意变更或改变。主要包括公开招标程序的固定性，国际通用且被各国所认可的公开招标的程序为：招标—投标—评标—定标与合同授予。政府采购当事人都必须严格按法定或约定的程序进行。交易条件的固定性，公开招标的各种条件是由采购人或采购代理机构事先约定的，一旦确定，不得随意更改，投标人获取招标文件，没有异议，则表明默许或认可，则须按有关条件进行投标，违背的则视同不响应被认为是无效投标。公开招标的固定性还表现在招标场所和时间的固定。为了方便招投标，招投标采购活动的场所一般在公共资源交易中心（平台）或有关法规规定的地方进行（或网上进行）。招投标过程中各项活动进行的地点或时间，都按招标公告或招标文件约定的日程进行，不得随意变更，因特殊原因需要变更的，应提前在公告中告知，还应采用书面通知的形式告知相关当事人。

3. 投标的一次性

公开招标的投标的一次性是指供应商只有一次性的投标机会。它包含两层意思：一是投标供应商只能在该项招标活动中以投标供应商的身份出现一次，也就是说不管您是独立投标，还是参与联合体投标，还是公司层次中的有多个分公司，都只能出现一次，不允许投标供应商既独立投标又参与联合体，也不允许一个总公司下的多个分公司（包括单位负责人为同一人或者存在直接控股、管理关系的不同供应商，不得参加同一合同项下的政府采购活动。除单一来源采购项目外，为采购项目提供整体设计、规范编制或者项目管理、监理、检测等服务的供应商，不得再参加该采购项目的其他采购活动）同时参与竞争同一个标的。二是每一个投标供应商只有一次投标报价的机会。在公开招标采购过程中不允许采购人与投标供应商或中标供应商就中标价格进行讨价还价。

4. 评审的标准性

公开招标的评审的标准性是指对所有供应商的投标文件的评审是一个统一的标准化的模式，即评标标准。评标标准是事先由采购人或采购代理机构拟订并在招标文件中公开的，对每一个获取招标文件的供应商来说都是一致的，而且获取招标文件的供应商对评标标准还有质疑或投诉的权利，这种质疑或投诉以及回复或答复的内容也让每一个获取招标文件的供应商共同知晓。所以，即使评标标准有瑕疵，但起码是每一个供应商基本认可的，对每一个供应商是公平的，是用一把尺子的一个标准"丈量"每一个投标供应商。

（三）公开招标的程序

招标作为一种规范的、有约束性的竞争，必须有一套严格的实施、组织和操作的固定程序保证其公开、公平、公正。国际组织和各国都用相关的法规规定了招标采购的操作程序。我国的《政府采购法》虽然没有直接规定公开招标采购方式的程序，但明确规定"政府采购工程进行招标投标的，适用招标投标法"，也就是说政府采购工程公开招标采购采用招标投标法所规定的程序。同时，《政府采购货物和服务招标投标管理办法》也规定了政府采购货物和服务公开招标采购所应实施的程序。

招标采购的组织者不同，又可分为自行组织和委托采购代理机构组织。公开招标的程序与要求分为招标、投标、开标与评标、中标和合同四个大的程序。

情况一： 采购人自行组织公开招标采购的程序与要求。

第一步：招标

1. 确定采购需要

采购人依据批复的政府采购预算，按照有关配备标准，遵守厉行节约的原则，在执行政府采购政策功能的同时，拟订科学、合理的采购需求。

采购人可以在确定采购需求前，通过咨询、论证、问卷调查等方式开展需求调查，了解相关产业发展、市场供给、同类采购项目历史成交信息，可能涉及的运行维护、升级更新、备品备件、耗材等后续采购，以及其他相关情况。面向市场主体开展需求调查时，选择的调查对象一般不少于3个，并应当具有代表性。

对于下列采购项目，应当开展需求调查：一是1000万元以上的货物、服务采购项目，3000万元以上的工程采购项目；二是涉及公共利益、社会关注度较高的采购项目，包括政府向社会公众提供的公共服务项目等；三是技术复杂、专业性较强的项目，包括需定制开发的信息化建设项目、采购进口产品的项目等；四是主管预算单位或者采购人认为需要开展需求调查的其他采购项目。

编制采购需求前一年内，采购人已就相关采购标的开展过需求调查的可以不再重复开展。按照法律法规的规定，对采购项目开展可行性研究等前期工作，已包含规定的需求调查内容的，可以不再重复调查；对在可行性研究等前期工作中未涉及的部分，应当按照规定开展需求调查。

2. 编制招标公告

招标公告是采购人告知潜在供应商需要进行采购的信息，它包括以下主要内容：

（1）采购人的名称、地址和联系方法。

（2）采购项目的名称、预算金额，设定最高限价的，还应当公开最高限价。

（3）采购人的采购需求。

（4）投标人的资格要求。

（5）获取招标文件的时间期限、地点、方式及招标文件售价。

（6）公告期限。

（7）投标截止时间、开标时间及地点。

(8) 采购项目联系人姓名和电话。

在招标采购中，采购人在招标公告中和采购活动中的限制性行为包括：

（1）采购人不得以不合理的要求限制或者排斥潜在投标供应商参与本地区的政府采购活动。

（2）采购人不得将投标人的注册资本、资产总额、营业收入、从业人员、利润、纳税额等规模条件作为资格要求或者评审因素，也不得通过将除进口货物以外的生产厂家授权、承诺、证明、背书等作为资格要求，对投标人实行差别待遇或者歧视待遇。

您如果是供应商，当发现采购人的招标公告缺少上述8个基本内容和不得设置的资格条件的内容时，您就可以质疑。

在招标采购中，采购人应当根据采购项目的实施要求，在招标公告、资格预审公告或者投标邀请书中载明是否接受联合体投标。如未载明，不得拒绝联合体投标。

3. 编制招标文件

招标文件是招标采购过程中唯一向投标供应商提出采购要求、指导投标人编制投标文件的要约文件。招标文件具有要约功能和程序上的约束力。因此，应十分重视招标文件的编制工作。招标文件的编制应本着公平、公正、诚实信用的原则，要使招标文件严密、周到、细致、易懂、宜解、内容正确。

采购人在编制招标文件前，应当对采购标的的市场技术或者服务水平、供应、价格等情况进行市场调查，根据调查情况、资产配置标准等科学、合理地确定采购需求，并进行价格测算。招标文件的编制应根据政府采购政策、采购预算、采购需求进行，采购需求应当符合法律法规以及政府采购政策规定的技术、服务、安全等要求，招标文件中规定的各项技术标准应当符合国家强制标准。

采购人所编制的招标文件内容不得违反法律、行政法规、强制性标准、政府采购政策，或者违反公开透明、公平竞争、公正和诚实信用原则。

采购需求应当完整、明确,包括以下内容:

(1)采购标的需实现的功能或者目标,以及为落实政府采购政策需满足的要求。

(2)采购标的需执行的国家相关标准、行业标准、地方标准或者其他标准、规范。

(3)采购标的需满足的质量、安全、技术规格、物理特性等要求。

(4)采购标的的数量、采购项目交付或者实施的时间和地点。

(5)采购标的需满足的服务标准、期限、效率等要求。

(6)采购标的的验收标准。

(7)采购标的的其他技术、服务等要求。

对于政府向社会公众提供的公共服务的采购项目,应当就确定采购需求征求社会公众的意见。除因技术复杂或者性质特殊,不能确定详细规格或者具体要求外,采购需求应当完整、明确。必要时,应当就确定采购需求征求相关供应商、专家的意见。

在招标文件中,采购人可以根据价格测算情况,在采购预算额度内合理设定最高限价,但不得设定最低限价。

采购人在工程的招标采购中可以要求投标供应商提交符合招标文件规定要求的备选投标方案,但应当在招标文件中说明,并明确相应的评审标准和处理办法。

在招标文件中,也不得有差别待遇或歧视待遇,如有下列情形之一,则属于以不合理的条例对供应商实行差别待遇或歧视待遇:

(1)就同一采购项目向供应商提供有差别的项目信息。

(2)设定的资格、技术、商务条件与采购项目的具体特点和实际需要不相适应或者与合同履行无关。

(3)采购需求中的技术、服务等要求指向特定供应商、特定产品。

（4）以特定行政区域或者特定行业的业绩、奖项作为加分条件或者中标、成交条件。

（5）对供应商采取不同的资格审查或者评审标准。

（6）限定或者指定特定的专利、商标、品牌或者供应商。

（7）非法限定供应商的所有制形式、组织形式或者所在地。

（8）以其他不合理条件限制或者排斥潜在供应商。

当您发现招标文件中有上述禁止性情形时，您可以质疑。

采购人一般不得要求投标人提供样品，仅凭书面方式不能准确描述采购需求或者需要对样品进行主观判断以确认是否满足采购需求等特殊情况除外。要求投标人提供样品的，应当在招标文件中明确规定样品制作的标准和要求、是否需要随样品提交相关检测报告、样品的评审方法以及评审标准。需要随样品提交检测报告的，还应当规定检测机构的要求、检测内容等。

采购人对于不允许偏离的实质性要求和条件，应当在招标文件中规定，并以醒目的方式标明。

采购人应当根据采购项目的特点和采购需求编制招标文件。招标文件应当包括以下主要内容：

（1）投标邀请。

（2）投标人须知（包括投标文件的密封、签署、盖章要求等）。

（3）投标人应当提交的资格、资信证明文件。

（4）为落实政府采购政策，采购标的需满足的要求，以及投标人须提供的证明材料。

（5）投标文件编制要求、投标报价要求和投标保证金缴纳、退还方式以及不予退还投标保证金的情形。

（6）采购项目预算金额，设定最高限价的，还应当公开最高限价。

（7）采购项目的技术规格、数量、服务标准、验收等要求，包括附件、图纸等。

（8）拟签订的合同文本。

（9）货物、服务提供的时间、地点、方式。

（10）采购资金的支付方式、时间、条件。

（11）评标方法、评标标准和投标无效情形。

（12）投标有效期。

（13）投标截止时间、开标时间及地点。

（14）采购代理机构代理费用的收取标准和方式。

（15）投标人信用信息查询渠道及截止时点、信用信息查询记录和证据留存的具体方式、信用信息的使用规则等。

（16）省级以上财政部门规定的其他事项。

4. 发布招标公告

招标公告的公告期限为五个工作日。公告内容应当以省级以上财政部门指定媒体发布的公告为准。公告期限自省级以上财政部门指定媒体最先发布公告之日起算。

5. 发售招标文件

（1）发售时间与地点。采购人应当按照招标公告规定的时间、地点提供招标文件，提供期限自招标公告发布之日起计算不得少于五个工作日。提供期限届满后，获取招标文件的潜在投标人不足三家的，可以顺延提供期限，并予以公告。

（2）发售招标文件的售价。招标文件售价应当按照弥补制作、邮寄成本的原则确定，不得以营利为目的，不得以招标采购金额作为确定招标文件售价的依据。

（3）现场考察。采购人可以在招标文件提供期限截止后，组织已获取招标文件的潜在投标人现场考察或者召开开标前答疑会。

组织现场考察或者召开答疑会的，应当在招标文件中载明，或者在招标文件提供期限截止后以书面形式通知所有获取招标文件的潜在投标人。

（4）招标文件的澄清。采购人可以对已发出的招标文件进行必要的澄清或者修改，但不得改变采购标的和资格条件。澄清或者修改应当在原公告发布媒体上发布澄清公告。澄清或者修改的内容为招标文件的组成部分。

澄清或者修改的内容可能影响投标文件编制的，采购人应当在投标截止时间至少 15 日前，以书面形式通知所有获取招标文件的潜在投标人；不足 15 日的，采购人应当顺延提交投标文件的截止时间。

（5）有关要求。投标截止时间前，采购人和有关人员不得向他人透露已获取招标文件的潜在投标人的名称、数量以及可能影响公平竞争的有关招标投标的其他情况。

第二步：投标

投标是指供应商响应招标人的邀请，依据招标文件的约定，编制投标文件，并将其投递到招标文件所约定的地点的行为。投标是公开招标采购活动中重要的一个环节，它的开始是供应商制作投标文件，它的终止是投标文件投递完毕。

6. 投标保证金的缴纳

（1）投标保证金的缴纳。招标文件要求投标人提交投标保证金的，投标保证金不得超过采购项目预算金额的2%。投标保证金应当以支票、汇票、本票或者金融机构、担保机构出具的保函等非现金形式提交。投标人未按照招标文件要求提交投标保证金的，投标无效。

如果采购人要求现金缴纳或拒收法律规定的可缴纳形式的，您也可以质疑、投诉。

（2）投标文件的撤回。投标人在投标截止时间前撤回已提交的投标文件的，采购人应当自收到投标人书面撤回通知之日起五个工作日内，退还已收取的投标保证金，但因投标人自身原因导致无法及时退还的除外。

（3）投标保证金的退还。采购人应当自中标通知书发出之日起五个工作日内退还未中标人的投标保证金，自采购合同签订之日起五个工作日内退还中标人的投标保证金或者转为中标人的履约保证金。

采购人逾期退还投标保证金的，除应当退还投标保证金本金外，还应当按中国人民银行同期贷款基准利率上浮20%后的利率支付超期资金占用费，但因投标人自身原因导致无法及时退还的除外。

7. 递交投标文件

采购人应按招标文件约定的时间、地点收取投标文件。对于截止期后送达的投标文件，采购人可以拒收。投标截止后投标人不足三家的不得进入开标程序。

第三步：开标与评标

8. 组建评标委员会

（1）组建人数与专业规定。评标委员会由采购人代表和评审专家组成，成员人数应当为5人以上单数，其中评审专家不得少于成员总数的2/3。

采购项目中采购预算金额在1000万元以上或技术复杂或社会影响较大，其评标委员会成员人数应当为7人以上单数，其中评审专家对本单位的采购项目只能作为采购人代表参与评标，《政府采购货物和服务招标投标管理办法》第四十八条第二款规定情形除外。

（2）抽取规定。采购人应当从省级以上财政部门设立的政府采购评审专家库中，通过随机方式抽取评审专家。

对技术复杂、专业性强的采购项目，通过随机方式难以确定合适评审专家的，经主管预算单位同意，采购人可以自行选定相应专业领域的评审专家。

（3）特殊情况的处理。评标中因评标委员会成员缺席、回避或者健康等特殊原因导致评标委员会组成不符合《政府采购货物和服务招标投标管理办法》规定的，采购人应当依法补足后继续评标。被更换的评标委员会成员所作出的评标意见无效。

无法及时补足评标委员会成员的，采购人应当停止评标活动，封存所有投标文件和开标、评标资料，依法重新组建评标委员会进行评标。原评标委员会所作出的评标意见无效。

采购人应当将变更、重新组建评标委员会的情况予以记录，并随采购文件一并存档。

（4）保密规定。评标委员会成员名单不仅在评标结果公告前应当保密，同时，采购人和有关工作人员还不得泄露评审专家的个人情况。

9. 打开标书和评审

开标也有广义和狭义之分。广义的开标是指在招标文件确定的日期、时间和地点，将所有有效投标文件的投标书中的报价一览表上应公开的报价予以公开，让所有投标供应商知晓与了解的行为。狭义的开标是指开启密封投标文件的行为。评标是指评标委员会依据招标文件、评标方法、评标标准对所有有效投标文件进行审查和评比的行为。评标包括了开标行为，它是公开招标活动中关键一步，前后一切工作都是围绕评标工作展开的。

（1）开标时间和地点要求。开标，采购人应在招标文件确定的提交投标文件截止时间的同一时间进行。开标地点应当为招标文件中预先确定的地点。

货物和服务项目采用招标方式采购的，自招标文件开始发出之日起至投标人提交投标文件截止之日止，不得少于 20 日。

（2）开标要求。采购人应当对开标、评标现场活动进行全程录音录像。录音录像应当清晰可辨，音像资料作为采购文件一并存档。评标委员会成员不得参加开标活动。

（3）开标活动主持要求。开标由采购人主持，邀请投标人参加。投标人未参加开标的，视同认可开标结果。

（4）开标过程要求。开标时，应当由投标人或者其推选的代表检查投标文件的密封情况；经确认无误后，由采购人工作人员当众拆封，宣布投标人名称、投标价格和招标文件规定的需要宣布的其他内容。

投标人不足三家的，不得开标。

开标过程应当由采购人负责记录,由参加开标的各投标人代表和相关工作人员签字确认后随采购文件一并存档。

投标人代表对开标过程和开标记录有疑义,以及认为采购人相关工作人员有需要回避的情形的,应当场提出询问或者回避申请。采购人对投标人代表提出的询问或者回避申请应当及时处理。

当采购人遇到公开招标数额标准以上的采购项目,投标截止后投标人不足三家或者通过资格审查或符合性审查的投标人不足三家的情形时,除采购任务取消情形外,按照以下方式处理:一是招标文件存在不合理条款或者招标程序不符合规定的,采购人改正后依法重新招标;二是招标文件没有不合理条款、招标程序符合规定,需要采用其他采购方式采购的,采购人应当依法报财政部门批准。

公开招标采购项目开标结束后,采购人应当依法对投标人的资格进行审查,当合格投标人不足三家的,不得评标。

(5) 评标的组织。采购人负责组织评标工作,并履行下列职责:

一是核对评审专家身份和采购人代表授权函,并要求评审专家在评审期间不得使用通信设备或将通信讯号进行屏蔽,同时,对评审专家在政府采购活动中的职责履行情况予以记录,并及时将有关违法违规行为向财政部门报告。二是宣布评标纪律。三是公布投标人名单,告知评审专家应当回避的情形。四是组织评标委员会推选评标组长,采购人代表不得担任组长。五是在评标期间采取必要的通信管理措施,保证评标活动不受外界干扰。六是根据评标委员会的要求介绍政府采购相关政策法规、招标文件。七是维护评标秩序,监督评标委员会依照招标文件规定的评标程序、方法和标准进行独立评审,及时制止和纠正采购人代表、评审专家的倾向性言论或者违法违规行为。八是核对评标结果,有《政府采购货物和服务招标投标管理办法》第六十四条规定情形的,要求评标委员会复核或者书面说明理由,评标委员会拒绝的,应予记录并向本级财政部门报告。九是评审工作完成后,按照规定向评审专家支付劳务报酬和异地评审差旅费，不得向评审专家以外的其他人员支付评审劳务报酬。十是处理与评标有关的其他事项。

（6）采购人在评审中可以或应当做的事。一是采购人可以在评标前说明项目背景和采购需求，说明内容不得含有歧视性、倾向性意见，不得超出招标文件所述范围。说明应当提交书面材料，并随采购文件一并存档。二是采购人在采购活动中应做好采购活动记录，采购活动记录至少包括下列内容：采购项目类别、名称；采购项目预算、资金构成和合同价格；采购方式，采用公开招标以外的采购方式的，应当载明原因；邀请和选择供应商的条件及原因；评标标准及确定中标人的原因；废标的原因；采用招标以外采购方式的相应记载。

（7）废标的处理。采购项目废标后，除采购任务取消情形外，采购人应当重新招标。需要采取其他采购方式的，应当在采购活动开始前获得政府采购监督管理部门的批准。

（8）评标委员会评审。评标委员会独立地评审，并出具评标报告。

10. 质疑、投诉

在采购活动中，供应商可以就采购文件（包括招标公告、招标文件、中标公告）、采购过程和中标结果提出询问、质疑和提起投诉、行政复议等，从而来维护自己的权益免受侵害。

（1）询问。当供应商提出询问时，采购人应当在三个工作日内对供应商依法提出的询问作出答复。

（2）质疑。当供应商在法定的质疑时间范围内提出质疑时，采购人应当在收到供应商的书面质疑后七个工作日内作出答复，并以书面形式通知质疑供应商和其他有关供应商，但答复的内容不得涉及商业秘密。

（3）处理询问和质疑。询问或者质疑事项可能影响中标、成交结果的，采购人应当暂停签订合同，已经签订合同的，应当中止履行合同。

政府采购监管部门也将依据投诉情况下达暂停采购活动的书面通知,其暂停的时间最长不得超过30日。

财政部门在处理投诉事项时将采用书面审查的方式,必要时可以进行调查取证或者组织质证。对财政部门依法进行的调查取证,投诉人和与投诉事项有关的当事人应当如实反映情况,并提供相关材料。采购人应当配合政府采购监督管理部门做好调查、取证工作。

第四步:中标与合同

11. 授予合同和签订合同

(1)采购人确定中标人。采购人应当在评标结束后五个工作日内依据评标报告确定中标人。

(2)中标结果公告。采购人应当自中标人确定之日起两个工作日内,在省级以上财政部门指定的媒体上公告中标结果,招标文件应当随中标结果同时公告。

中标结果公告内容应当包括采购人的名称、地址、联系方式,项目名称和项目编号,中标人名称、地址和中标金额,主要中标标的的名称、规格型号、数量、单价、服务要求,中标公告期限以及评审专家名单。

中标公告期限为一个工作日。

(3)发中标通知书。在公告中标结果的同时,采购人应当向中标人发出中标通知书;对未通过资格审查的投标人,应当告知其未通过的原因;采用综合评分法评审的,还应当告知未中标人本人的评审得分与排序。

中标通知书发出后,采购人不得违法改变中标结果,中标人无正当理由不得放弃中标。

(4)采购人应当自中标通知书发出之日起30日内,按照招标文件和中标人投标文件的规定,与中标人签订书面合同。所签订的合同不得对招标文件确定的事项和中标人投标文件作实质性修改。

采购人不得向中标人提出任何不合理的要求,包括向供应商索要或者接受其给予的赠品、回扣或者与采购无关的其他商品、服务等作为签订合同的条件。

(5) 合同的基本内容。政府采购合同的履行、违约责任和解决争议的方法等适用《民法典》。政府采购合同应当包括采购人与中标人的名称和住所、标的、数量、质量、价款或者报酬、履行期限及地点和方式、验收要求、违约责任、解决争议的方法等内容。

(6) 合同的备案与公示。政府采购项目的采购合同自签订之日起七个工作日内,采购人应当将合同副本报同级政府采购监督管理部门和有关部门备案。

采购人应当自政府采购合同签订之日起两个工作日内,将政府采购合同在省级以上人民政府财政部门指定的媒体上公告,但政府采购合同中涉及国家秘密、商业秘密的内容除外。

(7) 合同的特殊处理。经采购人同意,中标供应商可以依法采取分包方式履行合同。

政府采购合同分包履行的,中标供应商就采购项目和分包项目向采购人负责,分包供应商就分包项目承担责任。

政府采购合同履行中,采购人需追加与合同标的相同的货物、工程或者服务的,在不改变合同其他条款的前提下,可以与供应商协商签订补充合同,但所有补充合同的采购金额不得超过原合同采购金额的10%。

政府采购合同的双方当事人不得擅自变更、中止或者终止合同。

政府采购合同继续履行将损害国家利益和社会公共利益的,双方当事人应当变更、中止或者终止合同。有过错的一方应当承担赔偿责任,双方都有过错的,各自承担相应的责任。

12. 履约验收与资金支付

供应商按招标文件的约定和投标文件的承诺以及合同的约定履行合同义务。

（1）验收。采购人应当及时对采购项目进行验收。采购人可以邀请参加本项目的其他投标人或者第三方机构参与验收。参与验收的投标人或者第三方机构的意见作为验收书的参考资料一并存档。

大型或者复杂的政府采购项目，应当邀请国家认可的质量检测机构参加验收工作。验收方成员应当在验收书上签字，并承担相应的法律责任。

（2）资金支付。采购人应当加强对中标人的履约管理，并按照采购合同约定，及时向中标人支付采购资金。对于中标人违反采购合同约定的行为，采购人应当及时处理，依法追究其违约责任。政府采购项目资金支付程序，按照国家有关财政资金支付管理的规定执行。

（3）样品处理。采购活动结束后，对于未中标人提供的样品，应当及时退还或者经未中标人同意后自行处理；对于中标人提供的样品，应当按照招标文件的规定进行保管、封存，并作为履约验收的参考。

13. 绩效评价

采购项目履约验收后，应按要求对采购项目进行绩效评价。

14. 资料归档

采购人对政府采购项目每项采购活动的采购文件应当妥善保存，不得伪造、变造、隐匿或者销毁。采购文件的保存期限为从采购活动结束之日起至少保存十五年。

采购文件包括采购活动记录、采购预算、招标文件、投标文件、评标标准、评估报告、定标文件、合同文本、验收证明、质疑答复、投诉处理决定及其他有关文件、资料。

情况二：采购人委托采购代理机构组织采购的程序与要求。

第一步：招标

1. 委托

（1）委托采购项目的类型。采购人采购纳入集中采购目录的政府采购项目,必须委托集中采购机构代理采购;采购未纳入集中采购目录的政府采购项目,可以自行采购,也可以委托集中采购机构在委托的范围内代理采购。纳入集中采购目录属于通用的政府采购项目的,应当委托集中采购机构代理采购;属于本部门、本系统有特殊要求的项目,应当实行部门集中采购。

(2)采购代理机构的选择。采购人有权自行选择采购代理机构,采购人应当根据项目特点、代理机构专业领域和综合信用评价结果,从名录中自主择优选择代理机构。

任何单位和个人不得以摇号、抽签、遴选等方式干预采购人自行选择代理机构。

(3)签订委托协议。采购人依法委托采购代理机构办理采购事宜的,应当由采购人与采购代理机构签订委托代理协议,依法确定委托代理的事项,约定双方的权利义务。

委托协议必须明确采购代理范围、权限、期限、档案保存、代理服务费用收取方式及标准、协议解除及终止、违约责任等具体事项,约定双方权利义务。

(4)采购人依据批复的政府采购预算,按照有关配备标准,遵守厉行节约的原则,在执行政府采购政策功能的同时,拟定科学、合理的采购需求。

2. 编制招标公告

3. 采购人对招标公告的确认

采购人自收到采购代理机构编制的招标公告后的3日之内对招标公告内容(特别是供应商的资格条件)进行签字确认,并迅速反馈给采购代理机构。

4. 编制招标文件

5. 采购人对招标文件的确认

采购人自收到采购代理机构编制的招标文件后的3日之内对招标文件内容(特别是采购需求、合同条款)进行签字确认,并迅速反馈给采购代理机构。

6. 发布招标公告

7. 发售招标文件

采购代理机构收到经采购人负责人签字确认的招标文件后才可发售招标文件，并按程序进行。

第二步：投标

8. 投标保证金的缴纳

9. 递交投标文件

第三步：开标与评标

10. 组建评标委员会

委托社会采购代理机构组织采购的，采购人应按规定向评审专家支付劳务报酬，采购人不得以任何理由和方式，强制要求社会采购代理机构代为本应由其支付的评审专家劳务报酬。

11. 打开标书和评审

（1）采购人可以在评标前说明项目背景和采购需求，说明内容不得含有歧视性、倾向性意见，不得超出招标文件所述范围。说明应当提交书面材料，并随采购文件一并存档。

（2）采购人可按规定派人参加评标委员会，但不得担任评标委员会的组长。采购人的代表也不得以专家的身份参加评标委员会。

（3）采购人可以派代表监督评标，但不得干扰评标委员会的独立评审。

12. 质疑、投诉

采购人负责供应商质疑答复。采购代理机构在委托授权范围内作出答复，在委托范围以外的事项，由采购人对质疑进行答复。

采购人和采购代理机构收到暂停采购活动通知后应当立即中止采购活动，在法定的暂停期限结束前或者财政部门发出恢复采购活动通知前，不得进行该项采购活动。

第四步：中标与合同

13. 授予合同和签订合同

采购人应当自收到采购代理机构送达的评标报告之日起五个

工作日内，在评标报告确定的中标候选人名单中按顺序确定中标人。中标候选人并列的，由采购人或者采购人委托评标委员会按照招标文件规定的方式确定中标人；招标文件未规定的，采取随机抽取的方式确定。

采购人自收到评标报告五个工作日内未按评标报告推荐的中标候选人顺序确定中标人，又不能说明合法理由的，视同按评标报告推荐的顺序确定排名第一的中标候选人为中标人。

14. 履约验收与资金支付

采购人委托采购代理机构进行签订合同和履约验收的其主体责任也是采购人，不可因委托而不负责任。

15. 绩效评价

采购人不得委托同一家采购代理机构进行采购项目的绩效评价。

16. 资料归档

采购人应当要求采购代理机构做好采购项目资料的移交工作。

（四）招标采购的评标方法

公开招标和邀请招标只是一种采购方式，而具体到如何评标，我国《政府采购货物和服务招标投标管理办法》又规定，评标方法分为最低评标价法和综合评分法。

1. 最低评标价法

所谓最低评标价法是指投标文件满足招标文件全部实质性要求，且投标报价最低的投标人为中标候选人的评标方法。

技术、服务等标准统一的货物服务项目，应当采用最低评标价法。

采用最低评标价法评标时，除了算术修正和落实政府采购政策需进行的价格扣除外，不能对投标人的投标价格进行任何调整。

采用最低评标价法的，评标结果按投标报价由低到高的顺序排列，投标报价相同的并列。投标文件满足招标文件全部实质性要求且投标报价最低的投标人为排名第一的中标候选人。

2. 综合评分法

所谓综合评分法是指投标文件满足招标文件全部实质性要求，且按照评审因素的量化指标评审得分最高的投标人为中标候选人的评标方法。

评审因素的设定应当与投标人所提供货物服务的质量相关，包括投标报价、技术或者服务水平、履约能力、售后服务等。资格条件不得作为评审因素。评审因素应当在招标文件中规定。

评审因素应当细化和量化，且与相应的商务条件和采购需求对应。商务条件和采购需求指标有区间规定的，评审因素应当量化到相应区间，并设置各区间对应的不同分值。

评标时，评标委员会各成员应当独立对每个投标人的投标文件进行评价，并汇总每个投标人的得分。

在采用综合评分法时，货物项目的价格分值占总分值的比重不得低于30%；服务项目的价格分值占总分值的比重不得低于10%。

执行国家统一定价标准和采用固定价格采购的项目，其价格不列为评审因素。

价格分应当采用低价优先法计算，即满足招标文件要求且投标价格最低的投标报价为评标基准价，其价格分为满分。评标过程中，不得去掉报价中的最高报价和最低报价。

其他投标人的价格分统一按照下列公式计算：

投标报价得分＝（评标基准价/投标报价）×100

评标总得分＝$F_1 \times A_1 + F_2 \times A_2 + \cdots + F_n \times A_n$

其中，$F_1, F_2, \cdots, F_n$ 分别为各项评审因素的得分；$A_1, A_2, \cdots, A_n$ 分别为各项评审因素所占的权重（$A_1 + A_2 + \cdots + A_n = 1$）。

因落实政府采购政策进行价格调整的，以调整后的价格计算评标基准价和投标报价。

采用综合评分法的，评标结果按评审后得分由高到低顺序排列。得分相同的，按投标报价由低到高顺序排列。得分且投标报价相同的并列。投标文件满足招标文件全部实质性要求，且按照评审因素的量化指标评审得分最高的投标人为排名第一的中标候选人。

（五）公开招标采购方式的优势与缺陷

公开招标是所有国际组织或各国首选的主要采购方式，相对于其他采购方式，能充分体现竞争，实现物有所值等目标。从辩证的角度看，公开招标采购方式也有利弊。

1. 公开招标采购方式的优势

（1）公开透明，最大限度地防止腐败现象的发生。公开招标采购方式最能体现公开、公平、公正，是"阳光下采购"，透明度相对最高，监督机制较为完善，从而加大了寻租产生的"成本"和难度，所以能最大限度地防止腐败现象的发生。

（2）公平竞争，实现最优的经济效益。公开招标采购使所有符合资格的供应商都有机会参加竞争，采购人通过"货比三家"，能采购到性价比最高、价格相对便宜、服务最优的采购对象，从而节约财政资金。

（3）供应商在竞争中通过相互比较，取长补短，改进生产工艺，提高整个社会生产力水平，达到共同提高社会效益的目的。

2. 公开招标采购方式的缺陷

（1）程序和手续较为复杂，操作成本较大。在公开招标采购中，从项目委托到授予合同，共有六七个必须经过的步骤或环节，每个都不可缺少或越过，且还有时间限制要求，一个项目通过公开招标采购正常的运作时间不可能少于一个月，如果发生质疑、投诉、行政复议等情形，则最长可耗时半年，这对一些急需的采购项目将无法满足。除程序和手续复杂外，当事人还需花费大量的精力进行市场调查研究、制作招标或投标文件、请公证机关参与、组织专家评标等，而一个项目或一个包只能有少数或一个中标人，其余的大都做无用功，导致资源的消耗与浪费，社会成本较高。

（2）单纯依靠"纸上谈兵"，以投标文件论英雄，可能产生偏差，其结果并非最佳。在公开招标采购过程中，评标是以投标文件为基础进行的，专家的评审依据是投标文件，这在一定程度上比的是供应商投标文件的制作水平，不能真正和全面地反映供应商的实际水平与能力。这种单纯凭借"评审"投标文件而决定中标人，也可能产生印象分，出现偏差。

（3）竞争缺乏弹性，采购人和供应商都有"赌博"心理，可以称得上"一锤子"买卖。公开招标采购方式规定的是投标供应商一次性投标与报价竞争模式，其评标方法和评标标准都是事先在招标文件中约定的，在我国不管是《招标投标法》，还是《政府采购法》《政府采购货物和服务招标投标管理办法》都规定，在招标采购中采购人不得与投标人进行"协商谈判"。如采用最低评标价法，则可能出现投标人采取降低产品和服务的质量等办法获取中标，可能采购到相对低等级的产品；而采用综合评分法，则可能采购到质量相对高点的产品，但价格又相当高些，采购人无法做到两全其美。

（4）适用条件范围较窄。竞争性招标采购（公开招标和邀请招标）具有充分的竞争性，但对其标的的适用范围较窄，它只适用于标的的规格标准统一、易于阐述、通用性强的情况；而无法阐述、不规范的标的，不可用公开招标采购方式采购。

（六）邀请招标的不同点

邀请招标采购方式虽然都属于竞争性招标采购，但和公开招标采购方式相比，还是有一定的区别。

1. 采用邀请招标方式的适用条件

我国《政府采购法》第二十九条规定，符合下列情形之一的货物和服务可以采用邀请招标方式采购。

（1）具有特殊性，只能从有限范围的供应商处采购的。关于"特殊性"问题，我国的《政府采购法实施条例》并没有相关解释，仅就字面理解，所谓"特殊性"是指货物和服务采购项目因为其技术复杂或专业性质因素，生产的厂商不多，采购人对整个供应市场比较熟悉和了解。即使通过公开招标方式采购，也只能在有限的几家供应商内参与竞标。

（2）采用公开招标方式的费用占政府采购项目总价值的比例过大的。通过采用公开招标预计所耗费用占所采购政府采购项目总价值的比例的百分比目前没有明确规定，这需要采购人进行综合比较与权衡，如采用公开招标方式所需时间和费用与拟采购项目的价值不成比例，既没有经济效益也没有社会效益，则只有采用邀请招标方式实施采购。

应该注意的是《政府采购法》第二十九条只规定了货物和服务适用邀请招标方式采购的情形，而对于政府采购工程采用邀请招标方式的，只能按《招标投标法》第十一条规定和《招标投标法实施条例》以及各地的政府采购目录及限额标准执行。

2. 邀请招标供应商的确定方式

《政府采购货物和服务招标投标管理办法》第十四条规定，采用邀请招标方式的，采购人应当通过以下方式产生符合资格条件的供应商名单，并从中随机抽取3家以上供应商向其发出投标邀请书：

（1）发布资格预审公告征集。

（2）从省级以上人民政府财政部门建立的供应商库中选取。

（3）采购人书面推荐。

采用前款第一项方式产生符合资格条件供应商名单的，采购人或者采购代理机构应当按照资格预审文件载明的标准和方法，对潜在投标人进行资格预审。

采用第一款第二项或者第三项方式产生符合资格条件供应商名单的，备选的符合资格条件供应商总数不得少于拟随机抽取供应商总数的两倍。

随机抽取是指通过抽签等能够保证所有符合资格条件供应商以机会均等的方式选定供应商。随机抽取供应商时，应当有不少于两名采购人工作人员在场监督,并形成书面记录,随采购文件一并存档。

投标邀请书应当同时向所有受邀请的供应商发出。

采用邀请公告确定供应商的,资格预审公告应当包括以下主要内容:

(1)采购人及其委托的采购代理机构的名称、地址和联系方法。

(2)采购项目的名称、预算金额,设定最高限价的,还应当公开最高限价。

(3)采购人的采购需求。

(4)投标人的资格要求。

(5)公告期限。

(6)获取资格预审文件的时间期限、地点、方式。

(7)提交资格预审申请文件的截止时间、地点及资格预审日期。

(8)采购项目联系人姓名和电话。

采购人或者采购代理机构应当根据采购项目的特点和采购需求编制资格预审文件。资格预审文件应当包括以下主要内容:

(1)资格预审邀请。

(2)申请人须知。

(3)申请人的资格要求。

(4)资格审核标准和方法。

(5)申请人应当提供的资格预审申请文件的内容和格式。

(6)提交资格预审申请文件的方式、截止时间、地点及资格审核日期。

(7)申请人信用查询渠道及截止时点、信用信息查询记录和证据留存的具体方式、信用信息的使用规划等内容。

(8)省级以上财政部门规定的其他事项。

3. 邀请招标的特点

邀请招标与其他采购方式相比有以下特点:

(1)信息的广普性与邀请的随机性并存。采用邀请招标采购方式采购，《政府采购货物和服务招标投标管理办法》规定了三种确定供应商的方式和相关要求，所以其信息具有广普性。相对于公开招标采购来说，邀请招标采购对投标供应商有一个过滤和筛选的过程，它通过资格预审，能基本掌握供应商市场情况，最后随机向三家以上符合资格条件的供应商发出投标邀请书。

（2）竞争的局限性。邀请招标由于采购人只需向三家以上符合资格条件的供应商发出邀请书即可，参与竞争的供应商较少，自然竞争程度比不上公开招标采购方式，可选择的余地也小。

（3）采购的效率性与违规的风险性并存。按《政府采购货物和服务招标投标管理办法》的规定，可采用三种方式确定供应商，除采用资格预审公告的方式比公开招标时间多五个工作日外，其他的两种方式确定供应商所需招标时间大大缩短，且进行了筛选，被邀请投标的供应商较少，减少了评标量，招标费用也相对低一些，从而提高了采购效率。但这又是一把"双刃剑"，投标供应商是由采购人确定的，且只需达到法定的三家以上即可，所以也为违规者留下了操作空间，围标、串标的风险加大。

邀请招标采购方式的程序除发布邀请招标公告、进行资格预审、确定邀请投标供应商名单、向其邀请投标外，其他程序与公开招标采购方式程序一样。

二、竞争性谈判就是"讨价还价"

依据采购方式的公开程度和采购形式的不同，我国将采购方式分为两大类，即招标采购和非招标采购。为此，我国专门出台了《政府采购非招标采购方式管理办法》，该办法规定，采购人采购以下货物、工程和服务之一的，可以采用竞争性谈判方式采购：依法制定的集中采购目录以内，且未达到公开招标数额标准的货物、服务；依法制定的集中采购目录以外、采购限额标准以上，且未达到公开招标数额标准的货物、服务；达到公开招标数额标准、经批准采用非公开招标方式的货物、服务;按照招标投标法及其实施条例必须进行招标的工程建设项目以外的政府采购工程。

对于竞争性谈判采购方式,直接从字面上就可以看出,在这种采购方式中有"谈判"的行为,相对于招标采购而言,供应商与评审专家有一个面对面的陈述、协商、交涉、商量的过程,所以说,竞争性谈判就是"讨价还价",双方"博弈"。

(一) 竞争性谈判的概念

竞争性谈判是指采购人或采购代理机构,采取随机抽取的方式,从符合相应资格条件的供应商中随机选择三家以上供应商,按规定的程序和规则分别与其供应商进行一对一的谈判,最后从中确定成交供应商的一种采购方式。

我国《政府采购非招标采购方式管理办法》对竞争性谈判采购方式的界定为:竞争性谈判是指谈判小组与符合资格条件的供应商就采购货物、工程和服务事宜进行谈判,供应商按照谈判文件的要求提交响应文件和最后报价,采购人从谈判小组提出的成交候选人中确定成交供应商的采购方式。随着人们对政府采购规律性认识的不断提高,人们越来越理性地、科学地选择竞争性谈判采购方式,它既能体现充分竞争,又能体现灵活协商,还能直接落实政府采购政策功能,竞争性谈判方式已逐渐被人们所接受,并占主导地位。特别是对于标的具有特殊性的,采购人一时无法对采购需求准确阐述的采购项目,更适应采用竞争性谈判采购方式。

(二) 采用竞争性谈判方式适用的条件

我国《政府采购法》第三十条规定,符合下列情形之一的货物和服务采购,可以依照本法采用竞争性谈判方式进行采购:

1. 招标后没有供应商投标,或者没有合格标的,或者重新招标未能成功的

这主要是指采用招标采购方式失败后的几种情况:一是招标

后没有供应商投标,或实质性响应的供应商不足三家;二是招标后收到的投标文件全部超过了采购项目预算等;三是再行招标之法也可能得不到预想中的结果。

2. 技术复杂或者性质特殊,不能确定详细规格或者具体要求的

主要是指采购人自身也无法知道所要采购的标的其标准是什么,无法提供详细的采购需求,无法确定具体的要求,只能在与供应商的接触或谈判中了解一些相关信息,修正自己的采购预期,获得较佳的采购标的。

3. 采用招标所需时间不能满足用户紧急需要的

这主要是指因招标采购的周期较长,而采购人对采购项目又急需,无法按招标采购方式所规定的程序进行采购来获得货物和服务。

《政府采购法实施条例》对此情形下的"紧急需要"的解释为:应当是采购人不可预见的或者非因采购人拖延导致的。

4. 不能事先计算出价格总额的

主要是指采购对象独特或复杂,采购人对采购对象的相关信息不了解,无法事先测算出采购对象的基本预算以及价格总额。

《政府采购法实施条例》对此的解释为:是指因采购艺术品或者因专利、专有技术或者因服务的时间、数量事先不能确定等导致不能事先计算出价格总额。

而于《政府采购法》10年之后出台的《政府采购非招标采购方式管理办法》,又对采用竞争性谈判采购方式的适用条件进行了较为详细的规定:

(1) 招标后没有供应商投标或者没有合格标的,或者重新招标未能成立的。

(2) 技术复杂或者性质特殊,不能确定详细规格或者具体要求的。

(3) 非采购人所能预见的原因或者非采购人拖延造成采用招标所需时间不能满足用户紧急需要的。

(4) 因艺术品采购、专利、专有技术或者服务的时间、数量事先不能确定等原因不能事先计算出价格总额的。

公开招标的货物、服务采购项目，招标过程中提交投标文件或者经评审实质性响应招标文件要求的供应商只有两家时，采购人、采购代理机构按照《政府采购非招标采购方式管理办法》第四条经本级财政部门批准后可以与该两家供应商进行竞争性谈判采购，采购人、采购代理机构应当根据招标文件中的采购需求编制谈判文件，成立谈判小组，由谈判小组对谈判文件进行确认。符合本款情形的，《政府采购非招标采购方式管理办法》第三十三条、第三十五条中规定的供应商最低数量可以为两家。

符合《政府采购非招标采购方式管理办法》第二十七条第一款第一项情形和第二款情形，申请采用竞争性谈判采购方式时，还应当提交下列申请材料：

（1）采购人名称、采购项目名称、项目概况等项目基本情况说明。

（2）项目预算金额、预算批复文件或者资金来源证明。

（3）拟申请采用的采购方式和理由。

（4）在省级以上财政部门指定的媒体上发布招标公告的证明材料。

（5）采购人、采购代理机构出具的对招标文件和招标过程是否有供应商质疑及质疑处理情况的说明。

（6）评标委员会或者3名以上评审专家出具的招标文件没有不合理条款的论证意见。

由于竞争性谈判采购方式灵活且具有竞争性，国际组织和发达国家也普遍采用这种采购方式，并出台了采用竞争性谈判方式的适用条件的规定。WTO的《政府采购协议》第十四条规定，在下列两种情形下可以采用谈判程序：采购实体在采购过程中，即在采购通知中已表达了使用谈判程序进行采购的意图；按通知和招标文件规定的具体评估标准进行评估时，发现没有一项投标具有优势。《贸易法委员会货物、工程和服务采购示范法》规定：当采购项目涉及国防或国家安全，或在紧急情况下急需得到货物、工程和服务，或因采购标的的性质使得采购实体不可能拟定详细的采购规格，或采购实体为了签订一项有关研发项目的不带营利性质的合同，或采购实体依照设定的标准拒绝了所有投标商，若再进行新的招标程序也不太可能产生采购合同的时候，政府可以采用竞争性谈判方式。美国的《真实谈判法》也对适用条件进行了规定，即要求采购实体先根据一些主要因素确定竞争范围，以确保所有具有成交的实力的供应商都能取得谈判的机会。要求潜在的供应商预先提供有关成本或价格的数据，然后再进行谈判。谈判结束后，所有参加谈判的供应商都应该提出最后或最佳建议，采购实体应该依据事先制定的标准确定最后的成交供应商。

综上所述，不管是国际组织，还是政府采购制度比较完善的国家都对采用竞争性谈判采购方式的适用条件进行了规定，归纳起来也是五条：

（1）采用招标采购失败的。

（2）采购标的复杂而采购人又无法详细、准确地阐述采购需求的。

（3）采购人无法计算出标的的预算或价格总额的。

（4）标的是用于研究、开发的且不带任何营利性质的。

（5）采购标的涉及国家安全以及紧急情况下的采购。在我国对于涉及国家安全以及紧急情况下的采购不在政府采购法调整范围。

我国《政府采购法实施条例》第二十三条还规定：采购人采购公开招标数额标准以上的货物或者服务，符合《政府采购法》第二十九条、第三十条、第三十一条、第三十二条规定情形或者有需要执行政府采购政策等特殊情况的，经设区的市级以上人民政府财政部门批准，可以依法采用公开招标以外的采购方式。

这一条规定强调了执行政府采购政策情形时，也可以申请变更为竞争性谈判采购方式。

（三）采用竞争性谈判采购方式应遵循的基本原则

竞争性谈判采购方式既能体现充分竞争，采购人又能与供应商进行充分交流。但在采购过程中，由于采购人以及谈判小组成员在谈判中自由裁量权较大，为了保证竞争性谈判采购方式的公开、公平、公正，国际组织以及各国都对其方式所应遵循的原则进行了规定。其基本原则如下体现在以下六个方面。

1. 信息的公开

采用竞争性谈判采购方式也需要将采购的各种信息公开。在竞争性谈判采购中，首先是竞争性谈判采购公告的发布，也必须在政府采购监督管理部门指定的媒体上发布，让社会各界知晓采购的基本信息。其次是中标公告的发布，中标信息不只是参与竞争性谈判的供应商应知晓，也应该让纳税人都了解采购情况，并实施监督。最后是采购文件和采购合同的公开。

2. 竞争的充分

保证竞争充分的必要条件是有一定数量的参与者，因此，不管是国际组织，还是政府采购制度比较完善的国家，都规定了一个最低参与数，即参与竞争性谈判的供应商必须有三家以上，特殊情况下可以为两家。

3. 公平的待遇

采购人必须公平地对待所有参与谈判的供应商，主要为接收信息的一致性与及时性、给予参与谈判供应商准备时间和参与谈判时间安排的对等性与均衡性，公平的待遇还表现在谈判的标准应一致，要在同一标准下进行。同时，在谈判中如有新的修改意见，只要谈判没有终结，每个供应商都有最后陈述的机会。

4. 保密的职责

与其他采购方式一样，在谈判过程中，更应当注意保守商业秘密，采购人或采购代理机构的工作人员和谈判小组成员，有责任、有义务保守商业秘密和谈判的有关情况。谈判的任何一方在未征得另一方同意的前提下,不得向另外的任何人透露与谈判有关的任何技术、价格或其他市场信息,即使是谈判结束后,相关人员也有保守供应商商业秘密的职责。

5. 标准的一致

在谈判过程中要按事先公布的统一标准和谈判程序进行,防止出现偏差或人为因素。

6. 资料的完整

在谈判过程中要进行详细的记录,对合同授予的理由必须叙述清楚,同时要保证所有谈判资料的完整性,并及时整理归档备查。

(四)竞争性谈判的程序

我国《政府采购法》对竞争性谈判采购方式的操作程序规定得相当详细,共分为五个步骤。

采购人自行组织竞争性谈判的程序与要求如下。

第一步:成立谈判小组

1. 谈判小组组成要求

(1)竞争性谈判小组由采购人代表和评审专家共3人以上单数组成,其中评审专家人数不得少于竞争性谈判小组总数的2/3。采购人不得以评审专家身份参加本部门或本单位采购项目的评审。

(2)达到公开招标数额标准的货物或者服务采购项目,或者达到招标规模标准的政府采购工程,竞争性谈判小组应当由5人以上单数组成。

2. 评审专家的抽取与决定

采用竞争性谈判方式采购的政府采购项目,评审专家应当从政府采购评审专家库内相关专业的专家名单中随机抽取。技术复杂、专业性强的竞争性谈判采购项目,通过随机方式难以确定合适的评审专家的,经主管预算单位同意,可以自行选定评审专家。技术复杂、专业性强的竞争性谈判采购项目,评审专家中应当包含 1 名法律专家。

第二步：制定谈判文件

3. 编制采购需求

采购人依据批复的政府采购预算，按照有关配备标准，遵守厉行节约的原则，在执行政府采购政策功能的同时，拟定科学、合理的采购需求。

4. 编制竞争性谈判公告

采购人如果采用公告的方式邀请供应商参与竞争性谈判，则需要在指定的媒体上发布竞争性谈判公告。

竞争性谈判公告应当包括以下主要内容：

（1）采购人的名称、地址和联系方法。

（2）采购项目的名称、预算金额（可设定最高限价的，还应当公开最高限价）。

（3）采购人的采购需求。

（4）响应供应商的资格要求。

（5）获取竞争性谈判文件的时间期限、地点、方式及竞争性谈判文件售价。

（6）公告期限。

（7）递交响应文件截止时间、谈判时间及地点。

（8）采购项目联系人姓名和电话。

采购人不得以不合理的要求限制或者排斥潜在响应供应商参与本地区的政府采购活动。

采购人不得将供应商的注册资本、资产总额、营业收入、从业人员、利润、纳税额等规模条件作为资格要求或者评审因素，也不得通过将除进口货物以外的生产厂家授权、承诺、证明、背书等作为资格要求，对供应商实行差别待遇或者歧视待遇。

5. 发布竞争性谈判公告

竞争性谈判公告的公告期限为三个工作日。公告内容应当以省级以上财政部门指定媒体发布的公告为准。公告期限自省级以上财政部门指定媒体最先发布公告之日起算。

6. 编制竞争性谈判文件

（1）在编制竞争性谈判文件时采购人应当以满足实际需求为原则，不得擅自提高经费预算和资产配置等采购标准。

（2）谈判文件应当包括供应商资格条件、采购邀请、采购预算、采购需求、采购程序、价格构成或者报价要求、响应文件编制要求、提交响应文件截止时间及地点、保证金缴纳数额和形式、评定成交的标准等。

（3）采购人可以要求供应商在提交响应文件截止时间之前缴纳保证金。保证金应当采用支票、汇票、本票、网上银行支付或者金融机构、担保机构出具的保函等非现金形式缴纳。保证金数额应当不超过采购项目预算的2%。

供应商为联合体的，可以由联合体中的一方或者多方共同缴纳保证金，其缴纳的保证金对联合体各方均具有约束力。

（4）谈判文件不得要求或者标明供应商名称或者特定货物的品牌，不得含有指向特定供应商的技术、服务等条件。

公开招标的货物、服务采购项目，招标过程中提交投标文件或者经评审实质性响应招标文件要求的供应商只有两家时，采购人、采购代理机构按照《政府采购非招标采购方式管理办法》第四条经本级财政部门批准后可以与该两家供应商进行竞争性谈判采购，采购人、采购代理机构应当根据招标文件中的采购需求编制谈判文件，成立谈判小组，由谈判小组对谈判文件进行确认。符合本款情形的，《政府采购非招标采购方式管理办法》第三十三条、第三十五条中规定的供应商最低数量可以为两家。

除这种情形外，采购人应对竞争性谈判文件进行确认。

第三步：确定邀请参加谈判的供应商名单

7. 确定供应商的方式

（1）采购人应当通过发布公告、从省级以上财政部门建立的供应商库中随机抽取或者采购人和评审专家分别书面推荐的方式邀请不少于3家符合相应资格条件的供应商参与竞争性谈判采购活动。

（2）采取采购人和评审专家书面推荐方式选择供应商的，采购人和评审专家应当各自出具书面推荐意见。采购人推荐供应商的比例不得高于推荐供应商总数的50%。

（3）由于公开招标采购方式招标失败只有两家改为竞争性谈判的，直接向其提供谈判文件。

8. 竞争性谈判响应文件的响应时间

（1）从谈判文件发出之日起至供应商提交首次响应文件截止之日止不得少于三个工作日。

（2）提交首次响应文件截止之日前，采购人或者谈判小组可以对已发出的谈判文件进行必要的澄清或者修改，澄清或者修改的内容作为谈判文件的组成部分。澄清或者修改的内容可能影响响应文件编制的，采购人或者谈判小组应当在提交首次响应文件截止之日三个工作日前，以书面形式通知所有接收谈判文件的供应商，不足三个工作日的，应当顺延提交首次响应文件截止之日。

（3）供应商应当在谈判文件要求的截止时间前，将响应文件密封送达指定地点。在截止时间后送达的响应文件为无效文件，采购人或者谈判小组应当拒收。

供应商在提交谈判响应文件截止时间前，可以对所提交的响应文件进行补充、修改或者撤回，并书面通知采购人。补充、修改的内容作为响应文件的组成部分。补充、修改的内容与响应文件不一致的，以补充、修改的内容为准。

（4）提交竞争性谈判响应文件截止时间前，采购人和有关人员不得向他人透露已获取竞争性谈判文件的潜在供应商的名称、数量以及可能影响公平竞争的有关竞争性谈判的其他情况。

9. 保证金约定

（1）采购人可以要求供应商在提交响应文件截止时间之前缴纳保证金。保证金应当采用支票、汇票、本票、网上银行支付或者金融机构、担保机构出具的保函等非现金形式缴纳。保证金数额应当不超过采购项目预算的2%。

供应商为联合体的，可以由联合体中的一方或者多方共同缴纳保证金，其缴纳的保证金对联合体各方均具有约束力。

（2）采购人应当在采购活动结束后及时退还供应商的保证金，但因供应商自身原因导致无法及时退还的除外。未成交供应商的保证金应当在成交通知书发出后五个工作日内退还，成交供应商的保证金应当在采购合同签订后五个工作日内退还。

有下列情形之一的，保证金不予退还：供应商在提交响应文件截止时间后撤回响应文件的；供应商在响应文件中提供虚假材料的；除因不可抗力或谈判文件认可的情形以外，成交供应商不与采购人签订合同的；供应商与其他供应商恶意串通的；采购文件规定的其他情形。

第四步：谈判

10. 谈判小组与供应商谈判

（1）谈判小组所有成员应当集中与单一供应商分别进行谈判，并给予所有参加谈判的供应商平等的谈判机会。

（2）在谈判过程中，谈判小组可以根据谈判文件和谈判情况实质性变动采购需求中的技术、服务要求以及合同草案条款，但不得变动谈判文件中的其他内容。实质性变动的内容，须经采购人代表确认。

对谈判文件作出的实质性变动是谈判文件的有效组成部分，谈判小组应当及时以书面形式同时通知所有参加谈判的供应商。

供应商应当按照谈判文件的变动情况和谈判小组的要求重新提交响应文件，并由其法定代表人或授权代表签字或者加盖公章。由授权代表签字的，应当附法定代表人授权书。供应商为自然人的，应当由本人签字并附身份证明。

谈判文件能够详细列明采购标的的技术、服务要求的，谈判结束后，谈判小组应当要求所有继续参加谈判的供应商在规定时间内提交最后报价，提交最后报价的供应商不得少于3家。

谈判文件不能详细列明采购标的的技术、服务要求，需经谈判由供应商提供最终设计方案或解决方案的，谈判结束后，谈判小组应当按照少数服从多数的原则投票推荐3家以上供应商的设计方案或者解决方案，并要求其在规定时间内提交最后报价。

最后报价是供应商响应文件的有效组成部分。

（3）采购人应对采购活动进行记录，采购活动记录应包括下列内容：采购项目类别、名称；采购项目预算、资金构成和合同价格；采购方式，采用该方式的原因及相关说明材料；选择参加采购活动的供应商的方式及原因；评定成交的标准及确定成交供应商的原因；终止采购活动的，终止的原因。

（4）谈判小组以及与评审工作有关的人员不得泄露评审情况以及评审过程中获悉的国家秘密、商业秘密。

（5）除国务院财政部门规定的情形外，采购人不得以任何理由组织重新评审。采购人按照国务院财政部门的规定组织重新评审的，应当书面报告本级人民政府财政部门。

（6）采购人或者采购代理机构不得通过对样品进行检测、对供应商进行考察等方式改变评审结果。

11. 采购活动的取消或重新开展采购活动

在采购活动中因重大变故，采购任务取消的，采购人应当终止采购活动，通知所有参加采购活动的供应商，并将项目实施情况和采购任务取消原因报送本级财政部门。

12. 质疑、投诉

在采购活动中，供应商可以就谈判文件、采购过程和成交结果提出询问、质疑和提起投诉、行政复议等，从而来维护自己的权益免受侵害。

（1）询问。当供应商提出询问时，采购人应当在三个工作日内对供应商依法提出的询问作出答复。

（2）质疑。当供应商在法定的质疑时间范围内提出质疑时，采购人应当在收到供应商的书面质疑后七个工作日内作出答复，并以书面形式通知质疑供应商和其他有关供应商，但答复的内容不得涉及商业秘密。

（3）处理询问和质疑。询问或者质疑事项可能影响中标、成交结果的，采购人应当暂停签订合同，已经签订合同的，应当中止履行合同。

政府采购监管部门也将依据投诉情况下达暂停采购活动的书面通知，其暂停的时间最长不得超过30日。

财政部门在处理投诉事项时将采用书面审查的方式，必要时可以进行调查取证或者组织质证。对财政部门依法进行的调查取证，投诉人和与投诉事项有关的当事人应当如实反映情况，并提供相关材料。采购人应当配合政府采购监督管理部门做好调查、取证工作。

第五步：确定成交供应商
13. 确定成交候选供应商名单
（1）谈判小组按照符合采购需求、质量和服务相等且报价最低的原则确定成交候选供应商名单。

（2）采购人应当在收到谈判小组的评审报告后五个工作日内，从评审报告提出的成交候选人中，根据质量和服务均能满足采购文件实质性响应要求且最后报价最低的原则确定成交供应商，也可以书面授权谈判小组直接确定成交供应商。采购人逾期未确定成交供应商且不提出异议的，视为认可评审报告提出的最后报价最低的供应商为成交供应商。

（3）采购人应当在成交供应商确定后两个工作日内，在省级以上财政部门指定的媒体上公告成交结果，同时向成交供应商发出成交通知书，并将竞争性谈判文件随成交结果同时公告。成交结果公告应当包括以下内容：采购人和采购代理机构的名称、地址和联系方式；项目名称和项目编号；成交供应商名称、地址和成交金额；主要成交标的的名称、规格型号、数量、单价、服务要求；谈判小组名单。

采用书面推荐供应商参加采购活动的，还应当公告采购人和评审专家的推荐意见。

（4）竞争性谈判结果公告期限为一个工作日。竞争性谈判文件应当随成交结果同时公告，成交结果公告前采购文件已公告的，不再重复公告。

（5）发成交通知书。在公告成交结果的同时，采购人应当向成交供应商发出成交通知书；对未通过资格审查的供应商，应当告知其未通过的原因。

成交通知书发出后，采购人不得违法改变成交结果，成交供应商无正当理由不得放弃成交。

（6）采购人应当自成交通知书发出之日起30日内，按照竞争性谈判文件约定和成交供应商响应文件的承诺，与成交供应商签订书面合同。所签订的合同不得对竞争性谈判文件确定的事项和成交供应商响应文件作实质性修改。

采购人不得向成交供应商提出任何不合理的要求，包括向供应商索要或者接受其给予的赠品、回扣或者与采购无关的其他商品、服务等作为签订合同的条件。

（7）合同的基本内容。政府采购合同的履行、违约责任和解决争议的方法等适用《民法典》。政府采购合同应当包括采购人与成交供应商的名称和住所、标的、数量、质量、价款或者报酬、履行期限及地点和方式、验收要求、违约责任、解决争议的方法等内容。

（8）合同的备案与公示。政府采购项目的采购合同自签订之日起七个工作日内，采购人应当将合同副本报同级政府采购监督管理部门和有关部门备案。

采购人应当自政府采购合同签订之日起两个工作日内，将政府采购合同在省级以上人民政府财政部门指定的媒体上公告，但政府采购合同中涉及国家秘密、商业秘密的内容除外。

（9）合同的特殊处理。经采购人同意，成交供应商可以依法采取分包方式履行合同。

政府采购合同分包履行的，成交供应商就采购项目和分包项目向采购人负责，分包供应商就分包项目承担责任。

政府采购合同履行中，采购人需追加与合同标的相同的货物、工程或者服务的，在不改变合同其他条款的前提下，可以与供应商协商签订补充合同，但所有补充合同的采购金额不得超过原合同采购金额的10%。

政府采购合同的双方当事人不得擅自变更、中止或者终止合同。

政府采购合同继续履行将损害国家利益和社会公共利益的，双方当事人应当变更、中止或者终止合同。有过错的一方应当承担赔偿责任，双方都有过错的，各自承担相应的责任。

14. 履约验收与资金支付

供应商按竞争性谈判文件约定和响应文件的承诺以及合同的约定履行合同义务。

（1）验收。采购人应当及时对采购项目进行验收。采购人可以邀请参加本项目的其他供应商或者第三方机构参与验收。参与验收的供应商或者第三方机构的意见作为验收书的参考资料一并存档。

大型或者复杂的政府采购项目，应当邀请国家认可的质量检测机构参加验收工作。验收方成员应当在验收书上签字，并承担相应的法律责任。

（2）资金支付。采购人应当加强对供应商的履约管理，并按照采购合同约定，及时向供应商支付采购资金。对于供应商违反采购合同约定的行为，采购人应当及时处理，依法追究其违约责任。政府采购项目资金支付程序，按照国家有关财政资金支付管理的规定执行。

（3）样品处理。采购活动结束后，对于未成交供应商提供的样品，应当及时退还或者经未成交供应商同意后自行处理；对于供应商提供的样品，应当按照竞争性谈判文件的规定进行保管、封存，并作为履约验收的参考。

15. 采购活动的终止

出现下列情形之一的，采购人或者采购代理机构应当终止竞争性谈判采购活动，发布项目终止公告并说明原因，重新开展采购活动：

（1）因情况变化，不再符合规定的竞争性谈判采购方式适用情形的。

（2）出现影响采购公正的违法、违规行为的。

（3）在采购过程中符合竞争要求的供应商或者报价未超过采购预算的供应商不足三家的，但《政府采购非招标采购方式管理办法》第二十七条第二款规定的情形除外。

16. 绩效评价

采购项目履约验收后，应按要求对采购项目进行绩效评价。

17. 资料归档

采购人对政府采购每项采购活动的采购文件应当妥善保存，不得伪造、变造、隐匿或者销毁。采购文件的保存期限为从采购结束之日起至少保存十五年。

采购文件包括采购活动记录、采购预算、招标文件、投标文件、评标标准、评估报告、定标文件、合同文本、验收证明、质疑答复、投诉处理决定及其他有关文件、资料。

竞争性谈判采购方式采购人委托采购代理机构采购的，与自行组织采购所不同的只是多了签订委托代理协议及对竞争性谈判公告、竞争性谈判文件、采购结果的确认等程序，且确认的要求也与公开招标采购中的采购人委托采购代理机构组织的要求基本一致。

（五）竞争性谈判采购方式的优势与缺陷

竞争性谈判采购能发挥直接谈判的优势，帮助采购人解决对标的认识不全或不足的问题，能弥补其他采购方式的不足，但由于竞争性谈判方式不能充分竞争，可能将较优秀的供应商排斥在外，所以每一种采购方式都有利弊。

1. 竞争性谈判采购方式的优势

（1）方式灵活，能获得最佳的方案来满足采购标的。采购人可以根据采购需求，拟订出基本方案，在谈判中听取各方面的意见，汲取其精华，不断完善自己的方案，最终获得符合预期要求的产品和服务。

（2）采购周期短，减少了工作量，相应节省了采购成本，并能与供应商就价格进行讨价还价，节约了财政支出。竞争性谈判采购方式相对于招标采购而言，其耗时周期短，没有硬性的公告发布时间的要求，也不需广泛的招标而引来众多的供应商投标，评审的工作量减少，并能就相关事项反复谈判，既可节约财政支出，也可节省采购成本。

（3）最有利于实现政府采购的政策目标。竞争性谈判方式可以对供应商的范围和数量进行限制，尽量选择国内供应商和具有知识产权的供应商，能做到购买国货、保护民族品牌、激励自主创新和鼓励节能环保。

2. 竞争性谈判采购方式的缺陷

（1）限制了供应商之间的竞争。因为只需邀请三家以上供应商参与谈判即可，参加竞争的供应商有限，特别是评审专家也可以推荐供应商，可能将较优秀的供应商以及好的产品排斥在外。同时，参与竞争的供应商少，其合谋串标、围标的可能增大。

（2）自由裁量权过大。在竞争性谈判采购中其相关人员的自由裁量权过大，这主要反映在两个方面：一方面参与谈判供应商名单的确定没有一定之规，即使是很优秀的供应商，谈判小组都可无理由地将其排斥在名单之外；另一方面事先没有一个十分明确的评审标准，所以在供应商各方面情况大致相同时，谈判小组或采购人可依据自己的好恶来确定成交供应商。

三、询价就是"一锤子买卖"

广义上的"询价",是采购活动前的一种获得准确的价格信息的行为,是采购前的准备工作,是市场调查,重在"询"字。这种采购方式的最大的特点就是"一次性报出不能更改的价格",所以询价采购相对于其他采购方式才被称为"一锤子买卖"。

我国《政府采购非招标采购方式管理办法》规定,下列情形下,采购人采购货物的,还可以采用询价采购方式:依法制定的集中采购目录以内,且未达到公开招标数额标准的货物;依法制定的集中采购目录以外、采购限额标准以上,且未达到公开招标数额标准的货物;达到公开招标数额标准、经批准采用非公开招标方式的货物。

(一)询价的概念

我国《政府采购非招标采购方式管理办法》对询价采购方式的界定为,询价是指询价小组向符合资格条件的供应商发出采购货物询价通知书,要求供应商一次报出不得更改的价格,采购人从询价小组提出的成交候选人中确定成交供应商的采购方式。也就是通常所说的货比三家,它是一种相对简单而又快捷的采购方式。

(二)采用询价采购方式的适用条件

由于询价采购方式相对简单、快捷、易于操作,各国和许多国际组织都将它纳入法定的采购方式,同时也规定了适用条件。

我国《政府采购法》第三十二条规定:采购的货物规格、标准统一、现货货源充足且价格幅度小的政府采购项目,可以依照本法采用询价方式采购。《政府采购法》虽然只用不到 50 个字的阐述,但有以下四个方面的规定。

1. 标的是货物

询价采购方式只适应于标的是货物的采购，而工程和服务项目的采购，不管其项目预算金额的多少，都不适用。

2. 标的标准

采购的货物必须有规格和标准，且国家有统一的技术参数标准，也就是符合国家的行业标准。采购人能详细地描述，供应商能迅速地解读、理解。

3. 货源充足

采购的货物其货源充足，不是什么紧缺货物或物资，不需要长时间组织生产或货源，基本上可以实行一手交钱、一手交货的交易。

4. 价格变化幅度小

采购的货物价格变化的幅度小，波动不大，且政府采购当事人各方都对该货物的市场价格比较了解。

只有符合上述四个条件的货物才采用询价采购的方式，所以询价采购方式的局限性较大。

国际组织的政府采购规则对询价采购方式适用条件的规定归纳起来有两条：

（1）采购现成的并非按采购实体的特定规格制造或提供的货物和服务。现成的货物和服务大都规格标准统一，现货货源通常充足，价格变化范围不大。

（2）采购合同的估价价值低于采购条例规定的数额。

达到公开招标数额标准的货物采购项目，拟采用非招标采购方式的，采购人应当在采购活动开始前，报经主管预算单位同意后，向设区的市、自治州以上人民政府财政部门申请批准。申请采用非招标采购方式采购的，采购人应当向财政部门提交以下材料并对材料的真实性负责：

（1）采购人名称、采购项目名称、项目概况等项目基本情况说明。

(2) 项目预算金额、预算批复文件或者资金来源证明。

(3) 拟申请采用的采购方式和理由。

我国《政府采购法实施条例》第二十三条还规定：采购人采购公开招标数额标准以上的货物或者服务，符合《政府采购法》第二十九条、第三十条、第三十一条、第三十二条规定情形或者有需要执行政府采购政策等特殊情况的，经设区的市级以上人民政府财政部门批准，可以依法采用公开招标以外的采购方式。

这一条规定强调了执行政府采购政策情形时，也可以申请变更为询价采购方式。

（三）询价采购方式的程序

询价采购方式虽然简单，但也应规范其操作。为此，我国《政府采购法》专门规定了其采购程序，共有成立询价小组、确定被询价的供应商名单、询价和确定成交供应商四个大的步骤。

以采购人委托采购代理机构代理采购为例，其程序和要求如下。

第一步：成立询价小组

1. 委托

（1）委托采购项目的类型。采购人采购纳入集中采购目录的政府采购项目，必须委托集中采购机构代理采购；采购未纳入集中采购目录的政府采购项目，可以自行采购，也可以委托集中采购机构在委托的范围内代理采购。纳入集中采购目录属于通用的政府采购项目的，应当委托集中采购机构代理采购；属于本部门、本系统有特殊要求的项目，应当实行部门集中采购。

（2）采购代理机构的选择。采购人有权自行选择采购代理机构，采购人应当根据项目特点、代理机构专业领域和综合信用评价结果，从名录中自主择优选择代理机构。

任何单位和个人不得以摇号、抽签、遴选等方式干预采购人自行选择代理机构。

（3）签订委托协议。采购人依法委托采购代理机构办理采购事宜的，应当由采购人与采购代理机构签订委托代理协议，依法确定委托代理的事项，约定双方的权利义务。

委托协议必须明确采购代理范围、权限、期限、档案保存、代理费用收取方式及标准、协议解除及终止、违约责任等具体事项，约定双方权利义务。

（4）采购人依据批复的政府采购预算，按照有关配备标准，遵守厉行节约的原则，在执行政府采购政策功能的同时，拟定科学、合理的采购需求。

2. 成立询价小组

询价小组由采购人的代表和有关专家共3人以上的单数组成，其中专家的人数不得少于成员总数的2/3。

采购人不得以评审专家身份参加本部门或本单位采购项目的评审。采购代理机构人员不得参加本机构代理的采购项目的评审。

达到公开招标数额标准的货物或者服务采购项目，或者达到招标规模标准的政府采购工程，竞争性谈判小组或者询价小组应当由5人以上单数组成。

评审专家应当从政府采购评审专家库内相关专业的专家名单中随机抽取。技术复杂、专业性强的竞争性谈判采购项目，通过随机方式难以确定合适的评审专家的，经主管预算单位同意，可以自行选定评审专家。技术复杂、专业性强的竞争性谈判采购项目，评审专家中应当包含1名法律专家。

3. 编制询价公告

采购人如果采用公告的方式邀请供应商参与询价，则需要在指定的媒体上发布询价公告。

询价公告应当包括以下主要内容：

（1）采购人的名称、地址和联系方式。

（2）采购项目的名称、预算金额（可设定最高限价的，还应当公开最高限价）。

（3）采购人的采购需求。

（4）响应供应商的资格要求。

（5）获取询价通知书的时间期限、地点、方式及询价通知书的售价。

（6）公告期限。

（7）递交报价书的截止时间及地点。

（8）采购项目联系人姓名和电话。

采购人不得以不合理的要求限制或者排斥潜在响应供应商参与本地区的政府采购活动。

采购人不得将供应商的注册资本、资产总额、营业收入、从业人员、利润、纳税额等规模条件作为资格要求或者评审因素，也不得通过将除进口货物以外的生产厂家授权、承诺、证明、背书等作为资格要求，对供应商实行差别待遇或者歧视待遇。

4. 采购人对询价公告进行确定

采购人自收到采购代理机构编制的询价公告后的3日之内对询价公告内容（特别是供应商的资格条件）进行签字确认，并迅速反馈给采购代理机构。

5. 发布询价公告

询价公告的公告期限为三个工作日。公告内容应当以省级以上财政部门指定媒体发布的公告为准。公告期限自省级以上财政部门指定媒体最先发布公告之日起算。

6. 编制询价通知书

（1）在编制询价通知书时，询价采购需求中的技术、服务等要求应当完整、明确，符合相关法律、行政法规和政府采购政策的规定。

（2）询价通知书应当包括供应商资格条件、采购邀请、采购预算、采购需求、价格构成或者报价要求、提交响应文件截止时间及地点、保证金缴纳数额和形式、评定成交的标准等。

（3）采购人可以要求供应商在提交响应文件截止时间之前缴纳保证金。保证金应当采用支票、汇票、本票、网上银行支付或者金融机构、担保机构出具的保函等非现金形式缴纳。保证金数额应当不超过采购项目预算的2%。

供应商为联合体的，可以由联合体中的一方或者多方共同缴纳保证金，其缴纳的保证金对联合体各方均具有约束力。

（4）询价通知书不得要求或者标明供应商名称或者特定货物的品牌，不得含有指向特定供应商的技术、服务等条件。

7. 采购人对询价通知书进行确认

采购人自收到采购代理机构编制的询价通知书后的3日之内对其内容（特别是采购需求、合同条款）进行签字确认，并迅速反馈给采购代理机构。

第二步：确定被询价的供应商名单

8. 供应商确定的方式

（1）采购人、采购代理机构应当通过发布公告、从省级以上财政部门建立的供应商库中随机抽取或者采购人和评审专家分别书面推荐的方式邀请不少于三家符合相应资格条件的供应商参与询价采购活动。

（2）符合《政府采购法》第二十二条第一款规定条件的供应商可以在采购活动开始前加入供应商库。

（3）采取采购人和评审专家书面推荐方式选择供应商的，采购人和评审专家应当各自出具书面推荐意见。采购人推荐供应商的比例不得高于推荐供应商总数的50%。

9. 响应时间

从询价通知书发出之日起至供应商提交报价书截止之日止不得少于三个工作日。

提交报价书截止之日前，采购人、采购代理机构或者询价小组可以对已发出的询价通知书进行必要的澄清或者修改，澄清或者修改的内容作为询价通知书的组成部分。澄清或者修改的内容可能影响报价书编制的，采购人、采购代理机构或者询价小组应当在提交报价书截止之日三个工作日前，以书面形式通知所有接收询价通知书的供应商，不足三个工作日的，应当顺延提交报价书截止之日。

第三步：询价

10. 询价小组询价

询价小组在询价过程中，不得改变询价通知书所确定的技术和服务等要求、评审程序、评定成交的标准和合同文本等事项。

参加询价采购活动的供应商，应当按照询价通知书的规定一次报出不得更改的价格。询价小组不得同某一供应商就其报价进行谈判。

11. 采购活动的取消

在采购活动中因重大变故，采购任务取消的，采购人应当终止采购活动，通知所有参加采购活动的供应商，并将项目实施情况和采购任务取消原因报送本级财政部门。

12. 质疑、投诉

在采购活动中，供应商可以就询价通知书、采购过程和询价结果提出询问、质疑和提起投诉、行政复议等，从而维护自己的权益免受侵害。

（1）询问。当供应商提出询问时，采购人应当在三个工作日内对供应商依法提出的询问作出答复。

（2）质疑。当供应商在法定的质疑时间范围内提出质疑时，采购人应当在收到供应商的书面质疑后七个工作日内作出答复，并以书面形式通知质疑供应商和其他有关供应商，但答复的内容不得涉及商业秘密。

（3）处理询问和质疑。询问或者质疑事项可能影响中标、成交结果的，采购人应当暂停签订合同，已经签订合同的，应当中止履行合同。

政府采购监管部门也将依据投诉情况下达暂停采购活动的书面通知，其暂停的时间最长不得超过30日。

财政部门在处理投诉事项时将采用书面审查的方式，必要时可以进行调查取证或者组织质证。对财政部门依法进行的调查取证，投诉人和与投诉事项有关的当事人应当如实反映情况，并提供相关材料。采购人应当配合政府采购监督管理部门做好调查、取证工作。

第四步：确定成交供应商

13. 编写评审报告

询价小组应当从质量和服务均能满足采购文件实质性响应要求的供应商中，按照报价由低到高的顺序提出 3 名以上成交候选人，并编写评审报告。

14. 评审报告的确认

（1）采购代理机构应当在评审结束后两个工作日内将评审报告送采购人确认。

（2）采购人应当在收到评审报告后五个工作日内，从评审报告提出的成交候选人中，根据质量和服务均能满足采购文件实质性响应要求且报价最低的原则确定成交供应商，也可以书面授权询价小组直接确定成交供应商。采购人逾期未确定成交供应商且不提出异议的，视为确定评审报告提出的最后报价最低的供应商为成交供应商。

15. 成交结果公告

（1）采购人应当在成交供应商确定后两个工作日内，在省级以上财政部门指定的媒体上公告成交结果，同时向成交供应商发出成交通知书，并将询价通知书随成交结果同时公告。成交结果公告应当包括以下内容：采购人和采购代理机构的名称、地址和联系方式；项目名称和项目编号；成交供应商名称、地址和成交金额；主要成交标的的名称、规格型号、数量、单价、服务要求；询价小组名单。

采用书面推荐供应商参加采购活动的，还应当公告采购人和评审专家的推荐意见。

（2）询价结果公告期限为一个工作日。询价通知书应当随成交结果同时公告，成交结果公告前采购文件已公告的，不再重复公告。

16. 发成交通知书

在公告成交结果的同时，采购人应当向成交供应商发出成交通知书；对未通过资格审查的供应商，应当告知其未通过的原因。

成交通知书发出后，采购人不得违法改变成交结果，成交供应商无正当理由不得放弃成交。

17. 签订合同

（1）采购人应当自成交通知书发出之日起30日内，按照询价通知书的约定和成交供应商的报价书的承诺，与成交供应商签订书面合同。所签订的合同不得对询价通知书约定的事项和成交供应商的报价书作实质性修改。

采购人不得向成交供应商提出任何不合理的要求，包括向供应商索要或者接受其给予的赠品、回扣或者与采购无关的其他商品、服务等作为签订合同的条件。

（2）合同的基本内容。政府采购合同的履行、违约责任和解决争议的方法等适用《民法典》。政府采购合同应当包括采购人与成交供应商名称和住所、标的、数量、质量、价款或者报酬、履行期限及地点和方式、验收要求、违约责任、解决争议的方法等内容。

18. 合同的备案与公示

（1）政府采购项目的采购合同自签订之日起七个工作日内，采购人应当将合同副本报同级政府采购监督管理部门和有关部门备案。

（2）采购人应当自政府采购合同签订之日起两个工作日内，将政府采购合同在省级以上人民政府财政部门指定的媒体上公告，但政府采购合同中涉及国家秘密、商业秘密的内容除外。

（3）合同的特殊处理。经采购人同意，成交供应商可以依法采取分包方式履行合同。

政府采购合同分包履行的，成交供应商就采购项目和分包项目向采购人负责，分包供应商就分包项目承担责任。

政府采购合同履行中，采购人需追加与合同标的相同的货物、工程或者服务的，在不改变合同其他条款的前提下，可以与供应商协商签订补充合同，但所有补充合同的采购金额不得超过原合同采购金额的10%。

政府采购合同的双方当事人不得擅自变更、中止或者终止合同。

政府采购合同继续履行将损害国家利益和社会公共利益的，双方当事人应当变更、中止或者终止合同。有过错的一方应当承担赔偿责任，双方都有过错的，各自承担相应的责任。

19. 履约验收与资金支付

供应商按询价通知书约定和报价书的承诺以及合同的约定履行合同义务。

（1）验收。采购人应当及时对采购项目进行验收。采购人可以邀请参加本项目的其他供应商或者第三方机构参与验收。参与验收的供应商或者第三方机构的意见作为验收书的参考资料一并存档。

大型或者复杂的政府采购项目，应当邀请国家认可的质量检测机构参加验收工作。验收方成员应当在验收书上签字，并承担相应的法律责任。

（2）资金支付。采购人应当加强对供应商的履约管理，并按照采购合同约定，及时向供应商支付采购资金。对于供应商违反采购合同约定的行为，采购人应当及时处理，依法追究其违约责任。政府采购项目资金支付程序，按照国家有关财政资金支付管理的规定执行。

20. 采购活动的终止

出现下列情形之一的，采购人或者采购代理机构应当终止询价采购活动，发布项目终止公告并说明原因，重新开展采购活动：

（1）因情况变化，不再符合规定的询价采购方式适用情形的。

（2）出现影响采购公正的违法、违规行为的。

（3）在采购过程中符合竞争要求的供应商或者报价未超过采购预算的供应商不足三家的。

21. 绩效评价

采购项目履约验收后，应按要求对采购项目进行绩效评价。

22. 资料归档

采购人对政府采购项目每项采购活动的采购文件应当妥善保存，不得伪造、变造、隐匿或者销毁。采购文件的保存期限为从采购结束之日起至少保存十五年。

采购文件包括采购活动记录、采购预算、询价通知书、响应文件、评标标准、评估报告、定标文件、合同文本、验收证明、质疑答复、投诉处理决定及其他有关文件、资料。

询价采购方式采购人自行采购的，与委托组织采购所不同的只是少了询价公告、询价通知书、采购结果的确认等程序。

（四）询价采购方式的特点

询价采购方式与其他采购方式相比，具有竞争透明、快捷、方便和简单易操作的优势。

（1）操作简便，能满足采购人及时性需要。询价采购程序比较简单，相应的硬性规定不多，供应商的响应方式灵活多样，可报送纸质报价书，也可用电传或传真报价。询价小组评审也比较简单，只需把符合采购需求的所有报价书进行价格比较即可，最低价者中标。所以采购周期短，供应商参与政府采购的成本低、采购人的采购成本也低。

（2）虽然竞争透明，参与竞争的供应商报价最低就中标，但由于参与供应商少，存在串通围标的风险。

四、竞争性磋商就是"自卖自夸"

为适应我国政府购买服务、政府和社会资本合作（PPP）模式等工作的需要，财政部于 2014 年底专门认定竞争性磋商为我国法定的采购方式。竞争性磋商重在"商量和研究，交换意见"，特别是当采购人采购标的没有确定明确的采购需求时,采购人可以在采购活动中与供应商进行交换意见,各响应供应商都把自己对采购标的的需求最好的理解和最好的解决方案抛出,拟希望采购人将合同授予自己,所以竞争性磋商采购就是"自卖自夸"。

(一) 什么是竞争性磋商

我国《政府采购竞争性磋商采购方式管理暂行办法》对竞争性磋商的界定为:是指采购人、政府采购代理机构通过组建竞争性磋商小组(以下简称磋商小组)与符合条件的供应商就采购货物、工程和服务事宜进行磋商,供应商按照磋商文件的要求提交响应文件和报价,采购人从磋商小组评审后提出的候选供应商名单中确定成交供应商的采购方式。

竞争性磋商其实就是"两阶段采购":第一阶段对采购需求进行商量、统一;第二阶段在统一的标准下,然后再采用综合评分法进行评审。

(二) 竞争性磋商的适用条件与审批

《政府采购竞争性磋商采购方式管理暂行办法》规定,符合下列情形的项目,可以采用竞争性磋商采购方式开展采购。

1. 政府购买服务项目

政府购买服务,是指通过发挥市场机制作用,把政府直接提供的一部分公共服务事项以及政府履职所需服务事项,按照一定的方式和程序,交由具备条件的社会力量和事业单位承担,并由政府根据合同约定向其支付费用的一种采购形式。目前,各地都出台了政府购买服务的目录,限定了购买服务的范围。同时,PPP模式是一种特殊情形下的购买服务。

2. 技术复杂或者性质特殊,不能确定详细规格或者具体要求的项目

采购标的可谓千差万别,采购人也不可能描述清楚,对于这类采购标的，只能通过在与供应商的磋商中寻求最佳的采购需求或解决方案。

3. 因艺术品采购、专利、专有技术或者服务的时间、数量事先不能确定等原因不能事先计算出价格总额的项目

有些采购标的，不确定因素较多，甚至连准确的采购预算都不可能做出来，这就需要专家在采购过程中进行磋商，然后再进行判断与决策。

4. 市场竞争不充分的科研项目，以及需要扶持的科技成果转化项目

科研项目存在不被市场认知和接受的可能，第一个使用者有一定的风险性，这就需要一方面在采购的过程中进行普及推广；另一方面进行扶持。

5. 按照招标投标法及其实施条例必须进行招标的工程建设项目以外的工程建设项目

达到公开招标数额标准的货物、服务采购项目，拟采用竞争性磋商采购方式的，采购人应当在采购活动开始前，报经主管预算单位同意后，依法向设区的市、自治州以上人民政府财政部门申请批准。

非招标的工程项目或有关部门规定的采购限额标准以下的工程项目。

（三）竞争性磋商的程序

竞争性磋商融合了竞争性谈判和招标采购的优势，既可与供应商面对面"磋商"，又可采用综合评分法进行综合评审；既能体现物有所值原则，又能降低采购成本。

竞争性磋商采购方式，采购人委托采购代理机构代理采购的程序及要求如下。

第一步：编制竞争性磋商公告和文件

1. 委托

（1）委托采购项目的类型。采购人采购纳入集中采购目录的政府采购项目,必须委托集中采购机构代理采购;采购未纳入集中采购目录的政府采购项目,可以自行采购,也可以委托集中采购机构在委托的范围内代理采购。纳入集中采购目录属于通用的政府采购项目的,应当委托集中采购机构代理采购;属于本部门、本系统有特殊要求的项目,应当实行部门集中采购。

(2)采购代理机构的选择。采购人有权自行选择采购代理机构,采购人应当根据项目特点、代理机构专业领域和综合信用评价结果,从名录中自主择优选择代理机构。

任何单位和个人不得以摇号、抽签、遴选等方式干预采购人自行选择代理机构。

(3)签订委托协议。采购人依法委托采购代理机构办理采购事宜的,应当由采购人与采购代理机构签订委托代理协议,依法确定委托代理的事项,约定双方的权利义务。

委托协议必须明确采购代理范围、权限、期限、档案保存、代理服务费用收取方式及标准、协议解除及终止、违约责任等具体事项,约定双方权利义务。

(4)对于能确定采购需求的,采购人依据批复的政府采购预算,按照有关配备标准,遵守厉行节约的原则,在执行政府采购政策功能的同时,拟订科学、合理的采购需求。

2. 邀请或推荐供应商和编制竞争性磋商公告

采购代理机构可以通过发布公告或从省级以上财政部门建立的供应商库中随机抽取或者采购人或评审专家分别书面推荐的方式,邀请不少于三家符合相应资格条件的供应商参与竞争性磋商采购活动。

符合《政府采购法》第二十二条第一款规定条件的供应商可以在采购活动开始前加入供应商库。

采取采购人和评审专家书面推荐方式选择供应商的,采购人和评审专家应当各自出具书面推荐意见。采购人推荐供应商的比例不得高于推荐供应商总数的50%。

采用公告方式邀请供应商的，采购人、采购代理机构应当在省级以上人民政府财政部门指定的政府采购信息发布媒体发布竞争性磋商公告。

竞争性磋商公告应当包括以下主要内容：

（1）采购人、采购代理机构的名称、地点和联系方式。

（2）采购项目的名称、数量、简要规格描述或项目基本概况介绍。

（3）采购项目的预算。

（4）供应商资格条件。

（5）获取磋商文件的时间、地点、方式及磋商文件售价。

（6）响应文件提交的截止时间、开启时间及地点。

（7）采购项目联系人姓名和电话。

3. 确认竞争性磋商公告与发布竞争性磋商公告

（1）采购人自收到采购代理机构制作的竞争性磋商公告之日起，两个工作日之内签字确认。

（2）在政府采购监管部门指定的媒体上发布竞争性磋商公告，公告期限为三个工作日。公告内容应当以省级以上财政部门指定媒体发布的公告为准。公告期限自省级以上财政部门指定媒体最先发布公告之日起算。

4. 编制竞争性磋商文件

（1）采购人应当协助、配合政府采购代理机构编制竞争性磋商文件，及时提供有关文书、图纸等。磋商文件应当以满足实际需求为原则，不得擅自提高经费预算和资产配置等采购标准。

（2）磋商文件不得要求或者标明供应商名称或者特定货物的品牌，不得含有指向特定供应商的技术、服务等条件。

（3）磋商文件应当包括供应商资格条件、采购邀请、采购预算、采购需求、政府采购政策要求、评审程序、评审方法、评审标准、价格构成或者报价要求、响应文件编制要求、保证金缴纳数额和形式以及不予退还保证金的情形、磋商过程中可能实质性变动的内容、响应文件提交的截止时间、开启时间及地点以及合同草案条款等。

（4）要求供应商在提交响应文件截止时间之前缴纳磋商保证金的，磋商保证金应当采用支票、汇票、本票或者金融机构、担保机构出具的保函等非现金形式缴纳。磋商保证金数额应当不超过采购项目预算的2%。供应商未按照磋商文件要求提交磋商保证金的，响应无效。

供应商为联合体的，可以由联合体中的一方或者多方共同缴纳磋商保证金，其缴纳的保证金对联合体各方均具有约束力。

5. 确认竞争性磋商文件

采购人自收到采购代理机构制作的竞争性谈判文件之日起，两个工作日之内签字（书面同意）确认。

第二步：发售竞争性磋商文件与修改竞争性磋商文件

6. 发售竞争性磋商文件

（1）磋商文件售价应当按照弥补磋商文件制作成本费用的原则确定，不得以营利为目的，不得以项目预算金额作为确定磋商文件售价依据。

（2）磋商文件的发售期限自开始之日起不得少于五个工作日。

（3）从磋商文件发出之日起至供应商提交首次响应文件截止之日止不得少于10日。

7. 修改竞争性磋商文件

提交首次响应文件截止之日前，采购人、采购代理机构或者磋商小组可以对已发出的磋商文件进行必要的澄清或者修改，澄清或者修改的内容作为磋商文件的组成部分。澄清或者修改的内容可能影响响应文件编制的，采购人、采购代理机构应当在提交首次响应文件截止时间至少5日前，以书面形式通知所有获取磋商文件的供应商；不足5日的，采购人、采购代理机构应当顺延提交首次响应文件截止时间。

8. 磋商响应文件的递交

（1）供应商应当在磋商文件要求的截止时间前，将响应文件密封送达指定地点。在截止时间后送达的响应文件为无效文件，采购人、采购代理机构或者磋商小组应当拒收。

（2）供应商在提交响应文件截止时间前，可以对所提交的响应文件进行补充、修改或者撤回，并书面通知采购人、采购代理机构。补充、修改的内容作为响应文件的组成部分。补充、修改的内容与响应文件不一致的，以补充、修改的内容为准。

第三步：磋商

9. 成立磋商小组

（1）磋商小组由采购人代表和评审专家共3人以上单数组成，其中评审专家人数不得少于磋商小组成员总数的2/3。采购人代表不得以评审专家身份参加本部门或本单位采购项目的评审。采购代理机构人员不得参加本机构代理的采购项目的评审。

（2）评审专家应当从政府采购评审专家库内相关专业的专家名单中随机抽取。符合《政府采购竞争性磋商采购方式管理暂行办法》第三条第四项规定情形的项目，以及情况特殊、通过随机方式难以确定合适的评审专家的项目，经主管预算单位同意，可以自行选定评审专家。技术复杂、专业性强的采购项目，评审专家中应当包含1名法律专家。

10. 磋商

（1）磋商小组成员应当按照客观、公正、审慎的原则，根据磋商文件规定的评审程序、评审方法和评审标准进行独立评审。未实质性响应磋商文件的响应文件按无效响应处理，磋商小组应当告知提交响应文件的供应商。

（2）磋商小组所有成员应当集中与单一供应商分别进行磋商，并给予所有参加磋商的供应商平等的磋商机会。

（3）磋商文件内容违反国家有关强制性规定的，磋商小组应当停止评审并向采购人或者采购代理机构说明情况。

第四步：最后报价

11. 报价

磋商文件不能详细列明采购标的的技术、服务要求，需经磋商由供应商提供最终设计方案或解决方案的，磋商结束后，磋商小组应当按照少数服从多数的原则投票推荐三家以上供应商的设计方案或者解决方案，并要求其在规定时间内提交最后报价。

最后报价是供应商响应文件的有效组成部分。符合《政府采购竞争性磋商采购方式管理暂行办法》第三条第四项情形的，提交最后报价的供应商可以为两家。

12. 评审

经磋商确定最终采购需求和提交最后报价的供应商后，由磋商小组采用综合评分法对提交最后报价的供应商的响应文件和最后报价进行综合评分。

综合评分法，是指响应文件满足磋商文件全部实质性要求且按评审因素的量化指标评审得分最高的供应商为成交候选供应商的评审方法。

综合评分法评审标准中的分值设置应当与评审因素的量化指标相对应。磋商文件中没有规定的评审标准不得作为评审依据。

评审时，磋商小组各成员应当独立对每个有效响应的文件进行评价、打分，然后汇总每个供应商每项评分因素的得分。

综合评分法货物项目的价格分值占总分值的比重（即权值）为30%~60%，服务项目的价格分值占总分值的比重（即权值）为10%~30%。采购项目中含不同采购对象的，以占项目资金比例最高的采购对象确定其项目属性。符合《政府采购竞争性磋商采购方式管理暂行办法》第三条第三项的规定和执行统一价格标准的项目，其价格不列为评分因素。有特殊情况需要在上述规定范围外设定价格分权重的，应当经本级人民政府财政部门审核同意。

综合评分法中的价格分统一采用低价优先法计算，即满足磋商文件要求且最后报价最低的供应商的价格为磋商基准价，其价格分为满分。其他供应商的价格分统一按照下列公式计算：

磋商报价得分＝（磋商基准价/最后磋商报价）×价格权值×100

项目评审过程中，不得去掉最后报价中的最高报价和最低报价。

13. 磋商小组编写评审报告

磋商小组应当根据综合评分情况，按照评审得分由高到低顺序推荐3名以上成交候选供应商，并编写评审报告。符合《政府采购竞争性磋商采购方式管理暂行办法》第二十一条第三款情形的，可以推荐两家成交候选供应商。评审得分相同的，按照最后报价由低到高的顺序推荐。评审得分且最后报价相同的，按照技术指标优劣顺序推荐。

评审报告应当包括以下主要内容：

（1）邀请供应商参加采购活动的具体方式和相关情况。

（2）响应文件开启日期和地点。

（3）获取磋商文件的供应商名单和磋商小组成员名单。

（4）评审情况记录和说明，包括对供应商的资格审查情况、供应商响应文件评审情况、磋商情况、报价情况等。

（5）提出的成交候选供应商的排序名单及理由。

评审报告应当由磋商小组全体人员签字认可。磋商小组成员对评审报告有异议的，磋商小组按照少数服从多数的原则推荐成交候选供应商，采购程序继续进行。对评审报告有异议的磋商小组成员，应当在报告上签署不同意见并说明理由，由磋商小组书面记录相关情况。磋商小组成员拒绝在报告上签字又不书面说明其不同意见和理由的，视为同意评审报告。

14. 评审报告确认

（1）采购代理机构应当在评审结束后两个工作日内将评审报告送采购人确认。

（2）采购人应当在收到评审报告后五个工作日内，从评审报告提出的成交候选供应商中，按照排序由高到低的原则确定成交供应商，也可以书面授权磋商小组直接确定成交供应商。采购人逾期未确定成交供应商且不提出异议的，视为确定评审报告提出的排序第一的供应商为成交供应商。

15. 成交结果公告

采购人或者采购代理机构应当在成交供应商确定后两个工作日内，在省级以上财政部门指定的政府采购信息发布媒体上公告成交结果，同时向成交供应商发出成交通知书，并将磋商文件随成交结果同时公告。成交结果公告应当包括以下内容：

（1）采购人和采购代理机构的名称、地址和联系方式。

（2）项目名称和项目编号。

（3）成交供应商名称、地址和成交金额。

（4）主要成交标的的名称、规格型号、数量、单价、服务要求。

（5）磋商小组成员名单。

采用书面推荐供应商参加采购活动的，还应当公告采购人和评审专家的推荐意见。

16. 质疑、投诉

在采购活动中，供应商可以就磋商文件、采购过程和成交结果提出询问、质疑和提起投诉、行政复议等，从而来维护自己的权益免受侵害。

（1）询问。当供应商提出询问时，采购人应当在三个工作日内对供应商依法提出的询问作出答复。

（2）质疑。当供应商在法定的质疑时间范围内提出质疑时，采购人应当在收到供应商的书面质疑后七个工作日内作出答复，并以书面形式通知质疑供应商和其他有关供应商，但答复的内容不得涉及商业秘密。

（3）处理询问和质疑。询问或者质疑事项可能影响中标、成交结果的，采购人应当暂停签订合同，已经签订合同的，应当中止履行合同。

政府采购监管部门也将依据投诉情况下达暂停采购活动的书面通知，其暂停的时间最长不得超过30日。

财政部门在处理投诉事项时将采用书面审查的方式，必要时可以进行调查取证或者组织质证。对财政部门依法进行的调查取证，投诉人和与投诉事项有关的当事人应当如实反映情况，并提供相关材料。采购人应当配合政府采购监督管理部门做好调查、取证工作。

17. 采购活动的终止

出现下列情形之一的，采购人或者采购代理机构应当终止竞争性磋商采购活动，发布项目终止公告并说明原因，重新开展采购活动：

（1）因情况变化，不再符合规定的竞争性磋商采购方式适用情形的。

（2）出现影响采购公正的违法、违规行为的。

（3）除《政府采购竞争性磋商采购方式管理暂行办法》第二十一条第三款规定的情形外，在采购过程中符合要求的供应商或者报价未超过采购预算的供应商不足三家的。

18. 采购任务的取消

在采购活动中因重大变故，采购任务取消的，采购人或者采购代理机构应当终止采购活动，通知所有参加采购活动的供应商，并将项目实施情况和采购任务取消原因报送本级财政部门。

19. 签订合同

（1）采购人与成交供应商应当在成交通知书发出之日起30日内，按照磋商文件确定的合同文本以及采购标的、规格型号、采购金额、采购数量、技术和服务要求等事项签订政府采购合同。

（2）采购人不得向成交供应商提出超出磋商文件以外的任何要求作为签订合同的条件，不得与成交供应商订立背离磋商文件确定的合同文本以及采购标的、规格型号、采购金额、采购数量、技术和服务要求等实质性内容的协议。

（3）采购人或者采购代理机构不得通过对样品进行检测、对供应商进行考察等方式改变评审结果。

（4）成交供应商拒绝签订政府采购合同的，采购人可以按照《政府采购竞争性磋商采购方式管理暂行办法》第二十八条第二款规定的原则确定其他供应商作为成交供应商并签订政府采购合同，也可以重新开展采购活动。拒绝签订政府采购合同的成交供应商不得参加对该项目重新开展的采购活动。

20. 合同的备案与公示

（1）政府采购项目的采购合同自签订之日起七个工作日内，采购人应当将合同副本报同级政府采购监督管理部门和有关部门备案。

（2）采购人应当自政府采购合同签订之日起两个工作日内，将政府采购合同在省级以上人民政府财政部门指定的媒体上公告，但政府采购合同中涉及国家秘密、商业秘密的内容除外。

（3）合同的特殊处理。经采购人同意，成交供应商可以依法采取分包方式履行合同。

政府采购合同分包履行的，成交供应商就采购项目和分包项目向采购人负责，分包供应商就分包项目承担责任。

政府采购合同履行中，采购人需追加与合同标的相同的货物、工程或者服务的，在不改变合同其他条款的前提下，可以与供应商协商签订补充合同，但所有补充合同的采购金额不得超过原合同采购金额的10%。

政府采购合同的双方当事人不得擅自变更、中止或者终止合同。

政府采购合同继续履行将损害国家利益和社会公共利益的，双方当事人应当变更、中止或者终止合同。有过错的一方应当承担赔偿责任，双方都有过错的，各自承担相应的责任。

21. 保证金的退还

采购人或者采购代理机构应当在采购活动结束后及时退还供

应商的磋商保证金,但因供应商自身原因导致无法及时退还的除外。未成交供应商的磋商保证金应当在成交通知书发出后五个工作日内退还,成交供应商的磋商保证金应当在采购合同签订后五个工作日内退还。

有下列情形之一的,磋商保证金不予退还:

(1)供应商在提交响应文件截止时间后撤回响应文件的。

(2)供应商在响应文件中提供虚假材料的。

(3)除因不可抗力或磋商文件认可的情形以外,成交供应商不与采购人签订合同的。

(4)供应商与采购人、其他供应商或者采购代理机构恶意串通的。

(5)磋商文件规定的其他情形。

22. 履约验收与资金支付

供应商按磋商文件约定和响应文件的承诺以及合同的约定履行合同义务。

(1)验收。采购人应当及时对采购项目进行验收。采购人可以邀请参加本项目的其他供应商或者第三方机构参与验收。参与验收的供应商或者第三方机构的意见作为验收书的参考资料一并存档。

大型或者复杂的政府采购项目,应当邀请国家认可的质量检测机构参加验收工作。验收方成员应当在验收书上签字,并承担相应的法律责任。

(2)资金支付。采购人应当加强对供应商的履约管理,并按照采购合同约定,及时向供应商支付采购资金。对于供应商违反采购合同约定的行为,采购人应当及时处理,依法追究其违约责任。政府采购项目资金支付程序,按照国家有关财政资金支付管理的规定执行。

(3)样品处理。采购活动结束后,对于未成交供应商提供的样品,应当及时退还或者经未成交供应商同意后自行处理;对于供应商提供的样品，应当按照磋商文件的规定进行保管、封存，并作为履约验收的参考。

23. 绩效评价

采购项目履约验收后，应按要求对采购项目进行绩效评价。

24. 资料归档

采购人对政府采购项目每项采购活动的采购文件应当妥善保存，不得伪造、变造、隐匿或者销毁。采购文件的保存期限为从采购结束之日起至少保存十五年。

采购文件包括采购活动记录、采购预算、磋商文件、响应文件、评标标准、评估报告、定标文件、合同文本、验收证明、质疑答复、投诉处理决定及其他有关文件、资料。

五、单一来源采购就是"无可奈何"

每一个人都可能经历过自己没有选择余地的采购，是只此一家，别无选择，标准的"卖方市场"，买方对商品根本没有选择的主动权，对于这种采购，其心情真可谓"无可奈何"。政府采购的单一来源采购方式，正是在这种情形下所实施的采购。

（一）单一来源采购的概念

单一来源采购是指采购人只向唯一供应商直接购买货物和服务的采购行为，也称直接采购。之所以采用单一来源采购方式而没有竞争性，并不是说采购对象不适用或没有达到竞争性招标采购的标准，而是因为采购对象只有唯一的一家供应商或不可预见的紧急情况，除此之外，别无选择，因此它是在特定的情况下采用的特殊采购方式。

我国《政府采购非招标采购方式管理办法》对单一来源采购的界定是：指采购人从某一特定供应商处采购货物、工程和服务的采购方式。

（二）采用单一来源采购方式的适用条件

由于单一来源采购方式缺少竞争与监督，容易滋生腐败。为了防止滥用，国际组织和各国都对适用条件进行了规定。我国《政府采购法》第三十一条规定，符合下列情形之一的货物或者服务，可以依法采用单一来源采购方式采购。

1. 只能从唯一供应商处采购的

关于"唯一供应商"。《辞海》对"唯"的解释为"独""只有"之意。而以"唯一供应商"之理由申请采用单一来源采购方式，则要看采购标的物是在什么范围的"唯一"和谁来鉴定"唯一"。什么范围？肯定应该是在全国范围，而不是采购人所在地的范围。其鉴定也不是由采购人自己说了算，而是要经过采购标的物方面的专家通过论证，确实是在全国范围内没有其他可替代、可选择的方案。

《政府采购法实施条例》第二十七条解释为：因货物或者服务使用不可替代的专利、专有技术，或者公共服务项目具有特殊要求，导致只能从某一特定供应商处采购。

2. 发生了不可预见的紧急情况不能从其他供应商处采购的

关于"紧急情况"，《政府采购法》在"紧急情况"前面加了一个定语，即"不可预见"。何为"不可预见"，是人们事先不能意识和料到，还是人类认知水平的局限？什么又是"紧急情况"？它是指必须立即采取行动、不容许拖延的状况。对此，其理解为，因人的认知能力的局限性，造成对事物发展的规律性认识不足，不能事先意识和料到事物的进展所形成的不容许拖延的状况。而这种状况只有大型流行疫情、非自然因素所造成的大型灾难事故等，也就是出现紧急情况也非归因采购人。而因严重自然灾害和其他不可抗力事件所实施的紧急采购和涉及国家安全与秘密的采购，本身就不在《政府采购法》调整的范围内。

3. 必须保证原有采购项目一致性或者服务配套的要求，需要继续从原供应商处添购，且添购资金总额不超过原合同采购金额的 10%

关于"一致性或者服务配套"与"不超过原合同采购金额的 10%"问题，其理解为事物是发展的，人的认知也在不断提高与进步，一个方案不可能把后面的事全部预料到，但起码要有前瞻性和预见性。对于政府采购中的"一致性或者服务配套"是指产品的前后一致和相互配套成一体，其目的是优化结构、更好地发挥功能。但不管如何，其后期的采购不能"超过原合同采购金额的 10%"，这里就没有主产品与配套产品之分。但这也要有一个限制，不能在同一项目中多次反复采用此方式，不然属于化整为零或"以小拖大"，规避公开招标。同时也要防止打着"一致性或者服务配套"的旗号，逃避监管。

有关国际组织政府采购规则对适用单一来源采购方式条件也有相应的规定，归纳如下。

1. 其他充分竞争方式采购失败

WTO 的《政府采购协议》和欧盟的《政府采购指令》都规定，在采用其他充分竞争方式进行采购而失败，即无人投标、作实质响应的供应商不符合法定数量等原因，且再次招标也可能没有合格供应商，则可采用单一来源采购方式。

2. 采购标的单一而无替代可能

采购人采购的标的由于技术、工艺或专利保护等原因，只有特定的或少数的以及唯一的供应商可提供，且无法代替。

3. 附加合同或跟进式重复采购

WTO 的《政府采购协议》、联合国的《示范法》、世界银行的《采购指南》、欧盟的《政府采购指南》等都规定，为了保证供应产品和服务的连续性、一致性、兼容性，采购人可以在原供应商处，采购其合同价款不超过原合同总额最高 50% 的产品或服务。这种采购包括添购补充、主合同之外的附加合同完善和不同采购人在相隔不长时间内采购同一标的的产品或服务。

4. 用于研究、实验和开发合同

WTO 的《政府采购协议》、联合国的《示范法》、欧盟的《政府采购指南》等都对采购人与供应商订立的旨在进行研究、实验、调查或开发工作合同的适用条件进行了规定。这类合同具有长期合作的特点，采购人与供应商可能长期合作，需要确立比较稳定的合作关系。

5. 紧急状态无法满足时效需求

对于紧急状态下，因采用其他采购方式而无法满足采购人急需时，国际组织的政府采购规则都作了为了满足这种需求可以采用单一来源采购方式的规定。

6. 设计竞赛和军事或国家安全

WTO 的《政府采购协议》和欧盟的《政府采购指南》还规定，在采用招标方式的设计比赛中，凡符合资格条件的，通过比赛的独立的评判团体评定的获取者，即使是唯一获奖者，采购人也可以直接授予合同。同时，国际组织的政府采购规则还规定对涉及军事、国家安全的采购可采用单一来源方式采购。

（三）单一来源采购方式的程序

尽管单一来源采购方式是采购人与唯一供应商之间的交易行为，但为了规范这种采购方式，尽量避免腐败现象的发生和节约财政资金，我国《政府采购法》也对单一来源采购方式的运用提出了原则性意见，即采购人与供应商应当遵循本法规定的原则，在保证采购项目质量和双方商定合理价格的基础上进行采购。政府采购的基本原则是公开透明原则、公平原则、公正原则、诚实信用原则、经济效益原则和维护国家社会公共利益的原则。这也是所有政府采购方式和采购活动必须遵循的原则，在这个基本原则下，即使是别无选择的采购，也要在保证采购项目质量和合理价格的前提下实施采购。供应商也不可漫天要价，采购人也不可慷国家之慨。

采购人委托采购代理机构采用单一来源采购方式采购的程序如下。

第一步：委托采购代理机构

1. 签订协议

（1）委托采购项目的类型。采购人采购纳入集中采购目录的政府采购项目，必须委托集中采购机构代理采购；采购未纳入集中采购目录的政府采购项目，可以自行采购，也可以委托集中采购机构在委托的范围内代理采购。纳入集中采购目录属于通用的政府采购项目的，应当委托集中采购机构代理采购；属于本部门、本系统有特殊要求的项目，应当实行部门集中采购。

（2）采购代理机构的选择。采购人有权自行选择采购代理机构，采购人应当根据项目特点、代理机构专业领域和综合信用评价结果，从名录中自主择优选择代理机构。

任何单位和个人不得以摇号、抽签、遴选等方式干预采购人自行选择代理机构。

（3）签订委托协议。采购人依法委托采购代理机构办理采购事宜的，应当由采购人与采购代理机构签订委托代理协议，依法确定委托代理的事项，约定双方的权利义务。

委托协议必须明确采购代理范围、权限、期限、档案保存、代理费用收取方式及标准、协议解除及终止、违约责任等具体事项，约定双方权利义务。

（4）采购人依据批复的政府采购预算，按照有关配备标准，遵守厉行节约的原则，在执行政府采购政策功能的同时，拟定科学、合理的采购需求。

第二步：公示

2. 公告内容

采购人公示属于《政府采购法》第三十一条第一项情形，且达到公开招标数额的货物、服务项目，拟采用单一来源采购方式的、采购人、采购代理机构在按照《政府采购法》第四条报财政部门批准之前，应当在省级以上财政部门指定媒体上公示，并将公示情况一并报财政部门。公示内容应当包括：

（1）采购人、采购项目名称和内容。

（2）拟采购的货物或者服务的说明。

（3）采用单一来源采购方式的原因及相关说明。

（4）拟定的唯一供应商名称、地址。

（5）专业人员对相关供应商因专利、专有技术等原因具有唯一性的具体论证意见，以及专业人员的姓名、工作单位和职称。

（6）公示的期限。

（7）采购人、采购代理机构、财政部门的联系地址、联系人和联系电话。

3. 公示时间

公示期不得少于五个工作日。

4. 异议处理

（1）任何供应商、单位或者个人对采用单一来源采购方式公示有异议的，可以在公示期内将书面意见反馈给采购人、采购代理机构，并同时抄送相关财政部门。

（2）采购人、采购代理机构收到对采用单一来源采购方式公示的异议后，应当在公示期满后五个工作日内，组织补充论证，论证后认为异议成立的，应当依法采取其他采购方式；论证后认为异议不成立的，应当将异议意见、论证意见与公示情况一并报相关财政部门。

采购人、采购代理机构应当将补充论证的结论告知提出异议的供应商、单位或者个人。

第三步：报审

5. 申报主体

（1）达到公开招标数额标准的货物、服务项目，因特殊情况需要采用公开招标以外的采购方式的，且符合法定的变更采购方式情形的，采购人报经主管预算单位（主管预算单位是指负有编制部门预算职责，向同级财政部门申报预算的国家机关、事业单位和团体组织）同意后，依照《政府采购法》的规定向财政部门提出变更申请。采购方式变更分为两种情形：一是采购活动开始前；二是公开招标失败后。

（2）未达到公开招标数额的货物、服务项目，由采购人的主管预算单位依法自行确定采购方式，无须报财政部门批准。

其他采购方式采购失败的比照上述办法执行。

6. 申请材料要求

（1）采购活动开始前，采购人申请采购方式变更的，报经主管预算单位同意后，依法向财政部门提出申请，并提交申请报告和相关附件资料。

申请报告。报告应包括：采购人名称、采购项目名称、项目概况等项目基本情况说明；项目预算金额、预算批复文件或者资金来源证明；拟申请采用的采购方式和理由等内容。

附件资料。附件一：涉及国家秘密的，应当提供国家保密部门出具的本项目为涉密采购事项的证明文件。附件二：采购事项为紧急需要，非采购人所能预见的原因或者非采购人拖延造成采用招标所需时间不能满足需要的，应当提供项目紧急原因的证明材料。附件三：属于《政府采购法》第三十一条第一项情形，且达到公开招标数额的货物、服务项目，拟采用单一来源采购的，采购人应当提供在省级以上财政部门指定媒体上的公示材料。

（2）公开招标失败后，采购人申请方式变更的，报经主管预算单位同意后，依法向财政部门提出申请，并提交申请报告和相关附件资料。

申请报告。报告应包括：采购人名称、采购项目名称、项目概况等项目基本情况说明；项目预算金额、预算批复文件或者资金来源证明；拟申请采用的采购方式和理由；项目招标文件和招标过程是否有供应商质疑及质疑处理的情况说明等内容。

附件资料。附件一：采购代理机构对代理项目的执行情况说明。附件二：采购人或其委托的采购代理机构在省级以上财政部门指定媒体上发布的招标公告的证明材料。附件三：评标委员会或3名以上评审专家出具的项目招标文件没有以不合理的条件对供应商实行差别待遇或者歧视待遇的论证意见，其中应针对项目竞争性不足和唯一性出具具体的论证意见。

第四步：成立单一来源采购商定小组

7. 成立商定小组

商定小组应当由相关经验的专业人员组成。公开招标失败后的单一来源采购，其商定小组人数不得少于5人以上单数。

8. 拟订商定方案

虽然是向唯一的供应商进行采购，采购人也应拟定采购方案，打有准备之仗。采购方案应包括领导小组、商定小组人员分工、与供应商协商的程序与重点、能够接受的价格底线、合同执行情况、验收、争议仲裁等主要内容。

第五步：协商

9. 协商

（1）商定小组与供应商商定合理的成交价格并保证采购项目质量。市场经济情况下的供应商追求的是利润最大化，供应商知道没有竞争，可能漫天要价，采购人应在对市场了解的情况下，与供应商进行协商，达成一个公允的价格。

（2）单一来源采购人员应当编写协商情况记录，主要内容包括：依据《政府采购非招标采购方式管理办法》第三十八条进行公示的，公示情况说明；协商日期和地点，采购人员名单；供应商提供的采购标的成本、同类项目合同价格以及相关专利、专有技术等情况说明；合同主要条款及价格商定情况。

协商情况记录应当由采购全体人员签字认可。对记录有异议的采购人员，应当签署不同意见并说明理由。采购人员拒绝在记录上签字又不书面说明其不同意见和理由的，视为同意。

10. 质疑、投诉

按《政府采购质疑和投诉办法》处理。

11. 采购活动终止

出现下列情形之一的，采购人或者采购代理机构应当终止采购活动，发布项目终止公告并说明原因，重新开展采购活动：

（1）因情况变化，不再符合规定的单一来源采购方式适用情形的。

（2）出现影响采购公正的违法、违规行为的。

（3）报价超过采购预算的。

第六步：采购结果确认与公示

12. 采购结果确认

（1）采购代理机构应当在评审结束后两个工作日内将评审报告送采购人确认。

（2）采购人应当在收到评审报告后五个工作日内，对采购结果进行确认。书面授权商定小组直接确定成交供应商。采购人逾期未对采购结果进行确认且不提出异议的，视为同意采购结果。

13. 公示

（1）采购人应当在采购结果确定后两个工作日内，在省级以上财政部门指定的媒体上公告成交结果，同时向成交供应商发出成交通知书，并将有关情况随成交结果同时公告。成交结果公告应当包括以下内容：采购人和采购代理机构的名称、地址和联系方式；项目名称和项目编号；成交供应商名称、地址和成交金额；主要成交标的的名称、规格型号、数量、单价、服务要求；商定小组名单。

（2）单一来源采购结果公告期限为一个工作日。

14. 发成交通知书

（1）发成交通知书。在公告成交结果的同时，采购人应当向成交供应商发出成交通知书。

（2）成交通知书发出后，采购人不得违法改变成交结果，成交供应商无正当理由不得放弃成交。

15. 签订合同

（1）采购人应当自成交通知书发出之日起 30 日内，按照协商情况记录与成交供应商签订书面合同。

采购人不得向成交供应商提出任何不合理的要求，包括向供应商索要或者接受其给予的赠品、回扣或者与采购无关的其他商品、服务等作为签订合同的条件。

（2）合同的基本内容。政府采购合同的履行、违约责任和解决争议的方法等适用《民法典》。政府采购合同应当包括采购人与成交供应商的名称和住所、标的、数量、质量、价款或者报酬、履行期限及地点和方式、验收要求、违约责任、解决争议的方法等内容。

16. 合同的备案与公示

（1）政府采购项目的采购合同自签订之日起七个工作日内，采购人应当将合同副本报同级政府采购监督管理部门和有关部门备案。

（2）采购人应当自政府采购合同签订之日起两个工作日内，将政府采购合同在省级以上人民政府财政部门指定的媒体上公告，但政府采购合同中涉及国家秘密、商业秘密的内容除外。

采用单一来源采购方式更需要信息透明公开。公布中标结果的目的有两个：一是让社会监督采购人，看采用单一来源采购方式是否恰当；二是让社会监督供应商，看供应商是否诚信经营。

（3）合同的特殊处理。经采购人同意，成交供应商可以依法采取分包方式履行合同。

政府采购合同分包履行的，成交供应商就采购项目和分包项目向采购人负责，分包供应商就分包项目承担责任。

政府采购合同履行中，采购人需追加与合同标的相同的货物、工程或者服务的，在不改变合同其他条款的前提下，可以与供应商协商签订补充合同，但所有补充合同的采购金额不得超过原合同采购金额的 10%。

政府采购合同的双方当事人不得擅自变更、中止或者终止合同。

政府采购合同继续履行将损害国家利益和社会公共利益的，双方当事人应当变更、中止或者终止合同。有过错的一方应当承担赔偿责任，双方都有过错的，各自承担相应的责任。

17. 履约验收与资金支付

供应商按合同约定履行合同义务。

（1）验收。虽然是采用单一来源采购，采购人处于劣势地位，采购人更应当及时对采购项目进行验收。采购人可以邀请第三方机构参与验收。参与验收的第三方机构的意见作为验收书的参考资料一并存档。

大型或者复杂的政府采购项目，应当邀请国家认可的质量检测机构参加验收工作。验收方成员应当在验收书上签字，并承担相应的法律责任。

（2）资金支付。采购人应当加强对供应商的履约管理，并按照采购合同约定，及时向供应商支付采购资金。对于供应商违反采购合同约定的行为，采购人应当及时处理，依法追究其违约责任。政府采购项目资金支付程序，按照国家有关财政资金支付管理的规定执行。

（3）样品处理。对于供应商提供的样品，应当按照协商的约定进行保管、封存，并作为履约验收的参考。

18. 绩效评价

对于单一来源采购项目更应该按要求进行绩效评价，并将绩效评价的报告和结果报相关部门备案。

19. 资料归档

采购人对政府采购项目每项采购活动的采购文件应当妥善保存，不得伪造、变造、隐匿或者销毁。采购文件的保存期限为从采购结束之日起至少保存十五年。

（四）单一来源采购方式的管理

由于单一来源采购方式缺乏竞争、效益低下，所以尽量限制采用，特别是达到了公开招标限额标准的大型采购项目申请变更采用单一来源采购方式的，要加强管理。

依据法律的规定和目前采用单一来源采购方式的理由来看，也就是法律所规定的三种情形和其他情形，对于这些情形要依据不同情况由采购人提供相关资料。

一是采购人以"唯一性"为理由提出变更方式的，必须提供由采购项目的相关专家进行论证的材料，并由采购人的负责人签署意见。二是采购人以"紧急情况"为理由提出变更方式的，必须由采购人提出是什么原因、什么紧急情况不能采用其他采购方式并由采购人的负责人签署意见。而以保密为由提出的必须出具保密管理部门的意见，才可不纳入《政府采购法》调整范围。三是采购人以"一致性或者服务配套"为理由提出变更方式的，必须提供原采购合同以及相关证明材料，由采购人的负责人签署意见，并将下次采购计划或可能发生的情况同时报上。在目前状况下，采购人还可能以其他理由提出变更方式，而这种理由是非采购人自身原因，既不能违背又必须执行的情形时，采购人必须出具上一级相关文件、规定以及市一级的会议决定、纪要等。

所有的变更申请应有专门的文本、规定的制式，即《采购方式申请变更表》，它应包括：采购项目、采购项目资金预算、应采用的采购方式、拟申请采用的采购方式、申请的理由、采购人的负责人意见、审批部门的意见以及注明附件材料的提供等。《采购方式申请变更表》应与其他采购文件一同归档。

虽然单一来源采购是一对一的，但并不是说只有卖方（供应商）说了算，也不是说由采购人的具体操作人一人操作。《政府采购法》也明文规定，采购人与供应商遵循本法规定的原则，在保证采购项目质量和双方商定合理价格的基础上进行采购。所以，采购人对于单一来源采购方式的实施更应重视，也应成立相应的组织来实施。

在商定过程中先谈价格、再谈服务。在单一来源的采购中，采购价格是重要的因素，因为主动权在供应商，所以不能由供应商说了算，不同的理由可采用不同的方式计算价格。如"唯一性"的可参考市场媒体价，在此基础上考虑政府采购的平均节约率来与供应商协商。而"一致性或者服务配套"的，则以上次采购的价格为依据，以物价指数为参考系，考虑批量采购因素，再计算出合理价格。采购人只要有根有据，供应商是会接受的。一旦供应商漫天要价，那只有被动接受，采购人只有将其采购结果进行公示，让所有的采购人都知晓该供应商的行为，今后在与该供应商打交道过程中要谨慎、提防。

由于单一来源采购方式的特殊性，此种方式的采用应严加控制和管理。

一是加强政府采购工作的计划性。采购人应加强采购项目计划性管理，妥善处理好整体设计与分步实施的关系，重视紧急预案的研制工作，紧急预案越充分、越详细，可操作性越大，那么工作越主动，而政府采购中的不可预见的紧急情况将越来越少。同时，尽快出台《重大灾难紧急采购管理办法》。二是由实践上升到理论。要通过实践，逐步将采用单一来源采购的情形归纳并进行界定，可参考案例法的模式，将各种情形每年定期进行公布，以便采购人和监管部门参照执行。三是完善审计监督。各级审计部门应重点加强对单一来源采购方式采购项目的审计监督。

六、框架协议采购就是"两阶段采购"

为贯彻落实《深化政府采购制度改革方案》，财政部于2022年1月14日出台了《政府采购框架协议采购方式管理暂行办法》（以下简称110号令）。110号令秉承问题导向思维理念，借鉴国际上成熟的采购方式，较好地解决了多频次、小额度采购的问题。110号令不仅完善和丰富了我国政府采购管理制度，而且极大地方便了采购人。

（一）什么是框架协议采购方式

框架协议采购，是指集中采购机构或者主管预算单位对技术、服务等标准明确、统一，需要多次重复采购的货物和服务，通过公开征集程序，确定第一阶段入围供应商并订立框架协议，采购人或者服务对象按照框架协议约定规则，在入围供应商范围内确定第二阶段成交供应商并订立采购合同的采购方式。

框架协议采购包括封闭式框架协议采购和开放式框架协议采购。

封闭式框架协议采购是框架协议采购的主要形式。除法律、行政法规或者本办法另有规定外，框架协议采购应当采用封闭式框架协议采购。

（二）框架协议采购方式适用范围

110号令规定，符合下列情形之一的，可以采用框架协议采购方式采购：

（1）集中采购目录以内品目，以及与之配套的必要耗材、配件等，属于小额零星采购的。

（2）集中采购目录以外，采购限额标准以上，本部门、本系统行政管理所需的法律、评估、会计、审计等鉴证咨询服务，属于小额零星采购的。

（3）集中采购目录以外，采购限额标准以上，为本部门、本系统以外的服务对象提供服务的政府购买服务项目，需要确定2家以上供应商由服务对象自主选择的。

（4）国务院财政部门规定的其他情形。

前款所称采购限额标准以上，是指同一品目或者同一类别的货物、服务年度采购预算达到采购限额标准以上。

属于以上第一款第二项情形,主管预算单位能够归集需求形成单一项目进行采购,通过签订时间、地点、数量不确定的采购合同满足需求的,不得采用框架协议采购方式。

集中采购目录以内品目以及与之配套的必要耗材、配件等,采用框架协议采购的,由集中采购机构负责征集程序和订立框架协议。

集中采购目录以外品目采用框架协议采购的,由主管预算单位负责征集程序和订立框架协议。其他预算单位确有需要的,经其主管预算单位批准,可以采用框架协议采购方式采购。其他预算单位采用框架协议采购方式采购的,应当遵守《政府采购框架协议采购方式管理暂行办法》关于主管预算单位的规定。

主管预算单位可以委托采购代理机构代理框架协议采购,采购代理机构应当在委托的范围内依法开展采购活动。

(三)框架协议采购方式的程序

封闭式框架协议的公开征集程序,按照政府采购公开招标的规定执行,110号令另有规定的,从其规定。

第一步:确定采购需求

1. 确定采购需求

集中采购机构或者主管预算单位应当确定框架协议采购需求。框架协议采购需求在框架协议有效期内不得变动。

2. 需求调查

确定框架协议采购需求应当开展需求调查,听取采购人、供应商和专家等的意见。面向采购人和供应商开展需求调查时,应当选择具有代表性的调查对象,调查对象一般各不少于3个。

3. 需求内容要求

(1)满足采购人和服务对象实际需要,符合市场供应状况和市场公允标准，在确保功能、性能和必要采购要求的情况下促进竞争。

（2）符合预算标准、资产配置标准等有关规定，厉行节约，不得超标准采购。

（3）按照《政府采购品目分类目录》，将采购标的细化到底级品目，并细分不同等次、规格或者标准的采购需求，合理设置采购包。

（4）货物项目应当明确货物的技术和商务要求，包括功能、性能、材料、结构、外观、安全、包装、交货期限、交货的地域范围、售后服务等。

（5）服务项目应当明确服务内容、服务标准、技术保障、服务人员组成、服务交付或者实施的地域范围，以及所涉及的货物的质量标准、服务工作量的计量方式等。

第二步：发布征集公告

4. 发布公告

征集公告应当包括以下主要内容：

（1）征集人的名称、地址、联系人和联系方式。

（2）采购项目名称、编号、采购需求以及最高限制单价，适用框架协议的采购人或者服务对象范围，能预估采购数量的，还应当明确预估采购数量。

（3）供应商的资格条件。

（4）框架协议的期限。

（5）获取征集文件的时间、地点和方式。

（6）响应文件的提交方式、提交截止时间和地点，开启方式、时间和地点。

（7）公告期限。

（8）省级以上财政部门规定的其他事项。

5. 确定最高限制单价

在征集公告和征集文件中确定框架协议采购的最高限制单价。

征集文件中可以明确量价关系折扣，即达到一定采购数量，价格应当按照征集文件中明确的折扣降低。在开放式框架协议中，付费标准即为最高限制单价。

最高限制单价是供应商第一阶段响应报价的最高限价。入围供应商第一阶段响应报价（有量价关系折扣的，包括量价关系折扣，以下统称协议价格）是采购人或者服务对象确定第二阶段成交供应商的最高限价。

确定最高限制单价时，有政府定价的，执行政府定价；没有政府定价的，应当通过需求调查，并根据需求标准科学确定，属于《政府采购框架协议采购方式管理暂行办法》第十条第二款第一项规定情形的采购项目，需要订立开放式框架协议的，与供应商协商确定。

货物项目单价按照台（套）等计量单位确定，其中包含售后服务等相关服务费用。服务项目单价按照单位采购标的价格或者人工单价等确定。服务项目所涉及的货物的费用，能够折算入服务项目单价的应当折入，需要按实结算的应当明确结算规则。

第三步：编制征集文件

6. 征集人应当编制征集文件

征集人是指集中采购机构、主管预算单位及其委托的采购代理机构。

征集文件应当包括以下主要内容：

（1）参加征集活动的邀请。

（2）供应商应当提交的资格材料。

（3）资格审查方法和标准。

（4）采购需求以及最高限制单价。

（5）政府采购政策要求以及政策执行措施。

（6）框架协议的期限。

（7）报价要求。

（8）确定第一阶段入围供应商的评审方法、评审标准、确定入围供应商的淘汰率或者入围供应商数量上限和响应文件无效情形。

（9）响应文件的编制要求，提交方式、提交截止时间和地点，开启方式、时间和地点，以及响应文件有效期。

（10）拟签订的框架协议文本和采购合同文本。

（11）确定第二阶段成交供应商的方式。

（12）采购资金的支付方式、时间和条件。

（13）入围产品升级换代规则。

（14）用户反馈和评价机制。

（15）入围供应商的清退和补充规则。

（16）供应商信用信息查询渠道及截止时点、信用信息查询记录和证据留存的具体方式、信用信息的使用规则等。

（17）采购代理机构代理费用的收取标准和方式。

（18）省级以上财政部门规定的其他事项。

第四步：供应商响应

7. 供应商编制响应文件

供应商应当按照征集文件要求编制响应文件，对响应文件的真实性和合法性承担法律责任。

8. 响应文件要求

供应商响应的货物和服务的技术、商务等条件不得低于采购需求，货物原则上应当是市场上已有销售的规格型号，不得是专供政府采购的产品。对货物项目每个采购包只能用一个产品进行响应，征集文件有要求的，应当同时对产品的选配件、耗材进行报价。服务项目包含货物的，响应文件中应当列明货物清单及质量标准。

第五步：评审

9. 评审方法

确定第一阶段入围供应商的评审方法包括价格优先法和质量

优先法。

价格优先法是指对满足采购需求且响应报价不超过最高限制单价的货物、服务，按照响应报价从低到高排序，根据征集文件规定的淘汰率或者入围供应商数量上限，确定入围供应商的评审方法。

质量优先法是指对满足采购需求且响应报价不超过最高限制单价的货物、服务进行质量综合评分，按照质量评分从高到低排序，根据征集文件规定的淘汰率或者入围供应商数量上限，确定入围供应商的评审方法。货物项目质量因素包括采购标的的技术水平、产品配置、售后服务等，服务项目质量因素包括服务内容、服务水平、供应商的履约能力、服务经验等。质量因素中的可量化指标应当划分等次，作为评分项；质量因素中的其他指标可以作为实质性要求，不得作为评分项。

有政府定价、政府指导价的项目，以及对质量有特别要求的检测、实验等仪器设备，可以采用质量优先法，其他项目应当采用价格优先法。

对耗材使用量大的复印、打印、实验、医疗等仪器设备进行框架协议采购的，应当要求供应商同时对三年以上约定期限内的专用耗材进行报价。评审时应当考虑约定期限的专用耗材使用成本，修正仪器设备的响应报价或者质量评分。

征集人应当在征集文件、框架协议和采购合同中规定，入围供应商在约定期限内，应当以不高于其报价的价格向适用框架协议的采购人供应专用耗材。

10. 淘汰

确定第一阶段入围供应商时，提交响应文件和符合资格条件、实质性要求的供应商应当均不少于两家，淘汰比例一般不得低于20%，且至少淘汰一家供应商。

采用质量优先法的检测、实验等仪器设备采购，淘汰比例不得低于40%，且至少淘汰一家供应商。

11. 补充

除剩余入围供应商不足入围供应商总数70%且影响框架协议执行的情形外，框架协议有效期内，征集人不得补充征集供应商。

征集人补充征集供应商的，补充征集规则应当在框架协议中约定，补充征集的条件、程序、评审方法和淘汰比例应当与初次征集相同。补充征集应当遵守原框架协议的有效期。补充征集期间，原框架协议继续履行。

12. 开放式框架协议

订立开放式框架协议的，征集人应当发布征集公告，邀请供应商加入框架协议。征集公告应当包括以下主要内容：

（1）110号令第二十二条第一项至第四项和第二十三条第二项至第三项、第十三项至第十六项内容。

（2）订立开放式框架协议的邀请。

（3）供应商提交加入框架协议申请的方式、地点，以及对申请文件的要求。

（4）履行合同的地域范围、协议方的权利和义务、入围供应商的清退机制等框架协议内容。

（5）采购合同文本。

（6）付费标准、费用结算及支付方式。

（7）省级以上财政部门规定的其他事项。

征集公告发布后至框架协议期满前，供应商可以按照征集公告要求，随时提交加入框架协议的申请。征集人应当在收到供应商申请后七个工作日内完成审核，并将审核结果书面通知申请供应商。

征集人应当在审核通过后两个工作日内，发布入围结果公告，公告入围供应商名称、地址、联系方式及付费标准，并动态更新入围供应商信息。

征集人应当确保征集公告和入围结果公告在整个框架协议有效期内随时可供公众查阅。

征集人可以根据采购项目特点，在征集公告中申明是否与供应商另行签订书面框架协议。申明不再签订书面框架协议的，发布入围结果公告，视为签订框架协议。

第二阶段成交供应商由采购人或者服务对象从第一阶段入围供应商中直接选定。

供应商履行合同后，依据框架协议约定的凭单、订单以及结算方式，与采购人进行费用结算。

第六步：入围公示

13. 公告内容

入围结果公告应当包括以下主要内容：

（1）采购项目名称、编号。

（2）征集人的名称、地址、联系人和联系方式。

（3）入围供应商名称、地址及排序。

（4）最高入围价格或者最低入围分值。

（5）入围产品名称、规格型号或者主要服务内容及服务标准，入围单价。

（6）评审小组成员名单。

（7）采购代理服务收费标准及金额。

（8）公告期限。

（9）省级以上财政部门规定的其他事项。

14. 报备

集中采购机构或者主管预算单位应当在入围通知书发出之日起30日内和入围供应商签订框架协议，并在框架协议签订后七个工作日内，将框架协议副本报本级财政部门备案。

框架协议不得对征集文件确定的事项以及入围供应商的响应文件作实质性修改。

第七步：授予合同

15. 告知

征集人应当在框架协议签订后三个工作日内通过电子化采购系统将入围信息告知适用框架协议的所有采购人或者服务对象。

入围信息应当包括所有入围供应商的名称、地址、联系方式、入围产品信息和协议价格等内容。入围产品信息应当详细列明技术规格或者服务内容、服务标准等能反映产品质量特点的内容。

征集人应当确保征集文件和入围信息在整个框架协议有效期内随时可供公众查阅。

16. 确定

第二阶段的方式确定第二阶段成交供应商的方式包括直接选定、二次竞价和顺序轮候。

（1）直接选定方式是确定第二阶段成交供应商的主要方式。除征集人根据采购项目特点和提高绩效等要求，在征集文件中载明采用二次竞价或者顺序轮候方式外，确定第二阶段成交供应商应当由采购人或者服务对象依据入围产品价格、质量以及服务便利性、用户评价等因素，从第一阶段入围供应商中直接选定。

（2）二次竞价方式是指以框架协议约定的入围产品、采购合同文本等为依据，以协议价格为最高限价，采购人明确第二阶段竞价需求，从入围供应商中选择所有符合竞价需求的供应商参与二次竞价，确定报价最低的为成交供应商的方式。

进行二次竞价应当给予供应商必要的响应时间。

二次竞价一般适用于采用价格优先法的采购项目。

（3）顺序轮候方式是指根据征集文件中确定的轮候顺序规则，对所有入围供应商依次授予采购合同的方式。

每个入围供应商在一个顺序轮候期内，只有一次获得合同授予的机会。合同授予顺序确定后，应当书面告知所有入围供应商。除清退入围供应商和补充征集外，框架协议有效期内不得调整合同授予顺序。

顺序轮候一般适用于服务项目。

17. 协议内容

框架协议应当包括以下内容：

（1）集中采购机构或者主管预算单位以及入围供应商的名称、

地址和联系方式。

（2）采购项目名称、编号。

（3）采购需求以及最高限制单价。

（4）封闭式框架协议第一阶段的入围产品详细技术规格或者服务内容、服务标准，协议价格。

（5）入围产品升级换代规则。

（6）确定第二阶段成交供应商的方式。

（7）适用框架协议的采购人或者服务对象范围，以及履行合同的地域范围。

（8）资金支付方式、时间和条件。

（9）采购合同文本，包括根据需要约定适用的简式合同或者具有合同性质的凭单、订单。

（10）框架协议期限。

（11）入围供应商清退和补充规则。

（12）协议方的权利和义务。

（13）需要约定的其他事项。

集中采购机构或者主管预算单位应当根据工作需要和采购标的市场供应及价格变化情况，科学合理确定框架协议期限。货物项目框架协议有效期一般不超过 1 年，服务项目框架协议有效期一般不超过 2 年。

18. 单笔公告

以二次竞价或者顺序轮候方式确定成交供应商的，征集人应当在确定成交供应商后两个工作日内逐笔发布成交结果公告。

成交结果单笔公告可以在省级以上财政部门指定的媒体上发布，也可以在开展框架协议采购的电子化采购系统发布，发布成交结果公告的渠道应当在征集文件或者框架协议中告知供应商。单笔公告应当包括以下主要内容：

（1）采购人的名称、地址和联系方式。

（2）框架协议采购项目名称、编号。

（3）成交供应商名称、地址和成交金额。

（4）成交标的名称、规格型号或者主要服务内容及服务标准、数量、单价。

（5）公告期限。

19. 框架协议采购应当订立固定价格合同

根据实际采购数量和协议价格确定合同总价的，合同中应当列明实际采购数量或者计量方式，包括服务项目用于计算合同价的工日数、服务工作量等详细工作量清单。采购人应当要求供应商提供能证明其按照合同约定数量或者工作量清单履约的相关记录或者凭证，作为验收资料一并存档。

20. 特殊情况处理

采购人证明能够以更低价格向非入围供应商采购相同货物，且入围供应商不同意将价格降至非入围供应商以下的，可以将合同授予非入围供应商。

采购项目适用前款规定的，征集人应当在征集文件中载明并在框架协议中约定。

采购人将合同授予非入围供应商的，应当在确定成交供应商后一个工作日内，将成交结果抄送征集人，由征集人按照单笔公告要求发布成交结果公告。采购人应当将相关证明材料和采购合同一并存档备查。

（四）框架协议采购方式的亮点与瑕疵

1. 框架协议采购方式的亮点

110号令摒弃了固有思维，将解决问题作为突破口，既有借鉴又有创新，所以有许多亮点。

（1）探索了生命周期成本管理模式。110号令最大的亮点就是对政府采购生命周期成本管理模式进行了探索。110号令规定，在货物采购时，要求供应商对其耗材使用量大或选配件等专用耗材的3年期的使用费进行同时报价，有利于评审专家在评审过程中对其使用成本加以参考，第一次将政府采购生命周期成本理念引入采购活动中，对落实物有所值原则、解决采购项目采购费用低和使用成本高的问题有一定的促进作用。这种探索为今后政府采购全面推行生命周期成本概念和开展政府采购绩效管理打下基础。

（2）解决了法定委托问题。在以往的采购实践活动中，对于集中采购目录以内采购项目，即定点采购和协议采购的委托问题，一直没有统一的标准和做法。

其实，对于集中采购目录内的采购项目，法律已经规定了，必须委托给集中采购机构代理采购，不存在采购人委托不委托的问题，采购人不委托就是违法行为。但由于理解问题或没有明确规定，致使有些是由政府采购监管部门给集中采购机构下函；有些是政府采购监管部门指定或与采购人协商委托，如公务车辆的维修和保险的供应商（服务商），就有许多地方是由机关事务管理局委托；有些没有委托，直接由集中采购机构自己通过公开招标等方式确定供应商。至于合同的签订，也是五花八门，没有统一的合同当事人。

而110号令比较明确地解决了法定委托问题。规定"集中采购目录以内品目以及与之配套的必要耗材、配件等，采用框架协议采购的，由集中采购机构负责征集程序和订立框架协议"，也就是说，集中采购机构有义务、有责任将集中采购目录内的"技术、服务等标准明确、统一，需要多次重复采购的货物和服务"的采购项目，通过公开征集程序"打包"进行一次性的采购，并代表采购人与供应商签订框架协议。

（3）压实了各方责任。在框架协议采购活动中，110号令对实施框架协议采购的主体、客体以及相关参与人的职责规定得十分明确。集中采购机构和主管预算单位负责第一阶段的征集工作，并与入围供应商签订意向合同，同时负责框架协议采购信息的统计与公开等事项；采购人在第二阶段的具体采购活动中，负责在入围供应商选择成交供应商并与之签订具体采购合同；政府采购监管部门负责框架协议采购全过程的监管。

（4）完善了监管体系。长期以来，对于集中采购目录以内的多次重复采购的货物和服务，由于金额小、频次高、合计金额多，采用定点和协议采购，在实际操作中，定点和协议供应商的产生没有规范的模式，采购人没有认真地履行职责，没有要求供应商按响应承诺时的报价履约，而供应商也是想方设法地规避监管，造成定点和协议采购价格高、质量低，采购人不满意、社会反响强烈、监管部门难监管。而框架协议采购从责任主体、采购范围、采购形式、协议签订、采购实施、采购监管都进行了明确的规定和规范，从而弥补了采购方式的不足，解决了多频次采购问题，更有利于监管部门对采购活动全方位的监管。

（5）规范了供应商的竞争行为。过去，对于小额度、多频次的政府采购项目，供应商的竞争是十分激烈的。供应商为了拿到合同，可谓各显神通，用尽了手段，免不了有不规范的行为或做法。110号令出台后，将这种竞争"摆到了桌面上"，让供应商的竞争在公平、公正、规范的情形下进行，而且将采购过程和结果公开，让社会和供应商监督，从而规范了供应商的竞争行为，同时也减轻了供应商的负担。

（6）节省了采购成本。在110号令出台前，这些小额度的采购，都是由采购人自己采购的，花费了采购人大量的人力和时间。而110号令，一方面规定框架协议采购实行电子化采购；另一方面征集人为集中采购机构和主管预算单位，也就是第一阶段采购由集中采购机构和主管预算单位主持完成，避免了大量的重复采购，节省了采购成本。同时，在第一阶段采购中规定了最高限价单价，还在框架协议中也规定了最高限价单价或量价关系折扣。由于先有市场调查，又有最高限价单价或量价关系折扣，还有采购人第二阶段采购的三种选择，再加上采用网上采购，使采购人十分便利，节省了采购人的时间成本，也节省了采购资金。

（7）强调了政府采购项目绩效管理目标。110号令强调了政府采购要注重绩效管理，明确规定，要提高政府采购项目绩效，并把价格优先法作为框架协议采购方式的主要评审方法。充分落实了《深化政府采购制度改革方案》的意见，秉承了问题导向的理念，较好地坚持了物有所值原则，为深化政府采购制度改革指明了方向。

2. 框架协议采购方式存在的瑕疵

虽然从总体上看，110号令无论从指导思想，还是从设计理念上都有创新，但在细节上，还存在一些瑕疵。

（1）前后表述易产生歧义。110号令第六条规定，框架协议采购遵循竞争择优、讲求绩效的原则，应当有明确的采购标的和定价机制，不得采用供应商符合资格条件即入围的方法。但在开放式框架协议采购中，第四十条又规定，征集人应当在审核通过后两个工作日内，发布入围结果公告，公告入围供应商名称、地址、联系方式及付费标准，并动态更新入围供应商信息。这里强调"审核"，也就是说，没有"封闭式框架协议的公开征集程序，按照政府采购公开招标的规定执行"的规定，也没有"评审方法、评审标准"。所以，让人理解为，封闭式框架协议的产生，有评审，而开放式框架协议没有评审，只有"符合资格条件即入围"。所以，前后表述矛盾。

（2）增加了"审核"环节不妥。110号令第八条规定，集中采购机构采用框架协议采购的，应当拟定采购方案，报本级财政部门审核后实施。主管预算单位采用框架协议采购的，应当在采购活动开始前将采购方案报本级财政部门备案。"审核"是指审查核实；"备案"是指向主管机关报告事由存案以备查考。按笔者的理解，集中采购机构或主管预算单位在没有通过政府采购监管部门的审核之前或没有备案情形下，是不能进行框架协议采购的。

其实，这种"审核"具有审批的成分，它与简政放权精神是相违背的。同时，也有悖于政府采购监管部门不参与政府采购活动操作的制度设计初衷。既然是法定的采购委托，且又有部门规章规定进行框架协议采购是集中采购机构的职责,那么,作为监督管理部门没有必要去审核,较为恰当的是都改为事后报备制。

(3)在职责的划定上还可以更加合理。按照采购人负主体责任的原则,实行谁采购、谁负责。而110号令则没有注重这个问题,将本由采购人承担的职责,划定为集中采购机构或主管预算单位。如采购信息的公开与统计、采购档案的管理等,这应该是采购人的职责。

有些属于管理性质的职责,又划定给了集中采购机构。如"采购人将合同授予非入围供应商的,应当在确定成交供应商后1个工作日内,将成交结果抄送征集人,由征集人按照单笔公告要求发布成交结果公告。采购人应当将相关证明材料和采购合同一并存档备查"。

集中采购机构只是一个采购代理机构,在法律没有修订的情况下,无论集中采购机构属于哪个部门管理,它是事业法人,其代理性质没有变,没有管理职能。

(4)在界定上应该更加严谨和科学。对于什么是"框架协议采购"以及对封闭式、开放式的界定,笔者认为是欠妥的、不严谨的。所谓框架协议是一个基本的、大概的合同意向,是指合同双方当事人就合同标的达成一致并对主要内容予以确定而订立的合同。框架协议采购则是一种意向合同采购。而这种采购到底是一种采购方式,还是一种采购管理模式是值得商榷的。

而关于"框架协议采购"的界定,特别是第九条对"封闭式框架协议采购"的界定"是指符合本办法第三条规定情形,通过公开竞争订立框架协议后,除经过框架协议约定的补充征集程序外,不得增加协议供应商的框架协议采购",对于这种界定和解释,笔者不能赞同。难道解释"封闭式框架协议采购"时还要去先了解第三条规定的情形?

对于"框架协议采购"的界定,建议修改为:是指集中采购机构或者主管预算单位依据法定的委托,对集中采购目录以内或者采购限额标准以上的，技术、服务等标准明确、统一，需要多次重复采购的货物和服务，通过公开征集程序，确定一定数量的入围供应商并与之订立意向合同，采购人或者服务对象在需要时，按照意向合同约定的规则，在入围供应商中选定成交供应商并订立具体采购合同的采购方式。

此外，还有一些小细节存在问题，如"顺序轮候一般适用于服务项目"，在实际操作中，公务车辆维修和保险与加油、印刷、物业等是不适用顺序轮候的。如"采购合同授予"可改为"具体采购项目合同授予"。如"进行二次竞价应当给予供应商必要的响应时间"。作为一种管理办法，必须明确"响应时间"，难道还需要再出一个规定吗？应该是"应当给予入围供应商两个工作日的响应时间"。如第三十七条规定采购人将合同授予非入围供应商时"将成交结果抄送征集人"，而第五条规定"集中采购机构、主管预算单位及其委托的采购代理机构，本办法统称征集人"，按其理解是不是采购人委托采购代理机构搞征集，对于没有将合同授予入围供应商的，还要将结果报给采购代理机构？所以这种表述是不严谨的。

七、采购活动就是一个"考试过程"

政府采购操作虽然是一项十分复杂的采购活动，但如果掌握其规律，依法进行，就十分简单，整个采购活动好比是一个"考试过程"，采购人或采购代理机构就像是一个出"考卷"的人；供应商参与投标或响应就像考生，考试时就像做必答题一样；而评审专家就像老师改卷，给您打分；而监管部门则是盯着您，像监考老师，不允许所有参与者违规。

（一）采购代理机构类似出"考卷"的

在组织采购活动时，按照《政府采购法实施条例》《政府采购信息公告管理办法》《政府采购货物和服务招标投标管理办法》《政府采购非招标采购方式管理办法》的规定，必须按法规要求发布政府采购公告和发出采购要约文件。而采购公告和采购要约文件都有规范化的文体要求，所以说，采购代理机构在出"考卷"时，也就是做采购文件时，只是根据采购项目的不同，按照规范的文体格式，相当于在做"填空题"。

1. 政府采购公告

政府采购公告是指公开政府采购信息的文书。在政府采购活动中，经常使用的有招标公告（包括邀请招标资格预审公告、竞争性谈判公告、竞争性磋商公告、询价采购公告和单一来源公示）、中标或成交结果公告、变更或更正公告等。政府采购公告是对外发出、需要公众知晓的文体。因此，它必须规范、统一、易懂。采购代理机构在发布这些公告时，只需按规范的公告文体填写相关内容即可。

（1）公开招标公告文体范文。

（采购人全称＋采购项目名称）
公开招标采购（第 ___ 次）公告
（分采购包模式）

根据＿＿＿＿＿＿执行确认书，（采购代理机构）受（采购人名称）的委托，对（采购项目名称）项目进行公开招标采购。欢迎符合资格条件的供应商报名参与投标。

一、项目概况

（一）项目编号：＿＿＿＿＿＿。

（二）项目名称：＿＿＿＿＿＿。

（三）采购预算或最高限价：＿＿＿＿＿＿万元。

（四）项目内容及采购需求：

1. 详细技术规格、参数及要求见本项目采购文件＿＿＿＿内容。

2. 供应商参加投标的报价超过该采购预算金额或最高限价的，其该投标文件无效。

3. 供应商如需查询技术要求可直接到采购代理机构或采购人处查阅招标文件。

（五）分采购包项目概况：

1. 本次采购共分____个项目包，具体需求如下。详细技术规格、参数及要求见本项目采购文件第（　）章内容。

第1包：

（1）项目包名称：_____。

（2）采购预算或最高限价：_____。

（3）简要技术要求：_____。

（4）交货期/交付期/服务起始日：_____年___月___日。

（5）质保期：_____（天/月/年）。

（6）其他：_____。

第2包：

……

2. 供应商参加投标的报价超过该包采购预算金额或最高限价的，其该包投标无效。

3. 多包投标的相关规定：_____。

二、供应商资格要求

（一）供应商必须符合《政府采购法》第二十二条规定的条件；

（二）特定条件要求：

1. _____。

2. _____。

……

（三）各包特定资格或资质要求：

1. 第（　）包：_____。

2. 第（　）包：_____。

……

（四）如国家法律法规对市场准入有要求的还应符合相关规定。

以上资格要求和特定条件为本次项目投标供应商应具备的基本条件，参加投标的供应商必须满足资格要求中对应的所有条款，并按照相关规定递交资格证明文件。

（五）是否专门面向中小企业（是、否）。

三、招标文件的获取

（一）获取时间：＿＿＿＿年＿＿月＿＿日起至＿＿＿＿年＿＿月＿＿日（北京时间每天上午＿＿＿时～＿＿＿时、下午＿＿＿时～＿＿＿时，法定节假日除外）。

（二）获取地点：＿＿＿＿＿＿＿＿＿＿＿＿＿＿＿。

（三）获取要求：符合资格条件要求的供应商应当在获取时间内，携带资格证明材料获取招标文件。

1. 法定代表人自己获取的，凭法定代表人身份证明书及法定代表人身份证原件获取。

2. 法定代表人委托他人获取的，凭法定代表人授权书及受托人身份证原件获取。

3. 携带供应商资格条件所有原件（能在政府相关信息网站上查询到资料的可以不需原件）和加盖公章的复印件。

4. 供应商在报名时，通过"信用中国"网站（www.creditchina.gov.cn）、中国政府采购网（www.ccgp.gov.cn）等渠道查询其信用记录，对列入失信被执行人、重大税收违法案件当事人名单、政府采购严重违法失信行为记录名单的、供应商有其他不良行为记录的均将被拒绝报名，信用查询通过且报名审查合格的方可获取招标文件。

信用信息的截止时间为＿＿＿＿＿年＿＿月＿＿日。

5. 招标文件每套售价人民币＿＿＿＿元，售后不退。

6. 电子招标文件直接在＿＿＿＿＿＿＿下载。

四、投标文件送达地点及截止时间

（一）送达地点：＿＿＿＿＿＿＿＿＿＿＿＿＿＿＿＿＿＿。

（二）截止时间：____年__月__日__时__分（北京时间）。

（三）电子招标文件上传方式：_____。

五、开标地点及时间

（一）地点：_____。

（二）时间：____年___月___日___时___分（北京时间）。

届时敬请投标供应商的代表参与开标活动。

六、公告期限

本公告的公告期限为五个工作日（____年___月___日至_____年___月___日）。

七、联系事项

（一）采购人：

1. (采购人名称)。

2. 地址：_____。

3. 联系人：_____。

4. 电话：_____。

（二）政府采购代理机构：

1. (采购代理机构名称)。

2. 地址：_____。

3. 联系人：_____。

4. 电话：_____。

八、信息发布媒体

（一）(省级政府采购监管部门指定媒体)。

（二）(采购代理机构媒体或网站)。

九、质疑、投诉受理部门

（一）质疑受理部门：_____。

（二）投诉受理部门：_____。

(采购代理机构名称)

_____年___月___日

(2) 邀请招标资格预审公告文体范文。

（采购人全称+采购项目名称）
邀请招标资格预审公告

根据_____执行确认书和（　号政府采购方式变更批复函），（采购代理机构）受（采购人名称）的委托，对（采购项目名称）项目进行邀请招标采购。欢迎符合资格条件的潜在投标人报名参加资格预审。

一、项目概况
（一）项目编号：_____。
（二）项目名称：_____。
（三）采购预算或最高限价：_____万元。
（四）项目内容及采购需求：_____。

二、资格预审文件的获取
（一）获取时间：_____年___月___日起至_____年___月___日（北京时间每天上午____时~____时、下午____时~____时，法定节假日除外）。
（二）获取地点或下载地址：_____。
（三）获取要求：符合资格条件的供应商应当在获取时间内，携带资格证明材料获取资格预审文件。

1. 法定代表人自己获取的，凭法定代表人身份证明书及法定代表人身份证原件获取。

2. 法定代表人委托他人获取的，凭法定代表人授权书及受托人身份证原件获取。

3. 携带供应商资格条件所有原件（能在政府相关信息网站上查询到资料的可以不需原件）和加盖公章的复印件。

4. 供应商应通过"信用中国"网站（www.creditchina.gov.cn）、中国政府采购网（www.ccgp.gov.cn）等渠道查询其信用记录，对列入失信被执行人、重大税收违法案件当事人名单、政府采购严重违法失信行为记录名单的、供应商有其他不良行为记录的均将被拒绝参与资格预审,信用查询通过且报名审查合格的方可获取邀请招标资格预审文件。

信用信息的截止时间为_____年___月___日。

5.（其他报名相关资料和要求）。

……

三、资格预审的内容、标准和方法

（一）供应商资格条件：

1. 投标人必须符合《中华人民共和国政府采购法》第二十二条规定的条件；

2. 特定条件要求：

（1）_____。

（2）_____。

3. 如国家法律法规对市场准入有要求的还应符合相关规定。

……

（二）预审标准。

以上资格要求为本次项目投标供应商应具备的基本条件。参加资格预审的潜在供应商必须满足资格要求中的所有条款,并按照相关规定提交资格申请及证明材料。

（三）是否专门面向中小企业（是、否）。

（四）预审方法：

1. _____。

……

四、需提交的资格申请及证明材料

1. _____。

2. _____。

3. _____。

五、资格申请及证明材料的提交

（一）送达截止时间：___年__月__日__时__分（北京时间）。

（二）送达地点（或上传方式）：_____（详细地址）_____。

逾期送达或者未送达指定地点的资格申请及证明材料，采购代理机构不予受理。

六、资格审查时间：_____年___月___日

七、公告期限

本公告的公告期限为五个工作日（_____年___月___日至_____年___月___日）

八、联系事项

（一）采购人：

1. (采购人名称)。

2. 地址：_____。

3. 联系人：_____。

4. 电话：_____。

（二）政府采购代理机构：

1. (采购代理机构名称)。

2. 地址：_____。

3. 联系人：_____。

4. 电话：_____。

九、信息发布媒体

（一）(省级政府采购监管部门指定媒体)。

（二）(采购代理机构媒体或网站)。

十、质疑、投诉受理部门

（一）质疑受理部门：_____。

（二）投诉受理部门：_____。

(采购代理机构名称)

_____年___月___日

（3）竞争性谈判公告文体范文。

（采购人全称＋采购项目名称）
竞争性谈判采购（第＿＿次）公告

根据＿＿＿＿＿＿执行确认书，(采购代理机构)受(采购人名称)的委托，对(采购项目名称)项目进行竞争性谈判采购。欢迎符合资格条件的供应商报名参与谈判竞争。

一、项目概况

（一）项目编号：＿＿＿＿＿＿。

（二）项目名称：＿＿＿＿＿＿＿＿＿＿＿＿＿＿。

（三）采购预算或最高限价：＿＿＿＿＿＿＿＿＿万元。

（四）项目内容及采购需求：

1. 详细技术规格、参数及要求见本项目采购文件＿＿＿＿内容。

2. 供应商参加谈判的报价超过该采购预算金额的或最高限价的，其该响应文件无效。

3. 供应商如需查询技术要求可直接到采购代理机构或采购人处查阅谈判文件。

二、供应商资格要求

（一）供应商必须符合《政府采购法》第二十二条规定的条件。

（二）特定条件要求。

1. ＿＿＿＿＿＿＿＿＿＿＿＿＿＿＿＿＿＿＿＿＿＿＿。
2. ＿＿＿＿＿＿＿＿＿＿＿＿＿＿＿＿＿＿＿＿＿＿＿。

……

（三）如国家法律法规对市场准入有要求的还应符合相关规定。

以上资格要求和特定条件为本次项目供应商应具备的基本条件，参加谈判的供应商必须满足资格要求中的对应的所有条款，并按照相关规定递交资格证明文件。

（四）是否专门面向中小企业（是、否）。

三、谈判文件的获取

（一）获取时间：＿＿＿＿年＿＿月＿＿日起至＿＿＿＿年＿＿月＿＿日（北京时间每天上午＿＿＿时～＿＿＿时、下午＿＿＿时～＿＿＿时，法定节假日除外）。

（二）获取地点（或电子文件下载地址）：＿＿＿＿＿＿＿＿。

（三）获取要求：符合资格条件的供应商应当在获取时间内，携带资格证明材料获取谈判文件。

1. 法定代表人自己获取的，凭法定代表人身份证明书及法定代表人身份证原件获取。

2. 法定代表人委托他人获取的，凭法定代表人授权书及受托人身份证原件获取。

3. 携带供应商资格条件所有原件（能在政府相关信息网站上查询到资料的可以不需原件）和加盖公章的复印件。

4. 供应商在报名时，通过"信用中国"网站（www.creditchina.gov.cn）、中国政府采购网（www.ccgp.gov.cn）等渠道查询其信用记录，对列入失信被执行人、重大税收违法案件当事人名单、政府采购严重违法失信行为记录名单的、供应商有其他不良行为记录的均将被拒绝报名，信用查询通过且报名审查合格的方可获取谈判文件。

信用信息的截止时间为＿＿＿＿年＿＿月＿＿日。

5. 竞争性谈判文件每套售价人民币＿＿＿＿＿元，售后不退。

四、谈判响应文件送达地点及截止时间

（一）送达地点（或上传方式）：＿＿＿＿＿＿＿＿。

（二）截止时间：＿＿＿年＿＿月＿＿日＿＿时＿＿分（北京时间）。

五、谈判地点及时间

（一）地点：＿＿＿＿＿＿＿＿＿＿＿＿＿＿＿＿＿＿。

（二）时间：＿＿＿＿年＿＿月＿＿日＿＿时＿＿分（北京时间）。

届时敬请供应商的谈判代表参与谈判活动。

六、公告期限

本公告的公告期限为 3 个工作日（_____年___月___日至_____年___月___日）。

七、联系事项

（一）采购人：

1.（采购人名称）。

2. 地址：_____。

3. 联系人：_____。

4. 电话：_____。

（二）政府采购代理机构：

1.（采购代理机构名称）。

2. 地址：_____。

3. 联系人：_____。

4. 电话：_____。

八、信息发布媒体

（一）（省级政府采购监管部门指定媒体）。

（二）（采购代理机构媒体或网站）。

九、质疑、投诉受理部门

（一）质疑受理部门：_____。

（二）投诉受理部门：_____。

（采购代理机构名称）

_____年___月___日

（4）竞争性磋商公告文体范文。

（采购人名称+项目名称）
竞争性磋商采购（第___次）公告
（分采购包模式）

根据_____执行确认书，（采购代理机构）受（采购人名称）

的委托,对(采购项目名称)项目进行竞争性磋商采购。欢迎符合资格条件的供应商报名参与磋商竞争。

一、项目概况

(一)项目编号:_____。

(二)项目名称:_____。

(三)采购预算或最高限价:_____万元。

(四)项目内容及需求:

1. 详细技术规格、参数及要求见本项目采购文件____内容。

2. 供应商参加磋商的报价超过该采购预算金额的或最高限价的,其该响应文件无效。

3. 供应商如需查询技术要求可直接到代理公司或采购人处查阅磋商文件。

(五)分采购包项目概况:

1. 本次采购共分____个项目包,详细技术规格、参数及要求见本项目采购文件第( )章内容。

第1包:

(1)项目包名称:_____。

(2)采购预算或最高限价:_____。

(3)简要技术要求:_____。

(4)交货期/交付期/服务起始日:_____年___月___日。

(5)质保期:_____(天/月/年)。

(6)其他:_____。

第2包:

……

2. 多包响应的相关规定:_____。

二、供应商资格要求

(一)供应商必须符合《政府采购法》第二十二条规定的条件。

(二)特定条件要求:

1. _____。
2. _____。
……

（三）各包特定资格或资质要求：
1. 第（ ）包：_____
2. 第（ ）包：_____
……

（四）如国家法律法规对市场准入有要求的还应符合相关规定。

以上资格要求和特定条件为本次项目供应商应具备的基本条件，参加磋商的供应商必须满足资格要求中的对应的所有条款，并按照相关规定递交资格证明文件。

（五）是否专门面向中小企业（是、否）。

三、磋商文件的获取

（一）获取时间：_____年___月___日起至_____年___月___日（北京时间每天上午____时~____时、下午____时~____时，法定节假日除外）。

（二）获取地点（或下载地址）：_____。

（三）获取要求：符合资格的供应商应当在获取时间内，携带资格证明材料获取谈判文件。

1. 法定代表人自己获取的，凭法定代表人身份证明书及法定代表人身份证原件获取。

2. 法定代表人委托他人获取的，凭法定代表人授权书及受托人身份证原件获取。

3. 携带供应商资格条件所有原件（能在政府相关信息网站上查询到的资料可以不需原件）和加盖公章的复印件。

4. 供应商在报名时，通过"信用中国"网站（www.creditchina.gov.cn）、中国政府采购网（www.ccgp.gov.cn）等渠道查询其信用记录，对列入失信被执行人、重大税收违法案件当事人名单、政府采购严重违法失信行为记录名单的、供应商有其他不良行为记录的均将被拒绝报名,信用查询通过且报名审查合格的方可获取磋商文件。信用信息的截止时间为_____年___月___日。

5. 竞争性磋商文件每套售价人民币_____元,售后不退。

四、磋商响应文件送达地点及截止时间

(一)送达地点(或上传方式):_____。

(二)截止时间:____年___月___日___时___分(北京时间)。

五、磋商地点及时间

(一)地点:_____。

(二)时间:____年___月___日___时___分(北京时间)。

届时敬请供应商的谈判代表参与磋商活动。

六、公告期限

本公告的公告期限为3个工作日(_____年___月___日至_____年___月___日)。

七、联系事项

(一)采购人:

1. (采购人名称)。

2. 地址:_____。

3. 联系人:_____。

4. 电话:_____。

(二)政府采购代理机构:

1. (采购代理机构名称)。

2. 地址:_____。

3. 联系人:_____。

4. 电话:_____。

八、信息发布媒体

(一)(省级政府采购监管部门指定媒体)。

(二)(采购代理机构媒体或网站)。

九、质疑、投诉受理部门

（一）质疑受理部门：_____。

（二）投诉受理部门：_____。

（采购代理机构名称）

_____年___月___日

（5）单一来源采购公示文体范文。

（采购人全称＋采购项目名称）
单一来源采购论证公告

（采购人全称）拟对（采购项目名称）采用单一来源方式进行采购。经组织论证专家组论证，现将论证结果予以公告。

一、项目概况

（一）项目编号：_____。

（二）项目名称：_____。

（三）采购预算或最高限价：_____万元。

（四）项目内容及采购需求：_____。

二、拟成交供应商

（一）拟成交供应商全称：_____。

（二）地址：_____。

三、论证专家组成员名单：_____。

四、论证专家组意见：_____
_____。

五、公告期限

本公告的公告期限为五个工作日（_____年___月___日至_____年___月___日）。

其他相关人如有异议，请在公告之日起七个工作日内以书面形式向采购人或政府采购代理机构和政府采购监管部门提出。公告期内没有异议的，政府采购监管部门将批准其该项目采用单一来源方式采购。

六、联系事项

（一）采购人：

1. (采购人名称)。

2. 地址：_____。

3. 联系人：_____。

4. 电话：_____。

（二）政府采购代理机构：

1. (采购代理机构名称)。

2. 地址：_____。

3. 联系人：_____。

4. 电话：_____。

七、信息发布媒体

（一）(省级政府采购监管部门指定媒体)。

（二）(采购代理机构媒体或网站)。

八、政府采购监管部门

（一）采购人的政府采购监管部门：_____。

（二）采购人的监管部门：_____。

(采购代理机构名称)
____年__月__日

（6）中标/成交公告文体范文。

(采购人全称+采购项目名称)
(中标/成交)公告
(分采购包模式)

根据_____执行确认书和(号政府采购方式变更批复函)，

（采购代理机构）受（采购人名称）的委托，于＿＿＿年＿＿月＿＿日（第一次采购公告日期）至＿＿＿年＿＿月＿＿日（确定中标/成交日期），对（采购项目名称）项目进行（采购方式）采购。现就本次采购的（中标/成交）结果公告如下：

一、项目概况
（一）项目编号：＿＿＿＿＿＿＿。
（二）项目名称：＿＿＿＿＿＿＿。
（三）项目内容及需求：

本次采购共分＿＿＿个项目包。

1. 第1包：

（1）项目包名称：＿＿＿＿＿＿＿。
（2）数量：＿＿＿＿＿＿＿（数量单位）。
（3）采购预算：＿＿＿＿＿＿＿万元。
（4）交货期/交付期/服务起始日：＿＿＿年＿＿月＿＿日。
（5）其他。

2. 第2包：

……

二、评审信息
（一）评审时间：＿＿＿年＿＿月＿＿日。
（二）评审地点：＿＿＿＿＿＿＿。
（三）评审委员会名单：＿＿＿＿＿＿＿。

三、中标/成交结果信息
（一）第（　）包(中标/成交)。

1. （中标/成交）供应商名称：＿＿＿＿＿＿＿。
2. （中标/成交）供应商地址：＿＿＿＿＿＿＿。
3. （中标/成交）金额：＿＿＿＿＿＿＿万元。
4. 中标/成交货物品牌：＿＿＿＿＿＿＿。
5. 中标/成交货物产地：＿＿＿＿＿＿＿。

6. 中标/成交货物型号：_____。

7. 其他：_____。

（二）第（　）包中标/成交。

……

（三）由于以下原因第（　）包采购失败。

_____

各有关当事人对（中标/成交）结果有异议的，可以在中标公告发布之日起七个工作日内以书面形式向本项目采购人或采购代理机构提出质疑，逾期将不再受理。

四、联系方式

（一）采购人：

1.（采购人名称）。

2. 地址：_____。

3. 联系人：_____。

4. 电话：_____。

（二）政府采购代理机构：

1.（采购代理机构名称）。

2. 地址：_____。

3. 联系人：_____。

4. 电话：_____。

五、信息发布媒体

（一）（省级政府采购监管部门指定媒体）。

（二）（采购代理机构媒体或网站）。

六、质疑、投诉受理部门

（一）质疑受理部门：_____。

（二）投诉受理部门：_____。

<u>　　　（采购代理机构名称）</u>

_____年___月___日

(7) 废标公告文体范文。

（采购人全称＋采购项目名称）
（公开/邀请）招标废标公告

  根据_____执行确认书，（采购代理机构）受（采购人名称）的委托，于_____年___月___日（第一次采购公告日期）至_____年___月___日（确定废标日期），对（项目名称）进行了（公开/邀请）招标采购。由于以下原因，根据相关的法律法规，本次采购项目废标。本项目如再次启动采购程序，将在省级以上政府采购监管部门指定的媒体上发布信息，敬请关注。

一、项目概况

（一）项目编号：_____。

（二）项目名称：_____。

（三）项目内容及需求：_____。

二、废标原因

（一）_____。

（二）_____。

……

  各有关当事人对废标结果有异议的，可以在废标公告发布之日起七个工作日内以书面形式向本项目采购人或采购代理机构提出质疑，逾期将不再受理。

  在此谨对积极参与本项目采购活动的供应商表示衷心的感谢。

三、评审信息

（一）评审时间：_____年___月___日。

（二）评审地点：_____。

（三）评审委员会名单：_____。

四、联系方式

（一）采购人：

1. (采购人名称)。
2. 地址：_____。
3. 联系人：_____。
4. 电话：_____。
(二) 政府采购代理机构：
1. (采购代理机构名称)。
2. 地址：_____。
3. 联系人：_____。
4. 电话：_____。

五、信息发布媒体
(一) (省级政府采购监管部门指定媒体)。
(二) (采购代理机构媒体或网站)。

六、质疑、投诉受理部门
(一) 质疑受理部门：_____。
(二) 投诉受理部门：_____。

(采购代理机构名称)
____年__月__日

(8) 更正、变更公告文体范文。

关于(采购人全称+采购项目名称)
(采购方式)的更正公告

根据_____执行确认书和(____号政府采购方式变更批复函)，(采购代理机构)受(采购人名称)的委托，对(采购项目名称)项目进行(采购方式)采购。(采购代理机构)于_____年___月___日在(指定媒体)上发布了(采购项目名称)(项目编号：_____)(采购方式)的采购公告。因(原因)，现将原(采购公告/原采购文件)的部分内容作如下更正。

一、更正内容

（一）原（采购公告/原采购文件）中的第____章第____条第____款"_____"更正为：_____。

（二）原（采购公告/原采购文件）中的第____章第____条第____款"_____"更正为：_____。

……

其他内容不变。

二、联系方式

（一）采购人：

1. (采购人名称)。
2. 地址：_____。
3. 联系人：_____。
4. 电话：_____。

（二）政府采购代理机构：

1. (采购代理机构名称)。
2. 地址：_____。
3. 联系人：_____。
4. 电话：_____。

三、信息发布媒体

（一）(省级政府采购监管部门指定媒体)。

（二）(采购代理机构媒体或网站)。

四、质疑、投诉受理部门

（一）质疑受理部门：_____。

（二）投诉受理部门：_____。

(采购代理机构名称)

____年__月__日

关于（采购人全称＋采购项目名称）（采购方式）的变更公告

根据_____执行确认书和（　号政府采购方式变更批复函），（采购代理机构）受（采购人名称）的委托，对（采购项目名称）项目进行（采购方式）采购。（采购代理机构）于____年__月__日在（指定媒体）上发布了（采购项目名称）（项目编号：____）（采购方式）的采购公告。因_____（原因），现将原（采购公告/原采购文件）的部分事项作如下变更。

一、变更内容

（一）原（采购公告/原采购文件）中的第____章第____条第____款"_____"变更为：_____。

（二）原（采购公告/原采购文件）中的第____章第____条第____款"_____"变更为：_____。

……

其他内容不变。

二、联系方式

（一）采购人：

1. (采购人名称)。

2. 地址：_____。

3. 联系人：_____。

4. 电话：_____。

（二）政府采购代理机构：

1. (采购代理机构名称)。

2. 地址：_____。

3. 联系人：_____。

4. 电话：_____。

三、信息发布媒体

（一）(省级政府采购监管部门指定媒体)。

（二）(采购代理机构媒体或网站)。

四、质疑、投诉受理部门

（一）质疑受理部门：_____。

（二）投诉受理部门：_____。

（采购代理机构名称）

_____年___月___日

2. 采购文件

小概念的采购文件是指由采购人或采购代理机构向潜在供应商发出的采购要约文书，它包括公开招标文件、邀请招标文件、竞争性谈判文件、竞争性磋商文件和询价通知书等。

采购文件一般由商务部分、技术部分、价格部分和其他部分组成。

（1）公开招标/邀请招标文件。所谓招标文件，是指招标人向投标人提供的为进行投标工作而告知和要求性的书面文书。招标是一种预约采购，因此招标文件就是一种要约。招标文件就是要把采购的各种要求、全部的条件，以约定的形式确定。所以，招标文件的作用在于：阐明采购标的的性质，通报招标活动将依据的规则和程序，告知订立合同的条件。招标文件既是投标人编制投标文件的依据，也是采购人与中标供应商签订合同的基础和依据。采购人或采购代理机构应十分重视招标文件的编制工作，并本着公平、公正的原则，使招标文件严密、周到、细致、易解、规范。

招标文件是招标采购活动中比较重要的信息，招标文件编制的好坏，直接影响投标人编制投标文件，决定着招投标活动的成败和招标项目的实施。对于工程的招标投标，我国有关监管部门出台了专门规定,对其招标文件的内容、格式等都作出了明确、详细的规定。财政部也以87号令的形式,出台了《政府采购货物和服务的招标投标管理办法》,该办法对招标文件的主要内容也作了要求,主要包括:投标邀请;投标人须知(包括投标文件的密封、签署、盖章要求等);投标人应当提交的资格、资信证明文件;为落实政府采购政策,采购标的需满足的要求,以及投标人须提供的证明材料;投标文件编制要求、投标报价要求和投标保证金缴纳、退还方式以及不予退还投标保证金的情形;采购项目预算金额,设定最高限价的,还应当公开最高限价;采购项目的技术规格、数量、服务标准、验收等要求,包括附件、图纸等;拟签订的合同文本;货物、服务提供的时间、地点、方式;采购资金的支付方式、时间、条件;评标方法、评标标准和投标无效情形;投标有效期;投标截止时间、开标时间及地点;采购代理机构代理费用的收取标准和方式;投标人信用信息查询渠道及截止时间、信用信息查询记录和证据留存的具体方式、信用信息的使用规则等;省级以上财政部门规定的其他事项。

招标文件编制要详细、准确、简洁、统一。

详细。就是在编制招标文件做到百密不漏,该考虑的都要考虑进去,把采购人的想法、思想、理念都提出来,有一句话虽然不贴切,但可以一用,就是"不怕做不到,就怕想不到",特别是在采用两阶段招标时,需要投标人尽早参与设计,更应做到详细、翔实。

准确。就是招标文件的用词、用语一定要准确无误,表述清楚,一是一、二是二,不允许用大概、大约等无法确定的语句以及表达上含糊不清的语句,尽量少用或不用形容词,禁止使用有歧义的语言,防止投标人出现理解上的误差问题。

简洁。就是招标文件要以最简单的语言,把采购的目的、采购的要求、采购进度、采购的售后服务说清楚;要把多余的字、多余的句、多余的话删除;要防止重复,不要字句堆砌。

统一。一份招标文件要做到"五个统一",即格式统一、字体统一、语言统一、数字运用统一、技术要求使用标准统一。如用国家标准就全部用国家标准，用国际标准就统一全部用国际标准，不能一会是国家标准、一会又是国际标准。

招标文件文体范本和投标文件范本（货物类）如下所示。

招标文件文体范本（简版）

第一章　投标邀请

根据____（计划号）____政府采购预算执行计划，(采购代理机构) 受（采购人）的委托，对其____（采购项目名称）____所需(货物、服务) 进行公开招标采购，欢迎符合资格条件的供应商投标。

一、项目概况

（一）项目编号：_____。

（二）项目名称：_____。

（三）采购预算：_____万元；最高限价：____万元（如有）

（四）采购需求：

1. 采购数量：_____。

2. 简要规格描述或项目基本概况介绍：_____。

3. 采购项目需要落实的政府采购政策：_____。

二、供应商资格要求

（一）供应商必须符合《政府采购法》第二十二条规定的条件：

1. 具有独立承担民事责任的能力。

2. 具有良好的商业信誉和健全的财务会计制度。

3. 具有履行合同所必需的设备和专业技术能力。

4. 有依法缴纳税金和社会保障资金的良好记录。

5. 参加政府采购活动前三年内，在经营活动中没有重大违法记录。

6. 法律、行政法规规定的其他条件。

（二）供应商未被列入"信用中国"网站（www.creditchina.gov.cn）失信被执行人、重大税收违法案件当事人、政府采购严重违法失信行为记录名单和"中国政府采购"网站（www.ccgp.gov.cn）政府采购严重违法失信行为记录名单（查询结果截止日___年___月___日）。

（三）其他资格条件：_____。

（四）本项目（接受、不接受）联合体投标。

（五）是否专门面向中小企业（是、否）。

三、招标文件的获取

（一）获取时间：_____。

（二）获取地点：_____。

（三）获取方式（或下载地址）：_____。

（四）招标文件售价：_____。

四、投标文件送达地点及截止时间

（一）投标截止时间：_____。

（二）投标文件送达地点（或上传方式）：_____。

五、开标时间及地点

（一）开标时间：_____。

（二）开标地点：_____。

六、公告期限

本公告的公告期限为___年___月___日至___年___月___日共___个工作日。

七、联系事项

（一）采购人

1. 名　称：_____。

2. 地　址：_____。

3. 联系人：_____。

4. 电　话：_____。

（二）采购代理机构

1. 名　　称：_____。
2. 地　　址：_____。
3. 联 系 人：_____。
4. 电　　话：_____。

（采购代理机构名称）

_____年__月__日

第二章　供应商须知

一、总则

（一）项目概况。

1. 根据《中华人民共和国政府采购法》《中华人民共和国政府采购法实施条例》《政府采购货物和服务招标投标管理办法》（财政部令第87号）等有关法律法规和规章的规定，制定本招标文件。

2. 采购人：_____。
3. 采购代理机构：_____。
4. 监督管理部门：_____。

（二）资金来源和落实情况。

1. 资金来源：_____。
2. 资金落实情况：_____。

（三）交货期、质保期及付款方式。

1. 交货期：_____。
2. 质保期：_____。
3. 付款方式：_____。

（四）供应商资格要求。

1. 供应商应具备承担本招标项目资质条件、能力和信誉。

(1) 资质要求：_____。
(2) 其他要求：_____。

2. 接受联合体投标的，除应符合上述规定和要求外，还应遵守以下规定：

(1) 联合体各方应按招标文件提供的格式签订联合体协议书，明确联合体牵头人和各方权利义务。

(2) 由同一专业的单位组成的联合体，按照资质等级较低的单位确定资质等级。

(3) 联合体各方不得再以自己名义单独或参加其他联合体在本招标项目中投标。

(4) 联合体投标保证金可以由联合体中的一方或者共同提交，以一方名义提交投标保证金的，对联合体各方均具有约束力。

3. 供应商不得存在下列情形：

(1) _____。

……

（五）费用承担。

供应商应承担所有与准备和参加投标有关的费用。不论投标的结果如何，采购代理机构和采购人均无义务和责任承担这些费用。

（六）保密。

参与招标投标活动的各方应对招标文件和投标文件中的商业及技术等秘密保密，否则应承担相应的法律责任。

（七）语言文字。

招标投标文件使用的语言文字为中文。专用术语使用外文的，应附有中文注释。

（八）计量单位。

所有计量均采用中华人民共和国法定计量单位。

（九）踏勘现场。

1. 供应商须知前附表规定组织踏勘现场的，采购代理机构按供应商须知前附表规定的时间、地点组织供应商踏勘项目现场。

2. 供应商踏勘现场发生的费用自理。

3. 除采购人和采购代理机构的原因外，供应商自行负责在踏勘现场中所发生的人员伤亡和财产损失。

4. 采购人在踏勘现场中介绍的项目场地和相关的周边环境情况，供应商在编制投标文件时参考，采购人和采购代理机构不对供应商据此作出的判断和决策负责。

（十）投标预备会。

召开投标预备会的，采购代理机构按规定的时间和地点召开投标预备会，澄清供应商提出的问题。

（十一）中标后分包。

1. 采购人同意分包的，应当由分包人实施的非主体、非关键性工作，供应商应当按照第六章"投标文件格式"的规定提供分包人名称及其相应资料。

2. 供应商拟在中标后将中标项目的部分非主体、非关键性工作进行分包的，应符合规定的分包内容、分包金额和资质要求等限制性条件。

（十二）政府采购政策。

1. 除非另有特殊规定，本项目所采购的货物应当为中华人民共和国境内提供。

2. 依据财政部、工业和信息化部《政府采购促进中小企业发展暂行办法》（财库〔2011〕181号）、财政部、司法部《关于政府采购支持监狱企业发展有关问题的通知》（财库〔2014〕68号）、财政部、民政部、中国残疾人联合会《关于促进残疾人就业政府采购政策的通知》（财库〔2017〕141号）、《关于进一步加大政府采购支持中小企业力度的通知》（财库〔2022〕19号），本项目供应商如符合上述文件规定的，需提供《中小企业声明函》、监狱企业证明文件、《残疾人福利性单位声明函》，评审时将对产品的价格给予一定比例的扣除，用扣除后的价格参与评审。

3. 根据《国务院办公厅关于建立政府强制采购节能产品制度的通知》（国办发〔2007〕51号）规定，供应商所投产品如属于政府强制采购节能产品范围，则该产品必须在最新一期"节能产品政府采购清单"中，否则，评审时不给予价格扣除。供应商所投产品如属于政府优先采购节能产品范围，可按照有关规定对该项产品的价格给予一定比例的扣除，用扣除后的价格参与评审。

（1）"节能产品政府采购清单"以中华人民共和国财政部网站（http://www.mof.gov.cn）、中国政府采购网（http://www.ccgp.gov.cn）、国家发展改革委网站（http://hzs.ndrc.gov.cn）和中国质量认证中心网站（http://www.cqc.com.cn）公示为准。

（2）投标产品如属于政府优先采购节能产品范围的，须提供如下相关证明资料：

a. 投标产品所在当期节能清单页面截图（包含制造商、品牌、产品型号、节字标志认证证书号、认证证书有效截止日期）（复印件加盖供应商公章）；

b. 投标产品节能清单产品查询系统查询结果截图（http://www.ccgp.gov.cn/search/jnqdchaxun.htm）（复印件加盖供应商公章）；

c. 政府优先采购节能产品范围的投标产品的单独分项报价（格式详见本招标文件第六章）。

4. 根据财政部、国家环保总局《关于环境标志产品政府采购实施的意见》（财库〔2006〕90号）文件规定。为积极推进环境友好型社会建设，发挥政府采购的环境保护政策功能，应当优先采购环境标志产品政府采购清单（以下简称环保清单）中的产品，对符合该文件规定的供应商享受如下政府政策评审优惠：

（1）投标产品列入最新一期环保清单的，对该项产品的价格给予一定比例的扣除，用扣除后的价格参与评审。

（2）投标产品如属于政府优先采购环保产品范围的，须提供如下相关证明资料：

a. 投标产品所在当期环保清单页面截图（包含企业名称、品牌、产品名称型号规格、中国环境标志认证证书编、认证证书有效截止日期）（复印件加盖供应商公章）；

b. 投标产品环保清单查询系统查询结果截图（http://www.ccgp.gov.cn/search/hbqdchaxun.htm）（复印件加盖供应商公章）；

c. 投标产品属于环保清单内产品需单独分项报价（格式详见本招标文件第六章）。

5. 上述政府采购政策优惠须经评标委员会评审后执行，未提供单独分项报价或证明资料不全的不给予价格扣除。

二、招标文件

（一）招标文件的组成。

1. 本招标文件包括下列文件及根据本章第＿＿款、第＿＿款对招标文件所作的澄清、修改。

第一章　投标邀请
第二章　供应商须知
第三章　采购需求
第四章　资格审查
第五章　评标方法、步骤及标准
第六章　合同主要条款
第七章　投标文件格式

2. 供应商获取招标文件后,应仔细检查招标文件的所有内容,如发现缺页或附件不全,应在获得招标文件1日内向采购代理机构提出,以便补齐。否则,由此引起的损失由供应商自己承担。

3. 供应商或者其他利害关系人对招标文件有质疑的,应当在收到招标文件之日起七个工作日内以书面形式向采购人或采购代理机构提出质疑。采购人或采购代理机构应当在收到供应商的书面质疑后七个工作日内作出答复,并以书面形式通知质疑供应商和其他有关供应商,但答复的内容不得涉及商业秘密。本处所称"质疑"是指供应商或者其他利害关系人认为招标文件的内容违反法律、行政法规的强制性规定,违反公开、公平、公正和诚实信用原则,影响供应商投标而向采购代理机构提出的质疑。质疑与答复应采取书面形式。

4. 采购代理机构对质疑的答复构成对招标文件澄清或者修改的,采购代理机构应当按照第___款规定办理。

5. 供应商应认真审阅招标文件中所有的事项、格式、条款和要求等,若供应商的投标文件没有按招标文件要求提交全部资料,或投标文件没有对招标文件作出实质性响应,其风险由供应商自行承担。评标委员会将否决未对招标文件作出实质性响应的投标文件。

(二)招标文件的澄清或者修改。

1. 采购人或者采购代理机构可以对已发出的招标文件进行必要的澄清或者修改。

2. 招标文件的澄清或者修改以书面形式发给所有领取招标文件的供应商,但不包括问题的来源。澄清或者修改的内容可能影响投标文件编制的,采购人或者采购代理机构应当在投标截止时间至少15日前,以书面形式通知所有获取招标文件的潜在供应商;不足15日的,采购人或者采购代理机构应当顺延提交投标文件的截止时间。

3. 供应商在收到澄清或者修改通知后，应在供应商须知规定的时间内以书面形式通知采购代理机构，确认已收到该澄清或者修改通知。

4. 上述书面形式通知包括纸质的文件、信件，也包括电报、传真、电子数据交换和电子邮件等数据电文。

三、投标文件

（一）投标文件的组成。

1. 投标函及附件。

2. 报价文件。

3. 商务文件。

4. 技术文件。

（二）投标报价。

1. 供应商的投标报价应包含完成本项目的全部费用，包括但不限于货物的设计、制造、采购、运输、保险、装卸、仓储、保管、安装指导、检测、调试、验收、售后服务、利润和税金等费用。供应商对报价的准确性和完整性负责，任何漏报、错报等均是供应商的风险。

2. 本项目投标单价在合同执行过程中是固定不变的，供应商应充分考虑合同履行期间各类材料、配件和人工的市场风险和国家政策性调整风险系数，并计入投标报价。除合同约定的情况外，供应商不得以任何理由在合同执行期间要求予以价格调整。

3. 供应商应在报价表上注明拟提供货物的单价和总价。每种货物只允许有一个报价，以可调整的价格或可选择的价格提交的投标文件将不予接受。

4. 投标报价不得超过供应商须知前附表中规定的采购预算价格，否则评标委员会将否决其投标。

（三）投标有效期。

1. 投标有效期见供应商须知。

2. 在投标有效期内，供应商撤销或修改其投标文件的，应承担法律和招标文件规定的责任。

3. 需要延长投标有效期的，采购代理机构将以书面形式通知所有供应商延长投标有效期。供应商同意延长的，应相应延长其投标保证金的有效期，但不得要求或被允许修改或撤销其投标文件；供应商拒绝延长的，其投标失效，但供应商有权收回其投标保证金。

（四）投标保证金。

1. 供应商应在提交投标文件的同时，按供应商须知规定的金额、截止时间、形式、方式提交投标保证金。联合体投标的，联投标保证金可以由联合体中的一方或者共同提交，以一方名义提交投标保证金的，对联合体各方均具有约束力。投标保证金作为投标文件的一部分，其有效期与投标有效期一致。

2. 供应商未按前款要求提交投标保证金的，评标委员会将否决其投标。

3. 采购人或者采购代理机构应当自中标通知书发出之日起五个工作日内退还未中标供应商的投标保证金，自政府采购合同签订之日起五个工作日内退还中标供应商的投标保证金。

4. 投标保证金是供应商提交的投标责任担保。下列任何情况发生，投标保证金不予退还：

（1）供应商在规定的投标有效期内撤销或擅自修改投标文件的。

（2）中标后无正当理由不与采购人或者采购代理机构签订合同的。

（3）将中标项目转让给他人，或者在投标文件中未说明，且未经采购人同意，将中标项目分包给他人的。

（4）中标供应商在签订合同时向采购人提出附加条件，或者不按招标文件要求提交履约保证金的。

（5）中标供应商拒绝履行合同义务的。

（五）备选投标方案。

供应商可以按供应商须知规定递交备选投标方案。允许供应商递交备选投标方案的，只有中标供应商所递交的备选投标方案方可予以考虑。评标委员会认为中标供应商的备选投标方案优于其按照招标文件要求编制的投标方案的，采购人可以接受该备选投标方案。

（六）投标文件的编制。

1. 投标文件应按第五章"投标文件格式"进行编写，如有必要，可以增加附页，作为投标文件的组成部分。

2. 投标文件应当对招标文件的实质性内容作出响应。

3. 投标文件应用不褪色的材料书写或打印，并由供应商授权代表签字、盖单位章。供应商代表是法定代表人的，投标文件应附法定代表人身份证明；供应商代表是授权代理人的，投标文件应附法定代表人签署的授权委托书和授权代理人身份证明。投标文件应尽量避免涂改、行间插字或删除。如果出现上述情况，改动之处应加盖单位章或由供应商授权代表签字确认。

4. 投标文件份数见供应商须知。正本和副本的封面上应清楚地标记"正本"或"副本"的字样。当副本和正本不一致时，以正本为准。

5. 投标文件的正本与副本应分别装订成册，并编制目录，具体装订要求见供应商须知规定。

四、投标

（一）投标文件的密封和标记。

1. 供应商应将所有投标文件（包括纸质文件和电子文件）密封完好。

2. 封套上应写明的内容见供应商须知。

3. 为方便开标唱标，供应商应将开标一览表与投标保证金交纳凭证单独密封提交，并在密封袋上标明"开标一览表"字样。

（二）投标文件的递交。

1. 供应商应在供应商须知规定的投标截止时间前递交投标文件。

2. 供应商递交投标文件的地点见供应商须知。

3. 供应商所递交的投标文件不予退还。

4. 逾期送达指定地点的或者不按照本章第___项要求密封的投标文件，采购人和采购代理机构应当拒收。

5. 网上评审按采购人所在地政府采购监督管理部门指定的网上操作系统要求进行并上传投标文件。

（三）投标文件的修改与撤回。

1. 在投标截止时间前，供应商可以修改或撤回已递交的投标文件，但应以书面形式通知采购代理机构。

2. 供应商修改或撤回已递交投标文件的书面通知应按照本章第___项的要求签字、盖章。

3. 供应商撤回投标文件的，采购人或采购代理机构自收到供应商书面撤回通知之日起5日内退还已收取的投标保证金。

4. 修改的内容为投标文件的组成部分。修改的投标文件应按照本章第___条、第___条规定进行编制、密封、标记和递交，并标明"修改"字样。

五、开标

（一）开标时间和地点。

开标会按供应商须知规定的开标时间和地点准时举行，采购代理机构在此邀请所有供应商授权代表准时参加开标会。供应商授权代表如出席会议，应向采购代理机构提交供应商授权代表身份证明，出示本人身份证，以证明其出席。供应商授权代表如不出席会议，则视为对开标程序和内容无异议。

（二）开标程序。

按下列程序进行开标：

1. 宣布开标会纪律。
2. 介绍参加开标会的单位和人员。
3. 介绍本项目招标的主要过程。
4. 检验投标文件密封情况。
5. 启封投标文件、核验供应商授权代表身份。
6. 唱标。
7. 宣布评标安排及其他事项。
8. 开标会结束。

（三）开标异议。

供应商对开标程序和内容有异议的，供应商授权代表应当在开标现场提出，采购代理机构当场作出答复，并制作记录。

六、评标

（一）评标委员会。

1. 评标由采购人依法组建的评标委员会负责。评标委员会由采购人代表和有关技术、经济等方面的专家组成。评标委员会成员人数以及技术、经济等方面专家的确定方式见供应商须知。

2. 采购人不得以专家身份参与本项目的评标，采购代理机构工作人员不得参加本项目的评标。

3. 评标委员会成员有下列情形之一的，应当回避：

（1）参加采购活动前3年内与供应商存在劳动关系。

（2）参加采购活动前3年内担任供应商的董事、监事。

（3）参加采购活动前3年内是供应商的控股股东或者实际控制人。

（4）与供应商的法定代表人或者负责人有夫妻、直系血亲、三代以内旁系血亲或者近姻亲关系。

（5）与供应商有其他可能影响政府采购活动公平、公正进行的关系。

（二）评标原则。

评标活动遵循公平、公正、科学和择优的原则。

（三）评标。

1. 评标委员会按照第五章"评标方法、步骤及标准"规定的方法、评审因素、标准和程序对投标文件进行评审。"评标方法、步骤及标准"没有规定的方法、评审因素和标准，不作为评标依据。

2. 评标委员会按供应商须知规定的数量在评标报告中向采购人推荐中标候选人。

七、定标

（一）确定中标供应商。

采购人应当自收到评审报告之日起五个工作日内依法确定中标供应商。

（二）中标结果公告。

采购代理机构应当自中标供应商确定之日起两个工作日内，发出中标通知书，并在指定的媒体上公告中标结果，招标文件随中标结果同时公告，中标结果公告期限为一个工作日。

（三）中标通知。

1. 采购人和采购代理机构以书面形式向中标供应商发出中

标通知书,同时将招标结果通知未中标的供应商。

2. 中标结果公告发布后,中标供应商即可前往采购代理机构处领取中标通知书,并于30日内按照招标文件要求和投标文件承诺与采购人签订政府采购合同。

八、质疑和投诉

(一)质疑。

1. 供应商认为招标文件、招标过程和中标结果使自己的权益受到损害的,可以在知道或者应知其权益受到损害之日起七个工作日内,以书面形式向采购人或采购代理机构一次性提出针对同一程序环节的质疑。

2. 供应商提出质疑应当提交质疑函和必要的证明材料。质疑函应当包括下列内容:

(1) 供应商的姓名或者名称、地址、邮编、联系人及联系电话。

(2) 质疑项目的名称、编号。

(3) 具体、明确的质疑事项和与质疑事项相关的请求。

(4) 事实依据。

(5) 必要的法律依据。

(6) 提出质疑的日期。

供应商为自然人的,应当由本人签字;供应商为法人或者其他组织的,应当由法定代表人、主要负责人,或者其授权代表签字或者盖章,并加盖公章。

3. 质疑函不符合上述要求的,采购人或代理机构应书面告知具体事项,质疑人应当按要求进行修改或补充,并在质疑有效期限内提交。

(二)质疑回复。

1. 采购人或采购代理机构应当在收到供应商的书面质疑后七个工作日内作出答复,并以书面形式通知质疑供应商和其他有关供应商，但质疑答复的内容不得涉及商业秘密。

2. 质疑答复应当包括下列内容：

（1）质疑供应商的姓名或者名称。

（2）收到质疑函的日期、质疑项目名称及编号。

（3）质疑事项、质疑答复的具体内容、事实依据和法律依据。

（4）告知质疑供应商依法投诉的权利。

（5）质疑答复人名称。

（6）答复质疑的日期。

3. 采购人、采购代理机构认为供应商质疑不成立，或者成立但未对中标、成交结果构成影响的，继续开展采购活动；认为供应商质疑成立且影响或者可能影响中标、成交结果的，按照下列情况处理：

（1）对磋商文件提出的质疑，依法通过澄清或者修改可以继续开展采购活动的，澄清或者修改磋商文件后继续开展采购活动；否则应当修改磋商文件后重新开展采购活动。

（2）对采购过程、成交结果提出的质疑，合格供应商符合法定数量时，可以从合格的中标或者成交候选人中另行确定成交供应商的，应当依法另行确定成交供应商；否则应当重新开展采购活动。

4. 质疑答复导致成交结果改变的，采购人或者采购代理机构应当将有关情况书面报告本级财政部门。

（三）投诉。

1. 质疑供应商对采购人、采购代理机构的答复不满意或者采购人、采购代理机构未在规定的时间内作出答复的，可以在答复期满后五个工作日内向同级政府采购监督管理部门投诉。供应商投诉应当有明确的请求和必要的证明材料，且投诉的事项不得超出已质疑事项的范围（但基于质疑答复内容提出的投诉事项除外）。

2. 投诉人投诉时，应当提交投诉书和必要的证明材料，并按照被投诉采购人、采购代理机构和与投诉事项有关的供应商数量提供投诉书的副本。投诉书应当包括下列内容：

（1）投诉人和被投诉人的姓名或者名称、通信地址、邮编、联系人及联系电话。

（2）质疑和质疑答复情况说明及相关证明材料。

（3）具体、明确的投诉事项和与投诉事项相关的投诉请求。

（4）事实依据。

（5）法律依据。

（6）提起投诉的日期。

投诉人为自然人的，应当由本人签字；投诉人为法人或者其他组织的，应当由法定代表人、主要负责人，或者其授权代表签字或者盖章，并加盖公章。

3. 政府采购监督管理部门应当在收到投诉后三十个工作日内，对投诉事项作出处理决定，并以书面形式通知投诉人和与投诉事项有关的当事人。财政部门处理投诉事项，需要检验、检测、鉴定、专家评审以及需要投诉人补正材料的，所需时间不计算在投诉处理期限内。

九、合同授予

（一）履约担保。

1. 在签订合同前，中标供应商应按供应商须知规定的金额、担保形式和采购人认可的履约担保格式向采购人提交履约担保。

2. 中标供应商不能按本章第＿＿项要求提交履约担保的，视为放弃中标，其投标保证金不予退还，给采购人造成的损失超过投标保证金数额的，中标供应商还应当对超过部分予以赔偿。

（二）签订合同。

1. 采购人和中标供应商应当自中标通知书发出之日起30天

内，根据招标文件和中标供应商的投标文件订立书面合同。所签订的合同不得对招标文件和中标供应商投标文件作实质性修改。中标供应商无正当理由拒签合同的，采购人将取消其中标资格，其投标保证金不予退还；给采购人造成的损失超过投标保证金数额的，中标供应商还应当对超过部分予以赔偿。

2. 采购人和中标供应商不得向对方提出任何不合理的要求，作为签订合同的条件，双方不得私下订立背离合同实质性内容的协议。

3. 政府采购合同履行中，采购人需追加与合同标的相同的服务的，在不改变合同其他条款的前提下，可以与供应商协商签订补充合同，但所有补充合同的采购金额不得超过原合同采购金额的百分之十。

十、采购代理服务费

（一）收取方式和标准。

采购代理机构按供应商须知规定的方式和标准收取采购代理服务费。

（二）收取时间。

采购代理机构按供应商须知规定的时限收讫采购代理服务费。

十一、无效投标和废标

（一）无效投标。

投标文件属下列情况之一的，应当在资格性、符合性检查时按照无效投标处理：详见第五章"评标方法、步骤及标准"。

（二）废标。

出现下列情形之一的，应予废标：

1. 符合专业条件的供应商或者对招标文件作实质响应的供应商不足三家的。

2. 出现影响采购公正的违法、违规行为的。

3. 供应商的报价均超过了采购预算，采购人不能支付的。
4. 因重大变故，采购任务取消的。

十二、纪律和监督

（一）对采购人和采购代理机构的纪律要求。

1. 采购人和采购代理机构不得相互串通损害国家利益、社会公共利益和其他当事人的合法权益；不得以任何手段排斥其他供应商参与竞争。

2. 采购人和采购代理机构不得向供应商索要或者接受其给予的赠品、回扣或者与采购无关的其他商品、服务。

3. 采购人和采购代理机构工作人员不得接受供应商组织的宴请、旅游、娱乐，不得收受礼品、现金、有价证券等，不得向供应商报销应当由个人承担的费用。

4. 采购人可以根据采购项目的特殊要求，规定供应商的特定条件，但不得以不合理的条件对供应商实行差别待遇或者歧视待遇。

5. 采购人和采购代理机构不得向他人透露已获取招标文件的潜在供应商的名称、数量以及可能影响公平竞争的有关招标投标的其他情况。

6. 采购人和采购代理机构不得向评标委员会的评审专家作倾向性、误导性的解释或者说明。

7. 采购人或者采购代理机构不得通过对样品进行检测、对供应商进行考察等方式改变评审结果。

8. 在确定中标供应商前，采购人或者采购代理机构不得与供应商就投标价格、投标方案等实质性内容进行谈判。

9. 采购人和采购代理机构不得向中标供应商提出任何不合理的要求，作为签订合同的条件，不得与中标供应商私下订立背离合同实质性内容的协议。

（二）对供应商的纪律要求。

1. 供应商不得以向采购人、采购代理机构、评标委员会的组成人员行贿或者提供虚假材料以及采取其他不正当手段谋取中标。

2. 供应商之间不得相互串通投标报价，不得妨碍其他供应商的公平竞争，不得损害政府采购活动各当事人的合法权益。

3. 供应商不得非法干预、影响评标办法的确定，以及评标过程和结果。

（三）对评标委员会成员的纪律要求。

1. 评标委员会成员与供应商有利害关系的，必须回避。

2. 评标委员会成员应当遵守评审工作纪律，不得泄露评审文件、评审情况和评审中获悉的商业秘密。在评审过程中发现供应商有行贿、提供虚假材料或者串通等违法行为的，应当及时向财政部门报告。政府采购评审专家在评审过程中受到非法干预的，应当及时向财政、监察等部门举报。

3. 评标委员会成员应当按照客观、公正、审慎的原则，根据招标文件规定的评审程序、评审方法和评审标准进行独立评审。招标文件内容违反国家有关强制性规定的，评标委员会应当停止评审并向采购人或者采购代理机构说明情况。招标文件中没有规定的评标标准不得作为评审的依据。评标委员会成员应当在评审报告上签字，对自己的评审意见承担法律责任。对评审报告有异议的，应当在评审报告上签署不同意见，并说明理由，否则视为同意评审报告。

十三、需要补充的其他内容：

_____。

第三章　采购需求

采购需求包含但不限于以下内容：

一、采购项目的技术规格、数量、服务标准、验收等要求，包括附件、图纸等

二、货物、服务提供的时间、地点、方式

三、采购资金的支付方式、时间、条件

四、相关要求

采购需求应当完整、明确，包括以下内容：

（一）采购标的需实现的功能或者目标，以及为落实政府采购政策需满足的要求。

（二）采购标的需执行的国家相关标准、行业标准、地方标准或者其他标准、规范。

（三）采购标的需满足的质量、安全、技术规格、物理特性等要求。

（四）采购标的的数量、采购项目交付或者实施的时间和地点。

（五）采购标的需满足的服务标准、期限、效率等要求。

（六）采购标的的验收标准。

（七）采购标的的其他技术、服务等要求。

非单一产品采购项目，采购人应当根据采购项目技术构成、产品价格比重等合理确定核心产品，并在招标文件中载明。

（对于不允许偏离的实质性要求和条件，采购人或者采购代理机构应当在招标文件中规定，并以醒目的方式标明）

第四章　资格审查

根据《政府采购货物和服务招标投标管理办法》（财政部令第87号）相关规定，本项目开标结束后，由采购人或采购代理机构组建资格审查小组，对投标人的资格进行审查。

投标人应当提交的资格、资信证明文件如下：

序号	资格要求		投标人应当提交的资格、资信证明文件
1	"供应商资格要求"第(一)款的规定	具有独立承担民事责任的能力	营业执照或事业单位法人证书或个体工商户营业执照等证明文件
		具有良好的商业信誉和健全的财务会计制度	上一年度经审计的财务报告或基本开户银行出具的资信证明文件;专业担保机构对供应商进行资信审查后出具投标担保函的,可以不用提供经审计的财务报告和银行资信证明文件
		具有履行合同所必需的设备和专业技术能力	供应商履行合同所必需的设备和专业技术能力的证明材料
		有依法缴纳税金和社会保障资金的良好记录	供应商依法缴纳税收的证明材料:本项目公告发布时间前6个月内(至少提供1个月)缴纳增值税和企业所得税的凭据(完税证、缴款书、印花税票、银行代扣(代缴)转账凭证等均可); 供应商依法缴纳社会保障资金的证明材料:本项目公告发布时间前6个月内(至少提供1个月)缴纳社会保险的凭据(专用收据或社会保险缴纳清单); 供应商为其他组织或自然人的,也需要按此项规定提供缴纳税收的凭据和缴纳社会保险的凭据; 依法免税或不需要缴纳社会保障资金的供应商,应提供相应文件证明其依法免税或不需要缴纳社会保障资金
		参加政府采购活动前3年内,在经营活动中没有重大违法记录	参加政府采购活动前3年内在经营活动中没有重大违法记录的书面声明
		法律、行政法规规定的其他条件	具备法律、行政法规规定的其他条件的证明材料

续表

序号	资格要求		投标人应当提交的资格、资信证明文件
2	"供应商资格要求"第（二）款的规定	供应商未被列入"信用中国"网站（www.creditchina.gov.cn.）失信被执行人、重大税收违法案件当事人、政府采购严重违法失信行为记录名单和"中国政府采购"网站（www.ccgp.gov.cn.）政府采购严重违法失信行为记录名单（以投标截止当日查询结果为准）	由采购人或采购代理机构查询并打印存档（或供应商提供）
3	"供应商资格要求"第（三）款的规定	其他资格条件	投标人需提供对应的资格、资信证明文件
4	"供应商资格要求"第（四）款的规定	本项目□接受□不接受联合体投标	

备注：(1) 所有证书、证明文件包括按要求提供的官网截图必须是真实可查证的，须注明资料来源。资格证明文件应为原件的扫描件，投标文件中须编入清晰的扫描件或复印件。所有证明材料须清晰可辨认，如因证明材料模糊无法辨认、缺页、漏页导致无法进行评审认定的责任由供应商自负。如发现弄虚作假将按照有关规定严肃处理。证明材料仅限于投标供应商本身，参股或控股单位及独立法人子公司的材料不能作为证明材料，但投标供应商兼并的企业的材料可作为证明材料。(2) 对于投标文件中有任意一条不满足上表要求的将导致其投标无效，不进入下一项评审。提倡采用承诺制。

第五章 评标方法、步骤及标准

根据《中华人民共和国政府采购法》《中华人民共和国政府采购法实施条例》《政府采购货物和服务招标投标管理办法》（财政部令第87号）等有关法律法规和规章的规定，确定以下评标方法、步骤及标准。

一、评标方法

本次评标采用_____法（百分制），即_____。

二、评标步骤

评标委员会对投标文件的评审分为符合性检查、商务评议、技术评议和价格评议。

（一）符合性检查。

评标委员会依据招标文件的约定，从投标文件的有效性、完整性和对招标文件的响应程度进行审查，以确定是否对招标文件的实质性要求作出响应，具体评审因素详见《符合性检查表》。

（二）澄清有关问题。

评标委员会对投标文件中含义不明确、同类问题表述不一致或者有明显文字和计算错误的内容，以书面形式（应当由评标委员会专家签字）要求投标供应商作出必要的澄清、说明或者纠正。投标供应商的澄清、说明或者补正应当采用书面形式，由其授权的代表签字，并不得超出投标文件的范围或者改变投标文件的实质性内容。

评标委员会认为投标人的报价明显低于其他通过符合性审查投标人的报价，有可能影响产品质量或者不能诚信履约的，应当要求其在评标现场合理的时间内提供书面说明，必要时提交相关证明材料；投标人不能证明其报价合理性的，评标委员会应当将其作为无效投标处理。

（三）投标报价修正。

投标文件报价出现前后不一致的，除招标文件另有规定外，按照下列规定修正：

1. 投标文件中开标一览表（报价表）内容与投标文件中相应内容不一致的，以开标一览表（报价表）为准；

2. 大写金额和小写金额不一致的，以大写金额为准；

3. 单价金额小数点或者百分比有明显错位的，以开标一览表的总价为准，并修改单价；

4. 总价金额与按单价汇总金额不一致的，以单价金额计算结果为准。

同时出现两种以上不一致的，按照前款规定的顺序修正。修正后的报价经投标人确认后产生约束力，投标人不确认的，其投标无效。

（四）比较与评价。

评标委员会按招标文件中规定的评标方法和标准，对符合性检查合格的投标文件进行商务和技术评估，综合比较与评价。具体评审因素详见《评分标准》。

（五）推荐中标候选人名单。

评标委员会按评审后得分由高到低顺序排列。得分相同的，按投标报价由低到高顺序排列；得分且投标报价相同的，按技术指标优劣顺序排列。

提供相同品牌产品且通过资格审查、符合性审查的不同供应商参加同一合同项下投标的，按一家供应商计算，评审后得分最高的同品牌供应商获得中标人推荐资格；评审得分相同的，按投标报价由低到高顺序排列；得分且投标报价相同的，按技术指标优劣顺序排列。

非单一产品采购项目，采购人应当根据采购项目技术构成、产品价格比重等合理确定核心产品，并在招标文件中载明，具体详见第三章"采购需求"。多家供应商提供的核心产品品牌相同的，按前款规定处理。

（六）编写评标报告。

评标报告是评标委员会根据全体评标成员签字的原始评标

记录和评标结果编写的报告。

附表1：　　　　　　　符合性检查表

序号	审核内容	投标供应商名称
1	按照招标文件要求提交投标保证金	
2	按照招标文件规定要求签署、盖章	
3	按招标文件要求进行报价	
4	投标有效期满足招标文件规定	
5	投标文件中未附有采购人不能接受条件	
6	投标文件满足招标文件商务、技术等实质性要求	
7	供应商未出现招标文件中规定无效投标的其他条款	
8	供应商未有下列任一情形： （1）不同供应商的投标文件由同一单位或者个人编制 （2）不同供应商委托同一单位或者个人办理投标事宜 （3）不同供应商的投标文件载明的项目管理成员或者联系人员为同一人 （4）不同供应商的投标文件异常一致或者投标报价呈规律性差异 （5）不同供应商的投标文件相互混装 （6）不同供应商的投标保证金从同一单位或者个人的账户转出	
审核结论		

说明：（1）评标委员会分别对每一投标文件依据上表进行检查。
　　　（2）评标委员会决定投标的响应性只根据投标文件本身的真实无误的内容，而不依据外部的证据，但投标文件有不真实不正确的内容时除外。
　　　（3）满足要求的条款打"√"，否则为"×"。
　　　（4）对于投标文件中有任意一条不满足要求将导致其投标无效，不进入下一项评审。

附表2：评分标准（略）

第六章　合同主要条款

（略）

_____政府采购

投 标 文 件

(正本/副本)

项目编号：_____

投标包号：_____

项目名称：_____

投标内容：_____

供应商名称：_____

_____年___月___日

资格自查表

序号	资格要求	须提供的资料	对应页码
1	具有独立承担民事责任的能力	营业执照或事业单位法人证书或个体工商户营业执照等证明文件	
	具有良好的商业信誉和健全的财务会计制度	上一年度经审计的财务报告或基本开户银行出具的资信证明文件；专业担保机构对供应商进行资信审查后出具投标担保函的，可以不用提供经审计的财务报告和银行资信证明文件	
	具有履行合同所必需的设备和专业技术能力	供应商履行合同所必需的设备和专业技术能力的证明材料	
	有依法缴纳税金和社会保障资金的良好记录	供应商依法缴纳税收的证明材料：本项目公告发布时间前6个月内（至少提供1个月）缴纳增值税和企业所得税的凭据（完税证、缴款书、印花税票、银行代扣（代缴）转账凭证等均可）；供应商依法缴纳社会保障资金的证明材料：本项目公告发布时间前6个月内（至少提供1个月）缴纳社会保险的凭据（专用收据或社会保险缴纳清单）；供应商为其他组织或自然人的，也需要按此项规定提供缴纳税收的凭据和缴纳社会保险的凭据；依法免税或不需要缴纳社会保障资金的供应商，应提供相应文件证明其依法免税或不需要缴纳社会保障资金	
	参加政府采购活动前3年内，在经营活动中没有重大违法记录	参加政府采购活动前3年内在经营活动中没有重大违法记录的书面声明	
	法律、行政法规规定的其他条件	具备法律、行政法规规定的其他条件的证明材料	

续表

序号	资格要求	须提供的资料	对应页码
2	供应商未被列入"信用中国"网站（www.creditchina.gov.cn）失信被执行人、重大税收违法案件当事人、政府采购严重违法失信行为记录名单和"中国政府采购"网站（www.ccgp.gov.cn）政府采购严重违法失信行为记录名单（以投标截止当日查询结果为准）	由采购人或采购代理机构查询并打印存档	
3	其他资格条件	投标人需提供对应的资格、资信证明文件	
4	本项目□接受□不接受联合体投标		

符合性自查表

序号	审核内容	响应情况	对应页码
1	按照招标文件要求提交投标保证金		
2	按照招标文件规定要求签署、盖章		
3	按招标文件要求进行报价		
4	投标有效期满足招标文件规定		
5	投标文件中未附有采购人不能接受条件		
6	投标文件满足招标文件商务、技术等实质性要求		
7	供应商未出现招标文件中规定无效投标的其他条款		
8	供应商未有下列任一情形： （1）不同供应商的投标文件由同一单位或者个人编制 （2）不同供应商委托同一单位或者个人办理投标事宜 （3）不同供应商的投标文件载明的项目管理成员或者联系人员为同一人 （4）不同供应商的投标文件异常一致或者投标报价呈规律性差异 （5）不同供应商的投标文件相互混装 （6）不同供应商的投标保证金从同一单位或者个人的账户转出		

评标导航表

评审项目	项目	分值	评分标准	投标供应商响应	投标文件对应页码
报价部分					
商务部分					
技术部分					

备注：为方便评委评标，投标供应商可根据招标文件中载明的《评分标准》，将具体响应情况及投标文件中对应页码在上表中注明。

投标文件目录（略）

一、投标函及附件

（一）投标函

致：（采购人和采购代理机构）

根据贵方为(项目) 招标采购的投标邀请(项目编号)，签字代表(姓名、职务) 经正式授权并代表供应商（供应商名称、地址）提交下述文件正本一份及副本____份：

1. 投标函文件；
2. 报价文件；
3. 商务文件；
4. 技术文件；
5. 资格审查资料；
6. 按招标文件要求提供的其他有关文件；并附上投标保证金。

根据此函，签字代表宣布同意如下：

所附投标价格表中规定的应提交和交付的货物和服务的投标总价为人民币(用文字和数字表示的投标总价)。

供应商接受本招标文件合同书格式及合同条款，并将按招标文件的规定履行合同责任和义务。

供应商已详细审查全部招标文件，包括第(编号、补遗书)(如果有的话)。我们完全理解并同意放弃对这方面有不明及误解的权利。

本投标有效期为自开标之日起_____个日历天。

供应商同意供应商须知中第_____条关于没收投标保证金的规定。

供应商同意提供按照贵方可能要求的与其投标有关的一切数据或资料，完全理解贵方不一定接受最低价的投标或收到的任何投标。

本项目如由中标供应商支付采购代理服务费，我方同意按供应商须知中规定向采购代理机构支付采购代理服务费。

与本投标有关的一切正式往来函件、通信请发往：

地　址：_____　　传　　真：_____

电　话：_____　　电子函件：_____

供应商名称：_____　供应商授权代表____（姓名、职务）

公章：　　　　　　　　供应商授权代表签字：_____

　　　　　　　　　　　　　　　____年__月__日

（二）投标保证金

（采购代理机构）：

我方提供_____万元的投标保证金作为本项目的投标担保。现保证：我方在规定的投标有效期内撤销或修改投标文件的，或者在收到中标通知书后无正当理由拒签合同或拒交规定履约担保的，投标保证金不予退还。

投标保证金提交证明

投标供应商：_____（盖单位章）

法定代表人：_____（签名）

供应商授权代表：_____（签名）

　　　　　　　　　　　　　　_____年___月___日

（三）法定代表人身份证明

供应商名称：_____
单位性质：_____
地　　址：_____
成立时间：_____年___月___日
经营期限：_____
姓名：_____性别：_____年龄：_____职务：_____
系（供应商名称）的法定代表人。
特此证明。

　　供应商：_____（盖单位章）

　　　　　　　　　　　　　　_____年___月___日

附：法定代表人身份证复印件

（四）法定代表人授权书

本人（姓名）系（供应商名称）的法定代表人，现委托（姓名）为我方代理人。代理人根据授权，以我方名义签署、澄清、说明、补正、递交、撤回、修改（项目名称）投标文件、签订合同和处理有关事宜，其法律后果由我方承担。

委托期限：_____年___月___日至_____年___月___日

代理人无转委托权。

附：法定代表人身份证明

供应商：（盖单位章）

法定代表人：（签字）

身份证号码：_____

委托代理人：（签字）

身份证号码：_____

_____年___月___日

附：授权代表身份证复印件

（五）联合体协议书（如适用）

（所有成员单位名称）自愿组成（联合体名称）联合体，共同参加（项目名称）的投标并争取赢得本项目供货合同（以下简称合同）。现就联合体投标事宜订立如下协议。

1. （某成员单位名称）为（联合体名称）牵头人。

2. 在本项目投标阶段，联合体牵头人合法代表联合体各成员负责本项目投标文件编制活动，代表联合体提交和接收相关的资料、信息及指示，并处理与投标和中标有关的一切事务；联合体中标后，联合体牵头人负责合同订立和合同实施阶段的主办、组织和协调工作。

3. 联合体将严格按照招标文件的各项要求，递交投标文件，履行投标义务和中标后的合同，共同承担合同规定的一切义务和责任，联合体各成员单位按照内部职责的划分，承担各自所负的责任和风险，并向采购人承担连带责任。

4. 联合体各成员单位内部的职责分工如下：_____。按照本条上述分工，联合体成员单位各自所承担的合同工作量比例如下：_____。

5. 投标工作以及联合体在中标后工程或货物、服务实施过程中的有关费用按各自承担的工作量分摊。

6. 联合体中标后，本联合体协议是合同的附件，对联合体各成员单位有合同约束力。

7. 本协议书自签署之日起生效，联合体未中标或者中标时合同履行完毕后自动失效。

8. 本协议书一式____份，联合体成员和采购人各执一份。

备注：本协议书由委托代理人签字的，应附法定代表人签字的授权委托书。

牵头人名称：___（盖单位章）

法定代表人或其委托代理人：（签字）

成员一名称：___（盖单位章）

法定代表人或其委托代理人：（签字）

成员二名称：___（盖单位章）

法定代表人或其委托代理人：（签字）

……

_____年___月___日

二、报价文件

（一）开标一览表

项目名称：_____ 项目编号：_____ 货币单位：人民币

序号	投标报价（万元）	交货期	质保期	投标声明

注：为方便开标唱标，供应商应将"开标一览表"与投标保证金交纳凭证单独密封提交，并在密封袋上标明"开标一览表"字样。

供应商名称（盖章）：_____

供应商授权代表签字：_____

_____年___月___日

（二）投标分项报价表

项目名称：_____ 项目编号：_____ 货币单位：人民币

序号	设备名称	制造商名称	型号规格	数量	单价（万元）	总价（万元）	备注
	设备和标准附件						
	备品备件、专用工具						
	伴随服务						
	其他						
合计价							

注：(1) 按照本表填写的各项目的合计价填写到"开标一览表"中对应的栏目中。(2) 供应商必须按此表格式中的栏目内容对应填写，若需增加栏目内容，请在栏目"其他"中填写，并作详细说明。

供应商名称（盖章）：_____

供应商授权代表签字：_____

_____年___月___日

（三）报价说明（如果有）

三、商务文件

（一）供应商基本情况表

项目名称：_____ 项目编号：_____

供应商名称	
联系地址	
企业资质	
企业从业人员数量	
资产总额	截止上一年度资产总额：
营业收入	上一年度营业收入：
法定代表人	姓名：　　　　职务：　　　　职称：　　　　电话：
技术负责人	姓名：　　　　职务：　　　　职称：　　　　电话：
联系方式	联系人：　　　　　　　　　　电　话： 传　真：　　　　　　　　　　邮　箱：
基本账户	名　称：　　　　　　　　　　账　号：
企业关联情况	1. 与我公司单位负责人为同一人的其他单位名称： □无； □有。 2. 与我公司存在控股、管理关系的其他单位的名称： □无； □有。 备注： 1."单位负责人"是指单位法定代表人或者法律、行政法规规定代表单位行使职权的主要负责人。 2. 本条所规定的控股、管理关系仅限于直接控股、直接管理关系，不包括间接的控股或管理关系。

供应商名称（盖章）：_____

供应商授权代表签字：_____

_____年___月___日

（二）资格证明文件（复印件）

（供应商须提供的资格证明文件详见供应商须知）

（三）制造商出具的授权函（仅适用于进口产品）

致：(采购代理机构和采购人)：

　　我方(制造商名称)是按(国家名称)法律成立的一家制造商，主要营业地点设在(制造商地址)。兹授权按中国法律正式成立的，主要营业地点设在(供应商注册地址)的(供应商名称)作为我方(产品类别名称)的合法销售代理，参加贵方第(项目编号/包件号)项目的投标，并郑重承诺如下：

　　作为制造商，我方保证以投标合作者来约束自己，并对该投标共同和分别承担招标文件中所规定的义务。

　　1. 作为诚信的制造商，我方保证将以近期最优惠的中国境内交货价格直接向（供应商名称）提供合格的产品，不降低任何货物的配置水平，也不设置任何中间供货环节。如果我方违反本保证，贵方可要求中标供应商无条件用其他品牌的产品替代我方产品。

　　2. 鉴于本次项目的特性，我方认为本授权函是授权项下货物的供应渠道、产品质量、优惠条件和共同承担合同义务的保证。在此，我方保证按此文件格式的规定，向愿意选我方产品投标的任何供应商出具授权，并给予同等优惠条件。

　　3. 鉴于贵方考虑到本次项目采购的设备类别较多，不同供应商所选品牌会有一定差异，但各功能性分类产品采用同品牌同系列产品才能够具有较高的适配性，因此，贵方根据中标供应商所投产品的性价比情况，在签订合同时可能对各功能性分类产品进行部分品牌或规格的适配性调整，我方理解并将遵照上述决定，并且不就此调整提出任何异议。

4. 我方兹授予（供应商名称）全权办理和履行上述我方为完成上述各点所必需的事宜，具有替换或撤销的全权。兹确认（供应商名称）的授权代表依此合法地办理一切事宜。

5. 本项目定标后，请贵方及时通报我方中标货物情况，我方将积极配合中标供应商按期保质保量交付中标货物，并履行我方应承担的品质保证和技术支持等合同义务。

附件1：制造商的企业概况和制造经验

附件2：经制造商签字盖章确认的货物清单（包括产品名称、规格型号、数量、制造商对产品的质量保证内容及年限）

我方于____年___月___日签署本文件，（供应商名称）于____年___月___日接受此件，以此为证。

供应商名称：_____ 制造商名称：_____
公章：_____ 盖章：_____
签字人职务和部门：_____ 签字人职务和部门：_____
中国境内地址：_____ 中国境内地址：_____
电话/传真：_____ 电话/传真：_____
签字人姓名（签名）：_____ 签字人姓名（签名）：_____

（四）无重大违法记录书面声明函（投标供应商应根据本单位实际情况进行声明）

（采购人和采购代理机构）：

我方在此声明，我方在参加本次政府采购活动前三年内，在经营活动中没有以下重大违法记录：

1. 我方因违法经营被追究过刑事责任；
2. 我方因违法经营被责令停产停业、吊销许可证或者执照；
3. 我方因违法经营被处以较大数额罚款等行政处罚。

随本声明附上我方参加本次政府采购活动前3年内发生的诉讼及仲裁情况表以及相关的法律证明文件供贵方核验。我方保证上述信息的完整、客观、真实、准确,并愿意承担我方因提供虚假材料谋骗取中标、成交所引起的一切法律后果。

特此声明!

供应商名称(盖章):_____

供应商授权代表签字:_____

_____年___月___日

(五)中小企业声明函

本公司郑重声明,根据《政府采购促进中小企业发展暂行办法》(财库〔2011〕181号)的规定,本公司为<u>(请填写:中型、小型、微型)</u>企业。即本公司同时满足以下条件:

1. 根据《工业和信息化部、国家统计局、国家发展和改革委员会、财政部关于印发中小企业划型标准规定的通知》(工信部联企业〔2011〕300号)规定的划分标准,本公司为<u>(请填写:中型、小型、微型)</u>企业。

2. 本公司参加_____单位的_____项目采购活动提供本企业制造的货物,由本企业承担工程、提供服务,或者提供其他<u>(请填写:中型、小型、微型)</u>企业(制造商名称)/(产地)(填写此次投标所供主要货物制造商名称或价值最高的货物制造商名称及生产产地)制造的货物。本条所称货物不包括使用大型企业注册商标的货物。

本公司对上述声明的真实性负责。如有虚假,将依法承担相应责任。

附证明材料：投标供应商企业规模、年产值、员工数量及制造商企业规模、年产值、员工数量等数据资料（未提供证明材料或材料不全的不予折扣）。

备注：投标供应商非所投货物制造商的，还应当提供货物制造商中小企业声明函，否则在评审时不予考虑。

供应商名称（盖章）：_____

供应商授权代表签字：_____

_____年___月___日

（六）监狱企业证明文件（投标供应商如是监狱企业，提供相关证明文件）

供应商名称（盖章）：_____

供应商授权代表签字：_____

_____年___月___日

（七）残疾人福利性单位声明函

残疾人福利性单位声明函

本单位郑重声明，根据《财政部 民政部 中国残疾人联合会关于促进残疾人就业政府采购政策的通知》（财库〔2017〕141号）的规定，本单位为符合条件的残疾人福利性单位，且本单位参加

_____单位的_____项目采购活动提供本单位制造的货物（由本单位承担工程/提供服务），或者提供其他残疾人福利性单位制造的货物（不包括使用非残疾人福利性单位注册商标的货物）。

本单位对上述声明的真实性负责。如有虚假，将依法承担相应责任。

供应商名称（盖章）：_____

供应商授权代表签字：_____

_____年___月___日

备注：享受政府采购支持政策的残疾人福利性单位应当同时满足以下条件：

（1）安置的残疾人占本单位在职职工人数的比例不低于25%（含25%），并且安置的残疾人人数不少于10人（含10人）；

（2）依法与安置的每位残疾人签订了一年以上（含一年）的劳动合同或服务协议；

（3）为安置的每位残疾人按月足额缴纳了基本养老保险、基本医疗保险、失业保险、工伤保险和生育保险等社会保险费；

（4）通过银行等金融机构向安置的每位残疾人，按月支付了不低于单位所在区县适用的经省级人民政府批准的月最低工资标准的工资；

（5）提供本单位制造的货物、承担的工程或者服务（以下简称产品），或者提供其他残疾人福利性单位制造的货物（不包括使用非残疾人福利性单位注册商标的货物）。

前款所称残疾人是指法定劳动年龄内，持有《中华人民共和国残疾人证》或者《中华人民共和国残疾军人证（1至8级）》的自然人，包括具有劳动条件和劳动意愿的精神残疾人。

在职职工人数是指与残疾人福利性单位建立劳动关系并依法签订劳动合同或者服务协议的雇员人数。

（八）其他声明函

（九）业绩情况一览表

项目名称：_____ 项目编号：_____

序号	完成时间	项目名称	供货内容	合同总额	买方名称	联系人	联系电话
1							
2							
3							
4							
5							
6							
7							
8							
9							
…							

注：供应商须按上表提供业绩证明资料（合同）。

供应商名称（盖章）：_____

供应商授权代表签字：_____

_____年___月___日

(十) 信誉、财务状况证明文件

10-1 信誉证明文件

企业或产品获得的荣誉证书等。

10-2 财务状况

项目名称：_____ 项目编号：_____

财务状况	近三年的实际情况		
1 总资产			
2 总债务			
3 营业收入			
4 税前利润			
5 税后利润			

注：(1) 近年财务状况表指经过会计师事务所或者审计机构的审计的财务会计报表，以下各类报表中反映的财务状况数据应当一致，如果有不一致之处，以不利于供应商的数据为准。

(2) 须提供近三年度经审计的财务会计报表作为证明材料。

供应商名称（盖章）：_____

供应商授权代表签字：_____

_____年____月____日

（十一）商务偏离表

项目名称：_____ 项目编号：_____

序号	招标文件条款项	招标文件的商务条款	投标文件的商务条款	说明
	交货期			
	付款方式			
	质保期			
	售后服务			
	争议解决方式			
	……			

注：(1) 供应商应对商务基本要求，提出遵守声明。
（2）供应商须在本附件内，列出不能符合的有关段落，并举出原因，同时，供应商亦须提出解决偏离的详细方案。
（3）除本附件列出的偏差获得采购人许可外，在合同签订后，所有不符合招标要求的项目，供应商必须加以纠正。

供应商名称（盖章）：_____

供应商授权代表签字：_____

_____年___月___日

（十二）其他
1. 招标文件要求提供的资料和证明材料；
2. 供应商认为需要提供的其他商务资料和说明。

四、技术文件

（一）货物技术规格书

货物技术规格书至少包括：

1. 货物技术规格书应按招标文件第三章采购需求要求中的技术规格逐条响应，提供具体的货物性能参数，并进行详细说明，附上相关证明资料，如不能满足招标文件的技术规格需说明原因并提出解决偏离的详细方案。

2. 货物性能参数应有技术资料作为证明材料，包括但不限于国家权威检测机构出具的型式试验报告、制造商出具的技术说明书、使用说明书等。

3. 供应商认为需要提供的其他技术资料。

（二）技术规格偏离表

项目名称：_____ 项目编号：_____

序号	货物名称	招标文件条款项	招标规格	投标规格	响应/偏离	说明

遵守声明：_____

注：供应商应对照招标文件技术规格，逐条说明所提供的货物和服务已对招标文件的技术规格作出了实质性的响应，并申明与技术规格条文的偏差和例外。特别对有具体参数要求的指标，供应商必须提供所投设备的具体参数值。

供应商名称（盖章）：_____

供应商授权代表签字：_____

_____年____月____日

（三）产品检验报告（如需要）

（复印件）

供应商根据国家有关规定提供拟供货物必需的产品生产许可证书（如有）、产品检测合格报告（如有）、3C认证（如有）、注册证（如有）等。

供应商名称（盖章）：_____

供应商授权代表签字：_____

_____年____月____日

（四）节能环保产品清单及证明材料

项目名称：_____项目编号：_____

1. 节能产品。

序号	设备名称	制造商名称	品牌	型号	数量	单价（万元）	总价（万元）	在第___期《节能产品政府采购品目清单》第___页	属强制采购或优先采购
……									

2. 环保产品。

序号	设备名称	制造商名称	品牌	型号	数量	单价（万元）	总价（万元）	在第__期《环境标志产品政府采购品目清单》第__页
	……							

特别说明：供应商应将所投产品中属于节能、环保产品分别列入上表中，并按本招标文件第二章第____条提供相关证明文件，未填写本表或证明资料不全的不给予价格扣除。

供应商名称（盖章）：_____

供应商授权代表签字：_____

_____年___月___日

（五）供货计划

……

供应商应按照招标文件的要求，提供详细的供货计划，包括文字描述或图表显示。

供应商名称（盖章）：_____

供应商授权代表签字：_____

_____年___月___日

（六）调试验收方案

调试与验收方案至少包括：

1. 供应商应对合同执行过程中各个阶段的调试与验收提出详细建议，包括但不限于：调试、验收的项目、标准、方案、程序、要求和时间；

2. 方案中应注明需要采购人参加的项目、时间等。

供应商名称（盖章）：_____

供应商授权代表签字：_____

_____年___月___日

（七）售后服务方案

供应商应提供对所供货物的详细售后服务方案，包括提供各种技术配合、技术支持、技术培训、正常维护和应急措施等售后服务的详细内容及响应时间。

1. 供应商售后服务机构的设置。

说明售后服务机构的名称、性质、人员配置及数量、所从事的专业。

2. 备件供应。

供应商应明确说明备品备件的长期供应方式和条件的承诺。

3. 技术培训。

供应商应明确说明对买方人员的培训安排、培训目的、培训目标、培训计划。

4. 售后服务。

供应商应承诺投标设备的质量保证期、技术支持等，明确说明质保期内和质保期满后的正常维护及应急措施等售后服务措施。

供应商名称（盖章）：_____

供应商授权代表签字：_____

_____年___月___日

> （八）其他
> 1. 招标文件要求供应商须提交的其他技术资料；
> 2. 供应商认为需加以说明的其他内容。
>
> 供应商名称（盖章）：＿＿＿＿＿＿＿＿
> 供应商授权代表签字：＿＿＿＿＿＿＿＿
>
> ＿＿＿＿＿年＿＿月＿＿日

（2）竞争性谈判文件。政府采购竞争性谈判文件，是竞争性谈判中采购人提出的供采购人与供应商双方谈判使用的谈判要约。由于竞争性谈判属于非招标采购，对参与竞争谈判的供应商在采购公告的发布上法规没有强制要求。在一定程度上，谈判文件有三重功能，它既有招标公告的邀请功能，又有招标文件的告知功能，还有合约条款，有要约功能。

竞争性谈判文体范本如下所示。

> **竞争性谈判文件文体范本（简版）**
>
> **第一章　谈判邀请函**
>
> 根据＿＿＿＿＿＿执行确认书，(采购代理机构) 受 (采购人名称) 的委托，对 (采购项目名称) 项目进行竞争性谈判采购。欢迎符合资格条件的供应商参与谈判竞争。
> 一、项目概况
> （一）项目编号：＿＿＿＿＿＿。
> （二）项目名称：＿＿＿＿＿＿＿＿＿＿＿＿＿＿＿＿。
> （三）采购预算或最高限价：＿＿＿＿＿＿＿万元。
> （四）项目内容及采购需求：
> 1. 详细技术规格、参数及要求见本项目谈判文件＿＿＿内容。

2. 供应商参加谈判的报价超过该采购预算金额或最高限价的，其该响应文件无效。

二、供应商资格要求

（一）供应商必须符合《政府采购法》第二十二条规定的条件。

（二）特定条件要求：

1. _____。
2. _____。
……

（三）如国家法律法规对市场准入有要求的还应符合相关规定。

以上资格要求和特定条件为本次项目供应商应具备的基本条件，参加谈判的供应商必须满足资格要求中的对应的所有条款，并按照相关规定递交资格证明文件。

（四）是否专门面向中小企业(是，否)。

三、响应文件

（一）响应文件一式___份，正本壹份，副本__份并提供电子版响应文件（在 U 盘上注明响应供应商名称和采购项目名称）。

（二）响应文件的制作：供应商应认真阅读本谈判文件，按谈判文件的要求编制响应文件，对本谈判文件的商务要求和技术条款作出实质性响应和答复。

（三）响应文件的密封：响应文件必须密封，并须在密封件启封处加盖公章。

（四）响应文件的签署：响应文件须由参加谈判供应商的法定代表人或法定代表人的授权人在本谈判文件规定签名、盖章处逐一签名和加盖公章。否则，其响应文件无效。响应文件中如有修改处，也须有法定代表人或法定代表人的授权人的签名和盖章。

（五）谈判有效期。

本项目有效期____天（____年__月__日至__年__月__日）。

四、谈判响应文件送达地点及截止时间

（一）送达地点（或上传方式）：_____。

（二）截止时间：____年__月__日__时__分（北京时间）。

（三）_____。

五、谈判地点及时间

（一）地点：_____。

（二）时间：____年__月__日__时__分（北京时间）。届时敬请供应商的谈判代表参与谈判活动。

六、响应谈判保证金金额及银行账号

（一）响应谈判保证金金额为人民币：_____万元。

（二）户名：_____。

（三）开户行：_____。

（四）账号：_____。

保证金以支票、汇票、本票或者金融机构、担保机构的保函等形式供应商递交谈判响应文件时，必须出示响应谈判保证金凭证复印件或在响应文件中出现。

保证金递交截止时间：____年__月__日__时。

七、联系事项

（一）采购人。

1. (全称)_____。

2. 地址：_____。

3. 联系人：_____。

4. 联系电话：_____。

（二）采购代理机构。

1. (全称)_____。

2. 地址：_____。

3. 联系人：_____。

4. 联系电话：_____。

第二章 谈判须知

一、竞争性谈判文件的修改

（一）在谈判之前，采购人根据需要可对谈判文件进行补充和修改，补充和修改内容以书面形式通知所有参加谈判的供应商，作为谈判文件的组成部分。

（二）为使供应商有充分的时间对谈判文件的补充、修改部分进行准备，采购代理机构可以酌情推迟谈判时间。如推迟将按规定进行公告或书面通知。

（三）谈判费用：参加竞争性谈判的供应商自行承担响应文件的编制、递交、谈判等发生的一切费用。

二、响应文件的组成

（一）谈判响应书。

（二）报价一览表。

（三）分项报价表。

（四）法定代表人资格证明书。

（五）谈判响应保证金收据。

（六）法定代表人授权书（企业法定代表人直接参加谈判则无须授权书）。

（七）供应商资格证明材料（企业营业执照、机构代码证、税务登记证、资质证书、企业简介等）。

（八）采购项目配置清单。

（九）供货与安装（拆除）计划。

（十）响应文件中对谈判文件在技术和商务响应上的说明。

（十一）售后服务计划及技术保障措施。

（十二）按本须知的规定提交的或供应商认为应提交的其他资料。

三、响应文件的编制与递交

（一）响应文件的编制：

1. 供应商递交的响应文件应按照要求，递交一式＿＿份响应文件，其中正本壹份，副本___份，每份响应文件须清楚地标明"正本"或"副本"字样，并提供电子版文件。一旦正本和副本有差异，以正本为准。无论中标与否，所有的文件均不返回。响应文件不得行间插字、涂改和增删，如有修改错漏处，必须由法定代表人或其委托人签字和盖章。以电话、电报、传真形式递送响应文件的概不接收。正本中营业执照、资质证书等证件的复印件必须加盖单位公章。

2. 装订要求：响应文件须装订牢固，不得有活页。编制目录，并逐页标注连续页码。

（二）响应文件的递交：

1. 供应商应将响应文件正本和副本分别装订成册，装入包封内加以密封，并在封面上标明收件人："采购代理机构名称"。封口处加盖响应供应商的公章。响应文件按要求密封，因包装密封不好，导致提前开封的响应文件，将拒绝接收。

2. 供应商必须在谈判文件规定的截止时间前将响应文件递交到指定地点，截止时间后递交的响应文件，将拒绝接收。

3. 网上评审按采购人所在地政府采购监督管理部门指定的网上操作系统要求进行并上传响应文件。

（三）谈判响应报价：

1. 供应商应按谈判文件的要求与内容进行报价。谈判响应报价的单价与总价全部用人民币表示。

2. 供应商报价应为完成本次采购项目范围内全部费用，包括供货、安装、验收、劳务、税收等所有费用。

3. 供应商报价不得有漏项报价及少报数量等。如发现有以漏报、少报方式来骗取成交的，谈判小组按无效响应文件处理。

（四）保证金

1. 谈判响应保证金必须在规定截止时间前到账，未递交谈判响应保证金的其响应文件将不被接受。

2. 谈判响应保证金可采取下列任何一种形式：支票、汇票、本票或者金融机构、担保机构的保函等。

3. 未入选候选供应商的谈判响应保证金，将在成交通知书发出后五个工作日内无息退还。

4. 成交供应商的谈判响应保证金，在与采购人签订合同后五个工作日内无息退还。

5. 供应商发生下列情形之一的，谈判响应保证金将被没收。

（1）在谈判有效期内无故撤回其响应文件的。

（2）提供虚假资格证明文件的。

（3）成交供应商在规定的期限内未能根据约定或承诺签订合同的。

（五）属于下列情形之一的将作为没有实质性响应谈判文件处理：

1. 未按谈判文件的要求标志、密封的。

2. 供应商法定代表人或授权代表人未参加谈判的。

3. 未按规定递交响应谈判保证金的。

4. 无供应商公章和供应商的法定代表人的印章的（或其委托代理人的签字）。

5. 谈判文件标明的供应商在名称和法律地位上与通过资格审查时的不一致，且这种不一致明显不利于采购人或为谈判文件所不允许的。

6. 未按谈判文件规定的格式、要求填写，内容不全或字迹潦草、模糊，导致谈判小组辨认不清的。

7. 供应商在一份响应文件中对同一采购项目报有两个或多个报价（非采购人要求的），且未书面声明以哪个报价为准的。

8. 响应文件送达时间已超过规定的截止时间的。

9. 响应文件未实质性响应本谈判文件要求的。

（六）签订合同：

1. 成交供应商在收到《成交通知书》后，应在＿＿＿个工作日内按照指定的地点，派遣其授权在合同上签字的代表（该代表需有成交供应商正式授权证明）进行商务谈判，三十日内签订合同。

2. 谈判文件、成交供应商的响应文件及其有关的澄清文件等均为签订合同的依据。

3. 供应商成为成交供应商后,违反谈判文件约定或响应文件的承诺,或未经采购人允许超期不签订商务合同,或借故拖延商务谈判的,采购人或采购代理机构将有充分理由取消该中标决定,并没收其谈判响应保证金;将合同授予下一名成交候选供应商,或重新组织采购。供应商一旦中标,通过商务谈判签订合同后,不得私自转包或分包,否则视为违约并自动终止合同,在此情况下,采购人或采购代理机构可将合同授予下一名成交候选供应商,或重新组织采购活动。

4. 双方签订合同前,成交供应商缴纳履约保证金(合同总价的___%)后,合同生效。合同实施后,成交供应商缴纳的履约保证金自动转为质量保证金。

5. 付款方式:

(1) 设备安装调试完成并通过验收后___个工作日内,支付合同总价金额的100%。

(2) 验收合格____日后十五个工作日内,设备无重大事故,则退还质量保证金。

(七) 采购代理服务费:

本次采购代理服务费由成交供应商缴纳,根据有关规定本次采购活动的采购代理服务费:人民币_____元整(¥_____元)。

(八) 适用法律、行政法规:

本次谈判活动,均应执行《中华人民共和国政府采购法》及其法规。

第三章 采购项目内容及采购需求、技术参数

一、采购项目内容及采购需求、技术参数

(一) 采购项目内容简介:

1. _____。

2. _____。

……

（二）采购需求：
1. _____。
2. _____。
……

（三）技术参数：
1. _____。
2. _____。
……

（四）执行标准：
1. _____。
2. _____。
……

二、其他要求

（一）售后服务：
1. _____。
2. _____。
……

（二）安装/现场要求：
1. _____。
2. _____。
……

（三）其他说明：
1. _____。
2. _____。
……

第四章　谈判标准

一、谈判小组

谈判小组共___人，由采购代理机构依法组建，采购人代表

___人，专家___人。

二、评定原则

（一）竞争优先，择优选用，质优价廉，服务周到。

（二）公平、公正、科学、合理。

……

三、评定标准

（一）全部实质性响应谈判文件的各项要求，供应商信誉好，具备履约能力。

（二）谈判小组应当从质量和服务均能满足竞争性谈判文件实质性响应要求的供应商，按照最后报价由低到高的顺序提出成交候选人，并编写评审报告。

（三）采购人从谈判小组提出的成交候选人中根据符合采购需求、质量和服务且报价最低的原则确定成交供应商。

（四）已提交响应文件的供应商，在提交最后报价之前，可以根据谈判情况退出谈判。采购人、采购代理机构应当退还退出谈判的供应商的保证金。

……

第五章 谈判程序

一、谈判会议程序

（一）介绍参加竞争性谈判的到会人员。

（二）查验参加竞争性谈判的供应商委托书及身份证。

（三）由供应商代表查验参加竞争性谈判的供应商响应文件的密封性是否完好。

（四）参加竞争性谈判的供应商抽签谈判顺序。

（五）谈判（供应商介绍情况，评委提问，进行商务谈判）。

（六）供应商提供最终报价并签字确认。

（七）评委评审或合议。

二、谈判要求

（一）参加谈判的供应商须携带本人身份证、法定代表人的授权书原件（单独密封），方可参加正式谈判。

（二）采购代理机构将组织谈判小组与符合资格或资质要求的供应商逐一进行谈判。

（三）在谈判过程中，谈判小组所有成员集中与单一供应商分别进行谈判。在谈判中，谈判的任何一方不得透露与谈判有关的其他供应商的技术资料、价格和其他信息。谈判文件有实质性变动的，谈判小组应当以书面形式通知所有参加谈判的供应商。

（四）商务谈判结束后或达成共识或形成新的采购需求，要求供应商再进行报价。报价可进行____轮。

（五）整理谈判记录，形成谈判结论，由全体谈判小组成员签字确认。汇编成采购资料。

（六）在谈判结论的基础上，编写谈判报告。

三、谈判内容

（一）商务谈判：

1. 供应商介绍企业情况及类似业绩，介绍所提供产品的性能、特点等。

2. 介绍供货方案、计划。

3. 产品质量的承诺。

4. 交货或安装期的承诺。

（二）技术谈判：

1. 谈判小组可以根据谈判文件和谈判情况实质性变动采购需求中的技术、服务要求以及合同草案条款，但不得变动谈判文件中的其他内容。实质性变动的内容，须经采购人代表确认。对谈判文件作出的实质性变动是谈判文件的有效组成部分，谈判小组应当及时以书面形式同时通知所有参加谈判的供应商。供应商应当按照谈判文件的变动情况和谈判小组的要求重新提交响应文件,并由其法定代表人或授权代表签字或者加盖公章。由授权代表签字的,应当附法定代表人授权书。供应商为自然人的,应当由本人签字并附身份证明。

2. 谈判文件不能详细列明采购标的的技术、服务要求,需经谈判由供应商提供最终设计方案或解决方案的,谈判结束后,谈判小组应当按照少数服从多数的原则投票推荐3家以上供应商的设计方案或者解决方案,并要求其在规定时间内提交最后报价。

(三)价格竞争。

由谈判小组依情况决定可以进行____轮报价。

第六章 响应文件的格式

一、谈判响应书

谈判响应书

(采购代理机构):

根据已收到的____项目的谈判文件,在详细研究谈判文件后,本公司郑重承诺:

(一)根据采购代理机构项目编号_____的谈判文件,经研究后,本公司愿意以_____元人民币的报价总价并按谈判文件、合同条款的要求承接上述项目,并承担与项目相关的一切费用。

(二)本公司已详细审核全部谈判文件,包括其修改文件或经谈判达成的统一意见。

(三)一旦本公司成为成交供应商,将保证按照谈判文件、合同协议的要求进行(供货/施工/服务)并开始全方位管理。

(四)本公司愿在谈判文件约定的谈判有效期内严格遵守本谈判响应文件的各项承诺,在谈判有效期期满以前,本谈判响应文件始终对本公司具有约束力。

(五)随同本谈判响应文件本公司出具人民币____元的谈判

响应保证金，若本公司在谈判有效期内撤回谈判响应文件，或在接到成交通知书后，或未与采购人签订合同，或未按规定提交履约保证金，采购代理机构有权没收此谈判响应保证金，并另选成交供应商或重新组织采购活动。

地　　址：_____　传　　真：_____

电　　话：_____　电子函件：_____

供应商名称：_____

供应商法定代表人或其委托人签字：_____（公章）

_____年___月___日

二、谈判报价一览表

谈判报价一览表

采购项目名称：_____采购项目编号：_____报价币种为人民币

序号	货物名称	制造商生产地	规格型号	谈判报价	备注
1					
2					
3					
谈判总报价（大写）					

（总报价包括但不限于安装费、工资、税金、保险、____等费用。采购人不再支付总报价以外的其他费用。表格不够可以扩充）

谈判响应供应商法定代表人或其委托人签字：_____（公章）

_____年___月___日

注：此表单独密封后在封外注明"谈判报价一览表"，并注

明"只有在报价竞争时打开"字样,因不符合资格/资质要求退出谈判后请不要开启此谈判报价一览表。

谈判报价一览表(第___次谈判响应报价)

采购项目名称:_____ 采购项目编号:_____ 报价币种为人民币

序号	货物名称	制造商生产地	规格型号	谈判报价	备注
1					
2					
3					
谈判总报价(大写)					

(总报价包括但不限于安装费、工资、税金、保险、____等费用。采购人不再支付总报价以外的其他费用。表格不够可以扩充)

谈判响应供应商法定代表人或其委托人签字:_____

_____年__月__日

注:此表可先制好后,在多轮报价竞争时用(也可现场制作)。

三、供应商法定代表人资格证明书和法定代表人授权委托书

(一)法定代表人资格证明书复印件盖公章。

(二)授权委托书:

授权委托书

本授权委托书声明:我___(姓名)___系___(供应商名称)

____的法定代表人，现授权委托___（供应商名称）（被授权人的姓名、职务）为我的委托代理人，以本公司的名义参加（采购人名称）的（采购项目名称）的采购活动，授权委托人在评审（谈判、合同谈判）过程中所签署的一切文件和处理与之有关的一切事务，我均予以承认。

代理人无转委托权，特此委托。

谈判响应供应商名称：_____（盖章）

法定代表人：_____（盖章）

被授权委托人签字：_____性别_____年龄_____

身份证号码：_____ 职务：_____

授权委托日期：_____年____月____日至_____年____月____日

（注：须附法定代表人与被授权人身份证复印件正反两面）

四、谈判响应供应商资格证明材料

（一）企业简介（包括规模、能力、组织机构、人员结构等）。

（二）企业营业执照、资质证书及相关证明材料（复印件加盖公章）。

（三）供应商近两年类似业绩（____年___月___日至____年___月___日）。

（四）其他。

五、供货（安装/服务）计划

供货商应根据周期和进度要求提出详细供货计划，该计划包括但不限于：

（一）发货（安装/服务）计划。

（二）进度控制措施。

（三）其他。

谈判响应供应商法定代表人或其委托人签字：_____（公章）

_____年___月___日

六、售后服务计划及技术保障措施

（供应商应提供对所供货物的详细售后服务计划，包括提供各种技术配合、正常维护和应急措施等服务的详细内容及响应时间）

谈判响应供应商法定代表人或其委托人签字：_____（公章）

_____年___月___日

七、按本须知的规定提交的或供应商认为应提交其他的相关资料

（本文件应包括如下内容：1. 谈判文件要求供应商须提交的其他资料；2. 供应商认为需要加以说明的其他内容）

谈判响应供应商法定代表人或其委托人签字：_____（公章）

_____年___月___日

第七章　合同基本条款

（略）

（3）询价通知书。询价通知书的内容，依据邀请询价供应商的方式不同，其内容也不一样。《政府采购非招标采购方式管理办法》第十二条规定，有三种方式可以邀请：一是通过发布公告；二是从省级以上财政部门建立的供应商库中随机抽取；三是采购人和评审专家分别书面推荐的方式。

采取随机抽取的其《询价通知书》相对简单，因为入库的供应商基本是符合资格条件的。采取发布公告方式或推荐方式邀请询价供应商的，其《询价通知书》内容相对较多。

询价采购通知书文体范本

第一章　询价通知函

（采购代理机构）受（采购人）的委托，对其（采购项目名称）进行询价采购。通知你参与询价采购。

一、项目编号：＿＿＿＿＿＿＿＿＿＿

二、项目名称：＿＿＿＿＿＿＿＿＿＿

三、项目预算：＿＿＿＿＿＿＿＿＿＿

四、领取询价文件的时间、地点、方式

（一）询价文件领取时间：＿＿＿年＿＿月＿＿日至＿＿＿年＿＿月＿＿日（北京时间），每日上午9:00—12:00，下午14:00—17:00（法定节假日除外）。

（二）领取询价文件地点：＿＿＿＿＿＿＿＿（或下载地址：＿＿＿＿＿＿＿＿＿＿）。

（三）领取询价文件方式：现场报名领取。

（四）领取询价文件者，须携带：

1. 营业执照副本。
2. 税务登记证副本。
3. 组织机构代码证副本。
4. 法定代表人授权委托书。
5. 法定代表人身份证复印件。

法定代表人的授权委托人的身份证（原件及复印件）。

6. 相关资质证明。

以上证件均须提供原件审查并提交一套加盖公章的复印件参加资格审查，资格审查合格后方可购买询价文件。

五、报价截止时间及地点

（一）报价文件（报价书）递交截止时间：_____年___月___日___时整。

（二）评审报价文件时间：_____年___月___日____时整。

（三）投标保证金：供应商应于_____年___月___日____时之前递交金额为人民币_____的投标保证金。以电汇、转账、银行支票等方式应以投标保证金已到采购代理机构账户为准，并且请供应商出示电汇、转账、银行支票等凭证原件及复印件到采购代理机构开具投标保证金收据。

（四）投标保证金交纳账户：

1. 户　　名：_____。
2. 开户行：_____。
3. 账　　号：_____。

（五）递交报价文件地点（或上传方式）：_____。

（六）采购代理机构：

1. 名　　称：_____。
2. 详细地址：_____。
3. 联系人：_____。
4. 联系电话：_____。

第二章　供应商须知

一、供应商资质及资格要求

供应商须符合《中华人民共和国政府采购法》第二十二条的要求，且：

（一）_____。

（二）_____。

（三）是否专门面向中小企业(是、否)。

二、询价通知书

（一）在开标之前，采购人根据需要可对询价文件进行补充或修改，补充或修改内容以书面形式通知所有参加报价的供应商，作为询价文件的组成部分。

（二）为使供应商有充分时间对询价文件的补充、修改部分进行研究，采购代理机构可以酌情推迟开标时间。

（三）供应商应承担其编制报价文件与递交报价文件所涉及的一切费用，不管成交结果如何，采购人对上述费用不负任何责任。

三、报价文件

（一）供应商应认真阅读、充分理解本询价文件的全部内容，按询价文件的要求提供报价文件，并保证所提供资料的真实性。如果报价文件不能响应询价文件的要求将被作为投标无效；如果对询价文件有疑问需要澄清，应于收到询价文件后2日内以书面形式向采购人提出，采购人将以书面形式答复供应商。

（二）报价文件的组成包括文件及所有补充的内容。供应商在招标截止时间前可以修改和撤回投标，修改后的内容作为报价文件的组成部分，对供应商起同等约束作用。

（三）供应商应按照询价通知书要求，提供有关资格证明文件以及供应商认为需要提供的其他证明文件。

（四）报价：

1. 报价货币：以人民币报价。

2. 产品报价表：指无偿送到指定的地点含税价。

（1）供应商根据采购人的要求内容和数量，先报单件价格，再报全套合计单价，以每套合计总价为报价。

（2）报价表：应与其他报价文件分开，单独密封后与其他材料一同装入封袋中。

报价文件一式叁份，正本壹份，副本贰份。正副本均为打印件并经授权代表签署，若正副本内容不一致，以正本为准。一套标书总计分为三个部分，包括价格标、商务标和技术标。全套报价文件应无涂改和行间插字，如因采购人或采购代理机构修改询价文件造成的涂（删）改或者是供应商必须修改错误，应在涂（删）改处加盖单位公章。

（五）供应商所提供的文件和资料，一律使用中文简体字；所涉及的度量单位除特别指明外，一律使用法定计量单位。

（六）供应商应对递交的报价文件所发生的一切费用负责，不管采购结果如何，采购人或采购代理机构对上述费用不负任何责任。若因侵权引发的法律纠纷及费用与采购人或采购代理机构无关。

（七）供应商对有标的只能报一个不变的折扣价，采购人或采购代理机构不接受任何选择价或非人民币方式的报价。

四、对报价文件所包含文件内容的要求

（一）供应商基本情况介绍及资格证明材料（加盖公章）。

（二）说明供应商采用的有关产品标准及规范。若违反标准及规范造成产品不能被采购人接受的损失由供应商自行负责。

（三）产品质量保证及优惠措施，最快供货时间，售后服务承诺等：

1. _____。
2. _____。
……

（四）采购人要求提供的其他资料。

五、其他

（一）最终送货时间及地点：_____。
（二）付款方式：_____。
……

六、成交原则

（一）询价小组根据符合采购需求、质量和服务相等且报价最低的原则确定成交供应商。

（二）采购人根据询价小组推荐的供应商排序，依法依序确定成交供应商。

七、投标保证金

未按规定提交保证金的报价，将被视为无效报价。有以下情况之一的，投标保证金将被没收：

1. 供应商在投标截止日期后撤回其报价的。
2. 没有按规定期限与采购人签订合同的。

未成交的供应商的投标保证金，将在成交通知书发出五个工作日内，原额退还供应商；成交的供应商的投标保证金，将在合同签订后五个工作日内，原额退还供应商。

八、采购代理服务费

成交供应商应在知晓其成交结果后三日内向采购代理机构支付采购代理服务费人民币_____元，否则视为放弃中标资格。

九、成交通知

询价结束后，采购代理机构将向成交供应商发出《成交通知书》，并通知所有未成交供应商；成交供应商收到《成交通知书》后，按《成交通知书》中规定的时间与采购人签订合同。

第三章 采购项目需求及其他要求

一、项目概况

（一）项目名称：_____。
（二）项目编号：_____。
（三）送货时间要求：_____。
（四）付款方式：_____。

二、采购项目需求

序号	名称	数量	单价（元）	质量要求
	总价合计			

三、主要技术参数

（一）_____。

（二）_____。

……

第四章 合同

（一）供应商一次报出不得更改的价格是唯一决定因素。

（二）合同价格以询价结果为准，属允许范围内的价格调整及优惠服务条件，由双方依法按规定在合同协议条款中具体明确。

（三）供应商接到《成交通知书》后，即与采购人签订具体合同。

……

第五章 报价文件基本格式

一、**封面及目录**

封面上应注明项目编号、项目名称、采购人及供应商名称等，应有文件目录。

二、**报价文件的打印**

报价文件应认真填写和打印，报价文件一律采用 A4 规格纸张打印、装订。报价文件副本可以是正本的复印件，其正、副本都应装订成册（并在封面上正确标明"正本""副本"字样）。报价文件应提供叁份，其中正本壹份，副本贰份。

三、**报价函**

致：_____：

根据采购代理机构为（项目名称）项目询价采购货物及服务的询价邀请（项目编号），签字代表（全名、职务）经正式授权并代表供应商（供应商名称、地址）提交下述文件正本壹份和副本贰份，并按询价文件的要求，提交投标保证金，金额为_____（人民币）元。本项目报价总价：_____（人民币）元。

据此函，签字代表宣布声明如下：

（一）供应商决定参加询价编号为_____号的报价。

（二）全部报价。

（三）本报价有效期为自开标日起六十日，如成交，有效期将延至合同终止日为止。

（四）供应商已详细研究了询价文件的所有内容（包括修改文件）和所有已提供的参考资料，完全明白，供应商放弃在此方面提出含糊意见或误解的一切权利。

（五）供应商明白并愿意在规定的评审时间和日期之后，报价有效期之内撤回报价，则投标保证金将被采购代理机构没收。

（六）供应商同意按照采购代理机构提出的要求而提供与报价有关的任何数据或信息。

（七）供应商如果成交，将保证履行询价文件（包括《询价通知书》修改文件）中的全部责任和义务，按质、按量、按期完成《询价通知书》及《合同书》中的全部任务。

（八）与本询价有关的一切正式往来通信请按下列方式联系：

1. 地址：_____。
2. 邮编：_____。
3. 电话：_____。
4. 传真：_____。

供应商法定代表人或法定代表人的授权人代表姓名、职务：_____供应商名称　（公章）：_____

供应商法定代表人或法定代表人的授权人代表签字：_____

_____年___日___日

四、法定代表人授权书

本人(姓名)系(供应商名称)的法定代表人,现委托(姓名)为我方代理人。代理人根据授权,以我方名义签署、澄清、说明、补正、递交、撤回、修改(项目名称)投标文件、签订合同和处理有关事宜,其法律后果由我方承担。

委托期限:_____年___月___日至_____年___月___日代理人无转委托权。

附:法定代表人身份证明

供应商:(盖单位章)
法定代表人:(签字)
身份证号码:_____
委托代理人:(签字)
身份证号码:_____

_____年___月___日

附:授权代表身份证复印件

五、质量承诺书及售后

供应商按照《询价通知书》的要求，提出详尽的服务质量保证计划和措施（自定）。

六、资格证明文件

（一）公司简介。

（二）工商营业执照（复印件）。

（三）税务登记证书（复印件）。

（四）组织机构代码证（复印件）。

（五）法定代表人授权书。

（六）供应商认为其他需要提供的文件。

（二）投标就是"做必答题"

您参与政府采购活动，是一种被动的行为，一般是采购人有什么需求或要求，您就按需求或要求去响应，所以多数情况下，采购文件就是一份要求供应商填写的必答题，每一项都必须按要求"回答"，否则为非实质性响应。只有当采购人采购需求不明确的采购项目时，您才可做选择题。

按《政府采购货物和服务招标投标管理办法》的要求，招标文件的基本内容包括十六项，但可归纳为五个部分：投标邀请及须知、商务及资格要求、采购需求、合同文本和投标报价。竞争性谈判、竞争性磋商相对于招标采购而言，其采购文件大同小异，只是询价通知书相对简明。

1. 招标采购方式的响应

采购人采用招标采购方式采购，其对采购对象的需求的描述一定是十分清晰、明确的。您参与招标方式采购时，只需按招标文件的要求，一项一项地准备资料，做好每一道必答题。

（1）如何解读投标邀请及须知。投标邀请一般是对采购项目的基本情况进行介绍，即采购人、采购项目名称、采购项目预算、采购代理机构、采购项目的负责人及联系方式等，希望符合资格（资质）条件的潜在供应商参与投标。

您应认真解读投标邀请及须知，对采购项目进行充分的了解，分析自己的优劣，决策是否参与采购项目的投标。

特别应该注意的是，切不可突破或超过采购项目预算或最高限价。

（2）如何理解商务及资格（资质）要求。《政府采购法》第二十二条对参与政府采购活动的供应商规定了基本的资格条件，同时还规定，采购人可以根据采购项目的特殊要求，规定供应商的特定条件。也就是说，采购人可以对参与政府采购供应商依法提出基本资格条件和特殊的资质要求。因此，您如何理解采购人提出的资格条件和资质要求呢？

一方面，您要对采购项目的采购需求十分熟悉和了解，看采购人提出的这些资格条件和资质要求是不是完成该采购项目的必备条件，防止采购人以不合理的条件对供应商实行差别待遇或者歧视待遇，您可以通过质疑手段维护自己的权益。另一方面，您可以针对采购人提出的资格条件和资质要求，认真梳理，看自己的资格条件和资质要求够不够要求，如果不够，看采购人是否对联合体投标有何要求，如果采购人没有明确提出拒绝联合体投标，您还可以找有采购人要求的资格和资质的供应商与您组成联合体，共同投标。

对于采购人提出的要求，您提供的商务资料只可多不可少，更不可"以假充真"。您可以把能反映您实力、荣誉、信誉等商务资料都附上。

（3）如何读懂采购需求。采购项目的采购需求是最关键的采购信息，俗话说："没有金刚钻就别揽瓷器活。"您只有先读懂了采购需求，才对照您自己是否有这个金刚钻，决定是否揽这个"瓷器活"。

因此，您要读懂采购需求，针对采购提出的要求，您的解决方案是什么，具体措施是什么，如何满足采购人的特殊需求，包括技术方案、人员配备、工作流程（工期）、采购人配合要求、售后或后期服务措施等。

对于采购需求中不允许偏离的实质性要求和条件，您必须全部满足，其投标时具体指标只能超过或等于采购人提出的标准，否则属于没有实质性响应招标文件。

（4）如何应对合同要求。采购人的合同要求是为了保证采购项目顺利实施的基本措施。合同中除了约定双方的权利与义务外，更重要的是采购人把采购项目实施要求、资金支付、纠纷解决等内容都纳入其中，如果采购人没有明显地违反《民法典》规定的条款，您都得被动地接受，否则，其他供应商可能开出了更加优惠的条件。

（5）如何报价。在招标采购中，无论是综合评分法，还是最低评标价法，招标文件都要将评标标准公布，因此，报价有一定的技巧，既要能保证中标，又要有较高的利润。

综合评分法在满足或全部响应招标文件要求下，价格不是决定因素；而最低评标价法在满足或全部响应招标文件要求情形下，价格起决定因素。对于综合评分法，您可以对照评标标准进行自我打分，看自己在哪个方面占优势，分别打多少分，如果在商务、技术和售后服务上都能打较高分，那么，您在价格上可以略报高点，反之则低报。对于最低评标价法，您必须熟悉市场行情，测算出您的利润点在哪，再综合分析您这次投标参与的市场定位，是想占领或挤进市场，还是扩大市场，您的产品是处在生命周期的哪一发展阶段，是开发期（a）、增长期（b）、成熟期（c），还是衰退期（d），不同的阶段，其报价将不一样。

2. 竞争性谈判采购方式的响应

对于竞争性谈判采购方式的响应，重在看其采购标的的需求表述明确、清晰没有。按照政府采购法规所规定的竞争性谈判采购方式的适用条件的四种情形，可以决定您响应的策略。

（1）因"招标后没有供应商投标或者没有合格标的，或者重新招标未能成立的"采用竞争性谈判方式采购的。该种情形又可分为三种情况：一是没有供应商投标；二是没有合格的标的；三是重新招标未能成立。这样的采购项目一般是超过了招标采购限额标准的采购标的，也就是说属于"大项目"。对于这种"大项目"，采购一再失败，说明符合资格或资质条件的供应商较少或标的不明确。您就应认真地对待，要与采购人反复沟通，将您的意志转化为采购人的需求，然后，在谈判过程中占得先机和主动。

（2）因"技术复杂或者性质特殊，不能确定详细规格或者具体要求的"采用竞争性谈判方式采购的。对于该类项目的采购，您应充分理解采购人的意图，帮助采购人厘清思路，分析采购项目的目的，为采购人设计或订制一款符合要求的采购产品。

对于该类采购项目，您应对市场进行分析，对采购标的充分了解，吃透采购人的意思，要备足功课，备选几套方案，认真做好谈判前的准备工作。

（3）因"非采购人所能预见的原因或者非采购人拖延造成采用招标所需时间不能满足用户紧急需要的"采用竞争性谈判方式采购的。对于这种情形的采购项目，采购人对采购项目需求是比较明确的，只是因为时间原因，不能采用招标方式采购，因此，在谈判时，重在价格的比拼，您切不可"趁火打劫"，报价竞争时，尽量报最低价。您能将采购人紧急情况下的采购任务完成，这里面的道理"您懂的"。

（4）因"因艺术品采购、专利、专有技术或者服务的时间、数量事先不能确定等原因不能事先计算出价格总额的"采用竞争性谈判方式采购的。该类采购项目总的来说对于价格不仅采购人心里没有底，评审专家也没法确定。采购人能接受的只是一个"公允价格"，也就是说大致在哪一块，没有十分精准，也没有一个标准或理由，也属于卖方市场行情。在这种谈判中，您应该充分描述您的"产品、作品、专利"的优势,论述其报价的依据及性价比,让采购人及评审专家认为,您没有因为是专利等原因而坐地起价。

3. 竞争性磋商采购方式的响应

竞争性磋商采购方式的适用条件有五个,其中有三个与竞争性谈判相类似,但由于竞争性磋商采购方式的评审最终采用的是综合评分法,因此,您在参与这类采购方式的采购项目时,不仅应认真地对待磋商过程,还得应对综合评分法。要考量您的综合因素,分析您的综合优势,扬长避短,除了对照评审标准做好必答题,还要有相应的备用方案,一旦采购人采用综合各谈判供应商的优势制定一个最佳方案时,您得尽快响应,免得忙中出错。

(1) 政府购买服务项目类的竞争性磋商。政府购买服务的内容多为适合采取市场化方式提供、社会力量能够承担以及政府新增或临时性、阶段性的服务事项,适合社会力量承担的项目。此类项目供应商较多,且是为政府服务或政府服务于公众的,涉及面广,不仅采购人相当重视,而且监督机制较为健全,所以,您不可打"价格战",应以质量取胜,切不可偷工减料、以次充好,减少服务环节,不能因为此类项目而使自己的信誉和信用受损。

(2) 因"技术复杂或者性质特殊,不能确定详细规格或者具体要求的"而采用竞争性磋商采购方式的。此类与竞争性谈判方式采购应对措施相似,所不同的是,必须先入围,才能进入综合评审打分阶段。

(3) 因艺术品采购、专利、专有技术或者服务的时间、数量事先不能确定等原因,不能事先计算出价格总额的项目采用竞争性磋商采购方式磋商时,除了准备好相应的商务资料,还要将您的产品用采购人能听懂的语言详细地介绍,让采购人能接受您的产品。在价格竞争时,也不要因为具有专利或专有技术而"坐地起价",同时,切不可报价超过预算,否则再好的产品,采购人也不能接受。

(4) 因"市场竞争不充分的科研项目,以及需要扶持的科技成果转化项目的"采用竞争性磋商采购方式的,您就向采购人讲解您所生产或开发的产品是属于哪一类的科研项目,是首创,还是替代进口,还是填补空白,这种方式重在有人能对您的产品进行运用,检验产品的性能,迅速打开销路,占领市场。所以,您的关注点不在于赚钱,而在于市场的反馈信息。

您应充分利用国家的政府采购政策功能,要求采购人给予政策优惠,采购您的产品。

(5) 对于"按照招标投标法及其实施条例必须进行招标的工程建设项目以外的工程建设项目"采用竞争性磋商方式采购的,您应严格进行工程预算,准备好所有商务资料,科学地设计和安排工期,并承诺该工程项目完成后,力争获得一定等级的工程质量奖。

4. 询价采购方式的响应

只有规格、标准统一,现货货源充足且价格变化幅度小的货物才用询价采购方式进行采购。那么,对于询价采购,您除了对照询价通知书的要求,认真一一填写技术参数、交货时间与地点以及您的售后服务方案外,更重要的是您必须充分了解市场行情,精心计算盈亏点,一次性报出不能更改的价格。

5. 单一来源采购方式的响应

虽然在单一来源采购活动中,您有一定的主动权,但也不能因此不顾采购人的利益,而漫天要价,更不可忽视售后服务,不要因为采购协商上您占有优势而违背了职业道德。所以,在协商中,一方面要尊重评审专家和采购人,另一方面要报出一个公允的价格,同时,提供最优秀的产品与服务,落一个"得理也饶人"的好名声。

6. 框架协议采购方式的响应

框架协议采购的采购项目一般是一两年就组织一次,所以,您必须认真考虑定位,是走量还是为打开销路,还是为了名声,如果是为了保持长期的合作关系、提高自己的知名度，则能入围就行。

（三）评审就是老师阅卷

在政府采购活动中，采购代理机构受采购人的委托开展采购活动，而采购代理机构并非全能全才，只有"借脑借智"，将判断采购对象优劣或答卷成绩的权利再委托给评审专家，由评审专家作出评判。在这个评判过程中，评审专家依据评审标准——标准答案，对供应商的投标文件（响应文件）进行评审，就像是老师阅卷。不同的采购方式，评审专家阅卷的方式和方法也不同。

1. 招标采购方式的评审

招标采购又分为公开招标和邀请招标，按《政府采购货物和服务招标投标管理办法》的规定，政府采购货物和服务公开招标与邀请招标的评审方式除了资格审查的程序不一样以外，其他方面基本相同。

（1）评审职责。评审专家及评标委员会在招标采购活动中的职责主要有：审查、评价投标文件是否符合招标文件的商务、技术等实质性要求；要求投标人对投标文件有关事项作出澄清或者说明；对投标文件进行比较和评价；确定中标候选人名单，以及根据采购人委托直接确定中标人；向采购人、采购代理机构或者有关部门报告评标中发现的违法行为；对采购人和采购代理机构进行评价；配合做好质疑和投诉回复、处理工作。

（2）评审程序。

第一步：符合性审查。评标委员会应当对符合资格的投标人的投标文件进行符合性审查，以确定其是否满足招标文件的实质性要求。

第二步：问题澄清。对于投标文件中含义不明确、同类问题表述不一致或者有明显文字和计算错误的内容，评标委员会应当以书面形式要求投标人作出必要的澄清、说明或者补正。

投标人的澄清、说明或者补正应当采用书面形式,并加盖公章,或者由法定代表人或其授权的代表签字。投标人的澄清、说明或者补正不得超出投标文件的范围或者改变投标文件的实质性内容。

第三步:综合比较与评审。评标委员会应当按照招标文件中规定的评标方法和标准,对符合性审查合格的投标文件进行商务和技术评估,综合比较与评价。

评标方法分为最低评标价法和综合评分法。

最低评标价法,是指按照投标文件满足招标文件全部实质性要求,且投标报价最低的投标人为中标候选人的评标方法。

技术、服务等标准统一的货物服务项目,应当采用最低评标价法。

采用最低评标价法评标时,除了算术修正和落实政府采购政策需进行的价格扣除外,不能对投标人的投标价格进行任何调整。

综合评分法,是指投标文件满足招标文件全部实质性要求,且按照评审因素的量化指标评审得分最高的投标人为中标候选人的评标方法。

评标时,评标委员会各成员应当独立对每个投标人的投标文件进行评价,并汇总每个投标人的得分。

货物项目的价格分值占总分值的比重不得低于30%;服务项目的价格分值占总分值的比重不得低于10%。执行国家统一定价标准和采用固定价格采购的项目,其价格不列为评审因素。

价格分应当采用低价优先法计算,即满足招标文件要求且投标价格最低的投标报价为评标基准价,其价格分为满分。其他投标人的价格分统一按照下列公式计算:

投标报价得分 = (评标基准价/投标报价) × 100

评标总得分 = $F_1 \times A_1 + F_2 \times A_2 + \cdots + F_n \times A_n$

其中,F_1、F_2、$\cdots$、F_n 分别为各项评审因素的得分;A_1、A_2、$\cdots$、A_n 分别为各项评审因素所占的权重($A_1 + A_2 + \cdots + A_n = 1$)。

评标过程中，不得去掉报价中的最高报价和最低报价。

因落实政府采购政策进行价格调整的，以调整后的价格计算评标基准价和投标报价。

在评审过程中，投标人存在下列情况之一的，投标无效：一是未按照招标文件的规定提交投标保证金的；二是投标文件未按招标文件要求签署、盖章的；三是不具备招标文件中规定的资格要求的；四是报价超过招标文件中规定的预算金额或者最高限价的；五是投标文件含有采购人不能接受的附加条件的；六是法律、法规和招标文件规定的其他无效情形。

第四步：编写评审报告。采用最低评标价法的，评标结果按投标报价由低到高顺序排列。投标报价相同的并列。投标文件满足招标文件全部实质性要求且投标报价最低的投标人为排名第一的中标候选人。

采用综合评分法的，评标结果按评审后得分由高到低顺序排列。得分相同的，按投标报价由低到高顺序排列。得分且投标报价相同的并列。投标文件满足招标文件全部实质性要求，且按照评审因素的量化指标评审得分最高的投标人为排名第一的中标候选人。

评标委员会根据全体评标成员签字的原始评标记录和评标结果编写评标报告。评标报告应当包括以下内容：一是招标公告刊登的媒体名称、开标日期和地点；投标人名单和评标委员会成员名单；二是评标方法和标准；三是开标记录和评标情况及说明，包括无效投标人名单及原因；四是评标结果，确定的中标候选人名单或者经采购人委托直接确定的中标人；五是其他需要说明的情况，包括评标过程中投标人根据评标委员会要求进行的澄清、说明或者补正，评标委员会成员的更换等。

评标委员会成员对需要共同认定的事项存在争议的，应当按照少数服从多数的原则作出结论。持不同意见的评标委员会成员应当在评标报告上签署不同意见及理由，否则视为同意评标报告。

（3）特殊情形的处理。

一是公开招标数额标准以上的采购项目，投标截止后投标人不足三家或者通过资格审查或符合性审查的投标人不足三家的，除采购任务取消情形外，按照以下方式处理：招标文件存在不合理条款或者招标程序不符合规定的，采购人、采购代理机构改正后依法重新招标；招标文件没有不合理条款、招标程序符合规定，需要采用其他采购方式采购的，采购人应当依法报财政部门批准。采购人或者采购代理机构依法对投标人的资格进行审查后发现，合格投标人不足三家的，不得评标。

二是投标文件报价出现前后不一致的，除招标文件另有规定外，按照下列规定修正：投标文件中开标一览表（报价表）内容与投标文件中相应内容不一致的，以开标一览表（报价表）为准；大写金额和小写金额不一致的，以大写金额为准；单价金额小数点或者百分比有明显错位的，以开标一览表的总价为准，并修改单价；总价金额与按单价汇总金额不一致的，以单价金额计算结果为准。同时出现两种以上不一致的，按照前款规定的顺序修正。修正后的报价按照《政府采购货物和服务招标投标管理办法》第五十一条第二款的规定经投标人确认后产生约束力，投标人不确认的，其投标无效。

三是当评标委员会认为投标人的报价明显低于其他通过符合性审查投标人的报价，有可能影响产品质量或者不能诚信履约的，应当要求其在评标现场合理的时间内提供书面说明，必要时提交相关证明材料；投标人不能证明其报价合理性的，评标委员会应当将其作为无效投标处理。

四是评标报告签署前，经复核发现存在评标结果汇总完成后，除分值汇总计算错误的；分项评分超出评分标准范围的；评标委员会成员对客观评审因素评分不一致的；经评标委员会认定评分畸高、畸低的等情形外，任何人不得修改评标结果。除以上情形之一的，评标委员会应当当场修改评标结果，并在评标报告中记载；评标报告签署后，采购人或者采购代理机构发现存在以上情形之一的，应当组织原评标委员会进行重新评审，重新评审改变评标结果的，书面报告本级财政部门。

五是投标人对"分值汇总计算错误的"情形提出质疑的，采购人或者采购代理机构可以组织原评标委员会进行重新评审，重新评审改变评标结果的，应当书面报告本级财政部门。

六是评标委员会发现招标文件存在歧义、重大缺陷导致评标工作无法进行，或者招标文件内容违反国家有关强制性规定的，应当停止评标工作，与采购人或者采购代理机构沟通并作书面记录。采购人或者采购代理机构确认后，应当修改招标文件，重新组织采购活动。

七是评标委员会或者其成员存在评标委员会组成不符合《政府采购货物和服务招标投标管理办法》规定有其第六十二条第一至第五项情形的、评标委员会及其成员独立评标受到非法干预的、有《政府采购法实施条例》第七十五条规定的违法行为的情形导致评标结果无效的，采购人、采购代理机构可以重新组建评标委员会进行评标，并书面报告本级财政部门，但采购合同已经履行的除外。有违法违规行为的原评标委员会成员不得参加重新组建的评标委员会。

2. 竞争性谈判采购方式的评审

按照《政府采购法》的规定，竞争性谈判采购方式的采购程序第一步是先成立谈判小组，也就是说评审专家介入时间是在采购活动开始前。谈判小组参与制定谈判文件、确定参与谈判的供应商。所以，竞争性谈判采购方式的评审应从成立谈判小组开始。

（1）谈判小组职责。参与制定谈判文件，其谈判文件应当明确谈判程序、谈判内容、合同草案的条款以及评定成交的标准等事项；依法确定参与谈判的供应商。

（2）谈判程序。

第一步：对响应文件进行评审。谈判小组对所有响应文件进行评审,并根据谈判文件规定的程序、评定成交的标准等事项与实质性响应谈判文件要求的供应商进行谈判。未实质性响应谈判文件的响应文件按无效处理,谈判小组应当告知有关供应商。

第二步:确定参与谈判供应商的谈判顺序。谈判小组可以采取适当公平的或供应商接受的方式或按竞争性谈判文件约定的方式,确定对响应文件符合要求的供应商谈判的顺序。

第三步:谈判。谈判小组所有成员应当集中与单一供应商分别进行谈判,并给予所有参加谈判的供应商平等的谈判机会。包括谈判时间、谈判内容、谈判方式等都应一视同仁。在谈判过程中,谈判小组可以根据谈判文件和谈判情况实质性变动采购需求中的技术、服务要求以及合同草案条款,但不得变动谈判文件中的其他内容。实质性变动的内容,须经采购人代表确认。对谈判文件作出的实质性变动是谈判文件的有效组成部分,谈判小组应当及时以书面形式同时通知所有参加谈判的供应商。供应商应当按照谈判文件的变动情况和谈判小组的要求重新提交响应文件,并由其法定代表人或授权代表签字或者加盖公章。由授权代表签字的,应当附法定代表人授权书。供应商为自然人的,应当由本人签字并附身份证明。

第四步:最后报价。谈判文件能够详细列明采购标的的技术、服务要求的,谈判结束后,谈判小组应当要求所有继续参加谈判的供应商在规定时间内提交最后报价,提交最后报价的供应商不得少于三家。最后报价是供应商响应文件的有效组成部分。

第五步:编写评审报告。谈判小组从质量和服务均能满足采购文件实质性响应要求的供应商中,按照最后报价由低到高的顺序提出三名以上成交候选人,并编写评审报告。

(3)特殊情形的处理。

一是谈判文件不能详细列明采购标的的技术、服务要求,需经谈判由供应商提供最终设计方案或解决方案的,谈判结束后,谈判小组应当按照少数服从多数的原则投票推荐三家以上供应商的设计方案或者解决方案,并要求其在规定时间内提交最后报价。在竞争性谈判中,谈判小组并不能要求供应商最后报价要低于前几轮的报价。因为最终设计方案或解决方案是一个动态的变化过程,可能有增加的项目。

二是已提交响应文件的供应商,在提交最后报价之前,可以根据谈判情况退出谈判。采购人、采购代理机构应当退还退出谈判的供应商的保证金。

3. 竞争性磋商采购方式的评审

依据《政府采购竞争性磋商采购方式管理暂行办法》的规定,竞争性磋商采购方式主要适用于服务类或需求不明确的采购项目等,它有点类似于"两阶段招标"。

(1)磋商小组的职责。磋商小组的职责就是通过磋商确定成交供应商。

(2)磋商程序。

第一步:对响应文件进行审查。在审查前,采购人或采购代理机构可以向磋商小组中的评审专家做解释或者说明,但不得有倾向性、误导性的意见。磋商小组对所有响应文件的有效性、完整性和响应程度进行审查。审查时,可以要求供应商对响应文件中含义不明确、同类问题表述不一致或者有明显文字和计算错误的内容等作出必要的澄清、说明或者更正。供应商的澄清、说明或者更正不得超出响应文件的范围或者改变响应文件的实质性内容。供应商澄清、说明或者更正响应文件应当以书面形式作出。供应商的澄清、说明或者更正应当由法定代表人或其授权代表签字或者加盖公章。由授权代表签字的,应当附法定代表人授权书。供应商为自然人的,应当由本人签字并附身份证明。

第二步:确定参与磋商供应商的磋商顺序。磋商小组可以采取适当公平的或供应商接受的方式或按磋商文件约定的方式,确定对响应文件符合要求的供应商磋商的顺序。

第三步:磋商。磋商小组所有成员应当集中与单一供应商分别进行磋商，并给予所有参加磋商的供应商平等的磋商机会。在磋商过程中，磋商小组可以根据磋商文件和磋商情况实质性变动采购需求中的技术、服务要求以及合同草案条款，但不得变动磋商文件中的其他内容。实质性变动的内容，须经采购人代表确认。对磋商文件作出的实质性变动是磋商文件的有效组成部分，磋商小组应当及时以书面形式同时通知所有参加磋商的供应商。供应商应当按照磋商文件的变动情况和磋商小组的要求重新提交响应文件，并由其法定代表人或授权代表签字或者加盖公章。由授权代表签字的，应当附法定代表人授权书。供应商为自然人的，应当由本人签字并附身份证明。

第四步：达成共识。磋商文件不能详细列明采购标的的技术、服务要求，需经磋商由供应商提供最终设计方案或解决方案的，磋商结束后，磋商小组应当按照少数服从多数的原则投票推荐三家以上供应商的设计方案或者解决方案。

第五步：最后报价。磋商文件能够详细列明采购标的的技术、服务要求的，磋商结束后，磋商小组应当要求所有实质性响应的供应商在规定时间内提交最后报价，提交最后报价的供应商不得少于三家。参与供应商按磋商小组确定的设计方案或解决方案在规定时间内提交最后报价。最后报价是供应商响应文件的有效组成部分。符合《政府采购竞争性磋商采购方式管理暂行办法》第三条第四项情形的，提交最后报价的供应商可以为两家。

第六步：综合评审。经磋商确定最终采购需求和提交最后报价的供应商后，由磋商小组采用综合评分法对提交最后报价的供应商的响应文件和最后报价进行综合评分。

综合评分法，是指响应文件满足磋商文件全部实质性要求，且按评审因素的量化指标评审得分最高的供应商为成交候选供应商的评审方法。综合评分法评审标准中的分值设置应当与评审因素的量化指标相对应。磋商文件中没有规定的评审标准不得作为评审依据。评审时，磋商小组各成员应当独立对每个有效响应的文件进行评价、打分，然后汇总每个供应商每项评分因素的得分。

综合评分法货物项目的价格分值占总分值的比重（即权值）为30%~60%，服务项目的价格分值占总分值的比重（即权值）为10%~30%。采购项目中含不同采购对象的，以占项目资金比例最高的采购对象确定其项目属性。符合《政府采购竞争性磋商采购方式管理暂行办法》第三条第三项的规定和执行统一价格标准的项目，其价格不列为评分因素。有特殊情况需要在上述规定范围外设定价格分权重的，应当经本级人民政府财政部门审核同意。

综合评分法中的价格分别统一采用低价优先法计算，即满足磋商文件要求且最后报价最低的供应商的价格为磋商基准价，其价格分为满分。其他供应商的价格分统一按照下列公式计算：

磋商报价得分＝（磋商基准价/最后磋商报价）×价格权值×100

项目评审过程中，不得去掉最后报价中的最高报价和最低报价。

第七步：编写磋商报告。磋商小组应当根据综合评分情况，按照评审得分由高到低顺序推荐3名以上成交候选供应商，并编写评审报告。符合《政府采购竞争性磋商采购方式管理暂行办法》第二十一条第三款情形的，可以推荐两家成交候选供应商。评审得分相同的，按照最后报价由低到高的顺序推荐。评审得分且最后报价相同的，按照技术指标优劣顺序推荐。评审报告应当由磋商小组全体人员签字认可。磋商小组成员对评审报告有异议的，磋商小组按照少数服从多数的原则推荐成交候选供应商，采购程序继续进行。对评审报告有异议的磋商小组成员，应当在报告上签署不同意见并说明理由，由磋商小组书面记录相关情况。磋商小组成员拒绝在报告上签字又不书面说明其不同意见和理由的，视为同意评审报告。

（3）特殊情形的处理。

一是已提交响应文件的供应商，在提交最后报价之前，可以根据磋商情况退出磋商。采购人、采购代理机构应当退还退出磋商的供应商的磋商保证金。

二是成交供应商拒绝签订政府采购合同的,采购人可以按照《政府采购竞争性磋商采购方式管理暂行办法》第二十八条第二款规定的原则确定其他供应商作为成交供应商并签订政府采购合同,也可以重新开展采购活动。拒绝签订政府采购合同的成交供应商不得参加对该项目重新开展的采购活动。

4. 单一来源采购方式的协商

单一来源采购方式是一种特殊的、没有竞争的采购方式,对于采购人而言是被动地接受。所以,单一来源采购方式评审专家参与不是评审,而是与唯一供应商进行协商。

第一步:成立协商小组。单一来源采购的协商小组人员由具有相关经验的专业人员组成。

第二步:协商。协商小组与供应商商定成交价格及采购项目质量保证措施,促成一个合理的成交价格并保证采购项目的质量。

在协商过程应如实记录协商情况。

第三步:确认协商情况记录。协商情况记录应当由采购协商小组全体人员签字认可。对记录有异议的采购人员,应当签署不同意见并说明理由。采购人员拒绝在记录上签字又不书面说明其不同意见和理由的,视为同意。

5. 询价采购方式的评审

询价采购方式的评审相对于其他采购方式的评审而言要简单些,因为适合询价采购方式的是"货物规格、标准统一、现货货源充足且价格变化幅度小的政府采购项目"。

(1)询价小组的职责。依据《政府采购法》的规定,按《政府采购非招标方式管理办法》的要求,询价小组的职责主要有:确定被询价的供应商名单、询价和确定成交供应商。

(2)询价程序。

第一步:对所有被询价的供应商的响应文件(报价书)进行

评审。只有符合要求的才能进行下一步的价格比拼。询价小组在询价过程中，不得改变询价通知书所确定的技术和服务等要求、评审程序、评定成交的标准和合同文本等事项。

第二步：价格比拼。参加询价采购活动的供应商，应当按照询价通知书的规定一次报出不得更改的价格。

第三步：编写评审报告。询价小组应当从质量和服务均能满足采购文件实质性响应要求的供应商中，按照报价由低到高的顺序提出3名以上成交候选人，并编写评审报告。

（四）监管就是"看着他人"

随着采购人主体地位的落实，政府采购监管部门的监管模式也发生了变化，从重过程到重结果，从事前审批或审核到事前、事中和事后的全方位监管。监管部门跳出了审批、审核的事务性监管，将服务于监管之中。所以，在采购活动中，监管部门就像考场的巡视官一样，监视着采购人、采购代理机构如何出"考卷"、评审专家如何进行"评卷"、供应商如何参与"考试"，当"考场"出现违法违规现象后，既可以按采购人或采购代理机构的申请中止采购活动，也可以直接叫停重新依法从头再来。监管部门在采购活动进行过程中，主要注意如下几个环节。

1. 实施计划的报备

具体到某一个采购项目的启动时间，应该是从采购人依据集中采购目录、采购限额标准和已报复的部门预算编制政府采购实施计划开始。对于采购人的实施计划，监管部门监督的重点有以下三个方面。

（1）采购的组织形式。看采购人在采购集中采购目录以内的采购对象时，是否依法将采购项目委托给政府集中采购机构代理采购。非集中采购目录以内的采购对象，采购人可以自行决定是否委托还是自行采购等。

（2）采购方式的选择。看采购人采购公开招标限额标准以上的采购对象时,是否选择公开招标采购方式;需要变更采购方式的,是否依法向政府采购监管部门申报。

(3)政策功能的落实。采购人在编制采购实施计划时,应将落实政府采购功能的情况在实施计划中一并反映出来,采购对象是否涉及节能环保、是否为进口产品、是否有预留,以及是否涉及不发达地区和少数民族地区的定向采购等。因此,监管部门注意采购人在采购实施计划中有没有落实政府采购政策功能的具体计划与措施。

2. 信息公告的发布

政府采购信息公告的依法发布,是保证政府采购实现公开、公平和公正的前提。在一个项目实施过程中,采购人或采购代理机构至少要有三至六个信息公告要发布,主要有招标公告(邀请招标公告、竞争性谈判公告、竞争性磋商公告、询价公告等)、变更或更正公告、单一来源采购公示、中标或成交公告、政府采购合同公示以及采购文件公示,对于信息公告的发布,政府采购监管部门主要监督以下几点。

(1)发布媒体要求。政府采购信息公告必须在省级以上政府采购监管部门指定的媒体上发表,大型的采购项目的信息公告还必须在国务院政府采购监管部门指定的媒体发布,否则是违规行为。

(2)信息公告的要素要求。在政府采购信息公告的公开上,并不是说您只要发布了、公开了,就行了。监管部门还要看您信息公告的要素全不全,是否有"偷工减料"或"避重就轻"的现象。信息公告要素不全的信息,即使公开了,也是没有实质内容的东西,反而会误导公众。

(3)差别和歧视待遇情形。对于信息公告,特别是对招标公告的监督,监管部门重点在于有没有差别和歧视性条款,违不违反政府采购的公平原则。

(4)政府采购政策功能的落实。采购人有责任和义务在政府采购活动中落实政府采购的政策功能。监管部门将从多个渠道监督采购人落实政府采购政策功能问题，在这个环节，主要从采购人公开的采购文件中查看是否有明确的落实政府采购政策功能的具体措施或条款。

3. 质疑事项的回复

质疑是供应商维护权益的手段，也是维护政府采购公平、公正的途径。当供应商提出质疑时，采购人或采购代理机构应认真对待，针对供应商提出的质疑问题，按时做好回复工作，尽量避免人为地让供应商进入投诉环节，一旦进入投诉环节，那么监管部门就一定会"盯紧"您，而且依据《政府采购代理机构管理暂行办法》的规定，监管部门将可以随时进行检查，您将不得不费力费时地应付检查。

4. 评审专家的使用

依据《政府采购评审专家管理办法》的规定，财政部门依法对政府采购评审专家进行监督管理。采购人或采购代理机构必须依法选择、使用、评审专家，而作为采购人代表参与评标委员会（谈判小组、磋商小组、询价小组等）的人员，虽然可能不是入库的专家，但同样要遵守《政府采购评审专家管理办法》的规定，同样要执行回避规定。在评审专家的选择、使用和评价过程中，监管部门都一直看着您。采购人或采购代理机构还有责任将评审专家有关违法违规行为向财政部门报告。

5. 采购方式的变更

公开招标限额标准以上的采购项目采购方式的变更，属于审批事项。在采购活动进行中，因各种原因需要变更采购方式时，必须先依法进行申请，政府采购监管部门批复后，方可按批复的新的采购方式继续进行采购活动。还有进口产品采购的问题，执行的是审批制。

6. 采购活动的"重新开展"

在采购活动中，因各种原因导致采购活动需要重新评审或重新组织时，采购人或采购代理机构要适时向监管部门报告。

7. 采购合同的备案

对于政府采购合同的监管，监管部门主要看其合同是否遵循《民法典》，合同的执行或履行是否损害国家利益和社会公共利益。

8. 政府采购项目的绩效评价

对采购项目进行绩效评价是采购人的职责所在，作为监管部门要督促采购人履行自己的职责，认真地做好政府采购项目的绩效评价工作。

第六讲

有理,就有人为您"撑腰"

建立政府采购制度,是为了使政府的购买行为更加规范、公开、公正与透明,是为了更好地保护政府采购当事人的正当权益。在政府采购过程中,对于供应商来讲,当发生争议时,特别是您与采购人发生争议时,不用害怕,只要您有理有据,就有渠道说话,就有人为您"撑腰",就有制度来保证您的合法权益。

一、不清楚就询问

询问不仅是供应商的知情权,更是一种救济机制。之所以将询问纳入救济的范畴,是因为法律规定询问的内容是政府采购活动事项,而这种事项十分宽泛,法律没有具体规定,但法律却规定被询问者必须答复供应商的询问。

(一)询问的法律规定

《政府采购法》第五十一条规定:供应商对政府采购活动事项有疑问的,可以向采购人提出询问,采购人应当及时作出答复，但答复的内容不得涉及商业秘密。询问权是供应商最基本的权利，供应商可以通过询问采购人或采购代理机构，了解采购项目的基本情况，消除疑虑，决定是否参与政府采购的活动，从而使政府采购活动参与面更广。所谓政府采购询问是指供应商对政府采购活动事项有疑问时向采购人或采购代理机构打听情况的行为。

（二）询问的方式

《政府采购法》规定的供应商包括潜在供应商、投标供应商、中标供应商、成交供应商等，也就是说凡是对政府采购活动事项感兴趣的供应商有疑惑事项的，都可以提起询问。供应商提起询问没有前置条件，对询问的内容除商业秘密以外的一切有疑问的内容都可以。

在对询问权的解释上，还应包括政府采购的监管部门。当供应商对政府采购活动项目事项有疑问时，作为服务型的政府，有责任也有义务对供应商的询问给予答复。

在政府采购的有关法律中，关于询问的方式问题，没有明确规定，因此，询问方式可以多样，但必须要求供应商采用什么方式提起，采购人或代理机构则应采用相对应的方式予以答复。供应商是电话询问则用电话答复，如果供应商采用的是书面形式则一定要采用书面形式答复。

（三）询问的内容与答复

当供应商对政府采购活动事项有疑问时，可以不受约束地向有关采购人或采购代理机构以及政府采购监管部门提起。"政府采购活动事项"概念较大，包含的内容较多，所以对此的理解应为只要是涉及政府采购的事项，供应商有不知情、不知道和有疑惑的都可以向相关人打听、了解、过问。这就包括采购项目标的的基本情况、采购项目的开展时间、采购项目的采购方式、采购项目采购活动的组织者、采购项目的进展、中标供应商、中标成交价款等。

而对于供应商的询问,法律规定应当及时答复,而且答复的内容不得涉及商业秘密。这里有三层意思:一是被询问者必须答复。对此的理解应为,被询问者对供应商询问的答复是一项必须履行的法定义务而不是可有可无的。二是要及时答复。这种答复还必须是自觉的、尽快的、及时的、不可拖延的答复,更不能等采购项目完成后再答复。而且这种答复的内容不能模棱两可、含糊不清,更不能有虚假信息,否则将可能承担相应的法律责任。当供应商的询问得不到满意的处理或答复时,将有可能导致供应商采取进一步的救济行为,即质疑或投诉,从而影响政府采购活动的正常进行。三是答复不得涉及商业秘密。所谓商业秘密,是指不为公众所知悉、能为权利人带来经济利益、具有实用性并经权利人采取保密措施的技术信息和经营信息。商业秘密是一种与知识产权相邻近的财产权,它可能给所有人或者使用人带来经济利益,形成经济优势。这个商业秘密应包括三个方面的内容,即采购人的标底、采购代理机构在实施采购中应该保守的供应商参与信息和报名参与投标供应商的商业秘密。一般来讲,是指报名参与投标供应商的商业秘密,主要指技术信息和经营信息。技术信息包括技术水平、技术潜力、新技术前景预测和专利动向等;经营信息包括新产品的市场占有情况、产品的区域性分布情况、产品中长期发展趋势和经营战略等。

二、不明白就质疑

在《辞海》中"质疑"的解释是:请人解答疑难。而在政府采购中的"质疑"却不是请人解难,而是提出疑问,要求解释。在《中华人民共和国政府采购法释义》中对质疑的理解是供应商的一种基本权利,是一种维护自身权益的权利。我国有些学者将这种行为纳入行政权利救济的范围。[①] 主要是因为在政府采购活动中有一方为具有行政性质的行政行为。

在政府采购活动中，作为当事人之一的您会十分关心政府采购活动的信息、进程、结果，一旦发现自己的权益受到伤害，则需要拿起质疑的"武器"。为了保护供应商的合法权益，各国和国际组织都对供应商的质疑权进行了规定。我国《政府采购法》也规定：供应商认为采购文件、采购过程和中标、成交结果使自己的权益受到损害的，可以在知道或者应知其权益受到损害之日起七个工作日内，以书面形式向采购人提出质疑。

（一）政府采购质疑的概念与形式

所谓政府采购的质疑，是指供应商在政府采购活动事项中认为采购文件、采购过程和中标、成交结果使自己的权益受到损害时，而向采购人或采购代理机构以书面形式提出疑问的行为。我国法律规定，供应商对采购文件、采购过程和中标、成交结果质疑，必须采取书面形式。供应商如采用口头形式质疑，是没有法律效力的，采购人或采购代理机构可不予答复。

（二）质疑的范围和条件

质疑的范围分为质疑的主体（第三人也可质疑，并非参与者）和质疑的对象。

在政府采购活动中，竞争是基本的形式，而广大供应商的参与是广泛竞争的基础，这种竞争带来的是高质量、高效益和低成本。竞争也是残酷的，不可能所有参与竞争的供应商都能获得政府采购合同。每一项政府采购活动，其涉及事项范围很广、内容很多，有些还时间较长。如果供应商都可对整个采购活动过程中的每一个事项质疑，必将对政府采购工作的正常进程造成不必要

---

① 王亚琴：《政府采购与行政权利救济》，人民法院出版社 2004 年版。

第六讲 有理，就有人为您"撑腰"

的干扰和影响。因此，法律对质疑行为进行了约束，对质疑的范围进行了限制。质疑范围限制在采购文件、采购过程和中标、成交结果三个方面。所谓采购文件，是指政府采购活动全部过程中每一个阶段所作出并使用的具有法律效力的文件和资料的总称。它具体包括采购活动记录、采购预算、招标公告（包括其他采购方式的采购公告）、招标文件（包括竞争性谈判文件、竞争性磋商文件、询价通知书等）、投标文件（包括其他响应文件）、评标标准、评估报告、定标文件、中标公告、合同文本、验收证明、质疑答复、投诉处理决定及其他有关文件、资料等。而对采购过程的质疑，主要是指采购人应用采购方式是否得当、采购信息发布的是否合法和规范、采购人或采购代理机构在招标或评标过程中有无违反程序和规定的行为等。

在质疑的限制中有一个重要的前提，也是一个限定，即提起质疑的您必须是参与了该项政府采购活动的参加者，必须是认为采购文件、采购过程和中标、成交结果使您的权益受到损害，且应举证说明。如果您与该项采购活动没有关系，则不能提起质疑。如果您属于"局外"人，认为某个政府采购活动不公平、不透明，存在明显的违法违规行为，则只能通过另一条途径，即向有关部门反映或举报。

在这里有一个"第三人现象"，即第三人有没有质疑权的问题。所谓第三人，是指潜在的供应商和未成功的投标供应商的合称。有学者认为第三人也有权利进行质疑，且这种质疑也是一种监督。

关于《政府采购质疑和投诉办法》（以下简称94号文）提及的"采购文件可以要求供应商在法定质疑期内一次性提出针对同一采购程序环节的质疑"。对于该规定可以从三个方面进行理解。一是关于质疑的采购文件、采购过程和采购结果三个问题相对而言的，只有采购文件较为复杂，所以就单独强调了对采购文件的"一次性"和"同一采购程序环节"问题，而采购过程和采购结果不存在这方面的问题。二是"一次性"提出质疑的"同一采购程序环节"分别是指采购方式、采购过程和采购结果,也就是不要将三个问题"混装"在一个质疑函中。三是"一次性"提出并不是说对于"同一采购程序环节采购程序"供应商只能提一次,而是说对于采购文件,如果供应商认为损害了自己的利益,应把采购文件中所有的问题在法定的时间范围内一次性地提出,不能今天提一个,明天再提一个,最后一天再提一个。对于采购人或采购代理机构的答复,供应商不满意或认为没有针对问题答复,还可以就该问题再次提出,也可以直接提起投诉。如果采购人或采购代理机构对该问题进行答复了,也解决了,供应商不能再提出一个新的质疑问题。

(三) 质疑的时限

您有质疑的权利,但并非随时可以提出,法律规定了一个提起时限。《政府采购质疑和投诉办法》规定,供应商认为采购文件、采购过程、中标或者成交结果使自己的权益受到损害的,可以在知道或者应知其权益受到损害之日起七个工作日内,以书面形式向采购人、采购代理机构提出质疑。

对采购文件可以要求供应商在法定质疑期内一次性提出针对同一采购程序环节的质疑。

提出质疑的供应商应当是参与所质疑项目采购活动的供应商。

潜在供应商已依法获取其可质疑的采购文件的,可以对该文件提出质疑。对采购文件提出质疑的,应当在获取采购文件或者采购文件公告期限届满之日起七个工作日内提出。否则,可以不受理。不管是主动寻求知道的,还是别人通知而被动知道的,您应该在知道自己的权益受到损害之日起七个工作日内向采购人或采购代理机构提出。如何计算为知道或者应知日期:一是采购人或采购代理机构发布公告之日;二是采购人或采购代理机构将有关通知书送达并由供应商签收之日。当两个时间不一致时,应以公告之日时间为准。公告是广而告之的,是所有供应商都可在同一时段知晓的。

在我国《政府采购法》中有一个"知道或应知"的问题。"知道"是指权利人主观上知道自己的权利被侵害的事实。"应知"则是一种法律的推定,指基于客观之情形及一般民众、法人根据其知识经验应尽的注意义务,权利人应当知悉其权利被侵害的事实,但因其自身过失而未知情,在该情形下,法律推定其知道其权利受到侵害。在政府采购活动中,"知道"是指参加政府采购活动供应商所享有的权利;"应知"是义务人的权利,即采购人、采购代理机构所享有的权利。

《政府采购质疑和投诉办法》规定的期间开始之日,不计算在期间内。期间届满的最后一日是节假日的,以节假日后的第一日为期间届满的日期。期间不包括在途时间,质疑和投诉文书在期满前交邮的,不算过期。所规定的"以上""以下"均含本数(下同)。

(四)质疑的形式

质疑时应以书面形式,法规上称为《质疑函》。《质疑函》必须是中文,且应包括下列内容,同时提供必要的证明材料。

(1) 供应商的姓名或者名称、地址、邮编、联系人及联系电话。

(2) 质疑项目的名称、编号。

(3) 具体、明确的质疑事项和与质疑事项相关的请求。

(4) 事实依据。

(5) 必要的法律依据。

(6) 提出质疑的日期。

供应商为自然人的,应当由本人签字;供应商为法人或者其他组织的,应当由法定代表人、主要负责人或者其授权代表签字或者盖章,并加盖公章。

政府采购质疑函文体范文如下所示。

质疑函

一、质疑供应商基本信息
质疑供应商：_____
地址：_____邮编：_____
联系人：_____联系电话：_____
授权代表：_____
联系电话：_____
地址：_____邮编：_____

二、质疑项目基本情况
质疑项目的名称：_____
质疑项目的编号：_____包号：_____
采购人名称：_____
采购文件获取日期：_____

三、质疑事项具体内容
质疑事项1：_____
事实依据：_____
法律依据：_____
质疑事项2：_____
……

四、与质疑事项相关的质疑请求
请求：1. _____。
　　　2. _____。

签字（签章）：_____公章：_____

_____年____月____日

（五）质疑的答复

采购人、采购代理机构不得拒收质疑供应商在法定质疑期内提交的符合要求的《质疑函》，应当在收到《质疑函》后七个工作日内作出答复，并以书面形式通知有关供应商。

此规定有以下四层含义。

1. 采购人和代理机构对于供应商合法的质疑必须给予答复

答复供应商的质疑是一项十分严肃的工作，质疑是供应商的权利，答复也是采购人或采购代理机构应尽的义务，采购人或采购代理机构在收到供应商提出的书面《质疑函》后，应当及时研究给予答复，不可对质疑之事拖拖拉拉或敷衍应对，更不可不予答复。这种答复其内容还必须准确真实，不得存在虚假信息与内容，否则将承担相应的法律责任。

2. 答复应当及时

法律规定采购人或采购代理机构接到供应商的质疑后，不但应答复，而且应当及时答复，并规定了时限，即在接到质疑函后的七个工作日内。逾期不予答复的应承担相应的法律责任。之所以规定七个工作日，是考虑到采购人或采购代理机构面对的供应商较多，供应商提出质疑的事项也可能比较复杂，在供应商提出质疑后，采购人或采购代理机构需要一定的时间进行研究，提出答复意见。也不可时间太长，不然会影响采购活动的进程，影响了采购工作效率。

3. 答复应采用书面形式

答复不仅须采用书面形式，而且要将答复书送达给质疑供应商和有关的供应商。采购人或采购代理机构应认真对待供应商的质疑，针对供应商提出的质疑问题，一一进行答复，答复的书面形式应采用正式文本，并加盖公章。送达后应有回执。

4. 答复时不得涉及商业秘密

政府采购活动中采购人和相关供应商的商业秘密，在答复时应回避，不得透露。当供应商质疑采购代理机构时，采购代理机构在答复时还应在采购人委托授权或限定的范围内进行答复，不得擅自超越权限。

您对评审过程、中标或者成交结果提出质疑的，采购人、采购代理机构可以组织原评标委员会、竞争性谈判小组、询价小组或者竞争性磋商小组协助答复质疑。

（六）质疑答复书的内容要求

采购人或采购代理机构对您的质疑答复应当包括下列内容：
（1）质疑供应商的姓名或者名称。
（2）收到质疑函的日期、质疑项目名称及编号。
（3）质疑事项、质疑答复的具体内容、事实依据和法律依据。
（4）告知质疑供应商依法投诉的权利。
（5）质疑答复人名称。
（6）答复质疑的日期。

质疑答复的内容不得涉及商业秘密。

您要知道，当采购人、采购代理机构认为您的质疑不成立，或者成立但未对中标、成交结果构成影响的，继续开展采购活动；认为您的质疑成立且影响或者可能影响中标、成交结果的，按照下列情况处理。

（1）对采购文件提出的质疑，依法通过澄清或者修改可以继续开展采购活动的，澄清或者修改采购文件后继续开展采购活动；否则应当修改采购文件后重新开展采购活动。

重新开展采购活动是指从采购文件的修订开始。如采购需求发生重要变化、供应商的资格条件改变等，还需要重新做采购需求论证，所以，"重新"就从发布采购公告开始。

（2）对采购过程、中标或者成交结果提出的质疑，合格供应商符合法定数量时，可以从合格的中标或者成交候选人中另行确定中标、成交供应商的，应当依法另行确定中标、成交供应商；

否则应当重新开展采购活动。

质疑答复导致中标、成交结果改变的，采购人或者采购代理机构应当将有关情况书面报告本级财政部门。

（七）质疑后的再救济

对于质疑，如果采购人或采购代理机构逾期没有答复或者您对采购人或采购代理机构的答复不满意，则可以进入再救济程序，即您可以进行投诉。

三、不公正就投诉

投诉是您维权的另一种方式，是当您的质疑得不到答复或满意答复后，向该质疑客体的行政主管部门申诉、寻求裁定的行为。由于被投诉人是采购人，因此有学者将投诉的阶段划入行政救济，包括行政复议和行政诉讼。

投诉是质疑的再救济，是质疑人——您和被质疑人——采购人或采购代理机构的意见不能达成一致，而由您再次提出寻求公道的行为。投诉机制的建立，充分体现了政府采购的公开、公平、公正原则，为更好地保护供应商的利益提供了法律保障。所以我国《政府采购法》第五十五条规定：质疑供应商对采购人、采购代理机构的答复不满意或采购人、采购代理机构未在规定的时间内作出答复的，可以在答复期满后十五个工作日内向同级政府采购监督管理的部门投诉。

（一）政府采购投诉的概念与形式

《现代汉语词典》对"投诉"一词的解释为：向有关部门或有关人员申诉。所谓政府采购的投诉，是指质疑供应商对采购人、采购代理机构的答复不满意，或采购人、采购代理机构没有在规定的时间内作出答复，供应商为了维护自己的权益，在规定的时间内向采购人、采购代理机构的同级政府监督管理部门,以书面形式申诉的行为。

质疑供应商的投诉应采用书面形式,为此,我国《政府采购质疑和投诉办法》规定,投诉人投诉时,应当提交投诉书和必要的证明材料,并按照被投诉采购人、采购代理机构(以下简称被投诉人)和与投诉事项有关的供应商数量提供投诉书的副本。

投诉书必须是中文,且应当包括下列内容:

(1)投诉人和被投诉人的姓名或者名称、通信地址、邮编、联系人及联系电话。

(2)质疑和质疑答复情况说明及相关证明材料。

(3)具体、明确的投诉事项和与投诉事项相关的投诉请求。

(4)事实依据。

(5)法律依据。

(6)提起投诉的日期。

投诉人为自然人的,应当由本人签字;投诉人为法人或者其他组织的,应当由法定代表人、主要负责人,或者其授权代表签字或者盖章,并加盖公章。

政府采购的投诉和对政府采购违法行为的检举、揭发是有区别的。投诉的提出只有特定的主体才可以进行,即政府采购质疑供应商,而对于政府采购违法行为,每一个公民都有权利义务向有关部门提出。它们的主要区别在于:投诉人在行使投诉权利的同时,还须承担相应的义务。即投诉人就有责任列举事实依据和举证,同时,还必须采用实名制,而检举、揭发既可实名制,也可匿名;投诉人必须在规定的时限范围内提出投诉,逾期不予受理,而检举、揭发随时可以进行;投诉必须提出相关的违法事实和投诉人因此受到的损害的事实,而检举、揭发者可以并非是自身权益受到损害,也可以只提出有关的违法线索或充分的怀疑理由,供有关部门查实即可;投诉人有明确的诉求,而检举、揭发没有明确的要求。

政府采购投诉书文体范文如下所示。

投诉书

一、投诉相关主体基本情况

投诉人：_____

地　址：_____邮编：_____

法定代表人/主要负责人：_____

联系电话：_____

授权代表：_____联系电话：_____

地　址：_____邮编：_____

被投诉人1：_____

地　址：_____邮编：_____

联系人：_____联系电话：_____

被投诉人2：_____

……

相关供应商：_____

地　址：_____邮编：_____

联系人：_____联系电话：_____

二、投诉项目基本情况

采购项目名称：_____

采购项目编号：_____包号：_____

采购人名称：_____

采购代理机构名称：_____

采购文件公告：是/否　公告期限：_____

采购结果公告：是/否　公告期限：_____

三、质疑基本情况

投诉人于____年__月__日，向_____质疑，质疑事项为：_____。

采购人/采购代理机构于_____年___月___日，就质疑事项作出了答复/没有在法定期限内作出答复。

四、投诉事项具体内容

投诉事项1：_____。

事实依据：_____。

法律依据：_____

_____。

投诉事项2：

……

五、与投诉事项相关的投诉请求

请求：1. _____。

　　　2. _____。

签字（签章）：_____公章：_____

　　　　　　　　　　　　　　　　　　_____年___月___日

投诉书制作说明：

1. 投诉人提起投诉时，应当提交投诉书和必要的证明材料，并按照被投诉人和与投诉事项有关的供应商数量提供投诉书副本。

2. 投诉人若委托代理人进行投诉的，投诉书应按照要求列明"授权代表"的有关内容，并在附件中提交由投诉人签署的授权委托书。授权委托书应当载明代理人的姓名或者名称、代理事项、具体权限、期限和相关事项。

3. 投诉人若对采购项目的某采购包进行投诉，投诉书应列明具体采购包号。

4. 投诉书应简要列明质疑事项，质疑函、质疑答复等作为附件材料提供。

5. 投诉书的投诉事项应具体、明确，并有必要的事实依据和法律依据。

6. 投诉书的投诉请求应与投诉事项相关。

7. 投诉人为自然人的,投诉书应当由本人签字;投诉人为法人或者其他组织的,投诉书应当由法定代表人、主要负责人,或者其授权代表签字或者盖章,并加盖公章。

(二) 投诉人的限定

既然投诉机制是一种行政救济机制,为了既能维护您的利益,又能保证采购活动的正常进行,所以应对投诉人及内容进行必要的限定,为此,我国《政府采购质疑和投诉办法》对投诉人进行了限定。

您应当根据《政府采购质疑和投诉办法》第七条第二款规定的内容,并按照其规定的方式提起投诉。投诉人提起投诉应当符合下列条件:

(1) 提起投诉前已依法进行质疑。没有质疑的事项或没有质疑的人不能进行投诉。

(2) 投诉书内容符合《政府采购质疑和投诉办法》的规定。

(3) 在投诉有效期限内提起投诉,即在答复期满后十五个工作日内向同级政府采购监督管理部门投诉。

(4) 同一投诉事项未经财政部门投诉处理,也就是您不能重复提起同一投诉事项。

(5) 财政部规定的其他条件。

您投诉的事项不得超出已质疑事项的范围,但基于质疑答复内容提出的投诉事项除外。

(三) 您等待投诉的处理

1. 对投诉书的审查

财政部门收到投诉书后,应当在五个工作日内进行审查,审查后按照下列情况处理:

（1）投诉书内容不符合《政府采购质疑和投诉办法》第十八条规定的，应当在收到投诉书五个工作日内一次性书面通知投诉人补正。补正通知应当载明需要补正的事项和合理的补正期限。未按照补正期限进行补正或者补正后仍不符合规定的，不予受理。

（2）投诉不符合《政府采购质疑和投诉办法》第十九条规定条件的，应当在三个工作日内书面告知投诉人不予受理，并说明理由。

（3）投诉不属于本部门管辖的，应当在三个工作日内书面告知投诉人向有管辖权的部门提起投诉。

（4）投诉符合《政府采购质疑和投诉办法》第十八条、第十九条规定的，自收到投诉书之日起即为受理，并在收到投诉后八个工作日内向被投诉人和其他与投诉事项有关的当事人发出投诉答复通知书及投诉书副本。

2. 调查

被投诉人和其他与投诉事项有关的当事人应当在收到投诉答复通知书及投诉书副本之日起五个工作日内，以书面形式向财政部门作出说明，并提交相关证据、依据和其他有关材料。

财政部门处理投诉事项原则上采用书面审查的方式。财政部门认为有必要时，可以进行调查取证或者组织质证。质证应当通知相关当事人到场，并制作质证笔录。质证笔录应当由当事人签字确认。

财政部门可以根据法律、法规规定或者职责权限，委托相关单位或者第三方开展调查取证、检验、检测、鉴定。

财政部门依法进行调查取证时，被投诉人以及与投诉事项有关的单位及人员应当如实反映情况，并提供财政部门所需要的相关材料。

您要注意，应当由您承担举证责任的投诉事项，您未提供相关证据、依据和其他有关材料的，视为该投诉事项不成立；被投诉人未按照投诉答复通知书要求提交相关证据、依据和其他有关材料的，视同其放弃说明权利，依法承担不利后果。

3. 财政部门处理

财政部门应当自收到投诉之日起三十个工作日内，对投诉事项作出处理决定。但处理投诉事项，需要检验、检测、鉴定、专家评审以及需要投诉人补正材料的，所需时间不计算在投诉处理期限内。所称所需时间，是指财政部门向相关单位、第三方、投诉人发出相关文书、补正通知之日至收到相关反馈文书或材料之日。

财政部门需要相关单位、第三方开展检验、检测、鉴定、专家评审的，应当将所需时间告知您。

您也不用担心被投诉的采购项目是否继续进行，财政部门在处理投诉事项期间，可以视具体情况书面通知采购人和采购代理机构暂停采购活动，暂停采购活动时间最长不得超过30日。采购人和采购代理机构收到暂停采购活动通知后应当立即中止采购活动，在法定的暂停期限结束前或者财政部门发出恢复采购活动通知前，不得进行该项采购活动。

当在投诉处理过程中，有下列情形之一的，财政部门将驳回您的投诉：

（1）受理后发现投诉不符合法定受理条件。

（2）投诉事项缺乏事实依据，投诉事项不成立。

（3）捏造事实或者提供虚假材料。

（4）以非法手段取得证明材料。证据来源的合法性存在明显疑问，投诉人无法证明其取得方式合法的，视为以非法手段取得证明材料。

当财政部门受理投诉后，您又不想继续投诉了，也可以书面申请撤回投诉，财政部门应当终止投诉处理程序，并书面告知相关当事人。

4. 投诉后的几种处理情形

您对采购文件提起的投诉事项，财政部门经查证属实的，应当认定投诉事项成立。经认定成立的投诉事项不影响采购结果的，继续开展采购活动。影响或者可能影响采购结果的，财政部门按照下列情况处理：

（1）未确定中标或者成交供应商的，责令重新开展采购活动。

（2）已确定中标或者成交供应商但尚未签订政府采购合同的，认定中标或者成交结果无效，责令重新开展采购活动。

（3）政府采购合同已经签订但尚未履行的，撤销合同，责令重新开展采购活动。

（4）政府采购合同已经履行，给他人造成损失的，相关当事人可依法提起诉讼，由责任人承担赔偿责任。

您对采购过程或者采购结果提起的投诉事项，财政部门经查证属实的，应当认定投诉事项成立。经认定成立的投诉事项不影响采购结果的，继续开展采购活动。影响或者可能影响采购结果的，财政部门按照下列情况处理：

（1）未确定中标或者成交供应商的，责令重新开展采购活动。

（2）已确定中标或者成交供应商但尚未签订政府采购合同的，认定中标或者成交结果无效。合格供应商符合法定数量时，可以从合格的中标或者成交候选人中另行确定中标或者成交供应商的，应当要求采购人依法另行确定中标、成交供应商；否则责令重新开展采购活动。

（3）政府采购合同已经签订但尚未履行的，撤销合同。合格供应商符合法定数量时，可以从合格的中标或者成交候选人中另行确定中标或者成交供应商的，应当要求采购人依法另行确定中标、成交供应商；否则责令重新开展采购活动。

（4）政府采购合同已经履行，给他人造成损失的，相关当事人可依法提起诉讼，由责任人承担赔偿责任。

您对废标行为提起的投诉事项成立的，财政部门应当认定废标行为无效。

5. 您会收到一个投诉处理决定书

财政部门作出投诉处理决定，会制作投诉处理决定书，并加盖公章。投诉处理决定书应当包括下列内容：

（1）投诉人和被投诉人的姓名或者名称、通信地址等。

（2）处理决定查明的事实和相关依据，具体处理决定和法律依据。

（3）告知相关当事人申请行政复议的权利、行政复议机关和行政复议申请期限，以及提起行政诉讼的权利和起诉期限。

（4）作出处理决定的日期。

财政部门会将投诉处理决定书送达给您和与投诉事项有关的当事人。投诉处理决定书的送达，参照《中华人民共和国民事诉讼法》关于送达的规定执行。同时，您也会在省级以上财政部门指定的政府采购信息发布媒体上看到投诉处理结果公告。

（四）投诉也是有成本的

1. 有关费用由您支付

虽然财政部门处理投诉不得向您和被投诉人收取任何费用，但因处理投诉发生的第三方检验、检测、鉴定等费用，由提出申请的供应商先行垫付。投诉处理决定明确双方责任后，按照"谁过错谁负担"的原则由承担责任的一方负担；双方都有责任的，由双方合理分担。如果您有过错，其处理投诉发生的第三方检验、检测、鉴定等费用该您支付。

相关当事人提供外文书证或者外国语视听资料的，应当附有中文译本，由翻译机构盖章或者翻译人员签名。

相关当事人向财政部门提供的在中华人民共和国领域外形成的证据，应当说明来源，经所在国公证机关证明，并经中华人民共和国驻该国使领馆认证，或者履行中华人民共和国与证据所在国订立的有关条约中规定的证明手续。

相关当事人提供的在香港特别行政区、澳门特别行政区和台湾地区内形成的证据，应当履行相关的证明手续。

这些所发生的费用都由您支付。

2. 虚假或恶意投诉将被处罚

如果您在全国范围 12 个月内三次以上投诉查无实据的，由财政部门列入不良行为记录名单。

有下列行为之一的，属于虚假、恶意投诉，由财政部门列入不良行为记录名单，禁止其在 1~3 年内参加政府采购活动：

（1）捏造事实。

（2）提供虚假材料。

（3）以非法手段取得证明材料。证据来源的合法性存在明显疑问，投诉人无法证明其取得方式合法的，视为以非法手段取得证明材料。

另当别论的是，财政部门及其工作人员在履行投诉处理职责中违反法规规定及存在其他滥用职权、玩忽职守、徇私舞弊等违法违纪行为的，依照《中华人民共和国政府采购法》《中华人民共和国公务员法》《中华人民共和国监察法》《中华人民共和国政府采购法实施条例》等国家有关规定追究相应责任；涉嫌犯罪的，依法移送司法机关处理。

（五）再救济

投诉的处理属于同级管辖，由于种种原因，投诉的处理并非百分之百正确，您对投诉处理意见不可能百分之百满意，为了维护投诉供应商的正当权益，保证供应商正当权益的落实，我国政府采购法对投诉的再救济进行了规定，您可以对投诉处理的行政主体的行政行为申请行政复议或直接提起行政诉讼。

四、行政复议

我国《政府采购法》规定：投诉人对政府采购监督管理部门的投诉处理决定不服或者政府采购监督管理部门逾期未作处理的，可以依法申请行政复议或者向人民法院提起行政诉讼。投诉供应商决定是否申请行政复议或直接提起行政诉讼是他自己的权利。行政复议是运用行政机关系统的层级监督关系，由上级行政机关纠正下级行政机关的违法或不当的行政行为，以保护相对人的合同权益，是一种行政系统内部对行政权的监督形式。

（一）政府采购行政复议的概念

《行政复议法》所指的行政复议，是国家行政机关在依照法律、法规和规章赋予的职权进行行政管理的活动中，与行政管理相对人发生争议的时候，上一级行政机关或者法律、法规规定的行政机关，根据行政管理相对人的申请，对引起争议的具体行政行为是否合法适当进行复查审理并作出裁决的活动。政府采购活动中的行政复议行为首先应该适用《行政复议法》。

所谓政府采购的行政复议，是指政府采购的当事人以其政府采购监督管理部门的具体行政行为侵犯了其合法权益为由，依法向有关行政机关提出申请，由受理申请的行政机关对原具体行政行为进行审查并作出裁决的活动。

在政府采购行政复议中，行政复议的当事人包括：复议申请人和复议被申请人。复议申请人是指因行政部门（被申请人）的具体行政行为侵犯了自己的合法权益，依法请求复议机关重新审议，变更或撤销原具体行政行为的投诉供应商。复议被申请人是指与复议申请人处于相对的法律地位，其实施的具体行政行为因复议申请人认为侵犯自己合法权益而依法向复议机关申请复议的行政部门。

行政复议的客体是指认为被侵犯其合法权益的进行过质疑、投诉的政府采购供应商。行政复议的主体是指作出行政行为的上一级行政部门。行政复议的主体与行政复议法律关系的主体是两个不同的概念，行政复议法律关系的主体，不仅包括行政复议部门，还包括复议申请人、被申请人、第三人，以及证人、鉴定人、勘验人和翻译人员等。

（二）政府采购行政复议申请的管辖

所谓政府采购行政复议申请管辖，就是复议申请人（投诉供应商）应该向谁提出复议申请并由其受理。我国《行政复议法》对复议申请管辖作了明确的规定。

（1）对县级以上地方各级人民政府工作部门的具体行政行为不服的，由申请人选择，可以向该部门的本级人民政府申请行政复议，也可以向上一级行政主管部门申请行政复议。

（2）对地方各级人民政府的具体行政行为不服的，向上一级地方人民政府申请行政复议。

（3）对国务院部门或者省、自治区、直辖市人民政府的具体行政行为不服的，向作出该具体行政行为的国务院部门或者省、自治区、直辖市人民政府申请行政复议。对行政复议决定不服的，可以向人民法院提起行政诉讼，也可以向国务院申请裁决，国务院依照《行政复议法》的规定作出最终裁决。

除此之外，对县级以上地方人民政府依法设立的派出机关具体行政行为不服的，向设立该派出机关的人民政府申请行政复议；对政府部门依法设立的派出机构依照法律、法规、规章，以自己的名义作出的具体行政行为不服的，向设立该派出机构的部门或者该部门的本级地方人民政府申请行政复议；对法律、法规授权的组织的具体行政行为不服的，分别向直接管理该组织的地方人民政府、地方人民政府工作部门或者国务院部门申请行政复议；对两个或者两个以上行政机关以共同名义作出的具体行政行为不服的，向其共同上一级行政机关申请行政复议。

政府采购的行政复议也遵循以上规定。

（三）政府采购行政复议的受理及程序

政府采购投诉供应商对政府采购监督管理部门的投诉处理决定不服，或者政府采购监督管理部门逾期未作处理的，认为具体行政行为侵犯其合法权益，应自知道该具体行政行为之日起 60 日内提出行政复议申请。

行政复议机关收到行政复议申请后，应当在 5 日内进行审查，对不符合规定的行政复议申请，决定不予受理，并书面告知申请人；对符合规定，但是不属于本机关受理的行政复议申请，应当告知申请人向有关行政复议机关提出。行政复议申请自行政复议机关负责法制工作的机构收到之日起即为受理。

对行政复议申请的审查，应当是形式的审查，是审查行政复议申请本身是否符合《行政复议法》的规定，包括四个方面内容：一是申请行政复议的事项是否属于具体行政行为；二是申请人的合法权益与申请行政复议的具体行政行为是否存在法律上的利害关系；三是行政复议申请是否在法定申请期限内提出；四是行政复议申请是否属于本机关受理。

为了防止行政复议机关对应当受理的行政复议申请不予受理，《行政复议法》又规定："公民、法人或者其他组织依法提出行政复议申请，行政复议机关无正当理由不予受理的，上级行政机关应当责令其受理；必要时，上级行政机关也可以直接受理。"

政府采购行政复议程序是指行政复议机关在复议解决政府采购争议过程中复议机关、当事人及其他参加人从事各项活动所必须遵守的法定顺序和形式。政府采购行政复议程序大体有以下五个阶段。

1. 投诉供应商提出行政复议申请

即投诉供应商认为行政机关和行政机关工作人员的具体行政行为侵犯其合法权益，依法向有复议管辖权的机关作出对原具体行政行为进行审查并作出裁决的意思表示，行政复议是由行政管理相对人（投诉供应商）提出申请复议而引起的。

2. 复议申请的受理

即法律规定的行政复议机关对行政管理相对人的复议申请进行审查，认为符合法律规定的复议条件的予以接受。

3. 对具体行政行为的审查和调查，复议的审理阶段

即行政复议机关对具体行政行为从法律依据和事实依据两个方面所进行的审查与调查活动阶段，这是行政复议正确解决行政争议的核心阶段。

4. 作出复议决定

即对行政复议机关在对引起争议的具体行政行为进行合法性审查和事实证据调查的基础上作出维持、撤销或变更原具体行政行为的裁决，这是行政复议正确解决行政争议的决定性阶段。

5. 对复议决定的执行

即复议裁决的最终实现活动。包括两个方面：一是有执行义务的行政机关或行政管理相对人自觉履行裁决义务；二是符合强制执行条件的，由人民法院或法律法规授权的组织强制义务人履行裁决义务。

（四）政府采购行政复议的决定

受理政府采购行政复议的机关，一般应当自受理申请之日起30日内作出行政复议决定。《行政复议法》同时规定，情况复杂，不能在规定期限内作出行政复议决定的，经行政复议机关的负责人批准，可以适当延长，并告知申请人和被申请人；但是延长期限最多不超过30日。

政府采购行政复议机关作出的政府采购行政复议决定，应当制作行政复议决定书，并加盖印章。对投诉事项作出的处理决定书应通知投诉人和与投诉事项有关的当事人。政府采购行政复议决定书一经送达，即发生法律效力。

政府采购行政复议决定书主要包括以下五方面内容。

一是申请人和被申请人的有关情况。申请人的情况，如果是自然人，应依次写明姓名、性别、年龄、职业、住址等有关情况。如果申请人是法人，应写明法人全称、法定代表人的姓名、公司地址。如符合规定，有第三人申请参加复议的，也要写明第三者的有关情

况。被申请人的情况,应写明被申请单位的全称、法定代表人的姓名、职务、地址等有关情况。如果属于两个或两个以上的行政机关共同作出的具体行政行为,它们是共同的被申请人,也应列出有关情况。

二是引述申请复议的主要请求和理由,这是正文开头。无论是请求,还是理由,都应该在决定书上写明,此处是引述,应当如实叙写,不可走样。

三是复议机关认定的事实和理由。这是行政复议案作出裁决的文字表述。它要阐明复议机关认定的具体事实、理由和适用的法律、法规。要写好这个部分内容,应当认真阅读争议双方的有关材料,根据双方提供的事实和理由,抓住争议焦点,辨明是非,确立复议的事实和理由,一般来说,复议机关认定的事实和理由可能是申请人在复议书中写明的,也有可能是被申请人受理案后新产生的。但不管是哪一种,都应该有同等的效力。只要复议机关实事求是,秉公而断,就能令争执的双方心悦诚服。这部分内容的表述要做到认定事实确凿无误,依法评断,依据充分。

四是行政复议裁决的结论。政府采购行政复议的最终目的是下结论,结论文字要求表述明确、语气肯定,便于理解和操作。由于结论是供执行用的,往往还要提出执行意见。如属终局裁决,要写明执行期限;非终局裁决可写明不服决定而向人民法院提起诉讼的期限。

五是复议机关的名称、法定代表人签字、复议机关印章。[①]

(五) 再救济

我国《政府采购法》规定,投诉人对政府采购监督管理部门的投诉处理决定不服或者政府采购监督管理部门逾期未作处理的,既可以依法申请行政复议,也可以不经过行政复议而直接向人民法院提起行政诉讼。当申请复议人对行政复议决定不服或者行政

---

① 宋军:《政府采购文体解》,经济科学出版社出版 2009 年版。

复议主体逾期没有作出行政复议决定的，申请复议人还可以向人民法院提起行政诉讼，也就是"打官司"了。

五、最后只能"打官司"

我国《政府采购法》规定，投诉供应商可以先申请行政复议，在对行政复议决定不服的情况下可以再提起行政诉讼；投诉供应商也可不经过申请行政复议直接提起行政诉讼。这给予了供应商较灵活的选择权，供应商可以依据自己的实际情况决定采用救济的方式。

（一）行政诉讼与行政复议的区别

我国于 1990 年 10 月 1 日起开始实施《中华人民共和国行政诉讼法》（以下简称《行政诉讼法》）。《行政诉讼法》所指的行政诉讼，是公民、法人或者其他组织认为行政机关和法律法规授权的组织作出的具体行政行为侵犯其合法权益，依法定程序向人民法院起诉，人民法院在当事人及其他诉讼参与人的参加下，对具体行政行为的合法性进行审查并作出裁决的制度。政府采购的行政诉讼是指政府采购投诉供应商认为投诉处理机关或行政复议机关作出的具体行政行为侵犯其合法权益，依法定程序向人民法院起诉，人民法院在当事人及其他诉讼参与人的参加下，对具体行政行为的合法性进行审查并作出裁决的制度。

行政复议和行政诉讼是解决争议的两种权利救济制度，它们既有联系，又有区别，其区别主要表现在以下五个方面。

1. 解决争议的主体不同

行政复议由法定的行政复议机关主持并作出裁决；而行政诉讼则由人民法院主持。裁决主体的不同是行政复议与行政诉讼最根本的区别，并决定着它们的性质和特征。

2. 监督性质不同

行政复议和行政诉讼都是对行政权的行使实行的监管。但是监管的范畴不同。行政复议是由法定行政机关主持解决行政争议，属于行政系统内部的监督；行政诉讼是由人民法院主持解决行政争议，属于司法监督的范畴。

3. 审查的范围不同

在行政诉讼中，除另有规定外，人民法院原则上只对被诉具体行政行为的合法性进行审查，一般不涉及合理性问题；而行政复议则不然，在行政复议中，行政复议机关不仅可以审查争议行政行为的合法性，而且可以审查争议行政行为的适当性、合理性，还可以根据当事人的申请，对当事人一并提出异议的规章以下的规范性文件进行合法性审查。

4. 裁决权限不同

在行政诉讼中人民法院原则上只能对被诉具体行政行为的合法性进行审查，并且只能作出维持、撤销等判决，只能对"行政处罚显失公正的"才能判决变更，即行政诉讼中司法变更权是有限的，对其他被诉具体行政行为无权变更，更不得代替行政机关行使职权。而在行政复议中，行政复议机关不仅有权撤销或变更原具体行政行为，而且还可以代替被申请复议的行政机关或组织重新作出具体行政行为。但是，司法最终裁决权是世界通例，除法律明文规定复议裁决为终局裁决之外，我国人民法院同样享有司法最终裁决权。依据我国《行政诉讼法》第三十七条规定：对属于人民法院受案范围的行政案件，公民、法人或者其他组织可以先向上一级行政机关或者法律、法规规定的行政机关申请复议，对复议不服的，再向人民法院提起诉讼；也可以直接向人民法院提起诉讼。法律、法规规定应当先向行政机关申请复议，对复议不服再向人民法院提起诉讼的，依照法律、法规的规定。我国《政府采购法》选择适用了前款。

5. 受案范围和运用的程序不同

行政诉讼只受理当事人对具体行政行为合法性提出异议的行政案件，并以《行政诉讼法》和其他单行法律法规规定可以起诉的具体行政行为的范围为限；行政复议不以具体行政行为为限，除了行政处分等人事处理决定和行政机关对民事纠纷所做的调解等处理外，可以受理所有复议申请，包括对行政行为不合理以及对规章以下抽象行政行为不服并提出的复议申请。而行政诉讼适用严格的诉讼程序，属于司法范畴，行政复议的程序虽然具有准司法意义，但仍属于行政程序的一部分，具有简便、灵活、迅速、高效等特点，与行政管理相适应。①

政府采购的行政诉讼的主要特点：一是规定被告一方是政府采购监督管理部门或有关国家行政机关（及其工作人员）。行政案件是当事人（供应商）控告政府机关（及其工作人员）的案件。二是它解决的纠纷，是政府采购监督管理部门及相关政府机关进行行政管理活动过程中同行政管理相对一方当事人（供应商）之间发生的行政纠纷。三是它规定的行政诉讼，是法律规范明文规定的当事人（供应商）可以向法院控告政府（及其工作人员）的诉讼。四是行政诉讼双方当事人所争议的标的，只能是政府采购监督管理部门及相关行政机关的具体行政行为。五是行政诉讼不适用调解，只能作出对与错的裁决。

在政府采购的行政诉讼中，行政诉讼当事人是指因对具体行政行为发生争议，以自己的名义到人民法院起诉、应诉和参加诉讼，并受人民法院判决、裁定约束的公民、法人和其他组织以及行政机关。在法学上，当事人有广义与狭义之分。广义的当事人包括原告、被告、共同诉讼人、诉讼中的第三人；狭义的当事人则仅指原告和被告。政府采购行政诉讼原告是指对行政主体具体行政行为不服，依照行政诉讼法的规定，以自己的名义向人民法院起诉的政府采购供应商。行政诉讼的被告是指被原告起诉指控侵犯其行政法上的合法权益和与之发生行政争议，而由人民法院通知应诉的行政主体，它包括政府采购监督管理部门或及相关行

---

① 王亚琴：《政府采购与行政权利救济》，人民法院出版社 2004 年版。

政机关。行政诉讼中的第三人，是指同提起诉讼的具体行政行为有利害关系并因而参加到他人正在进行的行政诉讼程序中的公民、法人或其他组织。

在政府采购中，采购代理机构中的集中采购机构是否为行政机关值得商榷，所以在行政诉讼中，集中采购机构是否能成为被告目前有争议。按《行政诉讼法》第二十五条第四款的规定：由法律、法规授权的组织所作的具体行政行为，该组织是被告，由行政机关委托的组织所作的具体行政行为，委托的行政机关是被告。

（二）政府采购行政诉讼的提起

政府采购行政诉讼的提起，在行政诉讼中称为起诉。所谓起诉，是指公民、法人或其他组织认为行政机关的具体行政行为侵犯其合法权益，依法请求人民法院行使行政审判权，审查具体行政行为的合法性并予以救济的诉讼行为。

政府采购供应商提起行政诉讼，必须具备如下五个条件。

1. 原告必须是认为具体行政行为侵犯了自己合法权益的投诉过的供应商

没有经过投诉程序的供应商，其认为具体的行政行为侵犯了自己的合法权益的应选择其他途径救济。

2. 被告只能是政府采购监督管理部门及或相关行政机关，而不是企业、团体或者别的法人，更不是个人

3. 有具体的诉讼请求和事实根据

即原告的诉讼请求，应当具体指出行政机关处理决定存在的问题，如案情不实、证据不足、违反法律规定、程序不合法、处罚不当等。原告指出这些问题后，必须明确提出撤销或者变更原裁决的诉讼请求，还应当提出事实和法律依据，来证明自己主张的正确。

4. 属于人民法院的受案范围和受诉人民法院管辖

有些法律、法规规定：公民、法人或其他组织，不服行政机关的处理决定,可以向上一级行政机关申请复议。对于有这样规定的,向人民法院提起行政诉讼之前,一般应先申请行政复议。而政府采购的行政诉讼也可不先经过申请行政复议。

5. 投诉人要在法定的期限内提起行政诉讼

凡是法律没有特别规定的,根据行政诉讼法规定,公民、法人或其他组织,应当在知道行政机关作出具体行政行为之日起3个月内,向人民法院提起行政诉讼。逾期不起诉的,即丧失请求法院保护的权利。

在政府采购的行政诉讼中,其起诉期限应适用于行政诉讼中的一般期限,即一是直接起诉的案件,起诉人应当在知道具体行政行为之日起3个月内提起诉讼。二是经复议的案件,申请人不服行政复议决定起诉的,可以在收到复议决定书之日起15日内提起行政诉讼。复议机关逾期不作决定的,申请人可以在复议期限届满之日起15日内向人民法院提起诉讼。三是期限的延长。相对人因不可抗力或者其他特殊情况耽误法定期限的,在障碍消除后10日内,可以申请延长期限,由人民法院决定。

(三) 政府采购行政诉讼的受理及程序

政府采购行政诉讼的受理,是指人民法院根据相对人的起诉,经审查认为符合法定起诉条件,决定立案予以审理的诉讼行为。

在政府采购的行政诉讼中人民法院对政府采购供应商提起的诉讼是否受理,则要对起诉资料进行审查,符合条件的才予以受理。其审查的内容为以下五点。

1. 起诉是否符合法定起诉条件

包括起诉人是否有原告资格,被告是否明确,诉讼是否明确、具体,所诉行为是否为具体行政行为,是否存在,是否属于人民法院的受案范围和受诉人民法院管辖。

2. 复议前置程序是否完结

对那些行政复议前置的,或当事人自由选择但选择先复议的案件，在复议程序结束前，当事人不得起诉。但复议机关不作为的例外。

3. 起诉是否超过法定期限

超过法定起诉期限的，起诉人丧失起诉权，人民法院也不会受理。

4. 是否重复诉讼

人民法院已经审结的案件，或人民法院正在审理的案件，如果相对人又起诉的，不予受理。

5. 起诉状内容是否明确、完整，是否符合法律要求

人民法院在收到相对人的起诉状后，应在7日内进行全面审查，并决定是否受理。一是对符合条件的，决定受理，并在7日内立案，同时及时通知当事人。二是对起诉条件有欠缺的，应要求当事人限期补正。按期补正后经审查符合受理条件的，并在收到补正资料后的7日内立案，同时及时通知当事人。三是对不符合起诉条件的，决定不受理。起诉人对不受理的裁定，可在接到裁定书之日起10日内向上一级人民法院提出上诉。四是对在7日内不能决定是否受理的，应当先予以受理。受理后经审查不符合起诉条件的，裁定驳回起诉。受诉人民法院在7日内既不立案，又不作出裁定的，起诉人可以向上一级人民法院申诉或起诉。

行政诉讼人民法院受理后将进入实质审理阶段。主要程序为开庭审理阶段，为开庭准备、宣布开庭、法院调查、法庭辩论、合议庭评议、宣告判决。

（四）政府采购行政诉讼的裁判与执行

政府采购的行政诉讼裁判，是指人民法院审理政府采购案件，对涉及的实体问题及程序问题所作的处理。包括行政判决、行政裁定和决定。行政判决是人民法院审理行政案件终结时，根据事实和法律，就行政案件的实体问题所作的处理决定。行政裁定是指人民法院在审理行政案件过程中，根据事实和法律，就其程序问题所作的处理。行政诉讼的决定是指法院就其诉讼程序中的特殊问题所作的处理。

对于行政诉讼的裁判，被告应按人民法院作出的行政判决、行政裁定和行政诉讼的决定执行，被告不执行的，原告可申请强制执行。

六、磋商也是一种解决争端的办法

在我国政府采购法规中，并没有磋商这种救济机制，而在国际组织和有关国家中，将磋商作为政府采购救济的手段之一，但并非前置条件。

（一）什么是磋商

汉语中的"磋商"是指互相商议、交换意见。而《政府采购协议》中的"磋商"是一种解决争端的一种手段。

《政府采购协议》约定：每一缔约方应对任一其他缔约方提出的关于影响本协议实施的任一问题的申诉，应给予同情的考虑并提供充分的磋商机会。

如任一缔约方认为其从本协议应直接或间接取得的利益，由于另一缔约方或几个缔约方的行为而丧失或损害，或认为由于另一缔约方或几个缔约方的行为而阻碍本协议的目标实现时，该缔约应以书面形式要求与该缔约方或各缔约方进行磋商，以便就此问题达成相互满意的解决办法。每一缔约方应对另一缔约方提出的磋商请求，给予同情的考虑。有关各缔约方应立即开始进行所要求的磋商。

就影响本协议实施的某一具体问题进行磋商的各缔约方应在符合《政府采购协议》第六条第八款规定的条件下，提供有关该问题的资料，并应力求在不太长的时间内结束此项磋商。

（二）我国将"磋商"手段纳入政府采购救济机制的设想

随着我国政府采购制度改革的不断深入和我国加入政府采购协议谈判步伐的加快，我国的政府采购法规体系将迎来深刻的变化。因此，将磋商手段纳入政府采购救济机制是有可能的，这就多了一个救济机制。

所以，今后的法规可能会规定，"采购人与供应商因合同履行发生纠纷的，可以采取磋商的形式解决。磋商形式并非其他救济方式的前置条件"。

您违规，是有代价的哟

没有规矩不成方圆。规矩的重要性和意义是有助于建立成熟的人格、有助于培养自控力，在现代社会每个人都必须遵守规矩，必须守法，否则，社会将处于无序、混乱之中，违规者也将付出代价。

一、规范是政府采购的本质

政府采购是一种制度，是一种经济制度、社会制度和政治制度。而制度泛指以规则或运作模式，规范个体行动的一种社会结构，是一定历史条件下形成的法令、礼俗等规范。所以说规范是政府采购的本质。政府采购规范是指政府采购活动中各相关人应该遵循的明文规定或约定俗成的标准。在政府采购活动中最基本的规范主要有程序规范、文体规范和行为规范。

政府采购程序规范是实现政府采购目的的标准路径，政府采购文体规范是实现政府采购目的的标准形式，政府采购行为规范是实现政府采购目的的标准内容，政府采购的程序规范、文体规范和行为规范共同构成了政府采购活动的本质的立体构架,这三种规范缺一不可,否则都难以支撑政府采购公开、公平和公正的基本原则。

(一) 政府采购的程序规范

政府采购程序规范是政府采购活动中应当遵循的步骤和先后次序的标准。在政府采购活动中,程序具有十分重要的地位,它是政府采购活动的主轴,既不可缺失,也不可颠倒,更不可混搭。

政府采购程序按性质分,可分为执行程序和管理程序;政府采购程序按内容分,可分为政府采购预算编制程序、执行程序、救济程序、监督检查程序、绩效评价程序;政府采购程序按环节分,可分为政府采购监管部门履职环节程序、采购人或采购代理机构执行操作环节程序、供应商参与采购活动环节程序和评审专家评审采购项目环节程序。

1. 政府采购执行程序规范

政府采购执行程序规范是指采购人或采购代理机构在政府采购操作过程中的步骤和先后次序的标准。执行程序是政府采购达到公开、公平和公正要求的重要步骤。政府采购执行程序规范主要包括政府采购预算编制程序规范、采购需求论证程序规范、实施计划编制和报备程序规范、采购委托程序规范、采购方式操作程序规范、进口产品采购或变更采购方式程序规范等。

2. 政府采购评审操作程序规范

政府采购评审操作程序规范是指评审专家及评标委员会(谈判小组、磋商小组、询价小组)参与评审活动步骤和先后次序的标准。政府采购评审操作程序规范包括政府采购评审专家使用程序规范和评审程序规范。

3. 政府采购监管程序规范

政府采购的监管程序规范是指政府采购监管部门在政府采购活动中履职尽责的步骤和先后次序的标准。从大的概念上讲,政府采购监管程序包括政府采购监管部门的内部运作程序以及对政府采购执行和操作的管理与监督的程序。从小的概念上讲，它只包括对政府采购活动的监管程序。

依据政府采购监管部门的职责，政府采购监管程序规范主要包括：监管部门内部运作程序规范、信息公开程序规范、目录与标准制定与发布程序规范、采购方式变更或审批程序规范、评审专家管理和使用程序规范、投诉处理程序规范、监督检查程序规范、资金支付程序规范、绩效评价程序规范和档案管理程序规范等。

（二）政府采购的文体规范

政府采购的文体是指在政府采购活动中使用的各类文书。政府采购文体规范就是指政府采购活动中使用的各类文书格式和内容框架的示范性标准。依据文体所反映的内容，可将政府采购文体分为告知类、合约类、救济类和相关类。政府采购文体是特殊的文体，它有别于行政公文，但又有行政公文的某些特征，它的这种特殊性是由政府采购的性质和特点所决定的。由于政府采购活动是一种经济行为和行政行为的综合体，因此，决定了政府采购文体必须统一、规范。

政府采购文体是政府采购活动的主要载体，它的规范不仅涉及采购活动基本原则的落实，还涉及供应商响应采购活动行为规范。文体规范的基本要求是格式统一、用词严谨、清晰易懂、内容完整。

1. 告知类文体的规范

政府采购告知类文体是指政府采购活动中各类晓谕性文书。它主要是政府采购监管部门、采购人或采购代理机构对外发布的各种信息、公告、公示、通知、通报等文书。政府采购告知类文体的规范是指政府采购活动中各类晓谕性文书的标准。

2. 合约类文体的规范

政府采购合约类文体是指政府采购活动中各种带有合同性质

的文书。它主要包括政府采购招标文件（竞争性谈判文件、竞争性磋商文件、询价通知书、单一来源采购商定文件、框架协议采购征集文件）、政府采购各类合同、协议等文体。政府采购合约类文体的规范是指政府采购活动中各种带有合同性质的文书的标准。

3. 救济类文体的规范

政府采购救济类文体是指政府采购活动中各主体维权或处理维权行为时使用的文书。它包括询问、质疑和投诉、行政复议、行政诉讼等过程中来往或使用的文书。政府采购救济类文体的规范是指政府采购活动中各主体维权或处理维权行为时使用文书的标准。

4. 相关类文体的规范

政府采购相关类文体是指政府采购活动中各相关当事人依法所使用的文书，包括依法出具的各种报告、公证书、保函以及经常使用请示、批复、决定、决议等的文书。政府采购相关类文体的规范是政府采购活动中各相关当事人依法所使用的文书的标准。

（三）政府采购的行为规范

政府采购行为是指政府采购各相关人在政府采购活动中的举止行动。而政府采购行为规范则是指为了保证政府采购活动在依法轨道上运行所制定的举止行动的规则和标准。按主体的不同，政府采购行为规范可分为采购人或采购代理机构的行为规范、评审专家的行为规范、供应商的行为规范和监管部门的行为规范。

政府采购的行为规范是整个政府采购活动的根本，没有政府采购的行为规范，其他规范将无法实现。

1. 采购人或采购代理机构的行为规范

采购人是能以自己的名义从事政府采购活动，并能独立承担法律责任的民事主体。采购代理机构是受采购人委托从事政府采购执行操作的受托人。在政府采购中采购人和采购代理机构是委托与被委托的关系。在一定程度上，一旦委托关系成立，采购人的行为规范也是采购代理机构的行为规范。采购代理机构的行为规范包括政府集中采购机构、部门集中采购机构和社会代理机构（采购需求论证和调查代理、采购代理、投标代理、救济代理、绩效评价代理等）的行为规范。

政府采购的采购人或采购代理机构的行为规范是指采购人或采购代理机构在政府采购活动中应该遵守的行为准则。采购人或采购代理机构行为规范内容包括政府采购预算编制、采购需求制定和实施计划编制的行为规范、政府采购执行行为规范、政府采购授予与签订合同规范、履约验收和资金支付行为规范、政府采购绩效评价和政府采购档案管理行为规范。

2. 政府采购评审专家的行为规范

政府采购评审专家行为规范是指政府采购评审专家在参与政府采购活动中咨询和评审中行为的准则。政府采购评审专家的行为规范包括在咨询或论证中的行为规范、在制作采购文件（竞争性谈判文件和询价通知书）或评审采购文件的行业规范、在评审活动中的行为规范和在质疑与投诉中的行为规范。

在政府采购评审专家的概念中，还包括采购项目可行性研究专家、采购需求论证专家、采购人的代表、政府采购咨询专家、政府采购活动的绩效评价专家、验收专家等。

3. 政府采购供应商的行为规范

政府采购供应商是参加政府采购市场的供方主体，是采购对象的最终落实者。政府采购供应商的行为规范是指政府采购供应商参与政府采购活动的行为准则。它包括在执行环节中的参与政府采购活动的行为规范、在质疑和投诉过程中的行为规范、在合同签订环节中的行为规范和在履约验收中的行为规范。

4. 政府采购监管部门的行为规范

政府采购监管部门依法对政府采购活动实行监督管理职责，政府采购监管部门的行为规范是基础，决定着其他政府采购当事人的行为规范。政府采购监管部门的行为规范是指监管部门在履职尽责过程中以及管理活动中举止行动的规则和标准。政府采购监管部门的行为规范依据其履职的不同环节，又可分为政府采购预算编制监督的行为规范、采购实施计划编制监督的行为规范、采购方式变更审批或报备的行为规范、政府采购合同管理的行为规范、对评审监督管理的行为规范，对投诉处理的行为规范和对政府采购当事人监督检查的行为规范。

二、许多双眼睛盯着您

政府采购是政府主体按市场规律进行采购活动的行为，它使用的是纳税人的钱，所以，监督的主体和监督的形式较多，也就是说有许多双眼睛盯着您，必须按规矩进行采购。

《政府采购法》在确定政府采购的监管主体的同时，还规定，各级人民政府其他有关部门依法履行与政府采购活动有关的监管管理职责。那么，除了各级人民政府财政部门履行对政府采购的监管外，还有纪检和监察委的监察，有审计的行政监管，有人大、政协的监督，有新闻媒体的监督，有公众的监督。

（一）纪检和监察委盯着您

纪检与监察委是党的纪律检查机关和政府的监察部门。纪检监督是党的纪律委员会对党员进行的监视和督察。监察委是指国家行政机构内有监督职权的机关依法对国家行政机关及其公务员行使行政权力的行为进行的监视和督察。党的十八大以来，我国加大了行政监察体制改革的力度，国家成立了监察委员会，在各省、自治区、直辖市、自治州、县、自治县、市、市辖区设立监察委员会，行使监察职权。将县级以上地方各级人民政府的监察厅（局）、预防腐败局和人民检察院查处贪污贿赂、失职渎职以及预防职务犯罪等部门的相关职能整合至监察委员会。各级监察委员会主任由本级人民代表大会选举产生。

各级监察委员会与各级党的纪律委员会合署办公。

1. 监察委员会（纪检）的权限

按照管理权限，监察委员会（纪检）对本地区所有行使公权力的公职人员依法实施监察；履行监督、调查、处置职责，监督检查公职人员依法履职、秉公用权、廉洁从政以及道德操守情况，调查涉嫌贪污贿赂、滥用职权、玩忽职守、权力寻租、利益输送、徇私舞弊以及浪费国家资财等职务违法和职务犯罪行为并作出处置决定；对涉嫌职务犯罪的，移送检察机关依法提起公诉。为履行上述职权，监察委员会可以采取谈话、讯问、询问、查询、冻结、调取、查封、扣押、搜查、勘验检查、鉴定、留置等措施。

2. 监察委员会（纪检）监督的范围与内容

按照我国的《行政监察法》和党的有关规定，在政府采购中，行政监督的对象范围包括政府采购监督管理部门以及工作人员、采购人以及相关人员、政府集中采购机构和部门集中采购机构以及工作人员、属于行政管理范围的独立参与评标的评审专家。

在政府采购活动中行政监督的主要内容包括：一是遵守国家的法律法规情况，包括政府采购法规。二是履行职责情况，政府采购中的行政被监督对象都有各自的工作职责，是否存在不作为和乱作为的行为，是否有营私舞弊行为。三是廉洁奉公情况，在政府采购中是否坚持原则，在与供应商打交道的过程中，是否保持清正廉洁。

3. 监察委员会（纪检）监督的形式与方式

在政府采购的监督中，行政监督应该是一种外部监督和再监督。行政监督的形式与方式主要为事前监督、事中监督和事后监督。

事前监督是指在某种公共行政管理活动开展之前，监督部门围绕公共行政管理主体的行政行为进行的监督检查。行政监察部门的事前监督就是检查和督促政府采购当事人及相关人员建立与完善政府采购制度，建立反腐倡廉的长效机制，协助抓好干部职工的勤政廉政工作。

事中监督是指行政监察监督主体根据实际需要，依法对行政机关及其工作人员正在进行的行政执法行为实施监督检查的一种方式。在政府采购中的事中监督就是行政监察部门对正在开展的政府采购活动直接派人到现场进行监督，是一种面对面的监督，它可以及时发现问题，及时纠正偏差，减少损失。随着信息时代的到来，行政监察部门可利用网络手段对政府采购活动的每一个重要节点和环节进行实时监控。

事后监督是指在某种公共行政管理活动结束之后监督部门所进行的监督。行政监察部门对政府采购的事后监督主要表现在对政府采购活动的评判与评价，对在政府采购活动中出现的违反法规的人或事进行调查处理，对公众怀疑、检举、揭发的有关问题进行检查、调查和建议处理及作出处理意见，一方面通过事后的介入，可以澄清事实、纠正错误、处理问题、惩治腐败；另一方面通过查找原因，吸取经验教训，建立更加完善的监督机制。

（二）审计审查您

我国《政府采购法》第六十八条规定："审计机关应当对政府采购进行审计监督。政府采购监督管理部门、政府采购各当事人有关政府采购活动，应当接受审计机关的审计监督。"审计机关的监督是一种再监督，它不仅监督政府采购监督管理部门在政府采购活动中的行为的合法性，而且监督政府采购各当事人在政府采购活动中行为的规范性、经济性和效益性。

1. 审计的概念

在我国，"审计"一词最早见于宋代的《宋史》。从词义上解释，"审"为审查，"计"为会计账目，审计就是审查会计账目。"审计"一词的英文单词为"Audit"，被注释为"查账"，兼有"旁听"的含义。由此可见，早期的审计就是审查会计账目，与会计账目密切相关。审计发展至今，早已超越了查账的范畴，涉及对各项工作的经济性、效率性和效果性的查核。

《中华人民共和国审计法实施条例》第二条对审计所下的定义是:"审计是审计机关依法独立检查被审计单位的会计凭证、会计账簿、会计报表以及其他与财政收支、财务收支有关的资料和资产,监督财政收支、财务收支真实、合法和效益的行为。"

2. 政府采购审计监督的对象与内容

政府采购审计是一种再监督和事后的监督,其目的是监督政府采购活动的真实性、合法性、经济性、效率性。依据政府采购活动的特殊性及政府采购活动中各当事人和相关人所处的地位和作用的不同,其政府采购审计的对象与内容也不相同。政府采购审计对象有四个,即政府采购的采购人、采购代理机构、供应商和监督管理部门。

(1) 对采购人的审计。采购人是政府采购活动的发起人,是采购对象的使用者或管理者。对采购人的审计主要内容为:一是落实政府采购法规情况,是否制定了内部政府采购的规章制度。二是政府采购预算编制是否科学、完整,有没有无预算或超预算的采购行为。三是政府采购实施计划编制是否科学、采购需求是否符合有关标准、采购需求是否详细、是否有规避政府采购的行为和化整为零规避公开招标采购的行为、采购方式选择是否合法。四是审查采购人对纳入集中采购目录的采购项目,是否委托集中采购机构采购,自行采购时有无委托不具备采购业务代理资格的机构办理采购事宜。五是审查采购人在制定供应商条件时有无歧视性条款。六是是否对采购对象实施验收手续。七是采购人政府采购台账是否健全,采购信息资料保管是否符合规定。八是审查采购人有无因盲目采购和重复采购造成闲置或不适用资产等浪费损失问题并计算出资产利用率。九是各种政府采购信息是否及时、全部在指定媒体上公布,对采购代理机构和评审专家及供应商的信用记录是否合法。十是对采购项目是否进行绩效评价。

在对采购人的审计中,需要对定量指标审核的还包括:政府采购预算编制率、采购资产利用率、采购效益和效率等。

(2) 对采购代理机构的审计。采购代理机构包括政府集中采购机构、社会中介代理机构、部门集中采购机构，所以其审计的重点也不同，如对社会中介代理机构的审计是对采购人审计的延伸审计。对采购代理机构的审计重点在合法性、效率性、经济性上。重点内容主要有：一是是否健全了管理制度和内部制约机制，内部分工是否明确，互不相容的职责有无分设，相互监督和制约的机制是否有效，人才结构是否合理。二是各类政府采购信息发布是否规范，特别是信息披露是否完整、发布时间是否合法。三是采购操作程序是否规范，是否按实施计划或委托时确定的采购方式实施采购。四是采购的对象其价格是否低于市场平均价格，以及采购的效率、质量和服务是否符合要求，是否落实政府采购的政策功能。五是对于供应商的询问和质疑处理是否及时、处理是否规范。六是评标委员会的组成是否规范。七是政府采购档案资料的管理是否完整、及时、规范。八是对评审专家、供应商的信用评价是否及时、完整。

在对采购代理机构的审计中，需要对定量指标审核的还包括：人均采购额、采购价格降低率、采购货物质量合格率、公开招标率和质疑答复率等。

(3) 对供应商的审计。供应商是为政府采购提供采购对象的。供应商作为企业或自然人，是非行政机关，不属于行政审计对象。但供应商是政府采购的供应商，他们最终是为满足社会的公共需求而服务。采购资金是纳税人的钱，即是用财政性资金所购买的这种服务，所以，对于供应商的审计应该算是"延伸"审计。对于供应商的这种"延伸"审计，其内容包括：一是供应商的资格或条件是否合法，是否具备《政府采购法》所规定的基本条件。二是有无提供虚假材料谋取中标成交；有无采取不正当手段诋毁、排挤其他供应商。三是有无与采购人、其他供应商或者采购代理机构恶意串通谋取采购合同的行为；有无向采购人、采购代理机构行贿或者提供其他不正当利益；有无在招标采购过程中与采购人进行协商谈判。四是有无拒绝有关部门监督检查或者提供虚假情况等。五是了解采购人对供应商售后服务的评价，并计算出售后服务满意度。六是特别是框架协议采购的履约价格进行审核，看有没有偏离投标文件的行为。

在对供应商的审计中，需要定量指标审核的还包括：合同价格履约率、售后服务满意度等。

（4）对政府采购监督管理部门的审计。政府采购监督管理部门在整个政府采购活动的链条中起着核心作用，它的职责决定了必须对其进行再监督，才能保证政府采购制度改革的顺利推进。对政府采购监督管理部门的审计主要是其监管活动的合法性、有效性。重点内容为：一是政府采购制度的落实、执行。一方面是查看结合本地实际制定和出台相关的政府采购的规章制度情况；另一方面是查看落实和执行政府采购法规的情况。二是审查政府采购预算的编制情况。看是否健全了政府采购预算编制制度，政府采购预算编制得是否科学、规范，是否按人大批复的预算执行。三是查看政府采购审批职能是否合法，对采购方式的变更的审批是否依法行事，对社会中介机构网上登记与信息核实工作是否履职。四是对采购代理机构的考核是否依法进行，是否公布了考核结果并有无徇私舞弊现象。五是在履行职能方面是否存在滥用职权、玩忽职守、有不作为或乱作为现象；特别是在对政府采购的投诉、行政复议等方面是否依法办事，在政府采购职业资格认定、管理方面制度是否健全。六是在政府采购的资金支付上是否履行了审核职责，是否实行了国库集中支付。七是在信用制度的建立上是否依法，信用记录是否完整。八是绩效评价体系建立是否科学，考核指标是否完整，设计是否合理。九是政府采购的档案资料管理是否规范。十是政府采购的信息公布是否及时、完整。

在对政府采购监管部门的审计中，需要对定量指标的审核还包括：政府采购规模指数、政府采购的节约率、完成年度政府采购预算任务率、采购人力单位成本、采购国货指数、扶持发展效果指数、保护环境效果指数和投诉处理率等。

3. 政府采购审计的程序

政府采购审计有别于其他审计客体的审计，它既包括政府采购活动的真实性，又包括政府采购合法性，还包括政府采购的效益性；既包括采购人和执行机构，又包括监督管理部门，还包括供应商；既有过程的审计，又有结果的审计。因此，政府采购审计的程序既要符合《审计法》的规定，也须按照《政府采购法》的要求，还要考虑供应商的特殊性。所以政府采购审计程序主要有：

（1）计划阶段。包括确定审计客体、调查了解审计客体、确定审计的关键领域事项、确定审计目标和内容范围、确定审计标准、确定所需要的证据类型和编制审计方案。

（2）执行阶段。包括发审计通知书、收集审计证据、分析审计证据和编制审计工作底稿。

（3）报告阶段。包括审计报告成稿后，审计小组应将审计报告征求审计客体的意见、审计机关审定审计报告，对审计事项作出评价，将《审计报告》和《审计决定》送达审计客体，以及审计报告的报送。

（4）事后跟踪。一项政府采购审计经过上述的三个程序可以说基本结束了，形成了审计报告，提出了审计建议，但这不是政府采购审计的最终目标。审计建议的整改是非常关键的，通过审计是要解决问题的，通过审计使审计客体完善政府采购制度，改善政府采购管理，提高政府采购效率与效益，这是审计要达到的最高目的。所以要对审计客体进行事后的跟踪，及时提醒其按政府采购法规办事。

（三）人大和政协监督您

我国《宪法》对我国的国体和政体都作了明确的规定：中华人民共和国是工人阶级领导的，以工农联盟为基础的人民民主专政的社会主义国家。中华人民共和国的一切权力属于人民。人民行使国家权力的机关是全国人民代表大会和地方各级人民代表大会,所以全国人大以及各级人大和全国政协以及各级政协都有责任与权利对政府采购进行监督,它们是最高层级的监督,也是政府采购最高层级的监督。

1. 人大监督的内容与形式

各级人大都有监督本级人民政府和有关部门工作的职责。人大是立法部门,所以人大的监督也称立法部门的监督,"这种监督是全国人大及其人大常委会通过制定法律的形式进行监督或监督其法律的执行与落实来实现的,它的具体表现形式是《中华人民共和国政府采购法》。同时,全国人大及其人大常委会还可以通过授权的方式,委托地方权力机关和行政机关根据法定权限和按法定程序制定并发布行政法规、行政规章来规范政府采购,达到监督的目的。立法监督是通过听取和审议工作报告、询问和质询、视察和检查、调查、撤销和备案、罢免和撤职等方式对政府采购法的执行与遵守情况进行监督"。[①]

2. 政协监督的内容与形式

人民政协是中国共产党领导的多党合作和政治协商的重要机构,政治协商、民主监督、参政议政是人民政协的三大职能。虽然政协监督不同于法律监督和行政监督,它不具有强制性,不具有法律约束力,但由于人民政协的组织构成和智力构成的特点,它较之于其他监督视野更宽、影响更大,更具有权威性。它与行政的、法律的、舆论的监督相辅相成,是发扬社会主义民主的重要形式之一。政协的监督一般通过视察和提案来实施。政协委员就政治、经济、文化和社会生活中的重要问题以及人民群众普遍关心的问题,通过视察工作,开展调查研究,反映社情民意,然后以调研报告、提案、建议案或其他形式,向党和国家机关提出

---

① 宋军:《论政府采购监督》,载于《中国政府采购》2010年第5期。

意见和建议。

（四）多种形式关注您

政府采购是公共采购，备受公众的关注，为了保证政府采购活动能够公开、公平、公正和高效的进行，必须实行全方位、多层次的监督。在我国的政府采购实践过程中，各地为了规范政府采购活动，都依据本地的实际，探索了一些行之有效的监督方式或方法，为完善我国政府采购的监督体系作出了贡献。

1. 公证监督

公证是指公证机关或公证员对当事者（包括个人和法人）的民事法律行为或具有民事法律意义的文书或事实的真实性、合法性而出具的具有法律意义的文书活动。在政府采购活动中聘请公证机构进行监督，这是公证的性质和特点所决定的。一方面，公证是由国家专门司法机构依照法定程序进行的一种特殊的证明活动，它具有权威性、可靠性、广泛性和通用性等特点。公证的效力是由法律赋予的，是由国家强制力作保障的。运用公证的法定效力来为政府采购服务，可以使政府采购活动更加阳光。另一方面，政府采购的客观要求，需要公证的监督。首先，从政府采购的性质和特点上看，资金来源的公共性决定了对公证需求的必然性；资金管理的规范性体现了对公证需求的合理性；政府采购的公开性决定了对公证需求的广泛性。其次，从政府采购的管理体系上看，公证服务功能的全面优质高效的特征能够广泛适应政府采购管理体系的选择目标；公证程序可以参与和适应政府采购程序管理的各个环节；公证法律监督与服务可以适应政府采购多重管理机制的要求。最后，从政府采购方式和手段上看，公证程序能够适应政府采购的各种方式并能适应政府采购手段的发展趋势需要。

在政府采购中公证的主要内容有：一是审查采购人或采购代理机构是否具有规定的招标（采购）法人资格以及合法的代理身

份和代理权,采购项目是否符合法定的经营范围以及国家规定的其他条件。二是审查采购程序、招标(采购)文件、公告以及评标、定标原则、评标方法和标准等是否符合法律规范,是否符合公开、公平、公正和诚实信用的政府采购原则。三是审查评标委员会的组成和工作程序是否合理、合法,是否具有权威性、公正性,是否启动了回避机制。四是查验投标人标书送达的有效性,检查投标文件、投标箱是否按规定进行密封,并予以公证。并在公证人员的监督下开启标箱或标书。五是查验投标供应商的资格证件及身份证明,确认其身份和授权委托书。对不具有合法身份的投标供应商不予接受。六是查验投标供应商经营资质的合法性以及根据采购人要求需提供的工商注册、税务登记、资产经营报表等资信证明文件。七是根据法律要求,不宜公布投标人情况,采用密封评标的,对投标供应商的标书采取随机方式编号,开标时以编号顺序开标。八是监督唱标人所唱标书与投标书正本是否一致。如设有标底时,检查标底密封情况,并开启公布标底。九是监督评标委员会是否按招标文件规定的原则、标准、程序和方法进行评标、定标。同时检查评标结果是否与评标记录一致,并在评标报告上签字。十是在政府采购招标、评标、定标过程中,公证人员应始终进行全过程的现场监督,并认真行使监督职权,如发现采购活动中出现违反国家有关法律、法规、政策规定时,应立即予以指出,并责令其纠正。

2. 媒体的监督

媒体是信息表示和传播的载体。随着社会的进步与发展,媒体的形式和种类越来越多,可以说无所不在,对社会的影响也越来越大,甚至可以左右公众的思想或影响公众的生活。目前,媒体主要有报纸、广播、电视、杂志、互联网、手机,以及由此而衍生出的IPTV、电子杂志等。媒体具有广泛性、及时性、大众性、吸引力、感染力、号召力等特点,具有揭露社会时弊、反映公众呼声、促进社会进步、维护公众利益等作用,所以,媒体的监督是最广泛、最及时、最具说服力的监督。在政府采购活动中,要充分发挥媒体的监督作用,通过宣传政府采购法规、发布政府采购信息、分析政府采购案例、揭露违法违纪事件、披露政府采购程序、报道政府采购新闻等,让公众了解政府采购政策、关注政府采购活动,使政府采购更加透明化。

3. 聘请特约监督员

在我国的政府采购实践中,为了扩大对政府采购工作监督的范围,充分发挥人大代表和政协委员联系广泛的特点,采取聘请人大代表和政协委员以及知名人士为政府采购特约监督员的方式,对政府采购工作进行最广泛的监督。为了使政府采购特约监督员起到监督作用,赋予特约监督员相应的职责,综合各地的实践经验,其职责主要有:一是对政府采购所有活动进行监督;对政府采购有关制度的制定和政府集中采购目录及采购限额标准的确定提出建议与意见。二是监督政府采购供应商,特别是对框架协议采购履约情况进行监督,看供应商是否履行合同、价格是否公道合理、质量是否达标、服务是否周到。三是督促采购人执行政府采购政策,遵守政府采购的有关规定,规范政府采购行为。四是监督政府采购监管部门依法行政,监督政府采购监管部门工作人员是否勤政廉政。五是随时向社会及新闻媒体介绍或通报政府采购的有关信息,随时向行政监察机关反映政府采购当事人的违规违纪问题。六是定期向政府采购的监督管理部门反馈群众对政府采购的建议和意见。

政府采购监管部门将采取定期召开特约监督员座谈会的形式,或向特约监督员发放意见征求表的形式向他们征求意见,听取他们对政府采购工作的建议,同时,对于大型的政府采购活动,邀请特约监督员莅临现场,进行现场监督。

4. 政府采购协管员

随着政府采购制度改革的不断深入,政府采购的管理范畴越来越广,采购人的政府采购意识越来越强,但由于在地市一级的一级预算单位或部门没有设立专门的政府采购管理机构,使得政府采购工作没有专人负责,而大量的政府采购工作需要有懂政府采购政策的人去做。为了解决这个问题,于是许多地方探索出了政府采购协管员制度,所谓政府采购协管员,就是由一级预算单位或部门确定一名具有良好的政治思想素质和职业道德水平,能坚持原则、秉公办事、廉洁自律、不徇私情且热爱政府采购工作、熟悉政府采购相关法规的人,兼职负责政府采购的工作,由他们来负责办理一级预算单位或部门的政府采购的事宜,让他们协助政府采购监管部门做好本单位的政府采购管理工作。而政府采购监管部门则对他们进行定期的培训,帮助他们提高政府采购的业务水平。为了使政府采购协管员有职有权,真正能起到协助管理的作用,各地还规定了协管员的权利与义务。

三、这些行为是不能有的

您参与政府采购活动,不仅自己不能违法违规,也应知晓其他政府采购当事人的行为是否违法违规,从而保护自己的权益不受损害。

(一) 采购人有下列行为属于违法违规

在政府采购活动中,采购人作为买家,特别是在买方市场的情况下,掌握着一定的主动权。采购人使用的是财政性资金,是国家的钱,采购人是具体负责政府采购事务的人员,因此,在体制不完善和管理机制不健全的情况下,容易产生违反政府采购法律行为的可能,也有尽量规避、逃避管理的机会与冲动的可能。

1. 在采购前

采购人在采购活动实施前违反政府采购法规的行为主要有以下几个方面。

(1) 未认真地进行采购项目的可行性研究与评估。政府采购项目最终是为公共服务的，采购需求是十分重要的数据和资料，所以在制订采购计划时，应进行采购项目的可行性研究与评估，提出实施采购的充分理由，切不可采取"拍脑袋"的做法或搞政绩工程。采购项目没有进行可行性研究，会导致所采购的采购对象要么性能过于超前，功能无法发挥，要么目光短浅，性能落后，属于淘汰的范围，这必然造成公共资源的浪费，所以是一种典型的乱作为和渎职行为。

（2）未编制政府采购预算或采购未纳入政府采购预算和未按规定进行采购意向公开。《政府采购法》明确规定：政府采购应当严格按照批准的预算执行。此规定有两层意思，一是政府采购项目必须纳入预算管理；二是政府采购项目不能超过预算，只能按批准的预算执行。而采购人往往工作没有预见性和计划性，临时动议实施采购的较多。特别是少数采购单位的负责人，购买行为的随意性很大，没有预算或资金来源也要求具体办事人员采购。

《关于开展政府采购意向公开工作的通知》要求，采购人按规定对采购意向在指定的媒体上进行公开。采购意向公开的内容应当包括采购项目名称、采购需求概况、预算金额、预计采购时间等。其中，采购需求概况应当包括采购标的名称、采购标的需实现的主要功能或者目标、采购标的数量，以及采购标的需满足的质量、服务、安全、时限等要求。采购意向应当尽可能清晰完整，便于供应商提前做好参与采购活动的准备。采购意向仅作为供应商了解各单位初步采购安排的参考，采购项目的实际采购需求、预算金额及执行时间以预算单位最终发布的采购公告和采购文件为准。

（3）未对采购需求进行科学论证。《政府采购需求管理办法》要求，采购人可以在确定采购需求前，通过咨询、论证、问卷调查等方式开展需求调查，了解相关产业发展、市场供给、同类采购项目历史成交信息，可能涉及运行维护、升级更新、备品备件、耗材等后续采购，以及其他相关情况。面向市场主体开展需求调查时，选择的调查对象一般不少于3个，并应当具有代表性。

（4）在政府采购预算中没有落实政府采购的政策功能。采购人在编制政府采购预算时，应采取预留采购份额的方式落实政府采购的政策功能。

（5）没有按规定编制政府采购实施计划和没有坚持厉行节约的原则，科学合理地确定采购需求，或设定最高限价。

2. 在采购中

采购人在采购活动实施过程中违反政府采购法规的行为主要有以下几种。

（1）信息不公开或公开不全面或没有在政府采购监管部门指定的媒体上公布。公开是政府采购的生命所在，没有公开透明，就有可能产生暗箱操作和腐败行为，所以采购人在政府采购实施活动中最大的违法违规行为就是信息不公开。

（2）化整为零，规避公开招标采购。所谓化整为零是指采购人把达到法定公开招标限额的政府采购项目分割为几个小项目，每个小项目的金额均在法定公开招标数限额以下，以此来达到逃避公开招标采购目的的行为。

（3）指定品牌或制定歧视性条款。《政府采购法》明令禁止采购人指定品牌或变相地指定品牌，同时也规定不得以不合理的条件对供应商实行差别待遇或者歧视待遇。不管采购人是指定品牌或者在采购活动中制定歧视性条款，都是限制充分竞争，或通过限制竞争来达到串通围标的目的。采购人不得将响应供应商的注册资本、资产总额、营业收入、从业人员、利润、纳税额等规模条件作为资格要求或者评审因素，也不得通过将除进口货物以外的生产厂家授权、承诺、证明、背书等作为资格要求，对投标人实行差别待遇或者歧视待遇。

（4）不按照《政府采购法》规定的采购方式和程序实施采购。《政府采购法》规定了七种采购方式，并对每一种采购方式的适用条件和采购程序进行了规定。一个采购项目采用什么采购方式，是依据本级政府制定和出台的《政府集中采购目录和采购限额标准》决定的，采购人无权更改，更不能擅自改变或变更相应的采购程序，特别情形需要变更采购方式的，必须按权限报政府采购监管部门审批。

（5）将集中采购目录的采购项目委托给非集中采购机构或委托给没有资格的采购代理机构代理采购。《政府采购法》规定，集中采购目录内的采购项目必须委托给集中采购机构代理采购，这是法定的代理。同时，《政府采购法》虽然规定，采购人有自行选择采购代理机构委托采购的权利，但其委托的采购代理机构必须是符合法律规定和要求的采购代理机构，并要与之签订委托代理协议。

（6）未执行政府采购的政策功能。政府采购制度既是一项法律制度，也是一项经济制度，更是一项政治制度，它是为民众服务的。所以《政府采购法》明确规定：政府采购应当采购本国货物、工程和服务；应当有助于实现国家的经济和社会发展政策目标，包括支持自主创新，保护环境，扶持不发达地区和少数民族地区，促进中小企业的发展。这些规定就是说，采购人即使是按《政府采购法》所规定的采购方式和程序进行采购，但没有落实政府采购的政策功能，也是违法行为。

（7）擅自提高采购标准。国家为了反对贪污、浪费和奢侈以及攀比之风，出台了相关的公务活动的配置标准，采购人为了追求豪华，不顾财力，脱离群众，在采购活动中擅自提高采购标准，超预算实行采购等都是违法行为。

（8）对供应商的询问或质疑不答复。《政府采购法》规定，供应商有询问或质疑的权利，那么，采购人则有义务对供应商的询问或质疑及时作出答复，不答复或敷衍塞责都是违法行为。

（9）采购人在评标前说明项目背景和采购需求时，不得有歧视性、倾向性意见，不得超出招标文件（采购文件）所述范围。

（10）非法干扰政府采购活动的评标（审）活动。

3. 在采购后

采购后一般是指采购结果出来后，即确定了中标、成交供应商之后的时间段。在采购后，采购人违反政府采购法规的行为主要有以下几种。

（1）对评审报告（结果）无理由不认可，或采取考察的方式决定中标（成交）供应商。

（2）拒绝签订政府采购合同。出于种种目的或原因，采购人在政府采购法规规定的中标、成交通知书发出之日起30日内不与供应商签订政府采购合同。更有甚者看中标、成交供应商不是自己所"中意"的供应商，干脆直接找理由取消了采购项目，同时，也愿意赔偿其损失，反正钱是国家的。然后，过一段时间，再将采购项目的几个不重要的技术参数或指标更改后，再实施采购，直到是自己"中意"的供应商为止。

（3）再进行协商谈判。有些采购人前期工作准备得不充分，对采购需求认识不足，招标采购后再与投标或中标供应商进行协商谈判，有些是想进一步完善方案或节省资金；而有些则是故意刁难自己不看好的中标供应商，故意提一些十分苛刻的条件，让中标供应商无法满足其要求，直至"自愿"放弃中标，再自己选"中意"的供应商。

（4）对合同不公告和采购合同不备案。《政府采购法实施条例》规定，采购人应当自政府采购合同签订之日起两个工作日内，将政府采购合同在省级以上人民政府财政部门指定的媒体上公告。《政府采购法》规定，政府采购合同自签订之日起七个工作日之内，采购人应当将合同副本报同级政府采购监管部门和有关部门备案。

（5）验收不及时或不验收。对采购项目进行验收是采购人的职责，也是采购人不可推卸的责任，更是政府采购活动中不可缺少的重要环节。而少数采购人为了推卸责任，不认真履行验收职责，出了问题之后将责任推到了"政府采购"的身上。

（6）不及时支付采购资金。供应商履约后，采购人的具体经办人员，为了自己的一点私利，故意刁难供应商，不按合同约定支付采购资金；有些采购人将采购项目资金挪用，使之无法保证按合同支付采购资金,使政府的信誉受到极大的影响。

(7) 资料不归档。《政府采购法》规定,政府采购的文件资料必须按《档案法》的要求归档,且最少保存十五年。而少数采购人对政府采购的文件资料管理不重视。没有及时按规定整理归档,使相关政府采购文件资料缺失。

(8) 不配合监督检查。接受政府采购监管部门的监督检查是采购人的义务,也是加强政府采购管理的手段之一。有些采购人不配合监管部门的监督检查,更有甚者还伪造资料糊弄、欺骗监管部门的监督检查。

(9) 未对政府采购项目进行绩效评价。无论是《预算法》,还是党的十九大报告,都强调要"建立全面规范透明、标准科学、约束有力的预算制度,全面实施绩效管理"。政府采购预算是部门预算的重要组成部分,也要全面实施绩效管理,也要对采购项目进行绩效评价。

(10) 隐匿、销毁采购文件或者伪造、变造采购文件。采购人不仅有保存政府采购文件的义务,同时还不得将应当保存的采购文件隐匿、销毁,必须按规定的保存时间进行保管,也不得伪造或变造采购文件。

(11) 不按规定保守评审专家不该公开的个人信息。

(二) 采购代理机构这些事情您不能做

采购代理机构包括政府集中采购机构和实行名录登记管理的社会代理机构,作为执行机构,受采购人的委托,负责采购项目的具体操作采购事宜,组织采购活动。采购代理机构作为受托人、具体执行者,包括其工作人员不得有下列行为。

1. 在采购前

(1) 不得使用虚假信息骗取名录登记。

(2) 不得以不正当手段获取政府采购代理业务。

(3) 采购代理机构工作人员不得接受采购人或者供应商组织

的宴请、旅游、娱乐，不得收受礼品、现金、有价证券等，不得向采购人或者供应商报销应当由个人承担的费用。

（4）不得在所代理的采购项目中投标或者代理投标，不得为所代理的采购项目的投标人参加本项目提供投标咨询。

2. 在采购中

（1）不得以不合理的条件对供应商实行差别待遇或者歧视待遇，包括：就同一采购项目向供应商提供有差别的项目信息；设定的资格、技术、商务条件与采购项目的具体特点和实际需要不相适应或者与合同履行无关；采购需求中的技术、服务等要求指向特定供应商、特定产品；以特定行政区域或者特定行业的业绩、奖项作为加分条件或者中标、成交条件；对供应商采取不同的资格审查或者评审标准；限定或者指定特定的专利、商标、品牌或者供应商；非法限定供应商的所有制形式、组织形式或者所在地；以其他不合理条件限制或者排斥潜在供应商。

不得将供应商的注册资本、资产总额、营业收入、从业人员、利润、纳税额等规模条件作为资格要求或者评审因素，也不得通过将除进口货物以外的生产厂家授权、承诺、证明、背书等作为资格要求，对投标人实行差别待遇或者歧视待遇。

（2）不得对询问置之不理。

（3）不得在投标或购买采购文件截止时间前，向他人透露已获取招标文件（采购文件）的潜在供应商的名称、数量以及可能影响公平竞争的有关招标投标或采购活动的其他情况。

（4）不得不按规定公开信息。政府采购信息必须公开，特别是采购信息更应该无条件、及时地在政府采购监管部门指定的媒体公开，而由采购代理机构公开的信息主要为：招标（包括其他采购方式的采购公告）、招标文件（其他采购文件）、变更公告、采购方式、评标方式、评标标准、评标报告、评审专家、询问与质疑情况、中标（成交）公告、单一来源采购公示等，这些信息公开的主体是采购人及其委托人采购代理机构，不公开或不按规定公开都是违反政府采购法规的行为。

（5）不得不按采购人委托书中明确的采购方式实施采购或擅自变更采购方式实施采购。政府采购的采购方式是法定的，其目的就是为了保证政府采购活动的公开、公平和公正，所以一旦采购方式确定后就不可更改，除非法律另有规定外。因此，采购代理机构是无权变更采购方式以及相对应采购方式的采购程序的。

（6）不得与采购人、供应商恶意串通操纵政府采购活动。采购代理机构是采购活动的组织者，应创造公平竞争的环境，不得故意与采购人或供应商合谋，让特定供应商中标。

（7）不得违反回避制度。为了保持政府采购活动的公平性，《政府采购法》规定相关人员必须执行回避制度，其中包括采购代理机构具体实施操作的工作人员。

（8）不得违反保密制度。政府采购活动的秘密主要有三个方面，一是应按规定保密的标底；二是在供应商竞争过程中未确定中标价的情况下，各供应商的报价是秘密的，各组织者或参与人员不得泄露；三是各供应商的商业秘密，不管什么时候每个接触其商业秘密的人都有保守的义务，不能泄露。在政府采购活动中凡泄露了应该保守的秘密都是违法行为。

（9）不得违反政府采购评审专家使用的有关规定。在评审专家的使用上，采购代理机构必须按规定抽取、使用、评价评审专家，并按规定的人数、专业要求组建评标委员会（谈判小组、磋商小组、询价小组）。不得泄露评审专家的评审工作情况。

3. 在采购后

（1）不得对供应商的质疑置之不理。在委托的范围内有责任及时回答或答复供应商的有效质疑，不答复以及不及时答复都是违法行为，并配合做好监督管理部门的投诉处理工作。

（2）不得在监督检查中弄虚作假。采购代理机构接受监管部门的监督检查是应尽的义务，所以，应积极主动地配合监督检查，并向监管部门提供真实的资料，特别是在年度的考核中，严禁提供虚假材料。

（3）不得隐匿、销毁采购文件或者伪造、变造采购文件。采购代理机构不仅有保存政府采购文件的义务，同时还不得将应当保存的采购文件隐匿、销毁，也不得伪造或变造采购文件。

（4）不得在监管部门处理投诉事项的过程中怠慢或者提供虚假信息、资料。

（5）不得透露评审专家的不应公开的个人信息。

（三）供应商您不可有这些行为

在政府采购活动中，供应商是采购对象的提供者、服务者。您作为供应商，在市场经济情况下，就是为了赚取利润，但必须取之有道，不可不择手段，不惜违反国家的法规来获得采购合同，并想方设法获取超额利润。所以，作为供应商，您在政府采购活动中不得有下列几种行为。

1. 投标中

（1）不得通过行贿或其他手段，买通采购人或采购代理机构的关键人物，采取指定品牌或"技术性指定品牌"与采购人或采购代理机构围标、串标，使采购活动成了只有唯一供应商可以响应的采购活动。

在政府采购活动中，围标主要有如下几种情形：一是直接围标。所谓直接围标就是投标人之间相互协商，一致抬高或压低投标报价进行投标，通过限制竞争，排挤其他投标人，使某个利益相关者中标，从而谋取利益的手段和行为。整个投标活动只有围标人和陪标人参与，投标活动完全由围标人直接操纵，围标的"成功率"较高。二是间接围标。所谓间接围标，是指围标人通过买通采购人或采购代理机构，与其串通一气，通过非法手段或歧视性条款，排挤竞争对手，让围标人中标，也称为串标。狭义上的串标与围标处于平行关系，是同为串通投标的两种类型。围标是广义串标中比较特殊的一种，两者是包含关系。围标首先表现为串标,即围标以串标为基础又高于串标。三是合伙围标。所谓合伙围标,是指采购人、采购代理机构与围标人串通一气,采取将投标情况告知其围标人,或者协助围标人撤换标书,更换报价;向围标人泄漏标底;或者三方商定,在采购活动时压低或者抬高标价,中标后再给陪标者额外补偿等。总之,通过多种手段排挤竞争对手,让围标人中标。四是利益围标。所谓利益围标,也就是在一个政府采购招投标活动中,几个投标者之间通过协商,采取排挤其他投标人的方式,让其中一个特定围标人中标,中标后,该围标人给予帮助其中标的人一定的好处费。好处费有两种,一种是事先约好的定额一次性付清;另一种是按该项目的利润比例给予分成。五是技巧围标。所谓技巧围标就是围标人针对招标文件的破绽(如第一名放弃后第二名接替)等定标原则,组织三四家投标人围标,以低价中标,高价为第二名,然后迫使第一名放弃,围标者高价中标,从而巧妙"合理地"利用招标规则围标。六是"强势"围标,所谓"强势"围标就是采取武力相威胁的形式,迫使其他供应商放弃投标而使自己中标的行为。[①]

(2)不得通过提供虚假信息谋取中标、成交。在采购活动中,当您不符合采购公告规定的资格条件要求时,为了谋取中标,采取弄虚作假等手段,提供假资质、假资格、假业绩等虚假信息,参与投标。

(3)不得采取不正当手段诋毁、排挤其他供应商。您不得通过采取恶意毁谤、破坏其他有竞争实力的供应商的名声,或利用势力或手段使不利于自己的供应商失去地位或利益等手段让其他供应商处于不利的地位,自己在采购活动中取得主动权。

(4)不得在招标采购过程中与采购人进行协商谈判。在招标采购过程中,我国《政府采购法》是明令禁止供应商与采购人进行协商谈判的,否则为违法行为。

[①] 宋军:《政府采购如何防范围标》,载于《中国政府采购》2008年第10期。

2. 投标后

您成为中标或成交供应商后,也不能为了赚取高额利润而做一些违法违规的事;或者您没有成为中标或成交供应商后,要反思自己存在的问题及差距,不得为了其利益,采取不正当手段,做出一些违法违规行为。

(1)不得无依据的恶意质疑、投诉。因自己没有中标(成交),为了发泄自己的不满,无中生有地搞恶意质疑、投诉,扰乱公众视线,败坏他人的名声,影响正常的采购秩序。

(2)不得无故不签订采购合同。您可能通过竞争中标后,因市场发生变化等原因,不在规定的时间内与采购人签订合同,致使合同无法按时履行,影响了采购人的正常工作秩序。

(3)不得以次充好。您中标后,不得为了获取高额利润,在执行合同中,不按投标(响应)文件的承诺履行,采取偷梁换柱、以次充好等手段,欺骗采购人。

(4)不得违约,不按时履行合同义务。签订合同后,您应按招标文件(采购文件)的约定或投标文件的承诺以及按合同按时履约,这是您的义务。俗话说,"没有金刚钻,不揽瓷器活"。您既然投标承诺按时履约,就必须言而有信,不可拖延而影响采购人的正常工作。

(5)不得中标后转包或不按规定"分包履行"采购合同。在政府采购活动中,转包是明令禁止的,而分包也必须在采购人的同意下,且为合同的非主要工程或主要部分。

(6)不得无故擅自变更、中止或者终止采购合同。

(四)评审专家您得严守道德底线

评审专家在政府采购活动中起着至关重要的作用,如果评审专家利用手中的评审权谋取私利,将使政府采购偏离公开、公平、公正的轨道。所以,您如果是评审专家,则不得有违反法规的行为,并自觉地遵守相关规定,不然为了建自己的"小金库",不但使公共利益和国家利益受损害，还使自己的信用受到损害。

1. 在评审前

（1）您不得用虚假信息获得评审专家资格。《政府采购评审专家管理办法》规定的专家条件您必须符合，不得用虚假或伪造的资料骗取资格。

（2）您不得违反回避制度。实行回避是保证政府采购活动公平的基本前提。《政府采购评审专家管理办法》规定的三种回避情形您必须遵守和执行。

2. 在评审中

（1）您不得营私舞弊、伙同围标串标。评审专家在评审活动中不得直接利用职权，伙同采购代理机构、采购人或供应商让特定的供应商中标，或在评审过程中有明显的倾向或歧视现象行为。

（2）您在决定参与评审活动后，应当严格遵守评审工作纪律，不得迟到、早退和中途无故退出。在评审中应按照客观、公正、审慎的原则，根据采购文件规定的评审方法、评审程序和评审标准进行独立评审。

（3）您在评审中应该做到，当发现采购文件内容违反国家有关强制性规定或者采购文件存在歧义、重大缺陷导致评审工作无法进行时，停止评审并向采购人或者采购代理机构书面说明情况。

（4）您在评审中发现供应商具有行贿、提供虚假材料或者串通等违法行为的，应当及时向财政部门报告。

（5）您如果在评审过程中受到非法干预的，应当及时向财政、监察等部门举报。

3. 在评审后

（1）您不得故意泄露他人的商业秘密和不应由您公开的评审秘密。在政府采购评审活动中，您有保守商业秘密和评审过程暂不能公开的秘密的义务，故意泄露都是违反《政府采购法》的行为。

（2）您应当配合答复供应商的询问、质疑和投诉等事项。

(3) 您有对采购代理机构在信用评价体系上评价的义务。

(4) 您不得以政府采购评审专家的名义从事有损政府采购形象的其他活动的行为。

（五）监督管理部门应该依法作为

在政府采购活动中，监管部门是执法者，政府采购制度的正常运行靠监管部门的秉公执法，否则，将难以推进政府采购制度改革。在政府采购活动中，监管部门违反政府采购法规的行为主要归纳为两个方面，即：不作为、乱作为。

1. 不作为

在政府采购活动中，政府采购监管部门的不作为行为主要有以下几种。

(1) 对供应商的投诉或行政复议处理不及时或不认真。供应商投诉或申请行政复议是保护权益的有效手段，也是监管部门发现以及纠正或终止违法行为的重要途径。所以政府采购监管部门要高度重视和认真对待每一起有效的投诉或行政复议，要公正地作出处理决定，否则为不作为。

(2) 在对采购代理机构的考核和检查中有隐瞒真实情况或不作定期考核和公布考核结果的行为。对采购代理机构实施考核、检查是政府采购监管部门的工作职责，也是促进采购代理机构规范操作的手段。因此，政府采购监管部门要认真履行职责，按照《集中采购机构监督考核管理办法》和《政府采购代理机构管理暂行办法》的规定对采购代理机构进行管理、考核或监督检查，否则是不作为。

(3) 统计数据不真实。政府采购数据对今后的工作有一定的指导意义，特别是为制定国民经济发展规划提供参考。因此，认真做好政府采购各种数据资料的统计工作，真实地反映政府采购的工作业绩是政府采购监管部门应尽的职责。

(4) 对政府采购当事人的信用评价管理不负责。

(5) 对政府采购的绩效评价不重视，不履行职责。

2. 乱作为

在政府采购的监管活动中，比不作为更可怕的是监管部门的乱作为，以及利用职权徇情枉法。其乱作为主要表现在以下几种。

（1）在预算编制中，不严格执行法规。编制政府采购预算是《政府采购法》所规定的，政府采购预算是政府采购的基础性工作，没有预算就不许实施采购，因此，政府采购监管部门有审核、汇总政府采购预算的责任。

（2）在采购方式的变更审批上，滥用职权。不按《政府采购法》和本级《政府集中采购目录和采购限额标准》审批变更采购方式，无限制地使用自由裁量权，使相关人可以从中谋取私利。

（3）在监督检查中徇情枉法。对政府采购当事人执行《政府采购法》情况实施监督检查是政府采购监管部门的重要职责，也是督促政府采购当事人规范政府采购行为的手段之一。监督检查就是为了发现问题，对违反政府采购法规的行为进行纠正与处理，政府采购监管部门如果在监督检查过程中徇情枉法，纵容其违法，将是违法行为。

（4）在评审专家的管理工作中有违法行为。在对评审专家的管理上存在失职、渎职、徇私舞弊，不正确履行职责，或借管理行为违法干预政府采购工作，或在抽取评审专家的工作中，违反操作规定，予以指定或进行"暗箱"操作，或在保密阶段故意对外泄露抽取评审专家有关信息的行为等。

（5）利用职务之便接受管理对象的吃请、收受各种有价证券、在政府采购当事人中报销由个人支付的费用等，更是严重的违法行为。

四、违规违法是要受到处罚的

执法必严、违法必究，对于在政府采购活动中的违规违法行为,我国《政府采购法》依据《刑法》《行政处罚法》《国家公务员法》《监察法》的有关规定,针对相关责任人的具体违规违法行为以及所造成的后果,分别做了给予申诫罚、行政处分或行政处罚以及刑事处分的规定,包括责令限期改正、列入不良记录名单、通报、警告、罚款、没收非法所得、吊销营业执照、行政警告、记过与记大过、降级、撤职、开除以及追究刑事责任等。如果您是政府采购的参与人,应必须知道其违反法规的后果。

(一) 申诫罚

对于一些轻微的、还没有造成严重后果、能及时纠正或改正的违规违法行为的处理,采取申诫性的处分,要求违法者及时纠正或改正违规违法行为。申诫罚主要有:责令限期改正、列入不良记录名单、通报和警告。申诫性处分是一种声誉罚,通过警告、责令具结悔过、通报批评等形式达到违法者自己纠正或改正自己的过错,同时又起到了警示他人的目的。

1. 责令限期改正

所谓责令限期改正,是指政府采购监督管理部门对有关政府采购当事人违反政府采购法规的行为,所作出的责成其停止违规行为,并在规定的一定期限内纠正违规行为的一种行政处理决定。

针对采购人或采购代理机构的如下行为,我国《政府采购法》《政府采购法实施条例》等作出了责令限期改正的处理决定。

(1) 未按规定建立采购需求管理内控制度、开展采购需求调查和审查工作的。

(2) 未按照规定编制政府采购实施计划或者未按照规定将政府采购实施计划报本级人民政府财政部门备案。

(3) 未按照规定编制采购需求的。

(4) 擅自提高采购标准的。

(5) 将应当进行公开招标的项目化整为零或者以其他任何方式规避公开招标。

（6）对应当实行集中采购的政府采购项目，不委托集中采购机构实行集中采购的。

（7）委托不具备政府采购业务代理资格的机构办理采购事务的。

（8）以不合理的条件对供应商实行差别待遇或者歧视待遇的。

（9）阻挠和限制供应商进入本地区或者本行业政府采购市场的。

（10）未依照政府采购法和实施条例规定的方式实施采购。

（11）对供应商的询问、质疑逾期未作处理的。

（12）未依法在指定的媒体上发布政府采购项目信息。

（13）未按照规定执行政府采购政策的。

（14）未依法从政府采购评审专家库中抽取评审专家。

（15）非法干预采购评审活动的。

（16）在招标采购过程中与投标人进行协商谈判的。

（17）未按照规定在评标委员会、竞争性谈判小组或者询价小组推荐的中标或者成交候选人中确定中标或者成交供应商。

（18）中标、成交通知书发出后不与中标、成交供应商签订采购合同的。

（19）未按照采购文件确定的事项签订政府采购合同。

（20）未依法公布政府采购项目的采购标准和采购结果的。

（21）政府采购合同履行中追加与合同标的相同的货物、工程或者服务的采购金额超过原合同采购金额10%的。

（22）擅自变更、中止或者终止政府采购合同。

（23）未按照规定公告政府采购合同。

（24）未按照规定时间将政府采购合同副本报本级人民政府财政部门和有关部门备案。

（25）拒绝有关部门依法实施监督检查的。

（26）向供应商索要或者接受其给予的赠品、回扣或者与采购无关的其他商品、服务。

（27）未在规定时间内确定中标人的。

（28）向中标人提出不合理要求作为签订合同条件的。

（29）违反《政府采购法实施条例》第十五条的规定导致无法组织对供应商履约情况进行验收或者国家财产遭受损失。

（30）采用综合评分法时评审标准中的分值设置未与评审因素的量化指标相对应。

（31）通过对样品进行检测、对供应商进行考察等方式改变评审结果。

（32）未按照规定组织对供应商履约情况进行验收。

在招标采购中或在非招标采购中，有下列情形之一的责令限期改正：

（1）采购代理机构及其分支机构在所代理的采购项目中或者代理投标中，为所代理的采购项目的投标人参加本项目提供投标咨询的。

（2）设定最低限价的。

（3）未按照规定进行资格预审或者资格审查的。

（4）违反规定确定招标文件售价的。

（5）未按规定对开标、评标活动进行全程录音录像的。

（6）擅自终止招标活动的。

（7）未按照规定进行开标和组织评标的。

（8）未按照规定退还投标保证金的。

（9）违反规定进行重新评审或者重新组建评标委员会进行评标的。

（10）开标前泄露已获取招标文件的潜在投标人的名称、数量或者其他可能影响公平竞争的有关招标投标情况的。

（11）未妥善保存采购文件的。

（12）未按照规定组成谈判小组、询价小组的。

（13）在询价采购过程中与供应商进行协商谈判的。

（14）未按照政府采购法规定采用非招标采购方式的。

对于集中采购机构有下列情形的，也是责令限期改正：

（1）内部监督管理制度不健全，对依法应当分设、分离的岗位、人员未分设、分离。

（2）将集中采购项目委托给其他采购代理机构采购。

（3）从事营利活动。

责令限期改正主要是针对法人，即采购人和采购代理机构。责令限期改正处理决定的作出，应用书面形式，并存档。如果责任当事人没有在限定的时间内进行改正，则加大处罚力度，按其他规定处理。对于情节严重的还可以同时处以警告、通报和罚款的处理。

2. 列入不良记录名单

所谓列入不良记录名单，是指将初次犯有轻微的违反《政府采购法》行为的责任单位的名单进行记录在案，起到提醒、警示作用的处分方式。列入不良记录名单的违法责任单位一般为采购代理机构和供应商。如果您是采购代理机构或供应商，有下列情形之一将会被列入不良记录名单。

（1）提供虚假材料谋取中标、成交的。

（2）采取不正当手段诋毁、排挤其他供应商的。

（3）与采购人、其他供应商或者采购代理机构恶意串通的；包括供应商直接或者间接从采购人或者采购代理机构处获得其他供应商的相关情况并修改其投标文件或者响应文件；供应商按照采购人或者采购代理机构的授意撤换、修改投标文件或者响应文件；供应商之间协商报价、技术方案等投标文件或者响应文件的实质性内容；属于同一集团、协会、商会等组织成员的供应商按照该组织要求协同参加政府采购活动；供应商之间事先约定由某一特定供应商中标、成交；供应商之间商定部分供应商放弃参加政府采购活动或者放弃中标、成交；供应商与采购人或者采购代理机构之间、供应商相互之间，为谋求特定供应商中标、成交或者排斥其他供应商的其他串通行为。

（4）向采购人、采购代理机构行贿或者提供其他不正当利益的。

（5）在招标采购过程中与采购人进行协商谈判的。

（6）向评标委员会、竞争性谈判小组或者询价小组成员行贿或者提供其他不正当利益。

（7）中标或者成交后无正当理由拒不与采购人签订政府采购合同。

（8）未按照采购文件确定的事项签订政府采购合同。

（9）将政府采购合同转包。

（10）提供假冒伪劣产品。

（11）擅自变更、中止或者终止政府采购合同。

（12）捏造事实、提供虚假材料或者以非法手段取得证明材料进行投诉的。

（13）拒绝有关部门监督检查或者提供虚假情况的。

对于列入不良记录名单的违法责任单位，是政府采购监管部门的重点监管对象，凡列入不良记录名单的将同时被处以在一至三年内禁止参加政府采购活动的处罚。

在政府采购活动中，评审专家作为一个特殊的群体，违反了政府采购法规也应进行处理。评审专家（包括申请成为评审专家的人员）有下列情形之一的，列入不良行为记录。

（1）未按照采购文件规定的评审程序、评审方法和评审标准进行独立评审。

（2）泄露评审文件、评审情况。

（3）与供应商存在利害关系未回避。

（4）收受采购人、采购代理机构、供应商贿赂或者获取其他不正当利益。

（5）提供虚假申请材料。

（6）拒不履行配合答复供应商询问、质疑、投诉等法定义务。

（7）以评审专家身份从事有损政府采购公信力的活动。

3. 通报

所谓通报，是指将违反法规当事人的违法行为及处理结果在一定的范围内予以公开，以对当事人及其他相关单位产生警示作用的处理形式。对违法责任人实行通报处理，是为了既能促使当事人纠正或改正错误，又能提醒相关当事人，希望他人引以为戒。

在政府采购活动中，通报一般给予直接负责的主管人员和其他直接责任人员，由其行政主管部门或者有关机关给予处分，并予以通报。而由监管部门给予责令限期改正的行为，都可以或应对相关负责人进行通报。

通报的作出应为书面形式，且必须将通报在一定范围内发布公告，起到处理一个、警示一片的目的。对于违反规定情节严重的还可以同时处以罚款处理。

4. 警告

所谓警告，是指国家对违法单位或个人的谴责和告诫，是国家对单位或个人违法行为所作的正式否定评价。对被处罚人来说，警告的制裁作用，主要是对当事人形成心理压力、不利的社会舆论环境。适用警告处罚的重要目的，是使被处罚人认识其行为的违法性和对社会的危害，纠正违法行为并不再继续违法。此警告与《行政机关公务员处分条例》中的行政警告有一定的区别，行政处分中的警告只对个人，不对法人单位，而此时的警告主要是一种提醒、警示的作用。

依据《政府采购法》的规定，凡是有被责令限期改正行为的情形的，还可以由政府采购监管部门对当事人提出警告。

此种警告的处理可以是口头的，也可以是书面的，对于被警告的违规违法行为，可视情节轻重，同时加以其他的处分。

（二）行政处分

在政府采购活动中，相关当事人为国家机关工作人员，对于他们违反政府采购法规的行为，应视违规违法情况，首先给予行政处分。行政处分是指国家机关、企事业单位对所属的国家工作人员违法失职行为尚不构成犯罪，依据法律、法规所规定的权限而给予的一种惩戒。行政处分只能对国家工作人员或视同国家工作人员管理的相关人员作出。我国《公务员法》和《行政机关公务员处分条例》都规定，行政处分分为：行政警告、记过与记大过、降级、撤职、开除。

1. 行政警告

之所以加"行政"两字是为了与前面讲述的"警告"相区别。行政警告是一种警戒性的纪律制裁方式，也是最轻微的一种制裁方式，是指公务员（包括参公管理的事业单位人员）的行为已经构成了违纪，对违反行政纪律的行为主体提出告诫，使之认识应负的行政责任，以便加以警惕，使其注意并改正错误，不再犯此类错误。

2. 记过与记大过

所谓记过，是指记载或者登记过错，以示惩处之意。这种处分，适用于违反行政纪律行为比较轻微的人员。

所谓记大过，是指记载或登记较大或较严重的过错，以示严重惩处的意思。这种处分，适用于违反行政纪律行为比较严重，给国家和人民造成一定损失的人员。

3. 降级

所谓降级，是指降低其工资等级。这种处分，适用于违反行政纪律，使国家和人民的利益受到一定损失，但仍然可以继续担任现任职务的人员。

4. 撤职

所谓撤职，是指撤销现任职务。这种处分适用于违反行政纪律行为严重，已不适宜担任现任职务的人员。

5. 开除

所谓开除，是指取消其公职。这种处分适用于犯有严重错误已丧失国家工作人员基本条件的人员。

公务员受行政处分，有处分期限的规定：警告处分半年；记过、记大过、降级处分一年；撤职处分二年。公务员受处分期间不得晋职、晋级；受警告以外行政处分的，不得晋升工资档次；受开除处分的，不得被行政机关重新录用或聘用。

在政府采购管理和执行活动中，凡国家工作人员（包括集中采购机构工作人员、评审专家中是国家工作人员身份的），即直接负责的主管人员和其他直接责任人员，有下列情形之一的，给予行政处分：

（1）未按照规定编制政府采购实施计划或者未按照规定将政府采购实施计划报本级人民政府财政部门备案。

（2）将应当进行公开招标的项目化整为零或者以其他任何方式规避公开招标。

（3）擅自提高采购标准的。

（4）对应当实行集中采购的政府采购项目，不委托集中采购机构实行集中采购的。

（5）委托不具备政府采购业务代理资格的机构办理采购事务的。

（6）以不合理的条件对供应商实行差别待遇或者歧视待遇的。

（7）阻挠和限制供应商进入本地区或者本行业政府采购市场的。

（8）在招标采购过程中与投标人进行协商谈判的。

（9）未按照规定在评标委员会、竞争性谈判小组或者询价小组推荐的中标或者成交候选人中确定中标或者成交供应商。

（10）中标、成交通知书发出后不与中标、成交供应商签订采购合同的。

（11）未按照采购文件确定的事项签订政府采购合同。

（12）未依法公布政府采购项目的采购标准和采购结果的。

（13）政府采购合同履行中追加与合同标的相同的货物、工程或者服务的采购金额超过原合同采购金额10%。

（14）擅自变更、中止或者终止政府采购合同。

（15）未按照规定公告政府采购合同。

（16）未按照规定时间将政府采购合同副本报本级人民政府财政部门和有关部门备案。

（17）拒绝有关部门依法实施监督检查的。

（18）集中采购机构内部监督管理制度不健全，对依法应当分设、分离的岗位、人员未分设、分离。

（19）集中采购机构将集中采购项目委托其他采购代理机构采购。

（20）集中采购从事营利活动。

（21）与供应商或者采购代理机构恶意串通的。

（22）在采购过程中接受贿赂或者获取其他不正当利益的。

（23）在有关部门依法实施的监督检查中提供虚假情况的。

（24）开标前泄露标底的。

（25）违反法律规定隐匿、销毁应当保存的采购文件或者伪造、变造采购文件的。

（26）对集中采购机构业绩的考核，有虚假陈述，隐瞒真实情况的，或者不作定期考核和公布考核结果的以及在采购代理机构管理中存在滥用职权、玩忽职守、徇私舞弊的。

（27）拒收质疑供应商在法定质疑期内发出的质疑函或对质疑不予答复或者答复与事实明显不符，并不能作出合理说明或拒绝配合财政部门处理投诉事宜。

（28）在履行投诉处理职责中违反规定及存在其他滥用职权、玩忽职守、徇私舞弊等违法违纪行为的。

（29）在评审专家管理工作中存在滥用职权、玩忽职守、徇私舞弊等违法违纪行为的。

（三）行政处罚

行政处罚是指行政机关或其他行政主体依法定职权和程序对

违反行政法规尚未构成犯罪的相对人给予行政制裁的具体行政行为。行政处罚是以对违法行为人的惩戒为目的,而不是以实现义务为目的。行政处罚的适用主体是行政机关或法律、法规授权的组织。行政处罚的适用对象是作为行政相对方的公民、法人或其他组织,属于外部行政行为。行政处罚的前提是相对方实施了违反行政法律规范的行为,行政处罚与行政处分、刑罚是有区别的,行政处分只能适用于行政机关的工作人员或其他由行政机关任命或管理的人员;而刑罚适用于所有违反了《刑法》的责任人。

行政处罚的主体必须由享有法定权限的行政机关或法律、法规授权的组织实施。在我国,只有法律、法规规定享有行政处罚权的行政机关和法律、法规授权行使行政处罚权的组织才是行政处罚的主体。

1. 罚款

所谓罚款,是指行政机关对行政违法行为人强制收取一定数量金钱,剥夺一定财产权利的制裁方法。适用于对多种行政违法行为的制裁。

采购人或采购代理机构有下列情形之一的,可以同时处以罚款的处罚:

(1)应当采用公开招标方式而擅自采用其他方式采购的。

(2)擅自提高采购标准的。

(3)以不合理的条件对供应商实行差别待遇或者歧视待遇的。

(4)在招标采购过程中与投标人进行协商谈判的。

(5)中标、成交通知书发出后不与中标、成交供应商签订采购合同的。

(6)拒绝有关部门依法实施监督检查的。

(7)与供应商或者采购代理机构恶意串通的。

(8)在采购过程中接受贿赂或者获取其他不正当利益的。

(9)在有关部门依法实施的监督检查中提供虚假情况的。

(10)开标前泄露标底的。

（11）采购人员与供应商有利害关系而不依法回避的。

采购人或采购代理机构在招标采购活动中有下列情形之一的，可以同时处以罚款：

（1）在所代理的采购项目中投标或者代理投标，为所代理的采购项目的投标人参加本项目提供投标咨询的。

（2）设定最低限价的。

（3）未按照规定进行资格预审或者资格审查的。

（4）违反规定确定招标文件售价的。

（5）未按规定对开标、评标活动进行全程录音录像的。

（6）擅自终止招标活动的。

（7）未按照规定进行开标和组织评标的。

（8）未按照规定退还投标保证金的。

（9）违反规定进行重新评审或者重新组建评标委员会进行评标的。

（10）开标前泄露已获取招标文件的潜在投标人的名称、数量或者其他可能影响公平竞争的有关招标投标情况的。

（11）未妥善保存采购文件的。

供应商有下列情形之一的，可以同时处以罚款的处罚：

（1）向评标委员会、竞争性谈判小组或者询价小组成员行贿或者提供其他不正当利益。

（2）中标或者成交后无正当理由拒不与采购人签订政府采购合同。

（3）未按照采购文件确定的事项签订政府采购合同。

（4）将政府采购合同转包。

（5）提供假冒伪劣产品。

（6）擅自变更、中止或者终止政府采购合同。

（7）提供虚假材料谋取中标、成交的。

（8）采取不正当手段诋毁、排挤其他供应商的。

（9）与采购人、其他供应商或者采购代理机构恶意串通的。

（10）向采购人、采购代理机构行贿或者提供其他不正当利益的。

（11）在招标采购过程中与采购人进行协商谈判的。

（12）拒绝有关部门监督检查或者提供虚假情况的。

（13）供应商直接或者间接从采购人或者采购代理机构处获得其他供应商的相关情况并修改其投标文件或者响应文件。

（14）供应商按照采购人或者采购代理机构的授意撤换、修改投标文件或者响应文件。

（15）供应商之间协商报价、技术方案等投标文件或者响应文件的实质性内容。

（16）属于同一集团、协会、商会等组织成员的供应商按照该组织要求协同参加政府采购活动。

（17）供应商之间事先约定由某一特定供应商中标、成交。

（18）供应商之间商定部分供应商放弃参加政府采购活动或者放弃中标、成交。

（19）供应商与采购人或者采购代理机构之间、供应商相互之间，为谋求特定供应商中标、成交或者排斥其他供应商的其他串通行为。

评审专家有下列情形之一的，可以同时处以罚款的处罚：

（1）未按照采购文件规定的评审程序、评审方法和评审标准进行独立评审或者泄露评审文件、评审情况的。

（2）与供应商存在利害关系未回避的。

（3）政府采购评审专家收受采购人、采购代理机构、供应商贿赂或者获取其他不正当利益，尚不构成犯罪的。

其他采购人员与供应商有利害关系而不依法回避的，处以罚款。

2. 没收非法所得

所谓没收违法所得或没收非法财物，是指行政机关将行政违法行为人占有的、通过违法途径和方法取得的财产收归国有的制裁方法；没收非法财物，是行政机关将行政违法行为人非法占有的财产和物品收归国有的制裁方法。

集中采购机构有下列情形之一的，可以同时处以没收非法所得的处罚：

（1）将集中采购项目委托其他采购代理机构采购。

（2）从事营利活动。

供应商有下列情形之一的，可以同时处以没收非法所得的处罚：

（1）提供虚假材料谋取中标、成交的。

（2）采取不正当手段诋毁、排挤其他供应商的。

（3）与采购人、其他供应商或者采购代理机构恶意串通的。

（4）向采购人、采购代理机构行贿或者提供其他不正当利益的。

（5）在招标采购过程中与采购人进行协商谈判的。

（6）拒绝有关部门监督检查或者提供虚假情况的。

（7）向评标委员会、竞争性谈判小组或者询价小组成员行贿或者提供其他不正当利益。

（8）中标或者成交后无正当理由拒不与采购人签订政府采购合同。

（9）未按照采购文件确定的事项签订政府采购合同。

（10）将政府采购合同转包。

（11）提供假冒伪劣产品。

（12）擅自变更、中止或者终止政府采购合同。

评审专家有下列情形之一的，可以同时处以没收非法所得的处罚：

（1）未按照采购文件规定的评审程序、评审方法和评审标准进行独立评审或者泄露评审文件、评审情况的。

（2）与供应商存在利害关系未回避的。

（3）政府采购评审专家收受采购人、采购代理机构、供应商贿赂或者获取其他不正当利益，尚不构成犯罪的。

3. 禁止代理业务

采购代理机构在代理政府采购业务中有违法行为的，按照有关法律规定处以罚款，可以在一至三年内禁止其代理政府采购业务。

4. 吊销营业执照

所谓吊销营业执照，是指行政机关永久地撤销行政违法行为人拥有的国家准许其享有某些权利或从事某些活动资格的文件，使其丧失权利和活动资格的制裁方法。

供应商有下列行为之一，且情节严重的，可以由工商行政管理机关给予吊销营业执照的处罚：

（1）提供虚假材料谋取中标、成交的。

（2）采取不正当手段诋毁、排挤其他供应商的。

（3）与采购人、其他供应商或者采购代理机构恶意串通的。

（4）向采购人、采购代理机构行贿或者提供其他不正当利益的。

（5）在招标采购过程中与采购人进行协商谈判的。

（6）拒绝有关部门监督检查或者提供虚假情况的。

（7）向评标委员会、竞争性谈判小组或者询价小组成员行贿或者提供其他不正当利益。

（8）中标或者成交后无正当理由拒不与采购人签订政府采购合同。

（9）未按照采购文件确定的事项签订政府采购合同。

（10）将政府采购合同转包。

（11）提供假冒伪劣产品。

（12）擅自变更、中止或者终止政府采购合同。

（四）刑事处分

刑事处分是指国家审判机关依据《刑法》的规定，对犯罪分子适用的剥夺其某种权益的强制处分。其范围包括主刑（管制、拘役、有期徒刑、无期徒刑、死刑)、附加刑(罚金、剥夺政治权利、没收财产)以及对外国人适用的驱逐出境。在政府采购活动中只有当事人违反《政府采购法》行为特别严重、影响较大的才追究刑事责任。

1. 采购人或采购代理机构有下列情形之一，且情节严重、构成犯罪的，将依法追究刑事责任：

（1）与供应商或者采购代理机构恶意串通的。

（2）在采购过程中接受贿赂或者获取其他不正当利益的。

（3）在有关部门依法实施的监督检查中提供虚假情况的。

（4）开标前泄露标底的。

（5）违反规定隐匿、销毁应当保存的采购文件或者伪造、变造采购文件的。

2. 供应商有下列情形之一，且情节严重、构成犯罪的，将依法追究刑事责任：

（1）提供虚假材料谋取中标、成交的。

（2）采取不正当手段诋毁、排挤其他供应商的。

（3）与采购人、其他供应商或者采购代理机构恶意串通的。

（4）向采购人、采购代理机构行贿或者提供其他不正当利益的。

（5）在招标采购过程中与采购人进行协商谈判的。

（6）拒绝有关部门监督检查或者提供虚假情况的。

（7）向评标委员会、竞争性谈判小组或者询价小组成员行贿或者提供其他不正当利益。

（8）中标或者成交后无正当理由拒不与采购人签订政府采购合同。

（9）未按照采购文件确定的事项签订政府采购合同。

（10）将政府采购合同转包。

（11）提供假冒伪劣产品。

（12）擅自变更、中止或者终止政府采购合同。

3. 评审专家收受采购人、采购代理机构、供应商贿赂或者获取其他不正当利益，构成犯罪的，将依法追究刑事责任。

4. 政府采购监督管理部门的工作人员在监督管理和实施监督检查中违反政府采购法和实施条例及其他规定，滥用职权，玩忽职守，徇私舞弊，构成犯罪的，依法追究刑事责任。

（五）承担民事责任

在政府采购活动中，如果您的行为违反了政府采购法规规定，不仅要承担申戒性处分、行政处分或行政处罚以及刑事处分的处罚，还要承担民事责任，可谓又打又罚。所以说，违法的成本是相当大的。

依据《民法典》的规定，民事责任是指民事主体违反了民事义务所应承担的法律后果，民事义务包括法定义务和约定义务，也包括积极义务和消极义务、作为义务和不作为义务。民事责任主要是由三个部分的内容构成，包括缔约过失责任、违约责任、侵权责任。

承担民事责任的方式主要有：停止侵害；排除妨碍；消除危险；返还财产；恢复原状；修理、重作、更换；继续履行；赔偿损失；支付违约金；消除影响、恢复名誉；赔礼道歉。民事责任的方式，可以单独适用，也可以合并适用。

我国《政府采购法》第七十九条规定，有第七十一条、第七十二条、第七十三条违法行为之一，给他人造成损失的，并应按有关民事法规规定承担民事责任。

《政府采购法实施条例》第七十六条规定，政府采购当事人违反政府采购法和条例规定，给他人造成损失的，依法承担民事责任。

《政府采购法实施条例》第七十五条规定，政府采购评审专家有违法行为的，给他人造成损失的，依法承担民事责任。

国际规则，也影响着您

政府采购虽然是政府行为，但它也是市场行为，也必须依照市场经济的规律进行。因此，世界主要国际经济组织也都纷纷依据自身的实际与需要，制定了较为科学、完善的政府采购制度，用以协调世界贸易关系、规范缔约国的采购行为。所以，您要想参与政府采购，还必须对政府采购的国际规则也有所了解。

一、WTO 谈成了《政府采购协议》

（一）世界贸易组织是一个什么机构

"WTO"是世界贸易组织（World Trade Organization）的英文简称。世界贸易组织是负责管理世界经济和贸易秩序的独立于联合国的永久性国际组织，而《政府采购协议》则是世界贸易组织管辖的单项贸易协议，是各参加方对外开放政府采购市场，以实现政府采购国际化和自由化的法律文件。《政府采购协议》并不属于加入世界贸易组织所需签订的一揽子协议的范围。根据《政府采购协议》规定，该协议只约束签字接受它的世界贸易组织缔约方，而未加入该协议的缔约方则无须承担协议所规定的义务。

20世纪三四十年代，世界贸易保护主义盛行，国际贸易的相互限制是造成世界经济萧条的一个重要原因。第二次世界大战结束后，解决复杂的国际经济问题，特别是制定国际贸易政策，成为战后各国所面临的重要任务。

美国和英国就建立战后国际经济新秩序而进行了一系列的双边和多边会谈。它们认为，20世纪20年代中期以后，各国相继实行的以邻为壑的贸易政策，是导致20世纪30年代经济大危机的原因之一，第二次世界大战也与之有很大的关系。1944年7月，英、美等44个国家召开"布雷顿森林"会议，讨论国际货币问题，并建立国际货币基金组织（IMF）和国际复兴开发银行（世界银行）。1945年底，美国政府为补充布雷顿森林会议决议而提出《扩大世界贸易和增加就业的建议》，该议案提出了建立新的国际贸易体制的原则，包括削减关税、消除贸易壁垒、取消数量限制和外汇管制措施等。美国建议成立国际贸易组织（International Trade Organization，ITO），将其作为与国际货币基金组织和世界银行并立的、专门协调国际贸易关系的国际性组织机构。

1947年10月，在古巴首都哈瓦那召开的联合国贸易与就业会议上，审议并通过了《国际贸易组织宪章》（《哈瓦那宪章》）。在1947年初，联合国贸易与就业会议筹备委员会下的《国际贸易组织宪章》起草委员会就起草"关贸总协定及多边关税问题"进行了讨论；1947年4~10月，筹委会日内瓦会议在讨论审查《国际贸易组织宪章》的同时，进行了关税问题的多边谈判。由23个国家参加的首轮关税减让谈判获得成功，达成了123项的多边协定。为了使这些协定尽快实施，参加国将《国际贸易组织宪章》中的贸易政策条款和达成的关税减让多边协定结合在一起，形成了一个独立的协定——《关税与贸易总协定》（GATT）。1947年10月，包括中国在内的23个缔约方签署了《关税与贸易总协定临时适用议定书》（以下简称《临时议定书》）。《临时议定书》在《国际贸易组织宪章》生效前发挥作用，在《国际贸易组织宪章》生效后这个临时性的协定将被代替。

不过，杜鲁门政府三次将《国际贸易组织宪章》提交美国国会都没有获得通过。1950年12月，美国宣布它不打算寻求国会批准《哈瓦那宪章》。实际上世界贸易组织的建立就此夭折了。由于各国仍然希望有一个比较自由的贸易环境，在经临时协定缔约国讨论并修改之后，决定继续执行《临时议定书》。《临时议定书》于1948年1月1日正式生效，到1995年1月1日WTO成立，《关税与贸易总协定》"临时了"47年之久。

作为世界贸易组织前身的国际《关税及贸易总协定》，在1948年1月开始生效，它只是一项贸易协议，而不是一个组织。此后，《关税及贸易总协定》的有效期一再延长，并为适应情况的不断变化，多次加以修订。于是，《关税及贸易总协定》便成为确立各国共同遵守的贸易准则和协调国际贸易与各国经济政策的唯一的多边国际协定。

关贸总协定的宗旨：应以提高生活水平、保证充分就业、保证实际收入和有效需求的巨大持续增长、扩大世界资源的充分利用以及发展商品生产与交换为目的。通过达成互惠互利协议，大幅度地削减关税和其他贸易障碍，取消国际贸易中的歧视待遇等措施，以对上述目的作出贡献。

随着国际贸易的发展，这种"临时性"的关贸协定已不能适应世界经济与贸易的发展需要。通过关税与贸易总协定前七轮谈判，大大降低了各缔约方的关税，促进了国际贸易的发展。但从20世纪70年代开始，特别是进入20世纪80年代以后，以政府补贴、双边数量限制、市场瓜分和各种非关税为特征的保护主义重新抬头。为了遏制保护主义，避免全面的贸易战的发生，美、欧、日等缔约国共同倡导发起了多边谈判，决心制止和扭转保护主义，消除扭曲现象，建立一个更加开放的、具有生命力和持久的多边体制。1986年9月，关贸总协定部长会议在乌拉圭的埃斯特角城举行，同意发起乌拉圭回合谈判。

从1986年9月谈判的启动到1994年4月最终协议的签署历时8年。参加乌拉圭回合谈判的国家和地区从最初的103个，增加到1993年底的117个和1994年4月谈判结束时的128个。此次多边谈判的主要成果：一是强化了多边体制，特别是将农产品和纺织品纳入到自由化的轨道，并加强了争端解决机制。二是进一步改善了货物和服务业市场准入的条件，关税水平进一步下降，通过这轮谈判发达国家和发展中国家平均降税1/3，发达国家制成品平均关税税率降为3.5%左右。同时通过谈判达成了服务总协定，与有关的措施和与有关的知识产权协议。三是建立了世界贸易组织。

乌拉圭回合谈判的最大收获是突破原有的议题，达成《建立世界贸易组织协定》，通过建立贸易组织，取代"1947年关贸总协定"，完善和加强了多边贸易体制，为执行"乌拉圭回合"谈判成果，奠定了良好的基础。与关贸总协定相比，世贸组织涵盖货物贸易、服务贸易以及知识产权贸易，而关贸总协定只适用于商品货物贸易。

世贸组织是一个独立于联合国的永久性具有法人地位的国际组织。1995年1月1日正式开始运作，负责管理世界经济和贸易秩序，总部设在瑞士日内瓦莱蒙湖畔。1996年1月1日，它正式取代关贸总协定临时机构。世贸组织在调解成员争端方面具有更高的权威性。

1995年7月11日，世贸组织总理事会会议决定接纳中国为该组织的观察员。中国自1986年申请重返关贸总协定以来，为复关和加入世界贸易组织已进行了长达15年的努力。2001年12月11日，中国正式加入世界贸易组织，成为其第143个成员国。

世贸组织的宗旨是：提高生活水平，保证充分就业和大幅度、稳步提高实际收入和有效需求；扩大货物和服务的生产与贸易；坚持走可持续发展之路，各成员方应促进对世界资源的最优利用、保护和维护环境,并以符合不同经济发展水平下各成员需要的方式,加强采取各种相应的措施;积极努力确保发展中国家,尤其是最不发达国家在国际贸易增长中获得与其经济发展水平相适应的份额和利益。

世贸组织的主要职能是:组织实施各项贸易协定;为各成员提供多边贸易谈判场所,并为多边谈判结果提供框架;解决成员间发生的贸易争端;对各成员的贸易政策与法规进行定期审议;协调与国际货币基金组织、世界银行的关系,提供技术支持和培训。

(二)《政府采购协议》是怎么谈成的

《政府采购协议》(Government Procurement Agreement,GPA)是世界贸易组织管辖的单项贸易协议,是各参加方对外开放政府采购市场,以实现政府采购国际化和自由化的法律文件。《政府采购协议》的形成有其特殊的历史背景以及特点。

随着国际贸易一体化的发展,国际贸易摩擦问题也越来越突出,特别是政府采购对世界经济贸易的影响越来越大,各国(地区)都对本国(地区)的政府采购市场采取了相应的保护措施,使得潜力巨大的政府采购市场日益引起一些发达国家(地区)的关注,于是纷纷提出应采取措施,使政府采购贸易自由化。

早在1947年起草《关税与贸易总协定》的时候,由于政府采购的市场规模不大,对国际贸易的影响也未充分显示,因此,当时将其排除在总协定约束范围之外。由于政府采购没有纳入多边贸易规则,许多国家(地区)经常通过行政或法律手段,强制要求本国(地区)政府部门或机构在采购其自身消费的商品时优先购买本国(地区)产品,从而限制外国(地区)货物的进口,保护本国(地区)供应商的利益。到了20世纪60年代,随着国际贸易的发展,政府采购的规模越来越大,发达国家(地区)与发展中国家(地区)的政府都成为货物和服务贸易中的最大买主。然而,由于关贸总协定的国民待遇和最惠国待遇条款不适用于政府采购,各国(地区)可以自由优待本国(地区)产品或某些外国(地区)产品而歧视他国(地区)产品,导致大量国际贸易活动背离总协定的规则。歧视性政府采购严重阻碍了国际贸易的正常发展。随着政府采购在世界经济贸易的地位越来越重要,影响力也越来越大,各国(地区)越来越重视政府对经济的干预。由于政府采购在政府对经济干预中能发挥特殊的作用,加之政府的财政支出也不断加大,使政府采购在调整国民经济结构、促进经济发展的地位越来越突出。

1963 年,代表发达国家的经济合作与发展组织(OECD,以下简称经合组织)首先着手制定政府采购领域的国际公共规则。1973 年,经合组织起草了一份《关于政府采购政策、程序和做法的文件草案》,但由于发展中国家认为开放政府采购市场是发达国家之间的事,与发展中国家无关,因而该规则始终没有得到发展中国家的响应。直到 1976 年 7 月,在关贸总协定第七轮多边谈判——东京回合中,政府采购问题才被列入谈判范围,并成立了政府采购的分题组,专门谈判政府采购问题,尽管只有一般原则的谈判,但其背景是强化政府采购在内的国际贸易自由化。

经过长期的艰苦谈判,东京回合多边贸易谈判于 1979 年 4 月 12 日在日内瓦通过了由埃及、印度等发展中国家提出的,并得到发达国家的支持的动议,从而最终达成了《政府采购守则》。该守则规定基于国家安全而采购的必要产品和服务,或是根据维持公共秩序、卫生防疫上的需要而采取限制措施可以例外,即可以不适用于《政府采购守则》要求,其他产品和服务的采购在成员国范围内必须遵守《政府采购守则》。①

《政府采购守则》于 1981 年 1 月 1 日生效,但其性质是非强制性的,由各缔约国在自愿的基础上签署,通过相互谈判确定政府采购开放程度。在东京回合谈判中形成的《政府采购守则》中,

---

① 马海涛,徐焕东,等:《政府采购管理》,经济科学出版社 2003 年版。

其适用范围仅适用于货物采购，还缺乏解决政府采购争端的有效机制。尽管如此，《政府采购守则》所具有的重大意义是世界许多国家所公认的。因为它首次将政府采购纳入国际法制轨道，从此为政府采购国际法则发展奠定了扎实的理论和实践基础。正是在这个基础上，以及各国的普遍呼吁下，联合国国际贸易委员会于1993年通过了《联合国国际贸易法委员会货物和工程采购示范法》、1994年通过了《联合国国际贸易法委员会货物、工程和服务示范法》。世界银行于1995年通过了《国际复兴银行贷款和国际开发协会贷款采购指南》。与此同时，《政府采购守则》的缔约方为了进一步扩大政府采购开放程序，对1979年的《政府采购守则》内容进行了大幅度的修改，修改后的《政府采购守则》于1988年2月14日生效。

在乌拉圭回合谈判后期，《政府采购守则》缔约方开始谈判新的政府采购协议，并于1993年12月15日结束谈判，乌拉圭回合形成的新的协议在适用范围上又取得了突破性的进展：将采购标的从货物扩展到货物和服务，其中包括工程服务；将采购实体的范围从中央政府实体扩展到次中央政府实体和公用企业。此外，新协议在招投标程序、补偿贸易的禁止以及救济程序和争端解决程序方面也更加完善。1994年4月15日，新协议即《政府采购协议》（GPA）在马拉喀什签字。

1995年世界贸易组织成立后，《政府采购协议》取代了《政府采购守则》，并于1996年1月1日正式生效。《政府采购协议》是《建立世界贸易组织协定》的四个附件之一，是各缔约方对外开放政府采购市场、实现政府采购国际化和自由化的重要法律文件。

1994年的《政府采购协议》在实践中逐渐发现存在一些不足，主要为：一是响应者不多，根据世贸组织网站上的材料，截至2007年底，GPA正式成员仅40个，且大多数为发达国家和地区，协定成员不足WTO成员方的30%，足见其并没有完全回应WTO

体制，也不能成为世界性协定。二是实践中提交 WTO 框架下争端解决机构处理的案件也极少。自 GPA 生效以来，提交给 WTO 争端解决机构的政府采购纠纷案件至 2007 年底只有 4 件。① 三是更为重要的是，GPA 在实施过程中，其所规范的透明度存在明显的不足。完善透明度条款也是 GPA 进一步发展的动力。

尽管 1996 年 GPA 设计了专门的透明条款，但是这种透明度可能会因成员方的宪政体制和加入谈判时的承诺技巧而使其虚置，这是影响 GPA 实效发挥的核心要素。因此 1994 年后 GPA 缔约方主要围绕透明度来完善协定。

WTO1996 年新加坡部长会议安排成立一个政府采购透明度工作组，研究各国（地区）的政府采购政策，并每年都召开会议，讨论和研究扩大各成员方政府采购透明度的有效手段。

WTO2001 年多哈部长会议直接把政府采购透明度作为谈判的议题。2006 年的 GPA 对透明度内容作了重大修改，修改的主要为第十六条，该条将 1994 年 GPA 的透明度条款改成了采购信息的透明度，并从供应商信息、合同授予信息公布、电子信息等方面对透明度作了详尽规定。相关条款则是指第五条、第 4 款对透明度内容的增加，该条规定："采购机构应以透明公正的方式进行采购，这些方式必须与协议相一致，公开招标、选择性招标和有限招标方式，采用这些方式必须避免利害冲突并防止腐败行为。"②

尽管 2006 年 GPA 是临时性的，尚需各成员国（地区）的进一步谈判来达成臻于合理并能相互满意的最终文本，然而 GPA 成员

---

① 这 4 个案件是：1997 年欧盟委员会与日本之间的日本政府采购航空卫星纠纷案；1998 年欧盟委员会与美国之间的关于马萨诸塞州法律禁止与缅甸签约或在缅甸境内进行交易的公司合同案；2000 年日本与美国之间关于美国马萨诸塞州法律禁止与缅甸签约或在缅甸境内进行交易的公司合同案；2000 年美国与韩国之间的韩国仁川国际机场建设案。

② 肖北庚：《WTO〈政府采购协议〉及我国因应研究》，知识产权出版社 2010 年版。

国（地区）均同意将该文本作为希望加入协议的国家（地区）进行谈判的基础。与之修改前的协定，2006年版本有以下特点：一是立法技术更完善，主要表现在语言表述更加概括与精炼，它采用了众多概括性的法律术语，用词上更加经典，将过去一些多余的词语删掉了，并使用了防止歧义的语言，文本结构更趋严谨。在有机组合方面，更加注重内容之间的紧密关联，它将相关的内容进行了有序的排列，从秩序方面完善了GPA的结构。二是具体规则更臻于合理。主要表现为在适用范围方面，无论在适用主体、客体和适用例外方面都有明显的完善；在采购方式和程序上向更有利于公平竞争的方向发展；在救济机制方面也更加具有强制性和可操作性。①

2007年12月28日，时任中国财政部部长谢旭人代表中国政府正式签署了加入WTO《政府采购协议》申请书。中国常驻日内瓦WTO总部代表团于当日将申请书和中国加入《政府采购协议》初步出价清单递交给WTO秘书处。虽然中方在这份清单中要求有15年的过渡期，但这毕竟标志着中国正式启动了加入WTO《政府采购协议》的谈判。

截至2019年10月，经国务院批准，财政部经由我国常驻世界贸易组织（WTO）代表团，向WTO提交了中国加入《政府采购协议》（GPA）第7份出价。本次出价首次列入军事部门，增加了7个省，出价范围涵盖了除自治区外的26个省和直辖市，新增了16家国有企业和36所地方高校。同时，增列了服务项目，调整了例外情形。这份出价是我国加快加入GPA谈判进程的重大举措，充分展现了我国扩大开放的形象，表明了我国加入GPA的诚意和维护多边贸易体制的决心。GPA是WTO的一项诸边协定，目标是促进参加方开放政府采购市场，扩大国际贸易。加入GPA谈判的主

---

① 肖北庚：《WTO〈政府采购协议〉及我国因应研究》，知识产权出版社2010年版。

要内容是政府采购开放范围（GPA 称为出价）及国内相关法律调整。

（三）《政府采购协议》的原则

《政府采购协议》的原则也必须遵循 WTO 总的原则，因此，在大原则的框架下，《政府采购协议》的原则体现在以下几个方面。

1. 非歧视原则

非歧视原则是 WTO 的一个基本原则，又称无差别待遇原则。非歧视原则包括最惠国待遇原则和国民待遇原则。《政府采购协议》修订本第五条规定：对于本协议涵盖的政府采购的所有措施，各缔约方包括其他机构，应立即无条件地对其他缔约方及其供应商的货物和服务提供不低于本国，包括本国采购机构的待遇。各缔约方还应保证，不能基于外国属性和所有权成分的比重而在当地设立的供应商之间实行差别待遇；不能基于被提供的产品与服务的生产国而歧视在当地设立的供应商，如果该生产国是《政府采购协议》的缔约方。此外，《政府采购协议》还在规制供应商资格和参与条件时，确立了非歧视原则及保障措施。

2. 发展中国家的特殊与差别待遇

《政府采购协议》详尽地规定了对发展中国家的种种特殊与差别待遇，目的在于保障发展中国家的国际收支平衡，保证他们有足够的外汇储备来执行经济发展方案；促进发展中国家国内工业的建立和发展，包括促进农村或落后地区的小型工业和家庭手工业的发展及其他经济部门的发展；扶持发展中国家那些完全或基本上依赖政府采购的工业单位；在向世贸组织部长会议提出并征得同意的情况下，鼓励发展中国家通过区域或全球安排来发展经济。

3. 透明度原则

透明度原则是世贸组织的重要原则，它体现在世贸组织的主要协定、协议中。《政府采购协议》的透明度原则主要体现在两个方面：一方面是各国的政府采购法规应公开、透明，各国制定的政府采购方面的法律、规定、程序和做法必须向成员方全部公开。另一方面是政府采购的各种信息必须公开、透明，包括采购项目的各类信息都必须在政府采购监管部门指定的媒体上公布。

4. 公平竞争原则

WTO 是建立在市场经济基础上的多边贸易体系。公平竞争是市场经济顺利运行的重要保障，公平竞争原则体现于 WTO 的各项协定和协议中。在 WTO 框架下，公平竞争原则是指成员方应避免采取扭曲市场竞争的措施，纠正不公平贸易行为，在货物贸易、服务贸易和与贸易有关的知识产权领域，创造和维护公开、公平、公正的市场环境。WTO《政府采购协议》对公平竞争原则的要求是，对清单中列明的采购实体进行的达到或超过最低限额的政府采购，采购实体应为供应商提供公平竞争的机会，即实行招标。《政府采购协议》还对可能限制公平竞争的技术规格、供应商资格和原产地规则等做法作了规范。

原产地规则具体为：各缔约方不应对适用本协议的政府采购在采购从其他缔约方进口的货物或服务时，采取有别于在交易时从同一缔约方进口相同货物或服务适用的一般贸易的原产地规则。

（四）《政府采购协议》的主要内容

《政府采购协议》是世界贸易组织协会四个单项贸易协议之一（其他三项分别是《民间航空器贸易协议》《国际牛肉协议》《国际奶制品协议》），它只对接受协议的国家（地区）有效，并且没有规定一揽子接受的义务。它的主要内容包括基本目标、适用范围、采购方式、采购程序、合同授予、救济机制等。

1. 基本目标

《政府采购协议》产生的历史背景也充分说明了它所要达到的目标。

（1）通过建立一个有效的、国际性的关于政府采购的法律、规则、程序和措施方面的权利与义务的多边框架，实现世界贸易的扩大和更大程度的自由化，改善协调世界贸易运行的国际框架，促进世界经济的发展。

（2）就国（地区）内外产品与服务和供应商拟定、采纳与实施的采购法律、规章和措施，不得对国（地区）内供应商提供保护并在国（地区）内外供应商之间实行差别待遇。

（3）各国（地区）提高政府采购法规、程序和措施的透明度。

（4）建立通知、磋商、监督和争端解决的国际秩序，以确保有关政府采购的法则能得到公正、迅速和有效地执行，最大可能地维持权利与义务的平衡。

2. 适用范围

适用范围是《政府采购协议》的首要内容，具体包括主体范围、客体范围、限额标准、适用例外四个方面。

（1）主体范围。适用主体范围是指一种法制对何种主体有效，这是法律生效的核心问题，离开了对主体的效力，也就无所谓法律效力。国际法律规则适用主体范围同样具有特别重要价值，因为它直接决定国际法律规划的性质、法律地位以及在规范国际社会某一行为中的作用。

《政府采购协议》的适用主体范围是以附录的形式由缔约方承诺的。《政府采购协议》第一条第 14 款规定：采购机构指包含在各缔约主附录 1 下附件 1～3 中的机构。这表明协定所规定的权利和义务只适用缔约方在附录 1 中所承诺的采购实体，对没有在附录 1 中列明的主体是否产生法律效力需依据该实体是否与承诺表中列出的实体之间存在某种法律隶属关系来判定，如有法律隶属关系和责任关联则发生法律效力，否则不产生约束力。其中附件 1 包含中央政府实体，附件 2 包括地方政府实体，附件 3 包括依照《政府采购协议》规定进行采购的所有其他实体。在适用主体方面，《政府采购协议》针对各缔约方对"政府"一词界定各有表述的问题，要求缔约方对政府采购中的中央政府主体、地方政府主体及其主体在签署协定时作出明确的承诺。由承诺方确定《政府采购协议》主体适用范围后，其范围并不是一成不变的，而是可通过缔约方修订提案予以变更，变更衡量的标准就是政府对某机构的控制和影响是否已经得到有效消除，同时变更也必须遵循一定的规则进行。

（2）客体范围。适用主体范围表明政府采购国际规制对哪些主体有效，而采购主体行为必须涉及具体的采购对象，并与供应商以合同形式规定权利和义务，采购主体权利和义务所指对象就是政府采购客体。政府采购国际规制通常对适用客体范围进行具体的规制。《政府采购协议》对1979年的《政府采购守则》客体范围进行了调整，将原来局限于货物扩充到现在的货物、工程和服务。具体表述为：本协议适用于协议涵盖的所有采购的措施，无论其是否全部或部分采用电子化手段。就本协议而言，涵盖的采购包括：货物、服务或它们的结合；在各缔约方附录1中列明的，不以商业销售或转售为目的的采购；或者不用于以商业销售或转售为目的货物或服务的生产或供应的采购；等等。从此规定可以看出，《政府采购协议》具体适用的客体并不是十分明确，需要通过结合其他条款和附件来加以判明。

（3）限额标准。《政府采购协议》在附录表中规定了各类政府采购实体最低采购限额标准，以供各缔约方根据本国（地区）的实际情况谈判签署。其具体标准是：中央政府采购实体购买货物和非建设服务的最低限额标准是13万特别提款权，地方政府和其他主体最低采购限额标准由各缔约方根据本国（地区）的实际情况作出具体承诺。为了使各采购实体不能借助采购限额来规避《政府采购协议》的适用，将"估价"条款纳入到第二条的适用范围来从三个大的方面予以规定。

（4）适用例外。国际协议的制定是为了协调国际经济法律政策，而不是制定有利于某一类国家的游戏规则。同时，其国际协议制定目的还需要各缔约方的遵循。因此，这就决定了国际协议的制定必须充分考虑或尊重各缔约方的经济基本权利的实现，正是这种考虑，使得当今国际经济协议或条约大都在规定严格的、统一的国际规则的同时，又给予为实现其基本权利而需要的某些国家以适用的例外。《政府采购协议》也是如此，它在第三条"例外"条款中分两部分进行了规定，即：本协议各项规定不得解释为防止缔约方为保护其根本安全利益，对武器、弹药或战争物资采购，或对国家安全或国防目的必要的采购，采取必要的行动或物质隐瞒；本协议各项规定不得解释为禁止采购或实施以下措施，但这些措施不应成为对具备相同条件的国家进行武断或不合理歧视的手段，或者国际贸易的变相限制：缔约方为保护公共道德、秩序或安全的需要；缔约方为保护人类、动植物生命或健康的需要；缔约方为保护知识产权的需要或因保护残疾人、慈善机构或劳改人员的相关产品或服务的需要。《政府采购协议》在设计安全例外和公共利益例外条款之后，还在第十条第6款对环保例外方面也作出了规制，其具体内容为：为了更大的确定性，根据本条款缔约方包括其采购机构可以拟定、采用或运用技术规格以保护环境或者自然资源。

3. 采购方式

采购方式作为 GPA 的核心内容，是 GPA 基本原则得以实现的关键性步骤，因此，GPA 对政府采购的采购方式作了完整的规定。GPA 在第五条的"采购执行"规定了三种采购方式，即：公开招标、选择性招标和有限招标。同时，还在第十二条、第十四条中分别对"谈判"和"电子拍卖"进行了规定。

（1）公开招标。所谓公开招标"指所有意向的供应商都可以提交标书的采购方式"。公开招标是国际公认的一种最为公开、透明的采购方式，并成为 GPA 的首选。其是指对供应商或承包商的范围不作任何限制，任何想参与政府采购的供应商或承包商均可参加。由于公开招标所体现的参与度、透明度与公正性较之其他采购方式有很大的优势，且最能体现政府采购公开、公正、市场竞争的基本原则，故 GPA 中的较多规范对公开招标，特别是其操作程序作了具体的规定，以保证其功效的正常发挥，为各供应商提供了一个良好的竞争环境。

（2）选择性招标。所谓选择性招标"指只有满足参与条件的供应商才被采购机构邀请参与投标的采购方式"。它是由采购主体根据政府采购的需要，邀请合格供应商或者承包商进行投标。从本质上看，这种采购方式其实是公开招标的变体。如 GPA 第九条第 5 款规定："任何满足特定采购条件的国内和国外供应商均视为有资格的供应商，除非采购机构在招标通知中规定参与招标的供应商的数量和选择的标准。"因此，选择性招标与公开招标一样，在选择供应商时都遵守 GPA 的国民待遇与非歧视原则。但选择性招标又有与公开招标的不同之处，即在选择招标中，采购机构可以保有一个供应商的常用清单（该清单有效期为三年），这意味着在选择性招标中，采购主体可以在常用清单中选择供应商或选择一定数量的潜在供应商，而不用通过公告来发布招标邀请。由于选择性招标在招标邀请方式上的特殊性，使其可以有的放矢，缩短采购周期、节约采购成本，最大限度实现政府采购的基本原则。

（3）限制性招标。所谓限制性招标"指采购机构只与其选择的一家或数家供应商联系的采购方式"。国内有些学者将 GPA 的"限制性招标"直接理解为"竞争性谈判"。按照 GPA 第十三条对采用"限制性招标"采购方式的适用条件的规定看，类似如我国的"单一来源采购方式"。如招标后没有合格供应商作实质响应、"使某货物或服务只能由某一特定供应商提供，并且没有其他货物或服务供应商的选择或代替"、"发生了采购机构无法预见的非常紧急事故，所需货物或服务通过公开或选择招标难以及时获得"等。对于采用限期性招标的，对每项合同写出书面报告。书面报告内容包括采购机构名称、采购货物或服务的金额、种类、原产地，并说明其符合本条的条款所规定之情况及条件。

第八讲 国际规则,也影响着您

(4) 谈判。GPA 在第五条的"采购执行"规定中,并没有将"谈判"列入 GPA 的采购方式中,而只是在第十二条中单列"谈判"。所以"谈判措施"也是被 GPA 所认可的一种采购方式。所谓谈判采购是指采购实体通过与多家供应商进行谈判,最后从中确定中标供应商的一种采购方式。这种方法适用于紧急情况下的采购或涉及高科技应用产品和服务的采购。谈判采购通过讨价还价,就发货、技术规格、价款和交易术语等合同要件达成共识。谈判要求采购方和卖方就合同的细节进行面对面的商谈,而不能仅靠交换文件。GPA 对谈判采购方式的适用也作了明确的规定,即缔约方在下列情况下可以允许采购机构采取谈判措施:采购机构根据第七条第 2 款,在公告中已经表达此种意向;根据公告或招标文件中规定的评标标准评标后,没有最有利标。采购机构应确保按照公告或招标文件中规定的评标标准淘汰参加谈判的供应商;谈判结束后,应允许所有参加谈判的供应商在规定的截止日期之前提交新的或修订后的投标文件。

(5) 电子拍卖。所谓电子拍卖"指一个重复性过程,它包括供应商应用电子手段为无价却可定量的、涉及估价标准的招标要素所展示的新价格或新价值,或两者兼有,导致投标的轮次性过程"。电子拍卖采购方式是 GPA 依据科技的发展、社会的进步而在 2006 年版中确定的一种采购方式,它是信息时代的产物。GPA 对电子拍卖采购方式也作了具体的规定,即当采购机构有意以电子竞标方式举行公开采购时,应在竞标开始之前,向每位参与者都提供:包括数学公式在内的自动评标方法,该方法基于招标文件所规定的标准,并将在拍卖过程的自动排列和再排列中被使用;任何有关招标项目初始评标的结果,其合同将被授予最具优势的缔约方;其他与举行拍卖相关的信息。电子拍卖作为一种新型的政府采购方式,其适应了经济全球化背景下的贸易自由化与快速发展的跨国网络空间要求,简单、便捷、透明度更高,减少了人与人之间的中间接触环节,能最大限度地限制操作者的自由裁量权,虽其尚未成为采购方式的主流,但在采购过程中开始运用,不失为今后采购方式发展的一种趋势。

4. 采购程序

采购方式的有效实施有赖于采购程序的法律规制与遵循。选择了该种采购方式,也就必须选择《政府采购协议》规定的该种采购方式的采购程序。以公开招标采购方式为例,其采购程序为以下几个步骤。

(1)供应商的参与条件确定。供应商的参与条件是指具备哪些资格的供应商能参加竞争,只有具备了这些约定的条件,供应商才可报名。《政府采购协议》规定,这些条件的确定不得有差别待遇或歧视条款。这些条件包括"以保证进行相关采购时投标供应商具备法律、商务、技术、资金的能力"。而"一旦有能证明其供应商有破产、虚报收入、在履行主要合同的主要要求或义务时有严重的或持续的缺陷、严重犯罪或其他严重侵犯已终审判决的、表明该供应商有不良商业道德等行为或未缴纳税"均可以排除。

(2)采购邀请。所谓采购邀请,就是采购实体必须通过公告的方式,也就是"采购机构应在附录3列明的适当的报纸或电子媒体上公布预定采购的公告。此类媒介应当为广泛传播的,公告对于大众应当为容易获知的,至少在公告中说明的期限之前可被获知"。《政府采购协议》同时还规定了公告的内容必须详尽,主要包括:采购机构的名称、地址以及其他联系采购机构的必要信息;对采购过程的描述,包括拟采购货物或服务的数量和质量,或数量不详时的估算量;可能用到的采购方式以及是否需要谈判或电子拍卖;提交投标书的地址和最后日期;对参加供应商的所有条件的清单和简短描述包括由供应商提供的与此相关的具体文件或证明材料,除非这些要求在投标文件中已为所有供应商在同一时间以预定采购公告的形式获知等。

(3)资格审查。为了确保招标过程公正有效,让符合资格的供应商公正平等地参与竞争,《政府采购协议》要求采购实体在招标前对供应商资格进行审查,并要求制定规范、统一的审查标准,"努力减少资格获取过程的差异",同时,《政府采购协议》要求每一缔约方的制度要求应努力缩小各实体间资格审查程序的差异,除非确有必要,否则其国内每一采购实体及其附属机构应实行统一的资格审查程序。

(4) 招标及招标文件。对于招标程序,《政府采购协议》主要对招标文件的内容及其各实体招标文件的提交条件作了具体的规定。招标文件的内容主要包括:采购的货物或服务的性质和数量,如果数量不详则应包括估计数量和所有技术规格,以及评估证书、计划、草图,或指导性材料;供应商参与的所有条件,包括供应商要求提交的一系列信息和文件;授予合同时的所有评估标准和这些标准的相对重要性,除非价格是唯一标准;当采购机构要采用电子方式进行采购时,所有鉴定和编码要求以及其有关用电子方式接收信息的要求;当采购机构要采用网上竞标时,竞标规则,包括关于评估标准的辨认;只要是公开招标,日期、时间和招标地点要告知参与人;其他条款或条件,包括付款方式以及标书提交方式限制,如纸质或者电子方式;交付货物或者服务的时间。《政府采购协议》还规定,在确定货物或服务的交付日期时,采购机构应该考虑采购项目的复杂性,预期合同分包程度以及生产、出货、货物运输或提供服务实际需要的时间等因素。

在招标文件的提交方面,进行公开招标时,采购机构应该及时使招标文件获取以保证供应商有足够的时间作出投标反应。若供应商需要,应给参加招标程序的任一供应商提供招标文件,并回答有意向或者正在参与的供应商的任何合理请求,只要该信息不至于使该供应商优于其他供应商。此外,如果招标文件中有重大失误,可以对招标文件进行调整或修改。在招标的期限上,针对不同的情况,《政府采购协议》作了不同的规定,都应该为招标提供足够的时间。

(5) 投标。《政府采购协议》对投标应采用的形式和期限作了具体的规定。

对于投标的形式,《政府采购协议》规定以投标文件的形式进行投标,其投标文件可以以书面形式,也可以以电子形式存在。采购合同在授予符合投标资格的供应商时,其投标文件应以书面方式提交,且该投标文件符合公告或招标文件规定的基本要求。此外,对于投标文件形式上的错误给予一次更正的机会,但要受到一定的时间限制,即在开标到合同授予期间,给予供应商更正因非故意造成形式上的错误的机会,采购机构应向所有参加的供应商提供相同的机会。

在投标的期限上,有一个总的原则,即采购机构应该符合自己的合理需求,为供应商作出投标反应提供充足的时间。同时,《政府采购协议》亦分不同的情况规定了不同的投标时间。一是《政府采购协议》第十一条第3款规定,除了在第4款和第5款规定的之外,采购机构确定的投标最后期限不应少于如下日期之后40天:在公开招标的情况下,招标公告已经发布了;在选择性招标的情况下,采购机构不论是否用常用清单,都应该邀请供应商来申请投标。此外,对于《政府采购协议》第十一条第4款和第5款的运用,不应该导致第十一条第3款中的投标期限少于从招标邀请公告发布之日起10天。二是尽管有其他期限,当采购机构购买商业货物或服务时,它可以将第3款的投标期限减少到少于13天,除非邀请招标文件和投标文件同时使用电子形式发布。当采购机构同时接受电子形式的商业货物和服务投标文件时,可以将第3款中的期限减至少于10天。三是当附件2或附件3中的采购机构选择了所有或者有限数量的合格供应商的情况下,投标期限可以根据采购机构和入选供应商之间的协议来确定。如果没有协议,则期限不应少于10天。

5. 合同授予

投标文件经过评议,应当按要求决定将合同授予给中标供应商。在授予合同时,应注意在不影响公共利益的前提下,采购机构确定完全有能力履行合同，并且仅根据公告或招标文件规定的评标标准，应将采购合同授予符合这些条件的投标供应商：一是最有利标的投标供应商；二是在价格是唯一评标标准的情况下，报价最低的投标供应商。但是，在某一供应商报价异常低于其他供应商报价时，应对其竞标条件和履行合同的能力进行核实，以免受骗。

6. 救济机制

《政府采购协议》的救济机制作为平衡公共利益、保障各当事人的利益，特别是供应商的利益而设计的，它是保障WTO协定缔约方供应商平等地获得政府采购机会的重要保障制度。救济制度作为一种权利受损后的补救制度，也应当与采购方式和程序设计相吻合，确保受到采购行为不利影响的人能够得到有效的救济和正当权利受到保护。《政府采购协议》救济制度的具体内容的主要规定在第二十至第二十二条之中，其他条款也有一些涉及救济制度的某一方面，但不构成对救济制度的较为具体和全面的规定，同时，这些条款所规定的内容只有与上述三条结合起来才能放到救济制度中，不具有独立性。《政府采购协议》救济制度的内容具体包括磋商、质疑、司法审查和争端解决机制适用等。其实这些内容的核心是质疑，其他几个方面都是与质疑有一定的联系和关联。

（1）磋商。虽然《政府采购协议》的"磋商"与WTO争端解决机制所说的"协商"为同一个词（consultation），但它们有一定的区别，WTO争端解决机制则规定协商是启动其他救济方式的必经程序，协商救济方式未启动前，就不得启动其他救济方式；而GPA救济机制中的磋商只是质疑程序的前置形态，而非前置程序。磋商只有当一供应商对协定成员国内一项具体政府采购行为违反了《政府采购协议》提出异议时才可以提起，违反协定的情况通常包括采购实体所采取的采购方式、采购文体的内容、采购程序及采购结果等。磋商是《政府采购协议》所倡导和鼓励的一种救济方式，它充分体现了世贸组织友好协商解决争端的精神，把友好协商解决方式作为首倡。

(2) 质疑。为了弥补磋商的不足，增强《政府采购协议》救济制度的实效，其要求缔约方政府在法律、法规和行政程序中设计质疑程序。《政府采购协议》为了规范质疑行为，协议在第十八条的"供应商质疑的国内审查程序"中规定："各缔约方必须具备及时、有效、透明和非歧视的行政和司法审查程序以便于供应商对以下事项进行质疑：当违背协议时；或在缔约方国内法律下，当供应商无权直接对违背协议的行为或违背'缔约方为执行协议而制定的法规'的行为进行质疑时，这时事项可能由涉及利益的相关采购所引发。所有质疑的程序规则都必须有文字形式的表达且能够广泛获得。"《政府采购协议》还对质疑提起的形式、提起的时间，以及质疑处理的部门进行规定，即"各缔约方应当建立或任命至少一个公正的行政或司法机关，该机关独立于采购机关负责接受和审查供应商因相关采购而提交的质疑"。同时，还规定了负责处理质疑的相关部门按一定的程序对待供应商的质疑。

(3) 司法审查。司法审查基本是《政府采购协议》保护供应商权益的最后一道防线，它是监督行政机构在履行《政府采购协议》时，其行政行为是否合理、合法的作用。因为，在政府采购活动中，采购实体或者是行政机关，或者是行政机关的委托人，在很大程度上与行政行为有密切的联系，当行政行为侵害供应商的权益时，司法审查就可以使供应商通过缔约方的国内司法程序来寻求救济。

二、联合国有个《示范法》

（一）联合国与我国[①]

联合国是最具普遍性、权威性和代表性的政府间国际组织。

[①] 中华人民共和国外交部网站.［2023-07-25］. https://www.mfa.gov.cn/web/gjhdq_676201/gjhdqzz_681964/lhg_681966/jbqk_681968/.

第八讲　国际规则，也影响着您

1945年4月25日，来自50个国家的代表在美国旧金山召开联合国国际组织会议。6月25日，通过了《联合国宪章》。6月26日，50国代表签署了《联合国宪章》。同年10月24日，中、法、苏、英、美和其他多数签字国递交批准书后，宪章生效，联合国正式成立。联合国总部在美国纽约，在瑞士日内瓦、奥地利维也纳、肯尼亚内罗毕、泰国曼谷、埃塞俄比亚的斯亚贝巴、黎巴嫩贝鲁特、智利圣地亚哥分别设有办事处。

凡爱好和平、接受《联合国宪章》义务的国家，均可成为会员国。截至2022年底，联合国共有会员国193个。联合国除会员国外，还设有观察员（Permanent Observers）制度，邀请国际组织、非政府组织、实体参与联合国事务。会员国在联合国总部所在地设有常驻联合国代表团，观察员国在联合国总部设有常驻观察员代表团。

联合国的宗旨是：维护国际和平与安全；发展国际间以尊重各国人民平等权利及自决原则为基础的友好关系；进行国际合作，以解决国际间经济、社会、文化和人道主义性质的问题，并促进对于全体人类的人权和基本自由的尊重。

为实现上述宗旨，联合国应遵循下列原则：（1）所有会员国主权平等；（2）各会员国应忠实履行根据宪章规定所承担的义务；（3）各会员国应以和平方法解决国际争端；（4）各会员国在国际关系中不得以不符合联合国宗旨的任何方式进行武力威胁或使用武力；（5）各会员国对联合国依照宪章所采取的任何行动应给予一切协助；（6）联合国在维护国际和平与安全的必要范围内，应确保使非会员国遵循上述原则；（7）联合国组织不得干涉在本质上属于任何国家国内管辖的事项，但此项规定不应妨碍联合国对威胁和平、破坏和平的行为及侵略行径采取强制行动。

中国是联合国创始会员国之一，是第一个在《联合国宪章》上签字的国家。1971年10月25日，第26届联合国大会通过了关于恢复中华人民共和国在联合国一切合法权利的第 2758 号决议，承认中华人民共和国政府的代表是中国在联合国组织的唯一合法代表。

多年来，中国坚定支持联合国在维护世界和平、促进共同发展方面发挥的重要作用，坚定支持多边主义，坚定维护以联合国为核心的国际体系。中国将继续与联合国加强合作，推动以对话协商解决地区热点问题，应对好各种全球性威胁和挑战。中国将继续做世界和平的建设者、全球发展的贡献者和国际秩序的维护者，与各国携手构建人类命运共同体。

（二）《示范法》的形成与特点

1. 形成

联合国国际贸易法委员会是联合国大会的一个政府间机构，它是联合国大会为协调、统一国际间的贸易法规，清除国际贸易的法律"壁垒"而成立的专职机构，于 1966 年设立，我国已于 1983 年加入该委员会。考虑政府采购与国际贸易密不可分，联合国也十分重视政府采购工作，国际贸易法委员会在 1986 年第十九届会议决定进行采购立法工作。由于认识到服务采购与货物、工程采购存在着很大的不同，国际贸易法委员会（以下简称贸法会）决定首先制定货物与工程采购方面的法规。1993 年 7 月 5 日至 23 日在维也纳召开的第二十六届会议上，通过了《贸易法委员会货物和工程采购示范法》（以下简称《示范法》）。由于服务采购既是国际贸易中的一个重要领域，也是各国政府采购的内容之一，有必要进行规范，因此，1994 年 5 月 31 日至 6 月 17 日在纽约召开的第二十七届会议上，国际贸易法委员会对货物和工程采购的《示范法》做了补充和修改，并将服务采购的内容纳入其中，形成了《贸易法委员会货物、工程和服务采购示范法》。为了适应社会的发展，贸法会组织人员对《示范法》加以增补完善，由此，自 2004 年 8 月至 2009 年 12 月，第一工作组陆续组织召开了十二次会议（即政府采购工作组第六届会议至第十七届会议），开展了有关拟订《示范法》修订建议的工作。

2. 特点

联合国的《示范法》并不是真正意义的法，不具有任何的法律效力，对贸法会成员国的行为不具有约束力。所以，它制定的目的正如《示范法》序言中所提及的：使采购尽量节省开销和提高效率；促进和鼓励供应商和承包商参与采购过程，尤其是在适当情况下促进和鼓励不论任何国籍的供应商与承包商的参与，从而促进国际贸易；促进供应商和承包商为供应拟采购的货物、工程或服务进行竞争；规定给予供应商与承包商以公平和平等的待遇；促使采购过程诚实、公平，提高公众对采购过程的信任；使有关采购的程序具有透明度。

虽然《示范法》没有约束力，但对于提高政府采购的透明度、节约采购资金、杜绝腐败和促进国际贸易具有积极的意义。

（三）《示范法》的基本原则

在联合国的《示范法》中，没有明确提出其立法的原则，但从其整个规定中，还是可以归纳出其基本立法原则，主要为：公开透明、公平竞争、公正效率，力求使政府采购立法的国家创造必要的环境，树立公众对政府部门廉洁、有效使用公共采购资金进行公平、公正采购的信心。

（四）《示范法》的主要内容

1. 适用范围

联合国《示范法》主要着眼于处理政府部门和其他公共实体与企业的采购问题。因此，它在总则第一条则规定，"本法适用于采购实体进行的所有采购"，本法不适用于"涉及国防或国家安全的采购"，如果采购实体在征求供应商或承包商参与采购过程之初即声明本法将予适用，本法应在声明的范围内适用于"涉及国防或国家安全的采购"等所述类型的采购。

2. 对采购方式的规定

由于招标采购是被普遍认为最能有效地促进竞争、显示公平和节约资金的采购方式,所以《示范法》也规定,"凡采购货物或工程的采购实体均应通过招标程序进行采购",同时还规定了各种采购方式及其适用条件,使采购主体能够解决可能遇到的各种不同情况。

(五) 采购方式的适用条件

1. 招标采购

《示范法》规定凡采购货物或工程的采购实体均应通过招标程序进行采购,且在服务采购中有另行规定的除外,都应以运用招标采购为主。《示范法》没有对招标采购方式进行明确的界定,只是对不适用或在规定的情形下方可采用其他方式进行采购。

对于招标采购,《示范法》规定了其采购程序,主要有投标邀请书或资格预审邀请书的发布或公告、招标文件的提供、招标文件的澄清或修改、投标文件的提交、同时提交投标担保、投标书的评审与比较和接受投标及采购合同生效等。在规定采购程序时,还对投标邀请书或资格预邀请书、招标文件、投标文件等内容进行了明确的规定。

2. 两阶段招标、邀请建议书或竞争性谈判

《示范法》规定,当出现下列情形时,采购实体可采用两阶段招标的办法或邀请建议书、竞争性谈判的方法进行采购。

(1) 采购实体不可能拟定有关货物或工程的详细规格,或如为服务,不可能确定其特点,又为了使其采购需求获得最满意的解决。包括:采购实体谋求投标、建议书或报盘意图利用各种可能方式来满足其需要;由于货物或工程的技术特点,或由于服务的性质,采购实体必须与供应商或承包商进行谈判。

(2) 采购实体为谋求签订一项进行研究、实验、调查或开发工作的合同,但合同中包括的货物生产量足以使该项业务具有商业可行性或足以收回研究和开发费用者除外。

(3) 采购实体根据《示范法》的相关规定适用于涉及国防或国家安全的采购,并断定所选用方法为最适当的采购方法;或已采用招标程序,但未有人投标,或采购实体根据规定拒绝了全部投标,而且采购实体认为再进行新的招标程序也不太可能产生采购合同。

(4) 急需获得该货物、工程或服务,采用招标程序不切实际,但条件是造成此种紧迫性的情况并非采购实体所能预见,也非采购实体办事拖拉所致。

(5) 由于某一灾难性事件,急需得到该货物、工程或服务,而采用其他采购方法因耗时太久而不可行。

采用两阶段招标采购方式的,《示范法》的第四十六条规定了其采购程序为:第一阶段,招标文件应要求供应商或承包商提交列明其建议但不列明投标价格的初步投标书。招标文件可征求提出有关货物、工程或服务的技术、质量或其他方面特点的建议以及关于供应的合同规定和条件方面的建议,适当列明供应商和承包商的专业和技术能力和资格。对于其投标尚未按照有关条款规定被拒绝的任何供应商或承包商,采购实体可在第一阶段就其投标的任何方面同他们进行谈判。第二阶段,采购实体应邀请投标尚未遭到拒绝的供应商或承包商对单一一套规格提出列明价格的最后投标。采购实体在拟定规格时,得删除或修改原先在招标文件中列出的、关于拟采购货物、工程或服务的技术或质量特点的任何方面,也可删除或修改原先在招标文件中列出的、关于评审和比较投标以及确定中选投标的任何标准,并可增补符合本法的新的特点或标准。任何此种删除、修改或增补,均应在邀请提出最后投标的邀请书内告知供应商或承包商。不想提出最后投标的供应商或承包商可退出投标过程,而不丧失该供应商或承包商原先被要求提供的任何投标担保。应对最后投标作出评审和比较,以确定符合《示范法》界定的中选投标。

(六) 采购方式的基本程序

1. 邀请建议书采购方式

应在可行范围内面向尽可能多的供应商或承包商征求建议书,在可能情况下至少应有三个。

采购实体应在一份国际上广泛发行的报纸或在一份国际上广泛发行的有关技术或专业刊物上刊登通知,征求各方表示提出建议书的兴趣,除非出于节省开销和提高效率的原因,采购实体认为不宜刊登此种通知;此种通知不赋予供应商或承包商任何权利,包括使一项建议书得到评审的任何权利。

采购实体应定出评审建议书的标准,并确定每一条标准的相对比重及其应用于评审建议书的方式。其标准应涉及:供应商或承包商的相对管理能力和技术能力;供应商或承包商提出的建议书对满足采购实体的需要是否切实有效;供应商或承包商就实施其建议所提出的价格以及操作、保养和维修所提议货物或工程的费用。

采购实体发出的邀请建议书的通知至少应包含下述资料:采购实体的名称和地址;关于所需采购的说明,包括建议书应符合哪些技术参数和其他参数,以及对于工程采购而言,拟建造的任何工程的地点,又对于服务采购而言,提供服务的地点;尽可能以货币值表示的评审建议书的标准,给予每一条标准的相对比重,以及这些标准应用于评审建议书的方式;建议书的格式要求和任何对建议书适用的指示,包括有关的时间表。

对于征求建议书方面的任何变动或澄清以及评审建议书的标准的修改,均应告知参与邀请建议书程序的所有供应商或承包商。

采购实体在处理建议书时,应避免将其内容泄露给相互竞争的供应商或承包商。

采购实体可与供应商或承包商就其提出的建议进行谈判,并可要求或容许对所提建议进行修改,但须满足下述条件:采购实体与某一供应商或承包商之间的任何谈判应该保密;除有关情况外,谈判的任何一方在没有征得另一方同意的情况下,不得向任何其他人透露与谈判有关的任何技术资料、价格或其他市场信息;向已提交建议书而且其建议书尚未被拒绝的所有供应商或承包商提供参与谈判的机会。

谈判结束后,采购实体应要求采购过程中其余所有供应商或承包商最迟在某一规定日期提出有关其建议书所有各方面的最佳和最后报盘。

采购实体应运用下述程序来评审各项建议书:只考虑上述的并在征求建议书的通告中列明的标准;某一建议书在满足采购实体的需要方面的有效性应与价格分开进行评审;只有在完成了技术评审之后,采购实体才应考虑某一建议书的价格。

采购实体授予合同的供应商或承包商,其建议书应当是按照邀请建议书所规定的建议书评价标准以及按照邀请建议书中所述的那些标准的相对比重及应用方式确定为最能满足采购实体的需要者。

2. 竞争性谈判方式采购

在竞争性谈判过程中,采购实体应与足够数目的供应商或承包商举行谈判,以确保有效竞争。

采购实体向某一供应商或承包商发送的与谈判有关的任何规定、准则、文件、澄清或其他资料,应在平等基础上发送给正与该采购实体举行采购谈判的所有其他供应商或承包商。

采购实体与某一供应商或承包商之间的谈判应是保密的,除第十一条规定的情况外,谈判的任何一方在未征得另一方同意的情况下,不得向另外的任何人透露与谈判有关的任何技术资料、价格或其他市场信息。

谈判结束后,采购实体应要求在此过程中剩下的所有供应商或承包商最迟在某一规定日期提出有关其建议各个方面的最佳和最后报盘。采购实体应在此种最佳和最后报盘基础上选定中选报盘。

3. 限制性招标采购

对于限制性招标采购,《示范法》规定,除非有例外规定,有关招标的各项规定均适用于限制性招标程序。根据《示范法》第二十条和第四十七条的规定,采购实体可采用限制性招标方法进行采购的条件和适用程序为以下几点。

所需货物、工程或服务高度复杂或具有专门性质,只能从有限范围内的供应商或承包商处获得,采购实体出于节省开销和提高效率的理由认为确有必要、可采用限制性招标方法进行采购,但应向所有可提供拟采购的货物、工程或服务的供应商或承包商征求投标。

由于研究和评审大量投标书所需时间和费用与拟采购货物、工程或服务的价值不成比例,采购实体出于节省开销和提高效率的理由认为确有必要,也可采用限制性招标方法进行采购,但应以无差别待遇的方式选定足够数量的若干供应商或承包商向其征求投标,以确保有效的竞争。

若采购实体进行限制性招标,应在本国指定的官方报纸或出版物上刊登限制性招标的通知。

此种采购方法与招标的不同之处在于,它允许采购实体在有限数目的供应商或承包商进行招标。

4. 邀请报价

《示范法》第二十一条规定,在采购合同的估值低于采购条例规定数额的情况下,采购实体可采用邀请报价的方式采购现存的、并非按采购实体的特定规格特别制造或提供其已有既定市场的货物和服务。按照《示范法》第五十条规定,采购实体采用邀请报价进行采购应当满足以下几点。

采购实体应在可行范围内向尽可能多的供应商或承包商邀请报价,在可能情况下至少应有三个。对于向其邀请报价的每一个供应商或承包商，均应告知是否把货物或服务本身所收费用以外的其他费用，如任何适用的运输和保险费用、关税和其他税项也算在价格之内。

每一个供应商或承包商只允许提出一个报价，而且不允许改变其报价。采购实体与某一供应商或承包商之间不得就该供应商或承包商所提的报价进行谈判。

采购合同应授予提出符合采购实体需求的最低报价的供应商或承包商。

5. 单一来源采购

《示范法》第五十一条规定，在第二十二条所述情况下，采购实体可通过向单一的供应商或承包商征求建议或报价的方法采购货物、工程或服务。按照《示范法》第二十二条的规定，在下述条件下，采购实体可采用单一来源采购方式。

该货物、工程或服务只能从某一供应商或承包商处获得，或某一供应商或承包商拥有对该货物、工程或服务的专有权，且不存在任何其他合理选择或替代物。

急需获得该货物、工程或服务，采用招标程序或任何采购方法均不切实际，但条件是造成此种紧迫性的情况并非采购实体所能预见，也非采购实体办事拖拉所致。

由于某一灾难性事件，急需获得该货物、工程或服务，采用其他采购方法因耗时太久而不可行。

原先已经从某一供应商或承包商处采购了货物、设备或技术的采购实体，出于标准化的考虑，或因需要与现有的货物、设备、技术或服务配套，并考虑到原先的采购能有效满足采购实体的需要，并且与原先的采购相比，拟议的采购数量有限、价格合理而不宜另选其他货物或服务来予以代替，因而决定必须向原先的供应商或承包商添购供应。

采购实体为谋求与供应商或承包商订立一项进行研究、实验、调查或开发工作的合同，但合同中包括的货物生产量足以使该项业务具有商业可行性或足以收回研究开发费用者除外。

涉及国防或国家安全的采购,并断定单一来源采购为最适当的采购方法。

为促进国家某一方面经济政策的实施,包括接受某一投标会对国际收支状况和外汇储备产生影响,供应商或承包商提出的对销售贸易安排,供应商或承包商拟提供的货物、工程或服务中的国产成分(包括制造、劳工和材料的国产成分),该投标提供的经济发展潜力(包括国内的投资或其他商业活动),对就业的鼓励,保留某些部分的生产给本国供应商,技术的转让以及管理、科学和操作技能的发展等,采购实体可以进行单一来源采购。

6. 征求建议书

鉴于服务采购涉及无形商品的提供,其质量和精确内容可能难以确定,与货物和工程采购存在着不同之处,因此,《示范法》对服务采购专门作了规定,其采购方法为征求建议书,该方法旨在通过各供应商或承包商提出的建议书,对其资格和专门知识进行评估,从而采购到适应采购实体需要的服务。其特点是重视对服务提供者资格和专门知识的评估过程。征求建议书采购方法的具体要求和操作程序如下。

发放征求建议书。征求建议书应在"以国际贸易中惯常使用的一种语言刊登在一份国际广泛发行的报纸上或刊登在一份国际广泛发行的有关行业或专业出版物上",且"起码要载列采购实体的名称和地址、拟采购的服务的简要说明、取得邀请建议书或资格预审文件的方法,以及对邀请建议书收取的任何费用",除非下列情形可以不发通知,如拟采购的服务只能从有限数目的供应商或承包商那里获得,但采购实体须向所有那些供应商或承包商征求建议书;审查和评价大量建议书所需的时间和费用与拟采购的服务的价值不相称,但须向足够数目的供应商和承包商征求建议书,以确保有效的竞争;直接征求是确保机密或出于国家利益的理由而必须采用的唯一方法,但须向足够数目的供应商或承包商征求建议书，以确保有效的竞争，等等。

拟定评审建议书的标准。采购实体应在征求建议书中列出评审标准及每一标准的相对比重，其基本标准主要有：供应商或承包商及其参与提供服务的人员的资格、经验、信誉、可靠性、专业和管理能力；供应商或承包商提出的建议书对满足采购实体的需要的有效性；建议价格及适用的任何优惠幅度，包括任何附加费用或有关费用；接受某一建议书将对（本国）国际收支状况和外汇储备产生的影响，当地供应商或承包商的参与程序，建议书所提供的经济发展潜力，包括国内的投资或其他商业活动，对就业的鼓励，技术的转让，管理、科学和操作技能的发展以及供应商或承包商提出的对销贸易安排；国防和国家安全方面的考虑；等等。

征求建议书的澄清和修改。供应商或承包商可要求采购实体澄清邀请建议书。采购实体应对在提交建议书截止日期前一段合理时间内收到的由供应商或承包商提出的澄清邀请建议书的任何要求作出答复。采购实体应在合理时间内作出答复，使该供应商或承包商能够及时提交其建议书，并应将此种澄清告知采购实体向其提供邀请建议书的所有供应商或承包商，但不得标明该要求的提出者。在建议书截止日期前的任何时候，采购实体可出于任何理由，主动地或根据供应商或承包商的澄清要求，印发增编以修改邀请建议书。此种增编应迅速分发给采购实体向其提供了邀请建议书的所有供应商和承包商，并应对这些供应商或承包商具有约束力。

选择中选建议书的程序。《示范法》规定了几种评选程序，并规定采购实体在评选程序中或借助于一个公正不倚的专家组进行评审。

不通过谈判的评选程序。采购实体应按照邀请建议书所列除价格以外的关于质量和技术方面的标准，以及这些标准的相对比重和应用方式，评比每份建议书，然后对达到或超过界限的建议书的报价进行比较。中选的建议书应是批发价最低的建议书，或评比取得最佳综合评价的建议书。

通过谈判的评选程序。这种程序按谈判方式的不同，又分为同时谈判的评选程序和顺序谈判的评选程序。同时谈判评选程序，是采购实体与所有提出建议书的供应商或承包商进行谈判，并可设法允许对所提建议作出修改。谈判结束后，采购实体应请所有的供应商或承包商在某一规定日期前提出最佳和最后报盘。在评审建议书时，应在完成了技术评价后再考虑报价，中选的建议书应是最能满足采购实体需要的供应商或承包商。顺序谈判评选程序，是采购实体按照邀请建议书所列除价格以外的标准，规定关于质量和技术方面的界限（达到界定限的才有资格进行谈判），按照以质量和技术标准进行评分的高低顺序，先与取得最佳评分的供应商或承包商就其报价进行谈判；不能产生采购合同时，与评分次佳的进行谈判；还不能产生采购合同时，与评分达到界限以上的进行谈判，直到达成合同或否决全部建议书为止。

（七）《示范法》对供应商或承包商资格审查的规定

《示范法》第八条规定，供应商或承包商无论其国籍如何，均可参与采购过程，除非采购实体出于采购条例规定的理由或根据其他法律规定，决定根据国籍限制参与采购过程。但是，根据《示范法》第六条规定，供应商或承包商参与采购过程必须具备一定的条件，且采购实体在采购过程的任何阶段都可以对供应商或承包商进行资格审查。

1. 资格审查标准

《示范法》第六条规定了供应商或承包商的基本资格。一是具有履行采购合同所需的专业和技术资格、专业和技术能力、财力资源、设备和其他物质设施、管理能力、可靠性、经验、声誉和人员；二是具有订立采购合同的法定权能；三是并非处于无清偿能力、财产被接管、破产或结业状态，其事务目前并非由法院或司法人员管理，其业务活动未中止，而且也未因上述任何情况而成为法律诉讼的主体；四是履行了缴纳本国税款和社会保障款项的义务；五是在采购过程开始之前的若干年期间内未被判犯有、其董事或主要职员也未被判犯有与其职业行为有关的或与假报或虚报资格骗取采购合同有关的任何刑事犯罪，也未曾在其他方面由于行政部门勒令停业或取消资格程序而被取消资格。

2. 资格审查程序

为了确保只有合格的供应商或承包商参与投标，《示范法》规定采购实体可按资格预审程序进行资格预审。在不损害其保护知识产权或商业秘密的前提下，采购实体可要求供应商或承包商提供可以证明其具备上述资格的适当的书面证明或材料。采购实体如在任何时候发现某一供应商或承包商所提交的关于其资格的资料为虚假资料，或在实质性方面失实或实质性不完整，即可取消该供应商或承包商资格。

（1）采购实体应向潜在的供应商或承包商发出资格预审邀请书，并向根据邀请书的要求支付了费用的供应商或承包商提供成套资格预审文件。资格预审文件中至少应包含下列资料：编写和提交资格预审申请书的说明；通过采购过程产生的将予订立的采购合同的主要必要规定和条件的概要；供应商或承包商为表明其具备资格而必须提交的任何书面证据或其他资料；提交资格预审申请书的方式和地点及提交的截止日期，截止日期应写明具体日期和时间，并使供应商或承包商有充分时间编写和提交申请书，同时，照顾到采购实体的合理需要；采购实体根据本法和采购条例可能就资格预审申请书的编写和提交以及就资格预审程序规定的任何其他要求等。

（2）供应商或承包商有权提出关于澄清资格预审文件的要求，对于在提交资格预审申请截止日期之前合理时间内收到的澄清要求，采购实体应予答复，并将答复发放给提出澄清要求的供应商或承包商以及所有有兴趣获得者。

(3) 采购实体根据预审文件中列明的标准，对每个提交资格预审申请书的供应商或承包商的资格作出决定。

(4) 采购实体应将决定迅速通知每个提交资格预审申请书的供应商或承包商，告知其是否预审及格，并应将预审不及格的理由通知有关的供应商或承包商（但无须提供证据或说明原因）。只有预审及格的供应商或承包商才有权继续参加采购过程。

(5) 采购实体要求已预审及格的供应商按照原来资格预审的标准再度证明其资格，对于未能根据要求再度证明其资格的供应商或承包商，采购实体应取消其资格。

(八)《示范法》对审查的规定

为保证采购公平竞争，根据《示范法》第 6 章的规定，除了有明确的限制规定外，"任何声称由于采购实体违反本法对其规定的责任而受到或可能受到损失或者伤害的供应商或承包商"。其审查方式有以下三类。

1. 采购实体或审批机关的审查

除非采购合同已经生效，一项投诉首先应以书面形式提交采购实体的负责人。除非提出投诉的供应商或承包商在获悉引起投诉的情况后 20 天内，或在该供应商或承包商理应获知情况后 20 天内（二者以较早者为准）提出投诉，否则采购实体（或审批机关）负责人不应受理此种投诉。在采购合同生效之后，采购实体（或审批机关）负责人不必受理或继续受理任何投诉。除非投诉已经由提出投诉的供应商或承包商与采购实体双方协议解决，否则采购实体（或审批机关）负责人应在提交投诉后 30 天内，发出一项书面决定。该书面决定应陈述作出该决定的理由；如投诉内容之全部或部分得以成立，应明示拟采取之纠正措施。如采购实体（或审批机关）负责人在规定的时间内没有发出一项决定，则提出投诉的供应商或承包商（或采购实体）其后立即有权按规定提出诉讼。一提出此种诉讼，采购实体（或审批机关）负责人受理投诉的权限即告终止。除非按照规定提出了诉讼，否则采购实体（或审批机关）负责人作出的决定即为最后决定。

2. 行政审查

根据《示范法》第五十二条规定有权要求审查的供应商或承包商必须按规定提出，条件是提交投诉的供应商或承包商在获知引起该投诉的情况后20天内提出了投诉，或在该供应商或承包商理应获知哪些情况后20天内提出了投诉，或采购实体的负责人因采购合同已经生效而不受理投诉，在发出不受理投诉的决定后20天内提出；或该供应商或承包商声称由于采购实体（或审批机关）负责人按规定的决定而受到不利影响，条件是投诉是在发出该决定后20天内提出。收到投诉后，应就投诉事项迅速通知采购实体（或审批机关）。在决定受理有关投诉后，有关行政机关应在30日内作出书面处理决定，陈述作出该决定的理由以及任何批准或建议的下列一项或多项补救办法：

（1）宣布管辖投诉所涉事项的法律规则或原则。

（2）禁止采购实体采取非法行为或决定或采用非法程序。

（3）规定以非法方式作出非法决定的采购实体需依法作出合法的决定。

（4）全部或部分废止采购实体的非法行为或决定，但使采购合同生效的任何行为或决定除外。

（5）修正采购实体的非法决定或以自己作出的决定取代该决定，但使采购合同生效的任何决定除外。

（6）规定支付款项或要求采购实体赔偿因其违法而给投诉方造成的损失或伤害。

（7）命令终止采购过程。

3. 司法审查

根据《示范法》第五十七条规定，实行司法最后救济原则。司法机关既有权直接受理投诉方对采购实体的投诉，也有权受理不服采购实体（审批机关）或行政机关审查决定而提出的投诉，或对采购实体或行政机关在规定的时限内不作处理决定的行为提出进行司法审查的请求。

三、世界银行出台了《采购指南》

世界银行作为联合国属下的一个专门机构，主要向发展中国家提供中长期贷款与投资，促进发展中国家经济和社会发展。为了管理和监督世界银行的贷款与投资，保证其贷出的款项只能用于提供贷款所规定的范围及目的，并且在使用时要充分考虑经济性和效率性，专门制定了《国际复兴开发贷款银行和国际开发协会信贷采购指南》（以下简称《采购指南》），通过运用采购方面的经济政策，促进成员方经济的发展，并加强对贷款的全方位的监督。

（一）世界银行的由来

世界银行是世界银行集团（The World Bank Group，WBG）的简称，"世界银行"这个名称一直是用于指国际复兴开发银行（IBRD）和国际开发协会（IDA）。世界银行集团目前由国际复兴开发银行、国际开发协会、国际金融公司、多边投资担保机构和解决投资争端国际中心五个成员机构组成。它最初为1945年12月27日成立的国际复兴开发银行，凡是参加世界银行的国家必须首先是国际货币基金组织的会员国（方）。总部设在美国首都华盛顿。

世界银行的最高权力机构是理事会，由每一会员国选派理事和副理事各一人组成。任期5年，可以连任。副理事在理事缺席时才有投票权。理事会的主要职权包括：批准接纳新会员国（方）；增加或减少银行资本；停止会员国资格；决定银行净收入的分配，以及其他重大问题。理事会每年举行一次会议，一般与国际货币基金组织的理事会联合举行。世界银行负责组织日常业务的机构是执行董事会，行使由理事会授予的职权。按照世界银行章程规定，执行董事会由21名执行董事组成，其中5人由持有股金最多的美国、日本、英国、德国和法国委派，另外16人由其他会员国的理事按地区分组选举。我国和沙特阿拉伯由于拥有一定的投票权，均可自行单独选举一位执行董事。世界银行行政管理机构由行长、若干副行长、局长、处长、工作人员组成。行长由执行董事会选举产生，是银行行政管理机构的首脑，他在执行董事会的有关方针政策指导下，负责银行的日常行政管理工作，任免银行高级职员和工作人员。行长同时兼任执行董事会主席，但没有投票权，只有在执行董事会表决中双方的票数相等时，可以投关键性的一票。

世界银行则主要负责经济的复兴和发展，向各成员方提供发展经济的中长期贷款。按照《国际复兴开发银行协定条款》的规定，世界银行的宗旨：一是通过对生产事业的投资，协助成员国经济的复兴与建设，鼓励不发达国家或地区对资源的开发；二是通过担保或参加私人贷款及其他私人投资的方式，促进私人对外投资。当成员方不能在合理条件下获得私人资本时，可运用该行自有资本或筹集的资金来补充私人投资的不足；三是鼓励国际投资，协助成员方提高生产能力，促进成员方国际贸易的平衡发展和国际收支状况的改善；四是在提供贷款保证时，应与其他方面的国际贷款配合。

世界银行是1944年7月布雷顿森林会议后，与国际货币基金组织同时产生的两个国际性金融机构之一。世界银行于1945年12月正式宣告成立，1947年11月成为联合国的专门机构。1946年6月25日世界银行开始运行，1947年5月9日批准了第一批贷款，向法国贷款2.5亿美元，转换为今天的价值这依然是世界银行提供的数额最大的一批贷款。一开始成立世界银行的目的是帮助欧洲国家和日本在第二次世界大战后的重建，以及辅助非洲、亚洲和拉丁美洲国家的经济发展。它的贷款主要集中于大规模的基础建设如高速公路、飞机场和发电厂等。日本和西欧国家"毕业"（达到一定的人均收入水平）后世界银行完全集中于发展中国家。从20世纪90年代初开始世界银行也开始向东欧国家和苏联等国家贷款。

世界银行向发展中国家提供长期贷款和技术协助来帮助这些国家实现它们的反贫穷政策。世界银行的贷款被用在非常广泛的领域中，从对医疗和教育系统的改革到诸如堤坝、公路和国家公园等环境与基础设施的建设。近年来，世界银行开始放弃它一直追求的经济发展而更加集中于减轻贫穷。它也开始更重视支持地区性的小型企业，并意识到干净的水、教育和可持续发展对经济发展是非常关键的，并开始在这些项目中投巨资。

我国于1945年加入世界银行，是该组织的创始国之一。1980年5月15日，我国恢复了在世界银行的合法席位。1980年9月3日，该行理事会通过投票，同意将中国在该行的股份从原7500股增加到12000股。我国在世界银行有投票权。在世界银行的执行董事会中，我国单独派有一名董事。我国从1981年起开始向该行借款。此后，我国与世界银行的合作逐步展开、扩大，世界银行通过提供期限较长的项目贷款，推动了我国交通运输、行业改造、能源、农业等国家重点建设以及金融、文卫环保等事业的发展，同时还通过本身的培训机构，为我国培训了大批了解世界银行业务、熟悉专业知识的管理人才。2008年2月，世界银行任命中国经济学家林毅夫为世界银行副行长兼首席经济学家。这是世界银行首次任命发展中国家人士出任这一要职。2010年4月，世界银行通过第二阶段投票权改革方案，中国投票权从2.77%上升到4.42%，由第六位上升到第三位，成为仅次于美国和日本的第三大股东国。目前，世界银行驻我国代表处设有采购组，由三位采购官员组成，受世界银行业务部主任的直接领导。三名采购官员除担负日常项目采购问题的处理外，对每一个新项目在贷款生效之前给借款单位至少一次招标采购方面的培训。

截至2019年底，世界银行拥有189个成员，其雇员超过了

6000多人、顾问有1000多人，年度预算超过15亿美元。世界银行总资金额接近2000亿美元。

（二）《采购指南》的形成与特点

1. 形成

由于世界银行的资金来源于各成员国及从国际资本市场上筹集的资金，世界银行要保证其资金用于其提供贷款的目的，在使用时充分考虑经济性和效益性，避免造成巨大浪费时间，实现其活动宗旨，负有监督资金使用的责任，这种监督资金使用的责任促使世界银行制定统一规则，以加强监督管理。于是，在1964年世界银行制定了《国际复兴开发银行贷款和国际开发协会贷款采购指南》。之后，世界银行不断对其进行修改和完善，最大的一次修改是在1985年，1996年1月和8月又作了两次补充修改，修订后的《采购指南》分为三个部分，另外还有四个附件。

2. 特点

世界银行放贷的特点，决定了《采购指南》的特点。其特点包括以下几点：

（1）只要是世界银行借出的资金，不管这些项目是干什么的，其借款方都必须遵守世界银行的《采购指南》所规定的采购程序。

（2）世界银行各会员国对世界银行借出并负责管理的资金都拥有自己的利益。这是因为世界银行属于多边性质，为全体会员方所有，因此，《采购指南》规则必须为所有会员方的供应商提供赢得合同的公平机会。

（3）鉴于前两个特点，世界银行对其资金的使用必须严加监督，确保其合理使用。

（4）世界银行的工作重点是在为项目提供资金上，因此其《采购指南》的制定主要适合于缔结实施项目所需的物资、工程和服务合同的采购程序。

(三)《采购指南》的原则

《采购指南》的原则是与世界银行的宗旨相一致的,因此,《采购指南》的原则主要为经济性和效率性原则、公平竞争原则、鼓励国际开发和促进发展中国家发展的原则,以及透明原则。

1. 经济性和效率性原则

世界银行贷款来源于各成员方,主要为各成员方交纳的股金、向国际金融市场借款、发行债券和收取贷款利息。贷款数额很大,且主要用于采购。如果采购不能被经济有效地实施,就会造成巨大的浪费,项目应有的效益就不能充分实现,不仅使借款人及其国家遭受损失,也将使世界银行蒙受损失,并对世界银行各成员方产生不利影响。另外,采购如果缺乏经济性和有效性,将使项目的实施无论从质量上还是时间上都缺乏根本保证,从而使贷款人及其国家遭受损失。

2. 公平竞争原则

世界银行是一个国际合作性组织,每个成员方都向世界银行交纳会员费,因此它的所有成员方的合格供应商在参加招标竞争的过程中,应当竞争机会平等、条件公平合理,采购实体不得对任一符合条件的供应商施以歧视。

3. 鼓励国际开发和促进发展中国家发展原则

由于发展中国家无论是在资金实力还是技术管理能力方面都与发达国家存在很大的差距,所以在实际投标中中标的往往是发达国家的供应商。世界银行的贷款主要面向发展中国家,要促进发展中国家经济的发展,因此在向各会员国的供应商提供平等竞争机会的同时,对发展中国家会员方的供应商给予一些特殊的优惠政策是必须的。

4. 透明原则

透明原则是公共采购中的一项最为基本的原则之一。世界银行的《采购指南》规定的采购程序,最大限度地保证了整个采购过程的公开透明。透明原则不仅可以保证采购程序的公开、公正和公平，促进政府采购各项政策目标的实现，而且对于防止采购过程中所产生的腐败现象也会起到极其重要的作用。①

（四）《采购指南》的主要内容

《采购指南》是世界银行规范贷款的指导性纲领文件，其主要内容包括适用范围、采购方式的规定、采购信息的规定、代理机构的规定、对国内优惠条件的规定和世界银行审查制度等。

1. 适用范围

《采购指南》在概述1.5中规定：一般来说，银行只资助项目的部分资金。本指南所概述的程序，适用于全部或部分由银行贷款资助的所有货物和土建工程合同。对于不由银行贷款资助的货物和土建合同的采购，借款人可采用其他采购程序。在这种情况下，应使银行相信所采用的程序将有助于借款人履行义务，使项目行以勤奋而有效地实施，并保证所在采购的货物和土建工程质量上符合要求，并能与项目的其他部分配套、能及时交货或完工，以及价格不会对项目的经济和财务可行性造成不利影响。《采购指南》不包括咨询服务的内容。有关咨询服务的内容，规定在世界银行1981年颁布的《世界银行借款人和世界银行作为执行机构聘请咨询专家指南》之中。

2. 对采购方式的规定

《采购指南》所规定的采购方式包括国际竞争性招标和其他采购方式两大类。世界银行认为，在大多数情况下，《采购指南》的要求和原则可以通过管理得当以及给予国内承包商以优惠的国际竞争性招标得以充分实现。

（1）国际竞争性招标。国际竞争性招标是指"将借款人的要

---

① 马海涛、徐焕东等：《政府采购管理》，经济科学出版社2003年版。

求及时充分地通知给所有合格的、有意参加投标的投标人,并为其提供对所需货物和土建工程进行投标的平等机会"的活动。世界银行根据不同地区和国家的情况,规定了凡采购金额在一定限额以上的货物和工程合同,都必须采用国际竞争性投标的采购方式。对于一般的贷款而言,10 万~25 万美元以上的货物采购合同、大中型的工程采购合同,都应适用国际竞争性招标。

世界银行的《采购指南》在国际竞争性招标方面还规定,在特殊情况下可以采取两阶段招标程序,即规定在无法事先确定技术规格的特殊情况下可以采用,如交钥匙合同或大型复杂的工厂或特殊性的土建工程。该程序的步骤是:第一步,先由投标人谈各自建议的优点,达成共同的技术标准和性能技术规格;第二步,再提出最终的建议书和带报价的投标书,按照正常的招标方式进行招标。

(2) 有限国际招标。有限国际招标"实质上是一种不公开刊登广告,而直接邀请投标人投标的国际竞争性招标"。有限国际招标作为一种合适的采购方式,适用于:合同金额小,或供货人数量有限,或有其他作为例外的理由可证明不完全按照国际竞争性招标的程序进行采购是正当的理由。为了保证价格具有竞争性,在进行有限国际招标时,借款人应当从尽可能多的供应商或承包商中征求招标。在有限国际招标中,国际竞争性招标的除了广告和优惠外,其他一切方面都可适用。

(3) 国内竞争性招标。国内竞争性招标"是借款国国内公共采购中通常采用的竞争性招标程序,而且可能是采购那些因其性质或范围不大可能吸引外国厂商和承包人参与竞争的货物和土建工程的最有效和最经济的方式"。对于那些因为预计外国厂商不会感兴趣的采购,或因合同的金额小、土建工程的地点分散或时间拖得很长、土建工程为劳动密集型、当地可获取该货物或土建工程的价格低于国际市场价格等原因,采用国内竞争性招标可能是更为可取的采购方式,而在采用国际竞争性招标方式所带来的行政或财务负担明显超过其优越性的情况下，也可以采用国内竞争性招标。国内竞争性招标不需要发布采购公告，仅限于在国内新闻或官方杂志上刊登广告。招标文件可使用国内官方语言编写，可使用当地货币进行投标和支付。但同时，如有国外竞争者愿意参加投标，应给予同等机会，一视同仁。

（4）询价采购。询价采购"是对几个供货人（通常至少三家）提供的报价进行比较，以确保价格具有竞争性的一种采购方式"。这种方式适合用于采购小金额的货架交货的现货或标准规格的商品。询价单上应注明货物的种类、数量以及要求的交货时间和地点。报价可以采用电传或传真的形式提交。对报价的评审应按照公共或私营部门一贯的良好做法来进行。已接受的报价条件应包括在订单之中。国际询价采购应邀请至少来自两个不同国家的三家供货人提出报价。如果平常能从借款国国内一个以上的来源获得所需要的货物，而且其价格具有竞争性，则可以采用国内询价采购。

（5）直接签订合同。直接采购"是在没有竞争（单一来源采购）的情况下直接签订合同"。由于是没有竞争的采购活动，世界银行为此规定了严格的适用条件。对按照世界银行可接受的程序授予的现有货物或工程合同进行续签，以增购或增建类似性质的货物或工程。在这种情况下，应使世界银行满意地认为进一步的竞争不会得到任何好处，且续签合同的价格是合理的。如果事先考虑到有可能续签，原合同应包括有关续签合同的条款；为了与现有设备相配套，设备或零配件的标准化可作为向原供货商增加订货的正当理由。证明这种采购合理的条件是：原有设备必须是适用的，新增品目的数量一般应少于现有的数量，价格应该合理，并且已对从其他厂商或设备来源另行采购的好处进行了考虑并已予以否定，否定的理由是世界银行可以接受的；所需设备具有专利性质，并且只能从单一来源获得；负责工艺设计的承包商要求从特定供应商处采购关键部件，并以此作为性能保证的条件；特殊情况下，如应付自然灾害。在合同签字后，借款人应在联合国发展商业报和发展门户网上在线公布合同商名称、价格、期限和合同范围。可以每季度公布一次，采用包括上一次情况的汇总表形式。

（6）自营工程。自营工程"即借款人使用自己的人员和设备进行施工，这可能是承建某些种类工程的唯一实际可行的方法"。世界银行规定在下列情况下，采用自营工程是正当的：无法事先确定所涉及的工程量；工程小而分散，或位于边远地区，有资格的工程公司不大可能以合理的价格投标；要求在不给日常运营造成混乱的情况下进行施工；不可避免的工作中断风险由借款人承担要比由承包商承担更合适；需要迅速采取行动的紧急情况；没有一个供应商对承担工程感兴趣等。

（7）由联合国机构承办的采购。《采购指南》规定，在有些情况下，从联合国有关专门机构采购那些小批量的现货，可能是最经济、最有效的方式。这些货物主要是教育、卫生及农村供水和环境卫生等领域的货物。是否通过联合国机构进行采购应由借款人作出选择，世界银行只是向借款人说明哪些情况下可以通过这种途径进行采购，借款人应向有关的联合国专业机构提出申请，在得到批准后按照有关程序进行采购。

此外，《采购指南》还规定了其他采购方式，包括允许采用中间金融机构贷款的采购方式、BOT 或类似私营投资的采购方式以及社区参与的采购方式等。

3.《采购指南》对采购信息的规定

对于采购的"通知和广告"，《采购指南》采用总采购公告和具体合同预告相结合的公告制度，规定"对于那些包含国际竞争性招标的项目，借款人应准备并向世界银行提交一份总采购通告草稿，世界银行将安排该通告在线刊登在联合国发展商业报和发展门户网上"。通告的信息应包括借款人（或预期的借款人）、贷款金额和用途、国际竞争性招标采购的范围以及借款人方面负责采购的机构名称、电话（或传真）号码和地址以及刊登具体采购通告的网址。如果有可能，还应注明可得到资格预审文件或招标文件的预计日期。根据具体情况所确定的资格预审文件或招标文件不得早于刊登总采购通告之日发放。具体的送交世界银行的时间应不迟于招标文件已经准备好，将向投标人公开发售之前的60天。有关资格预审文件或招标文件对外发布不得早于刊登采购公告之后的8周。每年应对采购总公告进行更新，以反映未完成的采购内容。借款人每年还应及时向国际社会通报具体合同的投标机会，这类具体合同招标广告不要求但鼓励刊登在联合国《发展商业报》上，至少应刊登在借款人国内广泛发行的一种报纸上。如果该国有官方杂志的话，还应刊登在官方杂志上。招标广告的副本，应转发给有可能提供所需采购货物、工程和服务的合格供应商所在国家的驻当地代表，也应发给那些看到了总采购通告后表示感兴趣的国内外厂商。对于大型的、专业的或更重要的合同，借款人应将邀请书刊登在联合国《发展商业报》上，或国际上广泛发行的著名的技术杂志、报纸或贸易刊物上，邀请书应留出足够的时间使潜在供应商能获得资格预审文件或招标文件，并准备和提交投标书。

4. 《采购指南》对采购代理的规定

针对借款人无法组织招标活动或没有能力进行招标活动或没有管理能力时，世界银行规定："在借款人缺乏必要的机构、资源和经验的地方，借款人可能希望（或银行要求借款人）聘请一家专门从事国际采购的公司作为其代理。"采购代理机构必须代表借款人严格遵循贷款协定中规定的所有采购程序，包括使用银行的标准招标文件、遵循审查程序和文件要求。这一条也适用于联合国机构作为采购代理的情况。也可以采取类似的方法聘请管理承包人，通过向其付费让其承包涉及在紧急情况下重建、修复、恢复和新建的零散土建工程，或涉及大量小合同的土建工程等。

5. 《采购指南》对国内优惠条件的规定

《采购指南》通过附件2的方式规定，"在按国际竞争性招标程序进行的评标中，经银行同意，借款人某些本国国产货物的投标可比他国制造的货物的投标享受一定幅度的优惠。在此情况下，招标文件应明确定明将对国内制造的货物给予的任何优惠，并提供为创造享受这种优惠的条件所需的信息。"如对国内承包人的优惠，"对于通过国际竞争性招标授予的土建工程合同，符合标准的借款人可在银行同意下，给予国内承包人百分之七点五（7.5%）的优惠"。但应根据一些具体情形决定，即应该要求申请享受国内优惠的承包人提供包括详细的所有权情况在内的有关资料，作为其资格文件的一部分。这些资料用来确定根据借款人制定并为银行所接受的分类方法，一个特定的承包人或一组承包人是否有资格享受国内优惠等。也就是说，给予国内承包商的投标优惠，必须按《采购指南》附件2规定的评比方法和步骤进行。

6. 世界银行的审查制度

为确保借款人能遵守《采购指南》的各项规定，保证采购过程符合世界银行资助采购合同的要求，世界银行建立了严格的审查制度。《采购指南》的附件1规定了"采购计划安排"的审查、"事前审查"、对"合同修改"的审查、"事后审查"等不同的审查程序。审查的主要内容包括："合同捆包、适用的程序，以及采购进程的时间安排进行审查，以确保其符合本指南和拟议的实施计划及支付时间表的要求""资格预审通告的内容、资格预审问题清单，以及评审的方法，连同拟采用的刊登广告的程序说明""招标通告；投标人须知（包括评标和授标的标准）；土建工程、供货或设备安装等（视具体情况而定）的合同条款和技术规格，连同招标拟采用的刊登广告的程序""详细的评标报告""对于需要事前审查的合同，在对规定的合同执行期给予实质性的延长之前，以及在同意对该合同的条款作出修改或放弃，包括在该合同下发布的任何使原合同金额的累计增加超过原合同价15%的变更令或指令（特别紧急的情况除外）之前，借款人应将所建议的延期、修改或变更令，以及相关原因通知银行。如果银行认定该建议与贷款协定的规定不符的话,它应立即通知借款人并说明其认定的原因""借款人应在合同签字后,并在第一次根据该合同向银行申请从贷款账户中提款之前,立即将一份与该合同正本完全一致的副本,连同对相应投标书的分析、授标建议,以及银行合理要求的其他资料"等。

四、欧盟达成了《公共采购指令》

(一) 欧盟的形成

欧洲联盟,简称欧盟 (European Union, EU),总部设在比利时首都布鲁塞尔,是由欧洲共同体 (European Community, 又称欧洲共同市场) 发展而来的,主要经历了三个阶段:荷卢比三国经济联盟、欧洲共同体、欧盟。其实是一个集政治实体和经济实体于一身、在世界上具有重要影响的区域一体化组织。1991年12月,欧洲共同体马斯特里赫特首脑会议通过《欧洲联盟条约》,通称《马斯特里赫特条约》(以下简称《马约》)。1993年11月1日,《马约》正式生效,欧盟正式诞生。欧盟的宗旨是:"通过建立无内部边界的空间,加强经济、社会的协调发展和建立最终实行统一货币的经济货币联盟,促进成员国经济和社会的均衡发展""通过实行共同外交和安全政策,在国际舞台上弘扬联盟的个性"。

欧洲统一思潮存在已久,早在中世纪就已经出现。中世纪时期的法兰克帝国和神圣罗马帝国等都将欧洲许多地区统一在其疆域之内。1453年,拜占庭帝国首都君士坦丁堡被奥斯曼帝国攻破之后,波西米亚国王就于1646年建议欧洲基督教国家应该组成联盟,对抗奥斯曼帝国的扩张。1775年,美国独立战争爆发,当时就有欧洲人设想欧洲仿效美利坚合众国,建立欧洲合众国。19世纪初,拿破仑·波拿巴在大陆封锁期间实行关税同盟,该关税同盟对今天欧盟的建立发展有着不可磨灭的作用。在第二次世界大战后欧洲统一思潮进入高潮。1946年9月,英国首相丘吉尔曾提议建立"欧洲合众国"。1950年5月9日,法国外长罗伯特·舒曼提出欧洲煤钢共同体计划(即舒曼计划)。1951年4月18日,法国、意大利、联邦德国、荷兰、比利时、卢森堡六国签订了为期50年的《关于建立欧洲煤钢共同体的条约》(又称《巴黎条约》)。1955年6月1日,参加欧洲煤钢共同体的六国外长在意大利墨西拿举行会议,建议将煤钢共同体的原则推广到其他经济领域,并建立共同市场。1957年3月25日,六国外长在罗马签订了建立欧洲经济共同体与欧洲原子能共同体的两个条约,即《罗马条约》,于1958年1月1日生效。1965年4月8日,六国签订了《布鲁塞尔条约》,决定将欧洲煤钢共同体、欧洲原子能共同体和欧洲经济共同体统一起来,统称欧洲共同体。条约于1967年7月1日生效,欧洲共同体正式成立,总部设在比利时布鲁塞尔。2017年3月英国宣布启动脱欧程序;2020年1月30日,欧洲联盟正式批准了英国脱欧。目前欧盟共有27个成员国。

中国和欧盟于1975年5月建交。在双方的共同努力下,中欧关系得到了长足发展。在政治领域,近年来,欧盟先后制定了《欧中关系长期政策》《欧盟对华新战略》《与中国建立全面伙伴关系》三个对华政策文件。这些文件认为"欧洲同中国的关系必然成为欧洲对外关系,包括亚洲和全球关系中的一块基石",主张同中国建立全面的伙伴关系。与此同时,中国也一再重申,中国与欧盟都是当今世界舞台上维护和平、促进发展的重要力量,全面发展同欧盟及其成员国长期稳定的互利合作关系,也是中国对外政策的重要组成部分。

(二)《公共采购指令》的形成与特点

1. 形成

欧盟是目前世界范围内辐射最广的区域性经济组织,无论从国际贸易额来看,还是从国内生产总值来看,都称得上是世界上最大的经济贸易集团。欧盟是一个立足相互开放、相互依存、相互保护和相互扶持的国际区域市场，自成立以来，一直朝着关税同盟、经济同盟、政治同盟，实现欧洲经济一体化和政治一体化方向努力。为了消除贸易壁垒，促进欧洲货物、服务、资本和人员的自由流动，早在1966年，欧盟的前身欧洲共同体就在《罗马条约》中即规定有适用于公共采购的基本原则，包括不能因国籍而产生歧视，禁止对来自其他成员国的供应商或承包商的竞争加以限制；保证货物自由流动，禁止采取进出口数量限制以及其他货物进出口有同样影响的措施；确立企业自由，提供服务自由。1971年，欧洲共同体又相继通过了两个有关政府采购在共同体内公开招标的法律，即《公共工程采购指令》和《公共部门货物采购指令》。随着国际贸易的发展，为了在欧盟范围内彻底消除流通障碍，欧盟在上述原则规定的基础上，又相继颁布了关于公共采购各个领域的适用规则。1989～1993年，欧盟又颁布了六个关于公共采购的指令，构成了比较完整的公共采购法律体系，原有两个指令相应作废。其中四个指令是关于政府采购的实体性法律，两个是程序性法律（又称救济指令）。这六部指令是适用于欧盟范围内的公共采购的主要规则。其中针对政府的有四个指令，即《关于协调授予公共服务合同的程序的指令》（1992年颁布，简称《公共服务指令》）、《关于协调授予公共供应品合同的指令》（1993年颁布，简称《公共供应指令》）、《关于协调授予公共工程合同的程序的指令》（1993年颁布，简称《公共工程指令》）和《关于协调有关对公共供应品合同和公共工程合同授予及审查程序的法律、规则和行政条款的指令》（1989年颁布，简称《公共救济指令》）；针对公共事业的有两个指令：《关于协调有关水、能源、交通运输和电信部门的采购程序执行共同体规则的法律、规则和行政条款的指令》（1992年颁布，简称《公用事业救济指令》）、《关于协调有关水、能源、交通运输和电信部门采购程序的指令》（1993年颁布，简称《公共事业指令》）。欧盟采用"公共指令"这种法律形式，以有效协调并统一其成员国国内的法律体系。

2. 特点

欧盟的《公共采购指令》有两大特点：一是欧盟的《公共采购指令》是国际经济组织中最早制定政府采购的规则，它比《政府采购协议》要早十多年，由于该法条文比较严谨，又有一定实践经验，因此，关贸总协定起草《政府采购协议》主要借鉴了这一法律。作为世贸组织成员，欧盟加入了上述协议。因此，欧盟成员国现在原则上执行世贸组织的《政府采购协议》。二是欧盟的《公共采购指令》对有关政府部门采购的法令具有约束性。该法规定，如果成员国内已有政府采购制度、法律或法规，其规定与欧盟的规定有矛盾，成员国应在一定期限内对本国法律或规定进行调整，使之趋向一致。另外，欧盟成员国政府、各类组织、企业以及个人都有权就政府采购的争议或纠纷问题向欧洲法庭或本国的司法部门提出诉讼，如果被判违法，司法部门将按采购商品、服务或工程金额的10%～15%处以罚款，并终止合同。罚款收入上缴欧盟委员会。

（三）《公共采购指令》的原则

《公共采购指令》的目标是消除流通障碍，确保各成员国遵守自由贸易的规则，保证货物、资本和人员的自由流动。具体包括：第一，在共同体范围内增加采购程序和活动的透明度；第二，促进成员国之间货物和服务的自由流动；第三，改善公共供应和服务合同有效竞争的条件。为了实现这些目标，欧盟通过其制定的指令确立了三项基本原则，即透明度原则、非歧视原则和竞争性原则。

（四）《公共采购指令》的主要内容

1.《公共采购指令》的适用范围

采购指令所适用的缔约机构通常是中央、地方和地方政府机关以及公法所管理的或由指令所规定的其他公共机关。公法所管理的公共机关是指为满足公共利益，由国家、地区或地方当局管理或资助的，具有法人资格的机关。每个指令都包含有指令所适用的名单附件。

与公共指令不同的是，《公用事业指令》的适用范围较广，它包括一些国有化产业以及交通、能源、水利和通信领域内提供公用事业服务的私营公司。

2. 采购门槛

根据《公共采购指令》的规定，只有达到一定限额的公共采购才适用有关指令。由于采购对象不同以及存在着混合采购合同，各指令规定了不同的采购门槛。一般工程合同采购门槛为500万ECU（欧洲货币单位）；电讯供应和服务合同采购门槛为60万ECU；其他供应和服务合同采购门槛为40万ECU；公共服务合同采购门槛为20万ECU；等等。

（五）《公共采购指令》的采购程序

《公共采购指令》依据不同的采购方式，对采购程序作了明确的规定，概括为以下八个方面。

1. 公告

公共采购最重要的程序之一是所有受指令管理的合同必须在官方杂志上发布公告，邀请承包商进行投标，就是"竞争邀请"（call for competition）。竞争邀请也必须公布在欧洲委员会（European Commission，EC）的计算信息系统，即每日电子标讯（Tenders Electronic Daily）上。《公共采购指令》规定了四种公告：定期合同预告、使用合格者名单公告、招标公告及授予合同公告。

2. 招标程序

在授予合同缔约机构必须使用的三种程序是公开程序、限制性程序和谈判程序。除了公用事业指令外，所有的指令都鼓励使用公开和限制性程序，并对使用谈判程序的条件作出规定。公用事业指令允许缔约机构可以选择使用任一程序。

3. 时间限制

每一个指令都规定了缔约机构必须允许投标人呈递标书以及在限制程序和谈判程序下申请投标的最低时间限制。

4. 合同可否谈判

《公共采购指令》的制定是建立在充分预计到缔约机构使用不可谈判合同的基础上的。虽然没有具体要求缔约机构在招标文件中详细列出拟授予合同的所有条款,缔约机构可以根据具体情况自己选择,但《公共采购指令》却要求缔约机构在合同文本中说明要满足的最低规格标准以及可接受变更的程度。如果招标文件中确实包含有合同草案,那么《公共采购指令》的程序规则就要求投标人作出决策:要么接受,要么放弃。

5. 合同文件的提供

根据公共采购程序,缔约机构必须在接到投标申请后的6天内将合同文件提供给有兴趣的投标人,而与合同有关的信息在投标截止至少6天之前提供。如果不可能在6天内提供合同文件或者需要现场进一步提供文件时,时间限制就必须延长。

6. 技术规格

为了避免对外国投标人歧视,缔约机构必须使用欧洲标准或规格,或者实施欧洲委员会标准的国家标准。在得不到这些标准的情况下必须参照(按优先顺序)实施合同的技术规格。缔约机构必须将这些技术规格包括在合同文件中,并对没有使用欧洲标准或通用技术标准的原因作出记录。

7. 选择标准

希望投标的供应商、承包商或服务提供者需要满足具体的目标标准。这些标准包括他们的财物、经济或技术能力。若不能满足这些条件,缔约机构就会将其排除在考虑范围之外。在公用事业领域,缔约机构可以设定自己的标准,只要这些标准是客观的并且每个有兴趣的投标人都能得到。在公共领域,相关的指令详细列出了使用的资格标准。然而,就财务和经济能力而言,《公共采购指令》只列出说明其符合要求的证明文件类型，而且允许缔约机构要求额外信息。《公共采购指令》允许成员国出于国内政策原因的考虑将某些投标人排除在外，只要这些政策不与欧洲委员会法律相冲突，但通常禁止出现将合同预留给某一特定供应商的现象。

8. 授予合同的标准

缔约机构在决标时可以选择最低报价的投标或经济上最有利的投标。[①]

五、亚太经济合作组织的《政府采购非约束性原则》

（一）亚太经合组织

亚太经济合作组织（Asia-Pacific Economic Cooperation，APEC）是当前规模最大的多边区域经济集团化组织，是非世界性政府间的国际组织，是亚太地区最具影响的经济合作官方论坛，成立于1989年。1989年1月，时任澳大利亚总理霍克访问韩国时建议召开部长级会议，讨论加强亚太经济合作问题。1989年11月5～7日，澳大利亚、美国、加拿大、日本、韩国、新西兰和当时的东盟6国在澳大利亚首都堪培拉举行亚太经济合作会议首届部长级会议，这标志着亚太经济合作会议的成立。1993年6月改名为亚太经济合作组织。APEC现有21个成员（截至2022年12月）。此外，APEC还有3个观察员，分别是东盟秘书处、太平洋经济合作理事会和太平洋岛国论坛。APEC秘书处设于新加坡。

APEC主要讨论与全球及区域经济有关的议题，如促进全球多边贸易体制，实施亚太地区贸易投资自由化和便利化，推动金融稳定和改革，开展经济技术合作和能力建设等。近年来，APEC也开始介入一些与经济相关的其他议题，如人类安全（包括反恐、

---

① 高培勇主编：《政府采购管理》，经济科学出版社2003年版，第182页。

卫生和能源)、反腐败、备灾和文化合作等。APEC 采取自主自愿、协商一致的合作方式。所作决定须经各成员一致同意。会议最后文件不具法律约束力,但各成员在政治上和道义上有责任尽力予以实施。APEC 是经济合作的论坛与平台,其运作是通过非约束性承诺、开放对话、平等尊重各成员意见,不同于世界的其他政府间组织。世界贸易组织及其他多边贸易体要求成员签订具有约束性的条约,但 APEC 与此不同,其决议是通过全体共识达成,并由成员自愿执行。

1991 年 11 月 12~14 日,第三届部长级会议在韩国首尔举行并通过《汉城宣言》,正式确定 APEC 的宗旨目标、工作范围、运作方式、参与形式、组织架构、APEC 前景。APEC 的目标是:为本区域人民普遍福祉持续推动区域成长与发展;促进经济互补性,鼓励货物、服务、资本、技术的流通;发展并加快开放及多边的贸易体系;减少贸易与投资壁垒。这次会议也正式将中华人民共和国、中国香港地区、中国台湾地区三个经济体同时纳入 APEC。APEC 共有 5 个层次的运作机制,即领导人非正式会议、部长级会议、高官会、委员会和工作组、秘书处。

(二)《政府采购非约束性原则》的形成与特点

《政府采购非约束性原则》是 APEC 在其成员范围内建立的一套具有强制约束性的过渡性原则。

在 APEC 中,各成员经济发展水平参差不齐,既有美国、日本等发达国家,又有菲律宾、越南等发展中国家;既有中国、俄罗斯等大国,也有文莱、巴布亚新几内亚等小国。就政府采购制度而言,发达国家多已建立了完善的政府采购制度并开放了政府采购市场;而许多发展中国家由于市场经济不发达,尚未建立政府采购制度,有的甚至还未将政府采购制度的建立纳入议事日程。在这种情况下,在 APEC 内部,实行一套强制性的约束原则是不必要的,也是不现实的。因此,APEC 首先考虑制定非约束性原则,让发展中国家进一步理解政府采购制度,促使其进一步建立政府采购制度,从而尽快将APEC各成员的政府采购制度统一起来。

APEC将政府采购纳入自由化进程始于1994年的《茂物宣言》,该宣言确定了APEC贸易与投资自由化的时间表,要求各成员最迟于2020年相互开放政府采购市场。为了促进各成员之间贸易市场的进一步开放,与世界贸易组织的《政府采购协议》接轨,1995年12月,在日本大阪举行了APEC部长级会议和领导人非正式会议,通过了《大阪行动议程》,政府采购被列为APEC贸易投资自由化与便利化的15个具体领域之一。会后,APEC投资贸易委员会成立了由各成员参加的政府采购专家组,负责具体落实《大阪行动议程》中有关政府采购要求的相关工作。阶段性目标之一是,在2000年以前,制定APEC的《政府采购非约束性原则》,发达国家成员于2010年开始执行非约束性原则,到2020年,政府采购非约束性原则将成为约束性原则,各成员必须统一执行。

非约束性原则,即非强制原则,相当于指导办法。鉴于发达国家与发展中国家的现实差异以及发展中国家的强烈要求,APEC先开展成员情况调查,举办一些培训活动,促进交流和理解,同时制定非约束性原则。通过非约束性原则的制定,让发展中国家进一步理解政府采购制度,找出各成员现行制度与非约束性原则之间的差异,抓紧采取措施,消除差异,尽快将APEC各成员的政府采购制度统一起来。APEC政府采购专家组将要制定的政府采购非约束性原则,实际上是APEC的政府采购准则,是许多具体原则和要求的总称。目前,在广泛征求各成员意见的基础上,拟提出进行讨论的具体原则包括透明度原则、公开和有效竞争原则、物有所值原则、公平交易原则、国民待遇原则等。1997年8月,APEC政府采购专家组在第六次会议上,正式开始讨论非约束性原则,确定APEC政府采购非约束性原则之一——透明度原则。

早在1995年12月于大阪举行的APEC部长级会议和领导人非

正式会议上,时任国家主席江泽民曾代表中国在《大阪行动议程》中承诺:中方将于 2020 年向 APEC 成员对等开放政府采购市场。

(三)《政府采购非约束性原则》的原则

在 1997 年 8 月 APEC 政府采购专家组的第六次会议上,确定了 APEC 政府采购非约束性透明度原则,后又在 1998 年 2 月第七次专家组会议上讨论了非约束性原则的另外两个具体原则——公开和有效竞争及物有所值原则。这两个原则尚未得到投资贸易委员会的确认。所以,目前《政府采购非约束性原则》的基本原则是透明度原则。它的主要意识为:有关采购信息通过各种稳定、广泛的媒介,持续、及时地向所有有兴趣的团体发布。基本原则对政府采购的总体运行环境、采购机会、购买要求、评标标准以及授予合同等方面都是适用的。

所谓"有关采购信息"是指有助于潜在的供应商作出非正式决策的信息。如潜在供应商是否决定或准备报价,必须先获得参加的条件及采购要求。"及时性"是指供应商收到信息时的信息必须是有效和有用的。"有兴趣的团体"是指必须公正对待的所有参加者。"稳定的媒介"是指在实践中容易获得信息的方式。"持续性"是指如何长期保持制度的透明性,才可实现政府采购制度透明度的目标。其中包括信息的更新,并将信息变化和附加信息及时通知有关团体。尽管如此,下列信息可以保密:商业上的敏感信息,发布后将不利于公平竞争、妨碍法律的实施、违反公共利益或不利于经济安全的信息等。如因保密而不公布此类信息时,应说明原因。

(四)《政府采购非约束性原则》的主要内容

1. 对采购总体运行环境的规定

《政府采购非约束性原则》要求 APEC 的各成员必须公布有关政府的法律、法规、条例、司法决定、管理规则、政策、采购程序及其运作过程。公布这一过程的目的是增进成员之间的政府采购规则体系建设，使供应商懂得政府采购的游戏规则。落实这一要素的措施包括：公开发布"游戏规则"；发布开放实体名单或非开放实体的名单；公布法规政策的任何变化情况；建立信息联系网站；尽可能将以上信息输入网上 APEC 政府采购的子目录中。

2. 对采购机会的规定

采购机会的公开透明将鼓励更多的供应商参与竞争，为采购实体提供更多的选择机会，提高政府采购资金的使用效率，具体内容为：政府采购一般要采用公开竞争招标采购方式，如果采用其他采购方式，需要在采购邀请书中说明具体的采购方法；如果采用公开招标的方法，应至少在一家官方指定的媒体上发布采购公告；并应给有兴趣的供应商留有充分的时间进行准备提交报价；公布采购实体的具体联系地点，表明他们对所采购的产品和服务的兴趣所在；对于高价值、复杂的采购可以采用两阶段招标程序，每个阶段都要给有兴趣的供应商留有充分的时间准备作出实质性的反应。

3. 对采购要求的规定

所有作出实质性反映的信息都应全部公开。落实这一要求的具体措施包括：采购须知的内容应包括产品和服务的性质、特性、数量、交货时间及地点、截止日期、招标文件的获得、投标地点的联系方式；及时公布上述信息的变化情况；应投标人的要求，及时提供招标文件及其他信息；利用国际的或其他标准，根据性能或运行特点制定技术规格。

4. 对评标标准的规定

《政府采购非约束性原则》规定，所有的评标标准都应当是公开透明的，并要严格按照评标标准授予合同，保证采购的公正性和统一性。落实这一要求的具体措施包括：在采购须知或招标文件中明确评标标准以及优惠条件，同时要做好采购记录。

5. 对授予合同的规定

合同的授予应当是透明的，这是政府向供应商及公众表明其信誉的方式。落实这一要求的具体措施包括：公布投标结果，包括中标供应商的名称和标的价值、公布签约的时间和地点；将评标结果及时通知未中标的供应商，对未中标的问题作出答复，退还投标保证金。

6. 对申诉途径的规定

寻求申诉的途径是透明的，这是使采购程序保持公正、公开、公平的重要保障，有利于维护政府在公众中的信誉，具体内容为：指定一个团队或人员负责处理供应商对采购过程提出的申诉，建立一个独立的机构处理申诉问题；处理申诉的程序应当公开；申诉程序对国内和国外的供应商应该平等适用。

六、《区域全面经济伙伴关系协定》也有政府采购规定

虽然，《区域全面经济伙伴关系协定》（Regional Comprehensive Economic Partnership，RCEP）不是一个政府采购的专门方面协议或规则，但该协定涉及了政府采购的内容，协定认识到政府采购在推进区域经济一体化以促进经济发展中的作用，为签署该项协定的国家或地区提供了相关依据。

（一）RCEP 的简介

《区域全面经济伙伴关系协定》是 2012 年由东盟发起，历时八年，由包括中国、日本、韩国、澳大利亚、新西兰和东盟 10 国共 15 方成员制定的协定。RCEP 是亚太地区规模最大、最重要的自由贸易协定谈判，达成后将覆盖世界近一半人口和近 1/3 贸易量，成为世界上涵盖人口最多、成员构成最多元、发展最具活力的自由贸易区。

2020 年 11 月 15 日正式签署，意味着世界上最大自贸区诞生。据悉，各方推动 RCEP 生效的态度都很积极，协定在 6 个东盟国家

和 3 个非东盟国家批准后，就可先行生效实施。2022 年 1 月 1 日 RCEP 正式生效。

2020 年 11 月 15 日，第四次区域全面经济伙伴关系协定领导人会议以视频方式举行，会后东盟 10 国和中国、日本、韩国、澳大利亚、新西兰共 15 个亚太国家正式签署了 RCEP。

2021 年 3 月 22 日，中国已经完成 RCEP 核准，成为率先批准协定的国家。首批生效的国家包括文莱、柬埔寨、老挝、新加坡、泰国、越南等东盟 6 国和中国、日本、新西兰、澳大利亚等非东盟 4 国。2022 年 2 月 1 日起 RCEP 对韩国生效。2022 年 3 月 18 日起对马来西亚生效。2022 年 3 月 20 日，日本首相岸田文雄与柬埔寨首相洪森在金边会晤后发表了《联合声明》，一致同意加强合作，确保全面落实 RCEP 协定。

（二）RCEP 的意义

RCEP 是一个全面、现代、高质量、互利互惠的自贸协定。RCEP 涵盖人口超过 35 亿人，占全球 47.4%，国内生产总值占全球 32.2%，外贸总额占全球 29.1%，是全球涵盖人口最多、最具潜力的自贸区谈判。

RCEP 的生效实施，标志着全球人口最多、经贸规模最大、最具发展潜力的自由贸易区正式落地，充分体现了各方共同维护多边主义和自由贸易、促进区域经济一体化的信心和决心，将为区域乃至全球贸易投资增长、经济复苏和繁荣发展作出重要贡献。

RCEP 的目标是建立一个现代、全面、高质量、互惠的大型区域自由贸易协定，促进区域贸易和投资的扩大，旨在为全球经济增长和发展作贡献。RCEP 由序言、20 章、4 个市场准入承诺表附件（包括关税承诺表、服务具体承诺表、投资保留及不符措施承诺表、自然人临时流动具体承诺表）组成。RCEP 各成员国政府需要保证 RCEP 将与 WTO 对标，包括与《1994 年关税与贸易总协定》第二十四条和《服务贸易总协定》第五条对标。

相比"东盟+1"自由贸易协定，RCEP 的内容更为广泛和深入，更新了现有的"东盟+1"自由贸易协定的涵盖范围，并考虑了不断变化的贸易现实。当然，此前的"东盟+1"自由贸易协定并不会被取代，而是将与 RCEP 并存。但一个根本原因在于，正因为 RCEP 超越了"东盟+1"自由贸易协定，才使得相关各成员国对 RCEP 更感兴趣。就价值意义而言，RCEP 将促进贸易和投资，提高透明度并加强对全球和区域价值链的参与。另外，RCEP 充分考虑了各成员国间的不同发展水平，将会给予最不发达成员国以特殊和差别待遇。

（三）RCEP 的基本内容

RCEP 的基本内容主要在它的二十个章节中体现。

1. 初始条款和一般定义

主要阐明 RCEP 缔约方的目标是共同建立一个现代、全面、高质量以及互惠共赢的经济伙伴关系合作框架，以促进区域贸易和投资增长，并为全球经济发展作出贡献。

2. 货物贸易

旨在推动实现区域内高水平的贸易自由化，并对与货物贸易相关的承诺作出规定。规定包括：承诺根据《关税与贸易总协定》第三条给予其他缔约方的货物国民待遇；通过逐步实施关税自由化给予优惠的市场准入；特定货物的临时免税入境；取消农业出口补贴；全面取消数量限制、进口许可程序管理，以及与进出口相关的费用和手续等非关税措施方面的约束。

3. 原产地规则

确定了 RCEP 项下有资格享受优惠关税待遇的原产货物的认定规则。在确保适用实质性改变原则的同时，突出了技术可行性、贸易便利性和商业友好性，以使企业，尤其是中小企业易于理解和使用 RCEP 协定。在该协定中第二条（原产货物）和第三条（完全获得或者完全生产的货物）以及附件《产品特定原产地规则》(PSR) 列明了授予货物"原产地位"的标准。协定还允许在确定货物是否适用 RCEP 关税优惠时,将来自 RCEP 任何缔约方的价值成分都考虑在内,实行原产成分累积规则。规定了相关操作认证程序,包括申请 RCEP 原产地证明、申请优惠关税待遇以及核实货物"原产地位"的详细程序。本章节有两个附件:(1)产品特定原产地规则,涵盖约 5205 条 6 位税目产品;(2)最低信息要求,列明了原产地证书或原产地声明所要求的信息。

4. 海关程序与贸易便利化

通过确保海关法律和法规具有可预测性、一致性和透明性的条款,以及促进海关程序的有效管理和货物快速通关的条款,目标创造一个促进区域供应链的环境。包含高于 WTO《贸易便利化协定》水平的增强条款,包括:对税则归类、原产地以及海关估价的预裁定;为符合特定条件的经营者(授权经营者)提供与进出口、过境手续和程序有关的便利措施;用于海关监管和通关后审核的风险管理方法;等等。

5. 卫生与植物卫生措施

制定了为保护人类、动物或植物的生命或健康而制定、采取和实施卫生与植物卫生措施的基本框架,同时确保上述措施尽可能不对贸易造成限制,以及在相似条件下缔约方实施的卫生与植物卫生措施不存在不合理的歧视。虽然缔约方已在 WTO《卫生与植物卫生措施协定》中声明了其权利和义务,但是协定加强了在病虫害非疫区和低度流行区、风险分析、审核、认证、进口检查以及紧急措施等执行的条款。

6. 标准、技术法规和合格评定程序

加强了缔约方对 WTO《技术性贸易壁垒协定》的履行,并认可缔约方就标准、技术法规和合格评定程序达成的谅解。同时,推动缔约方在承认标准、技术法规和合格评定程序中减少不必要的技术性贸易壁垒,确保标准、技术法规以及合格评定程序符合 WTO《技术性贸易壁垒协定》规定等方面的信息交流与合作。

7. 贸易救济

关于保障措施，协定重申缔约方在 WTO《保障措施协定》下的权利和义务，并设立过渡性保障措施制度，对各方因履行协议降税而遭受损害的情况提供救济。关于反倾销和反补贴税，协定重申缔约方在 WTO 相关协定中的权利和义务，并制定了"与反倾销和反补贴调查相关的做法"附件，规范了书面信息、磋商机会、裁定公告和说明等实践做法，促进提升贸易救济调查的透明度和正当程序。

8. 服务贸易

消减了各成员影响跨境服务贸易的限制性、歧视性措施，为缔约方间进一步扩大服务贸易创造了条件。包括市场准入承诺表、国民待遇、最惠国待遇、当地存在、国内法规等规则。部分缔约方采用负面清单方式进行市场准入承诺，要求采用正面清单的缔约方在协定生效后 6 年内转化为负面清单模式对其服务承诺作出安排，包括金融服务附件、电信服务附件和专业服务附件。

9. 自然人移动

列明了缔约方为促进从事货物贸易、提供服务或进行投资的自然人临时入境和临时停留所做的承诺，制定了缔约方批准此类临时入境和临时停留许可的规则，提高人员流动政策透明度。所附承诺表列明了涵盖商务访问者、公司内部流动人员等类别的承诺以及承诺所要求的条件和限制。

10. 投资

涵盖了投资保护、自由化、促进和便利化四个方面，是对原"东盟'10＋1'自由贸易协定"投资规则的整合和升级，包括承诺最惠国待遇、禁止业绩要求、采用负面清单模式作出非服务业领域市场准入承诺并适用棘轮机制（即未来自由化水平不可倒退）。投资便利化部分还包括争端预防和外商投诉的协调解决。本章附有各方投资及不符措施承诺表。

11. 知识产权

为本区域知识产权的保护和促进提供了平衡、包容的方案。内容涵盖著作权、商标、地理标志、专利、外观设计、遗传资源、传统知识和民间文艺、反不正当竞争、知识产权执法、合作、透明度、技术援助等广泛领域，其整体保护水平较《与贸易有关的知识产权协定》有所加强。

12. 电子商务

旨在促进缔约方之间电子商务的使用与合作，列出了鼓励缔约方通过电子方式改善贸易管理与程序的条款；要求缔约方为电子商务创造有利环境，保护电子商务用户的个人信息，为在线消费者提供保护，并针对非应邀商业电子信息加强监管和合作；对计算机设施位置、通过电子方式跨境传输信息提出相关措施方向，并设立了监管政策空间。缔约方还同意根据WTO部长级会议的决定，维持当前不对电子商务征收关税的做法。

13. 竞争

为缔约方制定了在竞争政策和法律方面进行合作的框架，以提高经济效率，增进消费者福利。规定缔约方有义务建立或维持法律或机构，以禁止限制竞争的活动，同时承认缔约方拥有制定和执行本国竞争法的主权权利，并允许基于公共政策或公共利益的排除或豁免。本章还涉及消费者权益保护，缔约方有义务采取或维持国内法律和法规，以制止误导行为，或在贸易中作虚假或误导性描述；促进对消费者救济机制的理解和使用；就有关保障消费者的共同利益进行合作。

14. 中小企业

缔约方同意在协定上提供中小企业会谈平台，以开展旨在提高中小企业利用协定并在该协定所创造的机会中受益的经济合作项目和活动，将中小企业纳入区域供应链的主流。协定强调充分共享RCEP中涉及中小企业的信息，包括协定内容、与中小企业相关的贸易和投资领域的法律法规，以及其他与中小企业参与协定并从中受益的其他商务相关信息。

15. 经济与技术合作

为实现RCEP各国的共同发展提供了框架，为各方从协定的实施和利用中充分受益、缩小缔约方发展差距方面作出贡献。根据规定，缔约方将实施技术援助和能力建设项目，促进包容、有效与高效的实施和利用协定所有领域，包括货物贸易、服务贸易、投资、知识产权、竞争、中小企业和电子商务等。同时将优先考虑最不发达国家的需求。

16. 政府采购

协定认识到政府采购在推进区域经济一体化以促进经济发展中的作用，将着力提高法律、法规和程序的透明度，促进缔约方在政府采购方面的合作。包含审议条款，旨在未来对本章节进行完善，以促进政府采购。

17. 一般条款与例外

规定了适用于整个RCEP协定的总则，包括缔约方法律、法规、程序和普遍适用的行政裁定的透明度，就每一缔约方行政程序建立适当的审查与上诉机制、保护保密信息、协定的地理适用范围等。同时，将GATT1994第二十条和GATS第十四条所列一般例外作必要修改后纳入本协定。缔约方可以采取其认为保护其基本安全利益所必需的行动或措施。还允许缔约方在面临严重的收支平衡失衡、外部财政困难或受到威胁的情况下采取某些措施。

18. 机构条款

规定了RCEP的机构安排，以及部长会议、联合委员会和其他委员会或分委员会的结构。联合委员会将监督和指导协定的实施，包括根据协定监督和协调新设或未来设立的附属机构的工作。

19. 争端解决

旨在为解决协定项下产生的争端提供有效、高效和透明的程序。在争端解决有关场所的选择、争端双方的磋商、关于斡旋、调解或调停、设立专家组、第三方权利等方面作了明确规定。还详细规定了专家组职能、专家组程序、专家组最终报告的执行、执行审查程序、赔偿以及中止减让或其他义务等。

20. 最终条款

主要包括关于附件、附录和脚注的处理；协定与其他国际协定之间的关系；一般性审查机制；协定的生效、保管、修订、加入及退出条款；等等。指定东盟秘书长作为协定的保管方，负责向所有缔约方接收和分发文件，包括所有通知、加入请求、批准书、接受书或核准书。条约的生效条款规定，协定至少需要6个东盟成员国和3个东盟自由贸易协定伙伴交存批准书、接受书或核准书后正式生效。

（四）RCEP 与政府采购

2022年1月1日起，RCEP 正式生效。这是我国签署的首个具有政府采购承诺责任义务的区域性贸易协定。

1. 目标

该协定认为缔约方之间应当将透明度以及在此领域的合作视为重要目标："缔约方认识到促进政府采购相关法律、法规和程序的透明度以及开展缔约方之间合作的重要性。"

2. 范围

适用于缔约方中央政府实体开展政府采购涉及的法律、法规和程序。关于中央政府实体范围，由缔约方自行定义或通报。

3. 原则

缔约方应认识到政府采购在进一步推动本地区经济一体化、促进经济增长和就业方面的作用。例如，政府采购明确向国际竞争开放，各缔约方应当在尽可能且适当的情况下，根据该缔约方适用的被普遍接受的政府采购原则进行政府采购。

4. 透明度

透明度是政府采购章节的核心内容，它要求 RCEP 各缔约方应当做到以下四点：一是公开政府采购相关法律法规，同时，尽可能公开政府采购程序以及招标信息。二是尽最大努力通过电子化方式提供上述信息，并不断更新。三是各缔约方应当在附件中列明政府采购法律、规章、程序和招标信息公开发布的纸质或电子媒体联系方式。四是各缔约方要使上述信息能以英文版方式获取。

5. 合作领域

RCEP 要求各缔约方应当做到以下四点：一是尽可能就缔约方的法律、法规、程序以及其中任何修订交换信息。二是向缔约方提供培训、技术援助、能力建设以及共享上述举措相关信息。三是在可能的情况下，缔约方之间共享中小微企业在政府采购中的最佳实践信息。四是在可能的情况下，缔约方之间共享与电子采购系统相关的信息。

6. 审议内容

当缔约方达成一致时，在 RCEP 规定的期限内，审议政府采购章节内容，为缔约方未来进一步丰富和完善政府采购章节预留空间。

7. 建立联络点

各缔约方在本协定生效之日起 30 天内，指定一个或多个联络点，以便开展政府采购领域的相关合作以实现信息共享。每年各缔约方都应将本国联络点的相关信息及变动情况向其他缔约方进行通报。

8. 争议机制

RCEP 中的争议机制尚不适用政府采购领域。

（五）RCEP 对政府采购的影响

虽然，RCEP 不是一个专门针对政府采购领域所签署的协定，但涉及政府采购，对政府采购活动还是有很深的影响的。

1. 以承担政府采购透明化义务为契机，整合政府采购法规制度发布渠道

从 RCEP 政府采购章节来看，透明度原则为整章的核心内容且属于法律可执行的。按照条款，今后我国中央政府采购实体（国家机关层级）的政府采购法律、各项规章、政府采购程序、采购公告都要在中国政府采购网公开发布，并翻译为英文，供其他14个缔约方随时查阅。同样，除了老挝、柬埔寨、缅甸3国，其他缔约方也有义务对我国开放其中央政府采购实体的政府采购法律、法规、程序、公告等。我国在承担RCEP政府采购透明化义务的同时，不仅可以形成贯通全国的中央级政府采购制度信息发布渠道，还可以为本国企业提供其他国家政府采购市场的信息资源，为我国企业增加新的贸易机会、向国际发展提供新机遇。

2. 以建立联络点为契机，加深政府采购领域合作

RCEP在促进缔约方加强政府采购信息交流和合作方面，提出了培训、技术援助、共享电子信息、建立联络点等内容。RCEP政府采购委员会除了负责合作和信息共享事项，还包括召开与政府采购章节实施和运用的相关事项会议，定期对政府采购章节进行审议，并决定是否举行进一步谈判，如扩大采购实体范围、纳入政府采购程序条款等。

3. 以加入RCEP为契机，进一步探索政府采购市场开放的成本与收益

"任何国家开放政府采购市场，必定考虑开放的成本和收益。比如，开放后能否对国内政府采购制度改革有正面影响？是否会对本国某些行业、企业产生负面影响？"有专家认为，我国可将RCEP作为进一步扩大政府采购开放的"试验田"，在区域层面探索政府采购市场开放的成本与收益，有利于准确认识开放政府采购市场的成本和收益，以便于我国调整加入GPA的出价，有利于全面开放政府采购市场后的管理。

第九讲

请您记住,政府采购是有风险的

世上没有绝对稳赚不赔的生意,也没有百分之百的无风险的事情,政府采购也脱离不出这个定律。所以,当您参与政府采购活动时,一定要有风险意识,同时,也要有承受风险的思想准备和防范政府采购风险的措施。

一、政府采购风险无处不在

政府采购是一种有政府参与的经济买卖活动,它遵循的是市场经济的基本规律,必然存在风险,而且风险存在于政府采购整个过程和各个环节之中。依据风险具有客观性、普遍性、必然性、可识别性、可控性、损失性、不确定性和社会性的特征,因此,我们应该充分认识政府采购风险存在的必然性,掌握其规律,要采取措施提高风险防范能力,降低政府采购风险所造成的损失。

(一)政府采购风险因素

风险是指在某一特定环境下,在某一特定时间段内,某种损失发生的可能性。风险是由风险因素、风险事故和风险损失等要素组成。所谓政府采购风险，是指政府采购活动过程中某种损失发生的可能性。风险因素是指促使某一特定风险事故发生或增加其发生的可能性或扩大损失程度的原因或条件。政府采购风险存在于政府采购活动的整个过程中，其诱发风险发生原因或条件也很多，但归纳起来主要有两个：一是社会因素；二是不可抗力因素。

1. 社会因素

诱发政府采购风险的社会因素主要是指政府采购制度设计缺陷、政府采购管理过程缺位、政府采购执行操作过错等原因。

（1）制度风险。实行政府采购的目的是什么，决定着政府采购制度的改革方向，决定着政府采购制度的设计理念，因此，政府采购就存在着制度风险。政府采购制度风险表现在三个方面：一是政府采购制度在设计理念上定位不准、目标不明，会使政府采购制度改革偏离方面；二是政府采购制度设计不严谨，存在缺陷的风险，不便执行与操作；三是政府采购制度落实不到位，没有强有力措施保障其推行实施。政府采购制度风险是政府采购风险中最大的风险因素。

（2）管理风险。政府采购管理风险是指政府采购管理过程因信息不对称、管理不善、判断失误等造成某种损失发生的可能性。政府采购管理风险具体体现在构成政府采购管理体系的每个环节上，可以分为四个部分：政府采购组织结构、政府采购管理者的素质、政府采购文化建设和政府采购管理过程。

一是政府采购的组织结构所造成的风险。政府采购组织结构是指政府采购组织内部各级职务职位的权责范围、联系方式和分工协作关系的整体框架。政府采购组织结构的优劣影响着组织目标的实现。二是管理者素质所造成的风险。管理者个人素质因素包括品德、知识水平和能力三个方面。三是政府采购文化建设所造成的风险。政府采购文化是政府采购活动中所形成的共同价值观和行为准则，是一个政府采购特有的传统和风尚，其文化对管理活动产生柔性影响，能产生亲近感、信任感和归属感，形成向心力和凝聚力。四是政府采购管理过程中的风险。在政府采购管理过程中风险无处不在，其主要表现在政府采购项目的评估、政府采购变更采购方式的审批、政府采购行政救济和政府采购执法四个节点。其中，政府采购项目评估风险是指政府采购项目可行性评价和估量政府采购中产生的风险。政府采购行政救济风险是指政府采购监管部门在处理政府采购投诉、行政复议以及举报事件过程中所产生的风险。政府采购执法风险是指政府采购监管部门在执法过程中发现违法问题、处理违法问题时产生的风险。由于政府采购活动的复杂性，使得政府采购执法存在取证难、定论难和处理难。

（3）执行风险。政府采购的执行风险是指政府采购项目在操作执行实施过程中存在的风险，通常是指组织具体采购活动过程中存在的风险。在政府采购执行过程中的风险主要在政府采购预算编制、采购需求论证与确定、实施计划编制、政府采购的采购方式选择、采购代理机构组织采购活动、评审专家的评审、供应商的履约、采购人的验收和支付环节、绩效评价环节。

一是采购人编制政府采购预算和编制实施计划的风险。它包括预算的准确性、科学性，采购需求制定的科学性、完整性和合理性。二是采购方式执行的合法性。三是采购代理机构组织采购活动所存在的风险。采购代理机构负责组织采购活动的实施，从接受委托、招标公告的制定与发布、招标文件的编制、评标委员会的组成、评标活动的组织、候选中标供应商的推荐以及合同的签订、验收的组织等，每一个环节都存在风险。四是评审专家的评审所存在的风险。由于评审专家自身素质原因，包括专业水平、职业道德等，使政府采购的评审工作可能出现不公平现象，采购人没有采购到符合要求且物美价廉的标的物。五是供应商履约风险。在政府采购活动供应商能否按合同履约，将影响采购项目的正常实施和作用的发挥,因此存在着风险,而制约供应商按合同履约的因素有许多。六是采购人验收风险。政府采购项目的验收是采购活动中一个比较关键的环节,再公平、严谨的招标组织,如果采购人不按合同组织验收,供应商是唯利的,也将会出现以次充好、以假乱真的问题,使政府采购存在风险。七是采购人支付的风险。采购人不按合同的约定进行支付,将影响供应商组织生产,最终影响政府采购项目的实施。八是政府采购绩效评价的科学性和评价结果运用的风险。

2. 不可抗力因素

政府采购不可抗力风险是指政府采购活动因不能预见、不能避免并不能克服的客观情况,使某种损失发生的可能性。政府采购不可抗力风险主要有三种情形,即自然灾害风险、政治风险和战争风险。

(1) 自然灾害风险。政府采购自然灾害风险是指因自然灾害的发生,导致政府采购项目无法履行,被迫终止政府采购合同所产生损失的可能性。自然灾害包括旱灾、洪涝、台风、风暴潮、冻害、雹灾、海啸、地震、火山、滑坡、泥石流、森林火灾、农林病虫害等。

(2) 政治风险。政治风险也称国家风险。政府采购政治风险是指因国家政治关系发生变化,导致政府更替、法律改变、政策变动、歧视性干预等现象发生,使政府采购的政策变革和政府采购项目无法履行所产生损失的可能性。

(3) 战争风险。政府采购的战争风险是指因国家关系恶化、政权争夺、民族纠纷、宗教矛盾等因素引发战争与动乱等原因使政府采购活动发生变化或终止所产生损失的可能性。

(二)政府采购风险产生的主要节点

按照委托代理理论和寻租理论,政府采购是整个社会委托代理行为的一种,极易产生寻租,因此风险无处不在。只有分析和掌握政府采购风险产生的主要节点，才能有效预防和减少风险的发生。

1. 政府采购参加人所产生风险的节点

政府采购活动是通过人来管理和操作的，作为"经济人"在利益面前，都可能存在寻租或被租，从而使政府采购活动偏离法律轨道，产生风险。

（1）采购人。采购人是政府采购的买方，是采购对象的使用者或管理者，更是采购对象的"出资人"和采购对象的技术参数与要求的制定者。采购人在采购活动中有很大的话语权，因此，采购人成了供应商的第一公关对象。供应商需要了解和掌握采购项目是否采购、什么时候采购、以什么方式采购、采购项目的标准是什么等信息，而这些信息对于供应商来讲越是提前知晓，知道得越详细，在采购活动中获得合同的机会就越大。

采购人的风险节点主要表现在：一是在信息的披露上。或不依法披露信息，或提前披露信息，或披露不该披露的信息。二是在供应商的资格（资质）标准确定上。供应商资格（资质）标准的确定，直接影响和限制供应商参与政府采购活动，也成为一些人圈定供应商、围标串标的手段。三是在采购项目的技术参数（需求）制定上。采购项目的技术参数的制定，决定了采购人采购项目质量的高低，同时也在一定程度上决定了供应商在采购活动中的优势。如果采购人以某个供应商的产品为参考制定采购项目的技术参数，则成了"技术性指定品牌"，使某一供应商获取采购合同占得了先机。四是在采购方式的选择上。采购人不依法选择采购方式，搞量身定做，选择有利于相关供应商的采购方式。五是在合同的签订上，未明确双方责任。六是在验收过程中，未认真履行职责。七是在绩效评价中，弄虚作假。八是在自行组织采购活动中，未依法进行操作。

（2）采购代理机构。采购代理机构是政府采购活动的实际组织者，他们在采购活动中受采购人的委托，代表采购人开展采购活动，因此，在采购活动中，采购代理机构的权利与采购人的权

第九讲　请您记住，政府采购是有风险的

利是一样的，特别是在非公开招标采购活动中，采购代理机构在选择参与邀请招标、竞争性谈判、询价供应商名单时，有一定的决定权。同样，在信息的披露、供应商资格（资质）标准的确定、采购项目技术参数的制定上，采购代理机构也存在着风险。

特别是政府加大营商环境的整治、代理市场竞争的激烈性、采购活动的成本加大，导致采购代理活动的各种收费趋于规范，采购代理存在着利润减少甚至亏损的风险。

（3）供应商。供应商是政府采购活动的卖方，供应商是想通过政府采购活动谋取一定的利润，并且希望利润最大化。供应商这种追求利润最大化的目的必然伴随风险，而这种风险从供应商参与政府采购活动开始到合同终止都存在。主要表现在：一是中标、成交的可能性。供应商不可能每次参与政府采购活动都中标、成交，都获取政府采购合同。二是供应商获取政府采购合同后，市场发生变化，原材料价格上涨，或供应商的供货渠道发生变故，可能导致供应商的生产成本上升，出现亏本，产生风险。三是供应商无法按时履约，被处以延误工期处罚。四是供应商为了获取高额利润，采取偷工减料、以次充好、以假乱真手法，存在着违法经营风险。五是供应商与采购人、采购代理机构合伙串标的风险。六是供应商贿赂采购人、监管部门的风险。

（4）专家评委。政府采购的专家评委在政府采购活动享有较大的决策权，所以，评审专家在政府采购活动的几个关键点存在风险。一是政府采购项目咨询中的风险。二是政府采购需求论证风险以及采购进口产品论证风险。三是对单一来源采购方式的论证以及其他采购方式和方案的论证中的风险。四是评审过程中的风险。评审专家因知识面的原因，会出现判断失误，或因评审道德原因，没有实行回避，或没有认真评审，或在评审中牟利等，容易产生风险。

（5）政府采购监管部门。政府采购监管部门在政府采购活动是否履行职责，直接关系到政府采购的健康发展。在政府采购活

动中,监管部门的风险点主要表现在:一是在政府采购法规、制度的制定上存在风险。二是在政府采购的预算编审上。政府采购预算的编审工作是基础性工作,预算编审是否科学、合理,直接影响政府采购效益的发挥。三是在采购方式的变更审批上。采购方式变更的审批是否规范、科学,能最大限度地满足采购需求是关键,因此,采购方式的变更审批或进口审批存在极大的风险。四是在政府采购活动监管及监督检查上。监管部门对政府采购活动监管不力,或在监督检查中不认真履行职责,存在着监管风险。五是在政府采购投诉事件和行政复议的处理上。政府采购投诉和行政复议的处理是政府采购监管部门以评判员或裁决者的身份出现,而一旦对投诉事件和行政复议处理失误,就有可能成为行政诉讼的被告,因此,存在着风险。六是在政府采购违规处罚上。对政府采购违规行为进行处罚,是维护政府采购活动正常秩序的有效手段之一。但在处理过程中,政府采购监管部门可能出现引用法律不当、把握尺度不准、程序不到位等问题,极容易出现失误或营私舞弊,存在着风险。

2. 采购过程中的风险节点

政府采购从采购项目申请到采购项目结束后的绩效评价,要经过许多环节,在整个采购过程中,每一个环节都可能存在风险,每一个环节的风险程度也大小不一,其主要风险节点有以下几点。

(1) 政府采购项目立项环节。政府采购项目立项涉及许多部门,各部门在政府采购活动中的关注点不一样,且既得利益需求不一,因此,在政府采购的项目立项的评估上,存在风险。

(2) 政府采购项目预算环节。政府采购项目预算及审批是一个复杂的过程,要经过采购人、采购人的主管部门、财政部门的相关部门或政府采购的具体的监管部门,以及相关政府部门、各级人大等,每一个部门和环节都存在着风险。

(3) 政府采购信息披露环节。政府采购信息的披露,关系到政府采购是否公开、公平和公正的问题。政府采购信息披露不及时和不完整，或不按规定的方式、不在指定的媒体上披露，将存在风险。政府采购信息应披露的主要有政府采购监管部门的政府采购制度及监督信息、采购人的政府采购需求信息、采购代理机构的采购操作信息和采购结果信息等。

（4）采购需求制定环节。采购需求是采购活动中最为重要的指标或参数，采购需求制定得是否科学，决定着采购项目的质量的高低、价值目标能否实现，所以，采购需求制定环节存在风险。

（5）采购方式确定环节。政府采购的采购方式的确定其依据是各采购方式的法定适用条件，因此，必须依法进行。采购方式的确定，特别是采购方式的变更和单一来源采购方式的确定，直接影响到该采购项目的供应商参与竞争程度。采购方式确定是否依法，变更理由是否充分，单一来源采购方式的确定论证是否科学，都存在风险。

（6）政府采购组织执行操作环节。政府采购实行集中采购与分散采购相结合，集中采购采取部门集中采购和委托专门的集中采购机构采购。在整个采购过程中，委托给执行操作的集中采购机构组织采购，也存在着风险。主要表现在：一是是否委托给合法的采购代理机构代理采购。二是采购项目的组织采购活动是否按法定的采购方式或变更后审批的采购方式并按其法定的程序进行操作，即信息的发布、采购文件的制作、评标委员会的组成、评审过程的组织等是否规范，都存在风险。

（7）政府采购合同履行环节。政府采购合同的履行是政府采购活动的落脚点和目的。政府采购合同的正常履行涉及采购双方合同的签订、供应商的履约、采购人的验收和采购资金的支付等。在这些过程中，无论是采购双方的合同签订，还是供应商的履约，以及采购人的验收、支付都有发生风险的可能。

（8）采购项目绩效评价环节。对采购项目效果进行绩效评价，是为了了解和掌握该政府采购项目的效果，包括社会效益和经济效益，以及对采购效率的评价，也为今后同类采购项目提供参考依据。采购项目评估的结果好坏，涉及整个采购项目所有相关人员的利益，也对今后同类型的采购项目产生较大的影响，因此，采购项目绩效评价十分重要，也存在风险。

（三）政府采购风险产生的原因分析

在政府采购活动中，风险无处不在，风险产生的原因也是多方面的，因此，要认真分析政府采购风险产生的原因，便于制定相关措施加以防范。在我国，目前政府采购风险产生的主要原因有以下几个方面。

1. 政府采购价值目标不明确

《政府采购法》对于我国政府采购的目标已有了明确的规定，即为了规范政府采购行为，提高政府采购资金的使用效益，维护国家利益和社会公共利益，保护政府采购当事人的合法权益，促进廉政建设。也就是说，推行政府采购制度就是为了规范政府采购行为。与此同时，在规范政府采购行为前提下，达到提高政府采购资金的使用效益、维护国家利益和社会公共利益、保护政府采购当事人的合法权益和促进廉政建设四个方面的目标。而在这四个方面的目标中，提高政府采购资金的使用效益摆在了第一位，而维护国家利益和社会公共利益摆在了第二位。由于将"提高政府采购资金的使用效益"作为了首要价值目标，因此，在政府采购制度的设计中，其采购方式、采购程序等都围绕这个目标，而将"政府采购促进社会和经济的发展"作为了次要的目标，好像只有节约了财政支出，该项政府采购活动才是达到了目标，才是成功的，公众才能接受。至于采购项目的性价比、能不能促进社会和经济的发展、是否节能环保等都是次要的了。由于政府采购目标不明确，使得政府采购制度推行的风险加大，公众对政府采购的理解和支持不够，从而增加了政府采购制度的改革成本，甚至使政府采购制定改革达不到预期的目的。

2. 政府采购法律制度不完善

市场经济是法制经济，政府采购是建立在完善市场经济和法律制度之上的管理制度，政府采购法律制度不完善，使政府采购无法可依，将产生制度风险。

我国的政府采购制度经过二十多年的建设，虽然建立了一个的大框架，但仍不完善、不全面，还有许多需要完善的地方，主要表现在：一是我国虽然于2002年颁布了《政府采购法》，也颁布了《政府采购法实施条例》，财政部门也相继出台或修订了一些部门规章，但采购本国产品管理办法、政府采购合同管理办法、政府采购支持自主创新管理办法等管理制度没有出台，使得我国的政府采购法律体系不完善，造成了一些管理的真空。二是许多地方省市立法机关没有颁布和出台政府采购的实施细则或管理办法。三是具体的部门政府采购规章和地方性政府采购规章很少，如法律规定的七种采购方式，到目前为止，还没有出台每一个采购方式的评标、评审管理办法。

3. 政府采购监督管理不规范

《政府采购法》一方面规定采购对象覆盖货物、工程和服务，并规定"各级人民政府财政部门是负责政府采购监督管理的部门，依法履行对政府采购活动的监督管理职责"；另一方面又规定，"政府采购工程进行招标投标的，适用招标投标法"。而《中华人民共和国招标投标法》的监管部门并非财政部门，使得政府采购的工程采购出现了多头监管的局面，也割裂了财政部门对采购对象监管的完整性。致使有些人钻监管的空子，规避政府采购监管。

同时，按《政府采购法》的规定，集中采购机构应单独设立，且与行政机关不得存在隶属关系或者其他利益关系，但现实中有些地方同时又组建集中交易平台，把已依法设立的集中采购机构撤销或划转到公共交易平台，这使得管理与执行体制不顺，导致对政府采购执行机构的管理职能的冲突与交叉并存，不但造成管理资源浪费，而且容易产生监管的不作为或乱作为或缺位、越位现象并存，造成管理风险。

4. 政府采购风险预防机制不健全

风险是客观存在的，关键是建立科学的风险预防机制，减少和防范风险的发生。由于我国开展政府采购工作相对时间不长，政府采购的风险防范意识不足，对政府采购风险存在的机理、产生原因、发生的节点认识不够，更没有建立科学的风险预防机制和体系以及防范风险的具体预案，因此，增加了政府采购风险发生的概率，加大了风险危害程度。

5. 政府采购从业人员素质不高

政府采购不仅是一门学科，而且是一门综合性很强的学科，它包含有经济学、管理学、法学、政治学、伦理学、商品与价格学以及其他相关学科的知识。所以，政府采购活动不是一个简单的买卖双方的交易过程，它是一个十分复杂且程序性、政策性、法律性、规范性极强的决策过程，它需要政府采购活动中的各相关人员，包括采购人、采购代理机构、供应商、评审专家、监管部门等都必须有合理的知识结构和具备丰富的实际经验以及较高的道德修养。而目前政府采购从业人员素质不高不仅增大了政府采购风险发生的概率，而且会使政府采购活动达不到应有的目标。

由于我国推行政府采购制度时间不长，政府采购还没有建立自己独立的学科体系，政府采购专业人才很少。同时，还由于没有实行准入制，即政府采购从业资格制度，致使我国政府采购从业人员整体综合素质偏低，政府采购活动是在整个相对较低的层面上操作，有些从业人员道德水平不高，在政府采购活动中营私舞弊，伙同供应商串标；有些从业人员政策水平低下，无法识别不良供应商的串标、围标行为；有些从业人员知识结构不合理，无法适应社会的发展，不会操作现代化的办公工具；等等。政府采购从业人员素质不高也会使政府采购风险无处不在。

二、在这些情形下，您只能默默地接受

在政府采购活动中，并不是付出就会有回报的，可能因为多种原因，您参与了、付出了，但没有收获或回报，而且有可能还有损失，在这些情形下，您只能默默地接受，您必须服从于这种"游戏"规则。

（一）参与可能不中，费用自理

您作为供应商参与政府采购活动，是为了获得政府采购合同，但不可能参与了投标或响应邀请就能成为中标、成交供应商，许多情形下，您可能与合同失之交臂。那么在这些情形下，费用要由自己承担。

1. 购买标书的费用

购买标书费用是泛指供应商在参与某个政府采购项目时，购买的采购要约文书的费用。所谓购买标书，也就是招标文件，它的大概念还包括竞争性谈判文件、竞争性磋商文件、询价通知书等。

关于所谓"买"标书一事，目前只有《政府采购货物和服务招标投标管理办法》的第二十四条和第二十一条中作出了规定，即招标文件售价应当按照弥补制作、邮寄成本的原则确定，不得以营利为目的，不得以招标采购金额作为确定招标文件售价的依据；资格预审文件应当免费提供。而至于其他的竞争性谈判文件、竞争性磋商文件、询价通知书等国家没有规定是否免费提供或购买。有一点是明确的，目前，政府集中采购机构对于他们代理的集中采购目录以内的项目都不卖标书，只有社会采购代理机构在卖标书。虽然，国家规定标书的费用不得以营利为目的，但采购代理机构不好把握，有些地方的监管部门或行业协会就出台文件，规定了一个上限标准，不得突破。

作为一种"行规"，虽然标书售价不高，标书里一般约定，标

书一经售出，供应商是不能退回的，也就是说，您买回标书后，认为自己不能参与或获得合同的机遇不大，想退回标书，那是不可能的事了。

所以，无论您参加与否、是否获得合同，购买标书的费用是自理的。

有些地方为了营造良好的营商环境，减轻供应商参与政府采购活动的负担，发文规定取消购买采购文件的费用。

2. 勘查现场的费用

工程项目肯定是要勘查现场的，但有些货物类和服务类的采购项目也需要勘查现场或对现场进行考察或召开开标前答疑会，以便让供应商作出是否参与或报价的判断和决定。

勘查现场或现场考察或参与开标前答疑会的费用主要包括差旅费用、人工成本等。

特别应注意的是，采购人或采购代理机构在招标文件中强调有两点：一是勘查现场或现场考察的安全由供应商自己负责，出了安全事故，与采购人或采购代理机构无关；二是由供应商勘查失误所造成的损失由供应商自己负责。

所以，无论您今后参加与否、是否获得合同，勘查现场或现场考察或参与开标前答疑会的费用是自理的，且还要承担勘查或考察失误的后果。

3. 制作投标文件的费用

制作投标文件（包括竞争响应文件、磋商响应文件等）的费用包括两部分：一是人工成本；二是物耗费用。一般情形下，大型的工程采购项目和大型的服务采购项目制作投标文件的费用要高一些，标准化的货物类采购项目投标文件的费用要低些（但不是绝对的）。

所以，无论您是否获得合同，虽然制作投标文件的费用不多，费用也是自理的。

4. 参与投标、竞争的费用

一般情形下，参与投标的供应商都会派人参加开标会议，大型的采购项目不仅安排有讲标（向评标委员会介绍自己公司情况和投标概况）时间，还要接受评审专家的质询。竞争性谈判和竞争性磋商更是要派人与谈判小组或磋商小组进行谈判或磋商，否则无法与评审专家沟通。

小型采购项目，可能半天时间就完成了评审活动，而大型的、竞争性谈判与磋商采购方式的采购项目则需要进行多轮的谈判或磋商，达成一致意见或统一方案后，供应商还需要再次做响应文件，再次对价格进行测算并报价。如此往复多轮，人工成本将较高。

所以，无论您是否获得合同，参与投标或竞争的费用是自理的。

（二）采购项目重新组织采购活动，费用却无处报销

在政府采购中，一个采购项目在进行中，您参与一半，可能因某些原因，突然宣布暂停，且从头再来，重新组织采购活动，您前面的努力白费了，就目前所出台的法规，还没有规定重新组织采购活动的责任问题，所以，费用自理，无处报销。

1. 评审过程发现问题，需重新组织采购活动

当采购项目进行到评审阶段时，评标委员会发现招标文件存在歧义、重大缺陷导致评标工作无法进行或者招标文件内违反国家有关强制性规定的，应当停止评标工作，与采购人或者采购代理机构沟通并作书面记录。采购人或者采购代理机构确认后，应当修改招标文件，重新组织采购活动。这种情形下，并非供应商的过错，而您却要按要求重新参与做投标文件，再次参与投标。所以，您参与这次采购活动的一切费用无处报销。

2. 评审未按规定进行，需重新开展采购活动

《政府采购非招标采购方式管理办法》第二十一条规定：采购人、采购代理机构发现谈判小组、询价小组未按照采购文件规定的评定成交的标准进行评审的，应当重新开展采购活动，并同时书面报告本级财政部门。所以，您参与这次采购活动的一切费用

无处报销。

(三) 采购项目被中止或终止及合同被终止,您无处可诉

在政府采购活动中,哪怕是您参与了,或者说您很有希望获得合同,更确切地说,您可能获得了合同,这些过程中,也有可能采购项目或合同被终止,而这并非您的原因,但却无处可诉。

1. 采购项目被中止或终止的情形

(1) 采购活动中因重大变故,采购任务取消。《政府采购非招标采购方式管理办法》第二十三条规定,在采购活动中因重大变故,采购任务取消的,采购人或采购代理机构应当终止采购活动。

(2) 采购活动中出现影响采购公正的违法、违规行为的,采购活动中止。在采购活动中出现影响公正的违法、违规行为的,应视情况决定重新开展采购活动。

2. 采购合同被终止的情形

(1) 中标、成交供应商拒绝与采购人签订合同的,且采购文件又没有约定确定排序方式下其下一候选人为中标、成交供应商的,重新开展政府采购活动。

(2) 政府采购合同继续履行将损害国家利益和社会公共利益的,双方当事人应当变更、中止或者终止合同。

(四) 遇到不可抗力情形时,更无可奈何

在政府采购活动中,不管您是采购代理机构还是供应商,您都可能会遇到不可抗力的情形,在这种情形下,依据《民法》,因不可抗力而未能履行合同或引起财物毁损的,不负赔偿责任。

不可抗力事件的不可预见性和偶然性决定了人们不可能列举出它的全部外延,不能穷尽人类和自然界可能发生的种种偶然事件。不可抗力因素具有不可预见性、不可避免性、不可克服性。所以当您在政府采购活动中遇到了不可抗力时,更无可奈何,只能默默地接受。

三、您如何防范和化解政府采购活动中的风险

政府采购风险中除了不可抗力因素所产生的风险是不能预防的外,其他因素是可防范的。因此,作为供应商或采购人、采购代理机构的您,只有在分析政府采购风险产生原因的基础上,把握其政府采购风险发生的规律,有针对性地采取防范措施,才能将因政府采购风险所产生的损失降到最低程度。

(一)认真研习法规,是防范风险的关键所在

法治社会下,违法犯法是最大的风险。目前我国政府采购的法规体系已基本构成,且在不断完善之中,新的法规也在陆续地出台之中,因此,作为政府采购的参与者,要想防范和化解政府采购风险,必须懂法、守法,懂法需先学法。

法律是我们全社会每个人都要遵守的规矩,各项法律法规规范着我们行为。目前,我国国家法律、党的规章、国务院的条例等涉及政府采购的规定很多,在其他法规之中有时也有体现,其监管负责部门也较多,法规的解释部门也不一样,这就需要认真研习政府采购法规,知法、懂法,才能守法,才能最大限度地防范政府采购风险。

(二)开展风险预判,是防范风险的根本前提

有些风险是可预防的,因此,就需要有敏锐的判断能力。除不可抗力外,政府采购风险发生是有一定前兆或规律的。如果作为供应商,您在参与政府采购活动前,对其存在的风险做一个基本的预判,您就可以作出是否参与采购活动的决定或采取哪些措施来防止风险的发生,减少您的损失。如有些采购项目,您参与的优势在哪里,参与后胜算有多少,前期投入与后期产出是否合理,特别是今后参与国际竞争,其应该分析和考虑的因素会更多,

更应该加强参与采购项目的风险预判,防范风险的发生。

(三) 建立内控机制,是防范风险的最佳手段

政府采购风险的特征说明,政府采购风险是可以预防的,只要高度重视政府采购风险发生的可能性,建立科学、有效的预防政府采购风险的机制,就可以减少,甚至预防风险的发生。

在政府采购中,除了采购人和政府采购监管部门需要建立内控机制外,采购代理机构和供应商也应建立完善的内控机制。主要是制定政府采购风险预防的策略、计划、方案和组织制度。要有风险管理的组织机构与制度、对应的方案、风险控制的措施等。要建立政府采购风险基金,防范因政府采购所发生的风险诱发其资金链的断裂,进而产生其他连锁反应。

(四) 提高人员素质,是防范风险的重要举措

政府采购从业人员素质决定政府采购风险发生概率的高低,因此,提高政府采购从业人员素质是防范政府采购风险的重要举措。一是要加强对政府采购从业人员的教育与培训工作,特别是进行政治理论、法律知识、职业文化和廉政教育,进行政府采购知识的培训,提高从业人员的道德修养和专业技能;二是紧紧依靠行业协会,开展职业教育,实行行业自律,提高从业人员素质。

(五) 依法维护权益,是化解风险的补救措施

如果您是供应商,因下列情形使采购活动中止或终止,或者是造成重新开展采购活动,或者签订采购合同后,合同被终止,您可以依法要求相关责任人进行赔偿,特别是民事赔偿,减少您的损失。

1. 因采购人或采购代理机构的行为违法造成采购活动被中止或终止的

采购人或采购代理机构有《政府采购法》第七十一条、第七

十二条规定的违法行为之一，按《政府采购法》第七十三条、《政府采购法实施条例》第七十一条规定使其采购活动中止或终止，给您造成损失的，按《政府采购法实施条例》第七十六条的规定，您可以依法要求其赔偿。

2. 因评审专家的行为违法造成采购活动被判定无效的

评审专家有违反《政府采购法》第十二条、《政府采购评审专家管理办法》第十六条、《政府采购法实施条例》第七十五条规定的行为之一，采购项目被判定为评审意见无效，或重新开展采购活动，给您造成损失的，按《政府采购法实施条例》第七十六条的规定，您可以依法要求其赔偿。

3. 其他供应商的行为违法造成采购活动被中止或终止的

参与同一采购项目的其他供应商因有违反《政府采购法》第七十七条、《政府采购法实施条例》第七十二条、第七十四条规定的行为之一，按《政府采购法》第七十三条、《政府采购法实施条例》第七十一条规定使其采购活动中止或终止，给您造成损失的，按《政府采购法实施条例》第七十六条的规定，您可以依法要求其赔偿。

4. 采购人员及相关人员没有回避造成采购活动被中止或终止的

采购人员及相关采购人员有违反《政府采购法》第十二条规定行为，按《政府采购法》第七十三条、《政府采购法实施条例》第七十一条规定使其采购活动中止或终止，给您造成损失的，按《政府采购法实施条例》第七十六条的规定，您可以依法要求其赔偿。

5. 其他原因造成采购活动被重新开展采购活动、中止或终止的

在政府采购活动中，除上述列明的原因外，还会有很多原因造成采购活动被重新开展采购活动、中止或终止，因此，无论是采购人或采购代理机构、供应商，凡因他人的违法违规行为使自己的利益受到损害的，您都可以拿起法律的武器，维护自己的利益。

四、加强政府采购文化建设是防范风险的基础

在社会生活中,经济是基础,政治是经济的集中表现,文化是经济和政治的反映。一定的文化由一定的经济、政治所决定,又反作用于一定的政治、经济,给予政治、经济以重大影响。政府采购文化是政府采购活动中所形成的价值观念体系和行为准则的总和,在政府采购的风险防范中,政府采购文化建设是不可或缺和替代的措施,因此,加强政府采购文化建设,对于防范政府采购风险具有十分重要的意义。

(一) 政府采购文化

政府采购文化是政府文化的组成部分,但由于政府采购当事人的复杂性,使得政府采购文化具有一定的特殊性,从而也使政府采购文化建设更具紧迫性和重要性。

1. 政府采购文化的概念

政府采购文化是政府文化的一部分,政府文化是指政府和政府成员共同形成或接受的价值观念体系与行为准则的总和,是政府理念、政府运行体制、政府职能、政府管理体系等一系列制度性因素和非制度因素的复合体。政府采购文化是政府采购组织和当事人,在政府采购制度构建和发展过程中,共同形成或接受的价值观念体系和行为准则的总和,是政府采购理念、政府采购制度、政府采购运行规则、政府采购管理体系等一系列制度因素和非制度因素的复合体。

政府采购文化的概念可以从以下几个方面理解。

(1) 政府采购文化是一种特殊的政府文化。政府采购文化虽然是政府文化的组成部分,但由于政府采购当事人结构的多重性和复杂性,使政府采购文化呈现出多样性,它所体现的价值观是普遍价值观,是市场经济条件下都公认的,不仅政府部门的工作人员应当

首先遵循，而且其他参加人，包括采购代理机构、供应商、评审专家也应该遵循。所以，政府采购文化不是纯粹的政府文化，它是一种特殊的文化，它是由政府采购参加人共同打造的一种文化。

（2）政府采购文化是一个发展的过程，具有民族和时代特征。政府采购是一个发展的过程，所以政府采购文化也是一个不断发展、创新的过程。虽然现代政府采购制度产生于西方发达资本主义国家，具有明显的西方文化特征，但随着我国的引进和吸收，将其逐步融入中国文化元素，使我国的政府采购文化既具有民族文化的特色，又具有时代特征。

（3）政府采购文化是一个政府采购制度因素和非制度因素的复合体。政府采购文化包含的内容极其广泛，既有政策规定，也有约定俗成；既包括法律法规，又包括道德行为规范；既有政府部门的纪律约束，又有行业自律要求。

（4）政府采购文化受其他文化的影响。政府采购文化是整个文化的重要组成部分，它也受其他文化的影响，吸收和借鉴其他文化的精华，形成了自己独特的文化体系，并根植于政府采购之中。

（5）政府采购文化更多地表现为管理手段。政府采购文化之所以深入人心，并被人们所接受，在于人们自觉地遵循制度和规范，并把它作为公平、正义秩序的维持者，也就是政府采购文化具有一定的管理职能，从而规范和约束所有从业者的行为。

2. 政府采购文化的作用

文化是一种潜在的无形力量，它对相关人产生深刻的影响。一种好的文化，它能激发创造热情，形成激励环境。

（1）政府采购文化具有满足精神需求和认识的功能。政府采购文化是一种精神产品，它能满足政府采购相关人员精神需求。依据马斯洛需求层次理论，人不仅有生理上的需求、安全上的需求，还有情感和归属的需求、尊重的需求，更有自我实现的需求。只有当人的这些潜力充分发挥出来，人的才能才会充分表现出来。

对于政府采购的相关人员而言,这种精神满足需要的功能为他们职业道德的培养奠定了一定的精神基础,只有当政府采购相关人员的精神需求得到满足时,才可能把潜能发挥出来,并全身心地投入到政府采购制度的改革中去。政府采购文化的认知功能表现在政府采购当事人在已有的知识和成就的认知基础上的创造,形成新的政府采购文化,从而又丰富了政府采购文化。政府采购文化的认知功能是组织相关人员对政府采购产生情感、信仰以及形成价值观的手段。

(2) 政府采购文化具有协调和沟通的功能。文化的协调和沟通功能在政府采购文化建设中也充分地展现出来。政府采购文化内涵的统一性,使得政府采购相关人员有了相互沟通的共同平台和相互理解的基础,并能有效地化解相互间的分歧,能够把相关人员团结在同一价值目标下,激发产生认同感,齐心协力实现政府采购共同的目标。

(3) 政府采购文化具有规范和激励的功能。政府采购文化是一种价值观和道德观,它从本质上讲,是对相同文化环境下的人们建立起一套约束人的标准,通过这种标准影响人、塑造人、感化人、约束人。同时,政府采购文化又是一种精神的力量,它能激发相关人员的奋发向上的精神,充分调动人的主观能动性,并以高度的事业心和责任感,投身到自己心爱的政府采购事业上去。

(4) 政府采购文化具有辐射和凝聚的功能。政府采购文化所倡导的新的管理理念、价值观念、行为规范等,不仅影响政府采购相关人员,即增强自豪感和责任感、提高办事效率、增加社会的信任,而且对整个社会都将产生积极的影响,最终提高整个社会的文明程序。同时,政府采购相关人员在对政府采购文化认同的基础上,将由此形成强大的凝聚力,能求同存异,团结政府采购相关人员,在共同的目标和相互认同的道德规范下,竭尽全力开创政府采购工作新局面。

3. 政府采购文化建设的原则

部门文化的发展，既要遵循科学的发展规律，又要体现自身部门的特点，才能具有生命力。政府采购文化建设应遵循以下原则。

（1）公开、公平、公正和诚实信用的原则。公开、公平、公正和诚实信用原则，是政府采购的基本原则，因此，在政府采购文化建设中应以其为核心原则。只有坚持了政府采购的基本原则，政府采购文化建设才能有发展的方向和生命力，才能形成自己独特的文化理念和文化内涵，并为政府采购制度改革发展服务。

（2）以人为本的原则。政府采购文化的建设应从人的本能、本性和需求出发，要着眼于营造关心人、尊重人、理解人和培养人的文化环境与氛围，充分发挥人的积极性、主动性和创造性，在宽严并济的环境中完成对人的再造与升华，使政府采购相关人员能以大局为重、以工作为重、以集体荣誉为重，在突出国家和集体利益的前提下，充分挖掘个人潜力，发挥个人才华，为政府采购改革发展贡献力量。

（3）系统性的原则。政府采购制度改革涉及多个部门和行业，是一个系统工程，因此，政府采购文化建设必须坚持系统性原则。从政府采购相关人员的复杂性来看，有采购人、供应商、采购代理机构、评审专家和监管部门，他们在政府采购活动中所处的地位不一样，其文化内涵不一样；从政府采购文化的建设过程来看，它包括政府采购文化的调研、总结、创意、提升、传播和再造；从政府采购文化的内容来看，包括物质文化、制度文化和精神文化等。所以，政府采购文化是一个有机的整体，应坚持其系统性。

（4）持续性的原则。文化建设是一个不断继承与长期积累的过程，不可能一蹴而就。因此，政府采购文化建设应遵循持续性原则，要认识到政府采购文化建设的长期性、渐进性、复杂性和艰巨性，不仅要继承民族优秀传统文化，还要吸收外来文化的精髓。政府采购文化的构成是一个长期的过程,是在不断地扬弃中完善、发展的。

4. 政府采购文化建设的必要性

随着社会的发展,公众综合素质的提高,社会管理的形式、手段、内容也形成了多样化,不再局限于纯粹的制度化管理,融入了开放、创新、诚信和和谐的元素,注重了人文关怀和自我发展,因此,在政府采购制度改革中,由于政府采购相关人的多样性和改革的复杂性与艰巨性,更需要政府采购文化的塑造,并打造文化管理理念,以促进政府采购事业的发展。

(1) 政府采购存在巨大风险,需要加强政府采购文化建设。政府采购是一个高风险行业,它涉及的人员多、行业广,关系国家利益与公共利益。特别是供应商参与政府采购是为了获取利益,存在着设租和寻租,因此,政府采购活动仅靠制度的约束还不能保证公开、公平、公正和诚实信用原则的实现,需要加强政府采购文化的建设,特别是职业道德和廉政文化建设,共同防范和减少政府采购风险的发生。

(2) 政府采购矛盾的多重性,需要加强政府采购文化建设。政府采购制度改革是一种新的制度对旧的制度的否定,是既得利益的重新调整,必然引发矛盾,许多矛盾并不是制度能够解决的,因此,需要发挥政府采购文化的引领作用,将矛盾化解在萌芽状态。

(3) 政府采购文化管理是政府采购发展的必然趋势。纵观人类组织管理的发展历程,是由无序管理过渡到制度管理,然后由制度管理上升到文化管理。管理的变迁是随着人类的发展、进步以及人们认知水平的提高而发展的。政府采购文化管理是以尊重人为基本,以人的价值目标实现为核心,以人的自我发展为动力,以集体主义为原则,将人的目标、宗旨、信仰、价值观念与技术要求、设备管理、制度规章、组织程序有机地结合起来,使政府采购文化管理既有有形的管理,又有无形的约束;既有硬的规章,又有人文关怀,从而最大限度地发挥政府采购文化在管理中的作用。

（4）政府采购文化管理是其他管理手段的补充形式。由于政府采购活动的复杂性，既有政府部门，又有供应商；既要维护国家利益和公共利益，又要遵循市场经济的基本规律，因此单一的组织管理方式，即以制度管理为主体的模式已不能适应政府采购制度改革的需要。随着知识经济时代的到来，文化管理作为一种新的管理模式，配合其他管理制度，共同促进政府采购制度改革发展。

（5）政府采购文化建设有助于政府采购价值目标的实现。文化具有凝聚力和向心力，政府采购文化可以有助于政府采购相关人员行为的调节与规范，形成统一的行为准则和道德规范；可以有助于增加政府采购相关人员的凝聚力，发扬集体主义精神，形成团结合作的集体；可以有助于发挥政府采购文化的激励机制，促进政府采购相关人员蓬勃向上精神的形成。

（6）加强政府采购文化建设是塑造政府采购形象和提高政府采购从业人员素质的需要。政府采购制度改革是一项全新的工作，它承担着巨大的政治、社会和经济责任，是社会关注的焦点，只有赢得公众的支持和信任，政府采购制度改革才能顺利进行下去。通过政府采购文化的影响力和渗透力，来提高政府采购从业人员的素质，达到从整体上塑造政府采购的形象的目的。

（二）政府采购文化建设的基本内容

政府采购是一项涉及面非常广的工作，政府采购相关人员较多，对各相关人员的文化层面要求也不一样，因此，政府采购文化内容具有一定的特色，其文化建设的主要内容包括公平正义、规则规范、诚实守信、民族情感、清正廉洁、和谐发展。

1. 公平正义文化

公平正义是现代社会孜孜以求的理想和目标，也是衡量一个国家或社会文明发展的标准和标志之一。何为公平正义？现代意义上的公平指的是一种合理的社会状态，它包括社会成员之间的权利公平、机会公平、过程公平和结果公平。政府采购的基本原则之一就是体现公平，用公平正义这个基本法则，规范政府采购活动中的每一个人。公平正义理念在政府采购活动中主要反映在，它要求政府采购相关人员无论是在竞争机制的引入、供应商资格条件的设定，还是公平、平等地签订合同，以及投诉和行政复议的处理等都应体现公平正义精神。一是公平是竞争的基础。在政府采购活动中，没有公平就没有竞争，也不可能产生竞争，只会产生垄断。只有创造公平正义的环境与氛围，供应商才能在同一条件下参与竞争，采购人才能购买到物美价廉的商品，才能保护国家利益。二是公平正义才能保护政府采购相关人员的权益。在政府采购活动，不管是掌握有管理权的国家机关，还是作为自然人身份参与政府采购活动的供应商，他们在市场经济公平环境下都是平等的，都应遵循经济规律和政府采购法规，应平等地签订合同和履行义务。同时，在处理政府采购投诉和行政复议问题时，更要体现公平正义原则。政府采购的公平正义文化，是政府采购文化的核心，没有公平正义就没有政府采购制度。

2. 规则规范文化

规则是指规定出来供大家共同遵守的制度或章程。而规范作为动词意义来讲，是使某一行为或活动达到或超越规定的标准。人类社会的进步历史是一部规则、规范的发展史，没有规则与规范，人类社会将是一个无序的社会。政府采购改革的进程与发展也是一部政府采购制度的发展史。规则规范文化是人类赖以生存和发展的基础，国有国法，家有家规，没有规矩不成方圆。规则规范文化体现在政府采购领域，就是要以法律为依据，树立规则规范意识，一切以法律规范为标准，解决摒弃"人比法高""权比法大""钱比法灵""情比法重"等错误观念。建立政府采购的规则规范文化，一方面要有法可依。政府采购之所以如此大的生命力，在于有完善的制度体系做支撑。发展我国政府采购规则规范文化要通过制定和完善政府采购制度体系，使政府采购相关人员有法可依，有章可循。另一方面要严格执法。政府采购活动必须按程序和规范操作，保证政府采购活动的严谨性，对违反政府采购规则的事和人要严肃处理，绝不姑息。

3. 诚实守信文化

所谓诚实，就是忠诚老实，忠于事物的本来面貌；所谓守信，就是讲信用，讲信誉，信守承诺，言而有信，诚实无欺。诚实守信是社会主义市场经济对道德建设的一个重要要求，是提高人们的思想素质、改善社会风尚、保障经济秩序良性运行的支撑。在政府采购文化建设中，诚实守信是基本要求。采购人在政府采购活动中代表政府形象，恪守诚实守信原则，是提升政府公信力的最好表现形式；采购人在政府采购活动中诚实守信具有引导社会价值导向的作用。对于供应商而言，诚实守信代表的是企业的形象、品牌、信誉，因此，诚实守信既是一种无形的资产，更是资源，它能帮助供应商赢得竞争，占领市场。对于采购代理机构而言，本着诚实守信的原则，在采购人的委托下，讲究信誉，依法发布采购信息，不与采购人或供应商串通一气围标串标，不伪造、变造、隐匿、销毁需要依法保存的文件等。

4. 民族情感文化

中华民族有着悠久的爱国主义情怀和浓厚的民族情感文化。民族情感是民族团结的源泉和动力，是中华民族战胜一切困难的基础。在政府采购文化中，民族情感应体现在政府工作人员以使用国货、购买老字号企业产品、支持民族企业的发展和购买具有自主知识产品为荣，供应商以生产和销售国内知名品牌为荣。在政府采购民族情感文化建设上，政府应该起带头作用，应该通过对本国品牌的合理采购及应用，为民族企业产品在国家核心领域中提供更多的发展空间，并为国家安全提供可靠的保障，从而引导国有企业和公民合理地采购与使用国货，从根本上提高国货的国际竞争力，使购买国货不仅成为政府采购鲜明的文化特色，也成为国人释放情感的正当宣泄渠道。

5. 清正廉洁文化

清正廉洁作为中华渊源文化的传承,一直在我们的生活、文化和传统中延续着。"出淤泥而不染,濯清涟而不妖。"这是对莲花的赞美,也是一种文化的重塑。清正廉洁,是中华民族传统美德以及中华民族传统文化的重要组成部分。清正廉政文化是以崇尚品行端正、廉洁、鄙弃贪腐为价值取向,融价值理念、行为规范和社会风尚为一体,反映人民对廉洁政治和廉洁社会的总体认识、基本理念和精神追求。政府采购活动中存在着设租与寻租现象,使政府采购清正廉洁文化建设显得极为重要。清正廉洁文化反映在政府采购上,一方面,体现在政府应具有节俭意识,节俭与清正是孪生兄弟。在政府采购中,强调节约,不仅是通过政府采购节约了多少财政资金,更重要的应对政府采购对象进行科学的功能分析,杜绝形象工程,剔除不必要或多余的功能,减少浪费。另一方面,政府采购监管部门应开展清正廉洁教育,把清正廉洁作为衡量政府采购从业者的基本道德标准。扎实开展政府采购清正廉洁文化建设,大力弘扬中华民族固有的清正廉洁的传统美德,提倡廉洁自律,秉公办事,不徇私情,不谋私利,清白做人的精神,利用文化特有的感召力和影响力,教育政府采购从业者清正廉洁,为经济和社会的发展营造清正廉洁的社会氛围。同时,政府采购工作人员应牢固树立清廉从政的思想,从思想上筑起反腐防线,做到"常在河边走,就是不湿鞋"。

6. 和谐发展文化

和谐发展是人类社会发展的趋势,和谐发展追求的是人与人、人与社会、人与自然的和谐。政府采购和谐发展文化其内涵主要包括四个方面内容:一是努力营造和谐的政府采购环境,要为政府采购当事人创造一个公平竞争的环境,要严厉打击政府采购活动中的各种商业贿赂和围标串标行为。二是在采购活动中要体现节能和环保的理念,带头采购节能环保产品,为人类社会和谐发展作出贡献。三是在政府采购中促进社会的和谐发展。要用政府采购政策支持少数民族地区、经济欠发达地区、弱势群体的发展。四是政府采购要加大对自主创新产品的采购力度，鼓励企业加强技术创新，限制和淘汰落后的高耗能、高污染的产品。①

（三）政府采购文化体系构建的主要路径

政府采购文化的功能和作用使得政府采购文化在政府采购制度建设中具有不可替代的地位，加强政府采购文化体系建设是规范政府采购管理、防范政府采购风险的有效措施之一。

1. 加强政府采购文化建设的措施

相对于发达资本主义国家，我国政府采购制度改革起步较晚，其政府采购的文化建设还处在探索阶段，政府采购文化建设还存在着对政府采购文化建设重要性认识不够、缺乏对政府采购文化的理论研究、政府采购文化建设的发展不平衡和上下联动不紧密、政府采购文化建设内涵不丰富、政府采购文化活动形式单调等问题，为了充分发挥政府采购文化在政府采购制度建设中的作用，应采取多项措施加强政府采购文化建设。

（1）提高对政府采购文化建设重要性的认识，将政府采购文化建设纳入政府采购的日常工作管理范围。政府采购文化建设是政府采购制度建设中不可或缺的重要组成部分，通过政府采购文化建设能提高政府采购从业人员的素质，提升政府采购管理水平，提高政府采购工作效能，防范政府采购风险的发生，起到事半功倍的效果。要编制政府采购文化发展建设纲要，制定政府采购文化发展建设规划，把政府采购文化建设作为组织发展战略的重要组成部分，建立政府采购文化建设责任制，常建常抓，使政府采购文化建设步入正常发展轨道。

（2）加强对政府采购文化的理论研究，建立政府采购文化科学体系。政府采购文化融政府采购价值理念、政府采购制度管理、

---

① 范春荣：《塑造政府采购核心文化》，载于《中国政府采购》2012年第8期。

政府采购教育宣传、政府采购原则内容于一体，借鉴和吸收了其他学科的文化内涵，是具有理论性和实践性的一门特殊的学科。因此，应加强对政府采购文化的形成原理、政府采购文化发展规律、政府采购文化的内涵、政府采购文化与其他文化的关系、政府采购文化发展方向、政府采购文化实现途径等进行研究，用理论指导实践，形成政府采购文化独有的学科体系。

（3）继承和借鉴其他文化的精髓，努力打造具有政府采购特色的文化意识形态。中华民族有着悠久的文化传统，儒家和道家文化为我们留下了丰富的文化遗产，从"仁义礼智信"到"先天下之忧而忧，后天下之乐而乐"，从"外举不避仇，内举不避亲"到"历览前贤国与家，成于勤俭败由奢"，这些"修身齐家治国平天下"的道理，无不折射出文化的光芒，政府采购文化应从我国传统的文化中吸取养分。当世界进入工业时代以后，发达的市场经济国家更注重文化的建设，特别是企业文化的建设。

（4）广泛开展政府采购文化实践活动，丰富政府采购文化内涵。文化的积累和传承特征告诉我们，政府采购文化是通过广泛的文化实践活动不断丰富和发展的，政府采购文化只有在不断的扬弃和创新中发展，才有吸引力、影响力和生命力。政府采购监管部门应有组织、有计划地开展政府采购的文化实践活动。在活动的内容上，既有鲜明的政府采购特征，又有浓厚的文化气息；既有继承，又有创新。在活动的形式上既体现民族性、时代性，又具有感召力、凝聚力；既可益智，又能健体。使每项政府采购文化活动都起到心灵受到净化、友谊得到增加、素质有所提高的目的，为政府采购制度改革保驾护航。

（5）定期开展政府采购文化建设的评估工作，促进政府采购文化的健康发展。政府采购行业协会要定期开展全方位的政府采购文化的测量、诊断和评估工作，对政府采购文化与政府采购工作业绩的关系进行量化的追踪研究。一方面，可以强化政府采购文化建设的意识；另一方面，政府采购文化建设可以随着政府采购的发展和变化而作出及时的调整与完善。

2. 政府采购职业道德建设

政府采购工作的特殊性，使得政府采购职业道德建设成为政府采购文化建设的重要内容之一，抓好了政府采购职业道德建设，也就抓住了政府采购文化建设的关键。

（1）政府采购职业道德的概念。政府采购职业道德是指政府采购相关人员在政府采购活动中，应当自觉遵循的行为准则，既包括政府采购相关人员应当遵守的行为规范，又蕴含了政府采购相关人员对他人和社会应承担的责任与义务，它涵盖了政府采购从业人员之间行为关系。

（2）建设政府采购职业道德的意义。开展政府采购职业道德建设的目的是通过提高政府采购从业人员的整体素质，使政府采购从业人员形成良好的道德习惯，从而推动政府采购工作科学化、规范化、法治化建设，提高政府采购的工作效率。

一是加强政府采购职业道德建设是政府采购事业发展的内在要求，是社会主义市场经济正常运行的重要保障条件，加强政府采购职业道德建设有利于社会主义市场经济可持续发展。当前市场竞争激烈，使一些供应商在政府采购活动中只追求利润，不求质量，或者以次充好，以假乱真，损害了国家的利益。这不仅影响社会主义市场经济的可持续健康发展，也违反了科学的发展观，用政府采购职业道德来规范政府采购当事人可以促进社会主义市场经济的可持续健康发展，构建和谐社会。二是加强政府采购职业道德建设是防范政府采购风险的重要手段。政府采购从业人员只有树立了崇高的理想，具有高尚的道德修养，才能抵御不良诱惑，自觉地遵守政府采购的各项规定，防范政府采购风险的发生。

（3）加强政府采购职业道德建设是提高从业人员素质的重要途径。依据政府采购职业的特点，政府采购职业道德的主要内容包括以下几点。

一是爱国敬业、清正廉洁。党的十八大提出了"爱国、敬业、诚信、友善"为内容的道德建设主题，为政府采购职业道德建设提供了方向。"爱国"是核心价值体系的内核，是每个公民的义务和责任。爱国主义是一个民族、一个国家、一个地区赖以生存发展、和谐富裕的精神力量，是文化软实力的重要组成部分。政府采购的爱国敬业，具体地体现在热爱祖国，捍卫民族尊严，要敬仰和热爱政府采购事业。爱国和敬业是辩证的统一，敬业是爱国的具体表现。敬业，是公民的基本职业要求，是从业者做好本职工作的前提条件，强调的是热爱劳动、勇于奉献，以辛勤劳动为荣，以好逸恶劳为耻；敬业就是要实干兴业、实干成事。政府采购的爱国在行动上表现为购买国货，支持民族工业的发展，扶持少数民族经济和不发达落后地区的发展，维护民族的团结，实行和谐发展。政府采购是一个"高危"行业，政府采购从业人员作为"经济人"，都有追求个人利益、满足个人利益最大化为基本动机，因此，在政府采购职业道德中，倡导清正廉洁，有着特殊的意义。政府采购的清正廉洁就是要在政府采购工作中发扬廉洁自律、秉公办事、不徇私情、不牟私利、清白做人的精神。政府采购从业人员清正廉洁就是要坚持从自身做起、从小事做起、从细节做起，坚持"勿以官小而不廉，不以事小而不勤"的信念，经常做到自重、自省、自警，勤勤恳恳做事、干干净净做人。二是客观公正、诚实守信。"公开、公平、公正和诚实信用"是政府采购的基本原则，公开、公平是形式，公正是目的，所以，客观公正是政府采购从业人员的职业灵魂。政府采购的客观公正具体体现在坚持实事求是原则，严格按照政府采购法规和程序办事，公平地对待每一个政府采购当事人，公正地处理政府采购的法律纠纷。"诚实守信"是立身之本，也是必备的道德品质。"诚"不仅是道德的基础和根本，也是一切事业得以成功的保证。"信"是一个人形象和声誉的标志及个人所应该具备的最起码的道德品质。诚信也是国家社会建设的基本道德要求，只有国家社会都讲诚信，诚信才能成为维系整个社会的"纽带"，才能成为整个社会普遍存在的状态。政府采购的诚实守信主要体现在政府采购信息公平及时、全面，不弄虚作假、不隐瞒欺骗、不自欺欺人，无论是采购人和供应商在政府采购活动中，都要讲信用、守承诺，实行公平竞争。三是开拓进取、勇于创新。开拓创新是社会进步的核心竞争力，是推动人类社会前进的"车轮"。在我国，政府采购是一项全新的工作，因此，政府采购更需要有开拓进取、勇于创新的精神，在尊重事实、尊重科学的基础上，开创政府采购新局面工作。政府采购从业人员的职业道德要求具体地体现在：积极研究国外政府采购的理论与实践，充分借鉴先进的政府采购制度，集百家之长，补自身之短，在准确把握我国国情的情况下，大胆地探索政府采购的管理制度、管理模式，不断完善我国的政府采购制度，促进我国政府采购事业的健康发展。四是业务精湛、服务热忱。科学文化修养与思想道德修养相辅相成。良好的科学文化修养，能促进思想道德培养。加强思想道德修养，能增加科学文化知识。一个真正有知识文化涵养的人，也应该是一个品德高尚的人。政府采购是一门涉及面十分广泛的综合性学科。它包含有经济学、管理学、法学、政治学、伦理学、商品与价格学以及其他相关学科方面的知识。作为政府采购的职业道德要求，无论是监管者和评审专家，还是采购人和供应商，以及采购代理机构的工作人员，都必须掌握政府采购方面的相关知识与技术，做到业务熟练、技术精湛，同时，政府采购又是一项为公众服务的工作，对政府采购业务不熟悉，就不能搞好服务，更谈不上优质服务、服务热忱。因此，政府采购从业人员应将刻苦钻研业务知识作为基本要求，做到业务精、技术硬、服务优、效率高，为政府采购事业的发展作出贡献。

（4）政府采购职业道德建设的途径与措施。政府采购职业道德建设是一项系统工程，因此要通盘考虑，整合力量，有计划、有步骤地进行。

一是提高对政府采购职业道德建设重要性的认识。思想认识是行为的指南、基础和前提，只有思想认识达到了一定的高度，才能变成自觉行为。只有充分认识了加强政府采购职业道德必要性、重要性和紧迫性，才能将政府采购职业道德建设纳入日常的工作范围内，使政府采购从业人员将职业道德约束变为自律的行为规范。二是构成政府采购道德评价体系。道德有别于法律，不具有强制性，是一种自律行为，所以，它是一个庞大的系统，需要构建评价体系。首先，建立健全政府采购道德评价制度的政策体系，制定政府采购道德评价的具体实施意见和办法；其次，建立对政府采购道德建设实施效果的评价方式和模式。三是建立政府采购职业道德教育的长效机制。政府采购职业道德建设，既是政府采购从业人员提高自身素质的客观要求，也是社会应尽的责任和义务。因此，要建立政府采购职业道德教育的长效机制，认真组织开展政府采购的培训工作，建立政府采购从业人员的考核激励机制，不断提高政府采购从业人员的素质。四是建立政府采购行业协会，实行行业自律。政府采购行业协会的民间性、广泛性、自愿性和双重赋权性的特性，可以弥补管理部门对行业管理的不足，它为行业协会会员间开展相互交流、反映诉求提供了一个平台。同时，作为一个自律组织，可以充分发挥政府宣传、咨询服务、调查研究、业务培训、学习交流、调解纠纷的作用，从而促进政府采购职业道德的建设。①

---

① 宋阳：《论政府采购的文化建设》，载于《中国政府采购》2023年第9期。

第十讲

您是大咖，可以修改规则

我国从1996年开始试行政府采购制度改革，经历了借鉴、探索、完善、规范的发展过程，我国现有的政府采购制度，既有世界贸易组织《政府采购协议》的借鉴，也有联合国《贸易法委员会货物和工程采购示范法》的痕迹，还有世界银行《国际复兴开发贷款银行和国际开发协会信贷采购指南》的烙印，且吸收了发达国家或地区政府采购管理的先进经验。但经过二十多年的改革实践，特别是我国已进入新时代，政府采购制度还有许多需要完善和改善的地方。

一、《政府采购法》价值目标应回归

从政府采购制度产生的那天起，其目的就是要达到一定的价值目标，即人们通过立法和法律的形式，将立法者的意志和愿望赋予其中，使政府采购法律成为立法者实现其目标与理念的有效工具，达到大多数人必须共同遵守的规范体系。

（一）法的价值目标

法的价值目标是它本身所固有的特性，法的价值是指各种有价值的事物，也被用来指人们用以评价各种事物的价值标准和价值观；而法的价值目标是可能对立法、政策适用和司法判决等行为产生影响的超法律因素，它表现为广泛认同的预期和期望的法的价值关系运动的方向与前途，在人们的法律实践中具有重要的指引和导向作用。法的价值目标表现为具有一定的层次性、多元性、冲突性和不平衡性，正是法的价值目标这种特性，使得政府采购法在制定、执行过程中立法者赋予了许多价值取向或目标内涵。

（二）当前我国《政府采购法》的价值目标

鉴于我国《政府采购法》出台的历史背景，在法律设计之初，考虑的是政府购买行为的规范，同时对政府采购制度赋予了许多价值目标，在二十多年的时间里，从《政府采购法》的直接要求，到各政府采购法规的间接要求，以及由各法规所引申出的所要达到的价值目标等，可分为以下三个层次。

第一层为核心价值目标。我国《政府采购法》第一条首先明确，"为了规范政府采购行为"而制定出台这部法律。要想使我国政府的购买行为遵循公开透明、公平竞争、公正和诚实信用原则，只有"规范政府采购行为"，确保市场公平运作，才能"提高政府采购资金的使用效益，维护国家利益和社会公共利益，保护政府采购当事人的合法权益"，才能达到"促进廉政建设"的目标。

第二层为首要价值目标。我国《政府采购法》规定：应把提高政府采购资金的使用效益，维护国家利益和社会公共利益，保护政府采购当事人的合法权益，促进廉政建设作为首要的价值取向。这是源于我国以往的政府购买性行为实行的是拨款制、分散式、长官意志型和非契约式采购模式，不仅财政资金使用效率低、采购对象质量差、采购的行政成本高,而且容易滋生腐败现象,更谈不上其政策功能的发挥。因此,我国将把提高政府采购的使用效益、维护国家和社会公共利益等作为首要的价值目标,所以在此基础上,引申出:应该保护环境、扶持不发达地区和少数民族地区、促进中小企业发展等价值目标。

第三层为重要价值目标。随着政府采购制度改革的不断推进,人们对政府采购寄予了无限的希望,又陆续赋予了许多目标,将节能减排、支持自主创新、优先考虑老字号产品、优先购买监狱企业产品等作为重要的价值目标纳入其中。

(三) 我国《政府采购法》价值目标的回归

随着我国进入新的发展时代和政府采购制度改革的不断深入,政府采购作为国家治理和调节经济的重要手段,应该适应新的要求,要树立新的理念,明确新的价值目标。政府采购必须紧紧围绕实现中国式现代化总体目标,在制度理念的定位上要服从于我国的社会和经济发展大局,在采购方式的确立上要服务于采购项目实现物有所值的原则,在采购程序的设计上要有利于我国政策目标的实现。一是要重新确立政府采购价值目标。规范政府采购行为等不是目的,只是手段。政府采购要为经济建设服务,要为政策目标服务,它是保证国家实现社会和经济目标的一种经济手段。所以,必须确立政府采购支持、促进社会和经济科学协调发展的核心价值目标,要通过推行政府采购购买国货等政策,来达到政府采购核心价值目标的实现。二是要体现物有所值的原则。我国《政府采购法》规定政府采购原则为"公开、公平、公正和诚实信用",没有谈及物有所值,物有所值要求采购活动要达到更加理想的综合效益,所以,我国的政府采购要加入物有所值原则。三是要正确处理好政府采购公平与效率和效益的关系。要通过进一步改革政府采购的采购方式和采购程序,在体现公平的基础上,提高效率,发挥效益,为国家的政策目标服务。

（四）应具体情况具体对待

正是《政府采购法》价值目标的这种层次性、多维性，这就要求我们在政府采购的实践中认真思考，更好地、实事求是地去理解、把握、落实其价值目标，尽量减少价值目标相互之间的冲突，让政府采购在执行中实现最大的价值目标。同时，避免采购人利用其价值目标的实现为掩护，为一己私利而操纵政府采购活动。所以，要依据不同时期、不同层级、不同地域所能或所要达到的价值目标来执行，使之目标更加清晰、效果更加明显、成效更加显著。

所谓不同时期，是指时间概念，即推行政府采购制度的过程。我们在推行政府采购制度改革的进程中，要依据人们的认识规律来把握和认识政府采购。因此，在推行之初，重在核心价值目标的实现，重在规范政府采购行为，确保政府采购市场的公平运作。随着人们对政府采购制度认识的不断提高，政府采购制度的不断完善，各种配套改革政策的不断出台，再依据宏观经济发展的需要逐步实现首要价值目标和重要价值目标。

所谓不同层级，是指行政级别概念，即在推行政府采购制度中，要区分中央、省与县乡三个层级，各个层级其实现价值目标应有所区别或侧重。中央一级，政府采购项目多、规模大、涉及面广，因此可在重点实现核心价值目标的前提下，全面考虑其他价值目标的实现。而在县乡这个层级，政府采购项目少、规模小、涉及面窄，在执行中，切不可没有重点地面面俱到，这样可能会出现得不偿失的局面，甚至会出现根据自己的喜好或理解执行政府采购，放弃核心价值目标实现的情况。

所谓不同地域，是指地域空间概念，即各地在实现政府采购的价值目标时，要依据自身的生产力水平、产业结构、经济实力、民族习惯等因素来综合考虑。由于我国幅员辽阔，沿海与内地、东部与西部、城市与农村差别较大，政府采购的规模和影响力不可一概而论，且政府采购改革的深化程度不一，纳入政府采购管理的范围也不统一，所以，不可强求全国不分地域地实行齐步走、整体推进，期望某一政府采购活动能同时满足多重目标或多层次的价值目标都一同实现，这不仅是不现实的，也是不可能的。特别是目前我们各地在制定出价清单时，更应注意这个问题。

综上所述，政府采购制度改革应落实《深化政府采购制度改革方案》，按党的二十大的要求，为实现中国式的现代化服务，将促进经济的发展、服务于经济作为政府采购法的核心价值目标，而规范采购行为将为首要价值目标。无论要实现什么价值目标，促进经济发展、实现中华民族的伟大复兴是核心，也就是说，不管该政府采购项目大小都应按市场竞争的原则去规范操作，不可以要以达到其他价值目标为借口而放弃核心价值目标的实现。同时，也不可不切实际地要求每一个具体的采购项目都实现所有的价值目标。我们只有具体情况具体分析，用实事求是的态度，去理解政府采购的价值目标，才能既准确、完整地实现《政府采购法》的价值目标，又使政府采购制度改革健康发展。在实际执行过程中，我们不可能一律平等地将价值目标罗列在一起并同时要求发挥作用，只有具体情况具体对待，实行层次性位阶排列组合，按层次位阶分轻重来实现价值目标，达到最优的整合。

二、政府采购的采购方式应重构

政府采购的采购方式是一种手段，这种手段必须为目标服务，也就是为实现政府采购的价值目标服务。随着我国《政府采购法》价值目标的变化和政府采购监管"结果导向性"理念的转变，政府采购的采购方式应重构。

（一）采购方式重构的设想

1. 保留公开招标和邀请招标

公开招标是政府采购的主要方式。所谓公开招标，是指采购人依法以招标公告的方式邀请非特定的供应商参加投标的采购方式。所谓邀请招标，是指采购人依法从符合相应资格条件的供应商中随机抽取三家以上供应商，并以投标邀请书的方式邀请其参加投标的采购方式。

2. 保留询价和单一来源采购

对于询价，其界定不变。对于单一来源采购，之所以将"工程"排除在外，一方面是因为《政府采购法》第三十一条规定的情形中没有"工程"，74号令不能违反上位法；另一方面在工程采购中按《招标投标法》的规定只能采用公开招标和邀请招标，而"按照招标投标法及其实施条例必须进行招标的工程建设项目以外的工程建设项目"又都是200万元以下的小型工程项目，这样的小型项目建设没有唯一性，也不存在紧急情况，再加上工程项目既有预算，又有工程造价和投资评审，还有决算，也不存在原有基础上的"添购"。

需要特别强调的是，目前虽规定PPP可采用《政府采购法》定的采购方式，但作为一个上亿元的项目，采用单一来源采购是不妥的。

3. 将"竞争性谈判"改为"谈判"

为真正发挥"谈判"在采购中的优势，可将目前的"竞争性谈判"改为"谈判"。所谓谈判，是指采购人或受托人组成的谈判小组通过与符合资格条件的供应商进行协商，形成统一、详细的采购项目标的需求后，供应商依据重新确定的采购需求进行报价竞争，谈判小组按符合资格条件的供应商且报价最低排序，采购人从谈判小组推荐的成交候选人中确定成交供应商的采购方式。

磋商在《政府采购协议》中是一种救济机制，它主要是通过这种双方相互协商解决争议，但它并不是我们所说的质疑投诉的前置条件。如果在一个法规中"磋商"有两种解释那是不适宜的，所以应将竞争性谈判和竞争性磋商合为一种。

4. 增加"议价"采购方式

目前,在市县政府采购中,对于集中采购目录以外、预算金额在采购限额标准以上和公开招标数额标准以下的工程与服务采购项目所占比重超过了50%,也就是10万~100万元(不含)的服务类采购项目和10万~200万元(不含)的工程类采购项目,可供选择的采购方式只有竞争性谈判,而这类采购项目采购需求已经相对明确,没有实质性的内容需要"谈判",所以有必要增加"议价"采购方式。

所谓议价,是指采购人采购集采目录以外、采购限额标准以上和公开招标数额以下、需求明确的工程和服务采购项目,供应商通过多次报价竞争,由采购人或受托人组成的议价小组对符合资格条件的供应商按报价最低排序并从中确定成交供应商的采购方式。

随着我国加入《政府采购协议》谈判进程的加快,目前纳入谈判的采购实体为中央政府和次中央政府(省级政府)。由于我国有五级政府,不管今后市县乡级的政府采购是否纳入谈判范围,还是需要一种既符合我国实际,又能规范采购行为、节约财政支出、支持经济发展的,还便于操作管理的采购方式,议价采购方式是首选。

5. 将"首购"上升为采购方式

政府采购是调节经济的重要手段,采购方式的认定也应尊崇这一目标。为更好地落实政府采购政策功能,必须有采购方式相配套。

笔者之所以认为应将"首购"上升为采购方式,是依据《政府采购协议》的例外法则,即"为保护知识产权所必需的措施",同时,将"首购"的内涵与外延进行调整和扩大。一方面,是我国落实政府采购政策功能没有具体的实施办法及采购方式。虽然财政部出台了首购管理办法,但只"间接地"规定"通过政府采购方式"来达到落实政策功能的目的,而非"直接地"规定通过首购来落实政策功能。"首购"只是一种管理模式,而非采购方式。特别是自财政部取消了支持自主创新的预算、评审和合同的三个管理办法以后，采购人在落实政策功能上没有具体的方式和方法。另一方面，将"首购"上升为采购方式，还可以将政策功能纳入其中，扩大其范围，如支持少数民族地区和落后地区、灾后重建、文化产品等。可以说，并非只有自主创新产品可以通过"首购采购方式"来实现落实政策功能。

6. 确定"电子化采购"法定地位

随着信息化、网络化的发展，特别是"互联网＋"概念的提出，以及《政府采购协议》已将"电子反拍"或"电子竞价"认定为采购方式。所以，我国也应认定"电子反拍"或"电子竞价"为法定采购方式。

（二）重构后的采购方式的适用条件

1. 公开招标的适用条件

达到公开招标数额标准且采购需求明确、具体的货物、工程和服务采购项目应当依法采用公开招标采购方式进行采购。

达到了公开招标数额标准的项目，必须采用公开招标方式采购；没有达到公开招标数额标准的采购项目，采购人也可以采用公开招标的方式进行采购。

2. 邀请招标的适用条件

符合下列情形之一的工程项目，可依法采用邀请招标方式开展采购：

（1）具有特殊性，只能从有限范围的供应商处采购的。

（2）采用公开招标的费用占采购项目总价值的比例过大的。

之所以将货物和服务排除在邀请招标适用条件之外，是因为货物和服务采购项目，如果允许采用邀请招标，就会把许多供应商排除在外，很容易搞地方保护主义和"萝卜"招标。

3. "谈判"采购的适用条件

符合下列情形之一的货物和服务采购项目，可以依法采用谈判采购方式开展采购：

（1）招标后无供应商投标或无合格标的或重新招标未成立。

（2）未达到公开招标数额标准而技术复杂或性质特殊，不能确定详细规格或具体要求的。

（3）非采购人所能预见的原因或非采购人拖延造成招标所需时间不能满足紧急需要的。

（4）货物不能事先计算价格总额的。

（5）政府购买服务项目。

（6）因艺术品采购、专利、专有技术或服务的时间、数量事先不能确定等原因不能事先计算出价格总额的。

4. 询价采购的适用条件

采购的货物规格、标准统一、现货货源充足且价格变化幅度小的政府采购项目，可依照采用询价方式采购开展采购。

5. 单一来源采购的适用条件

（1）因货物或服务使用不可替代的专利、专有技术，或公共服务项目具有特殊要求，导致只能从某一特定供应商处采购的。

（2）必须保证原有项目一致性或服务配套，需继续从原供应商处添购，且添购总额不超过原合同采购金额10%的。

《政府采购法》规定的"发生了不可预见的紧急情况不能从其他供应商处采购"的情形与第八十五条规定的"对因严重自然灾害和其他不可抗力事件所实施的紧急采购"有相似之处，"不可抗力"是指不能预见、不能避免并且不能克服的客观情况（《民法典》）。不可抗力包含了不可预见，所以"不可预见的紧急情况"的采购，应适用第八十五条之规定。

6. 议价采购的适用条件

（1）按照招标投标法及其实施条例必须进行招标的工程项目以外且需求明确的工程项目。

（2）集中采购目录以外、采购预算金额在采购限额标准以上和公开招标数额标准以下、采购需求明确的服务项目。

7. 首购的适用条件

采购属于《国家自主创新产品认定目录清单》内货物和服务的采购项目，可以依法采用首购采购方式开展采购。

三、政府采购的回避机制应重塑

科学、完善的政府采购回避机制是保证政府采购活动公平、公正竞争的有效措施。但目前我国政府采购的回避机制还存在漏洞与弊端，亟须健全与重塑。

（一）不只"采购人员及相关人员"需要回避

可以说回避在政府采购整个活动中无处不在，而《政府采购法》只在第十二条规定：在政府采购活动中，采购人员及相关人员与供应商有利害关系的，必须回避。供应商认为采购人员及相关人员与其他供应商有利害关系的，可以申请其回避。而相关人员是指招标采购活动中评标委员会的组成人员、竞争性谈判采购中谈判小组的组成人员、询价采购中询价小组的组成人员。《政府采购法实施条例》第九条对采购人员及相关人员与供应商有利害关系进行了解释。

依据理解，《政府采购法》只规定两类人员需要回避，即采购人员及相关人员，而且是与供应商有利害关系的。对于相关人员法律也就界定为参与评标人员；采购人员是指采购人中参与采购管理、组织、协调的人员和采购代理机构中组织、操作采购活动的人员。其实在政府采购活动中，不只是这两类人员需要回避，在各个重要环节，其相关人员与供应商有利害关系的人都应回避。

1. 采购项目需求方案的制定

采购项目需求方案的制定，是整个采购活动的开始，它是决定买什么的环节，而在这个环节中，由于采购人在买什么上没有一个十分明确的态度或成熟的方案，特别是网络系统工程的建设，基本处在探索阶段，而采购人往往请相关专家参与需求方案的讨论与论证，在这些专家里面就可能有某些供应商、某个产品、某个品牌的代言人，特别是少数采购人还征求做过该项目供应商的意见。为了防止采购项目需求方案的倾向性或排他性以及在后面几个环节中埋下伏笔，所以必须注意参与讨论和论证的相关人员及专家的回避，保证采购项目需求方案制定得公正、合理、科学。

2. 供应商资格条件的设定

采购人对参与投标的供应商的资格设定条件，是为了保证采购合同的正常履行。同时，资格条件也是一个门槛，这个门槛设定得好坏，直接关系到供应商是否有资格参与政府采购活动，特别是在IT产品的采购中，灵敏的供应商就会在这方面做"文章"。他们会通过各种手段尽量将设定的资格条件对自己或对自己所代理的品牌及产品有利，使自己的竞争对手越少越好。此时的回避应注意相关参与人员，防止带个人观点、带企业利益、带品牌目的等，保证资格条件的设定科学、公正，实行最大化的竞争。

3. 供应商资格的审查

资格审查是指由采购人或其受托人对潜在供应商进行技术、信誉、管理等多方面的评估审核。实行供应商资格审查，是为了提高采购效率、保证合同的履行。一般来说资格的审查是起把关的作用，它将一些不合格或不符合资格要求的供应商筛选掉。但资格审查也是一把"双刃剑"，它可以被所存私心的人利用，把竞争对手以各种手段或方式在第一关就排挤掉。所以在资格的审查人员的组成上也应实行回避，防止采购人与供应商合伙围标。

4. 招标文件（包括其他采购方式的文件）的制定

招标文件是采购人采购项目、采购需求、采购方式反映的综合体，也是供应商响应的重要和主要依据。如果招标文件制定得有歧视性和排他性，相关供应商就无法对招标文件作实质性响应。所以在招标文件制定过程中，在征询专家意见时也应执行回避制度。

5. 采购项目的监理

目前，关于对采购项目实行监理制度已有明文规定，特别是对工程和网络系统工程的监理，对其重要性人们已有充分认识。因此在采购项目的监理上也有一个回避问题，如网络系统工程的设计、集成与建设、监理就有一个回避，不可能同时由一家或母子公司承担，其相关人员也有一个回避问题。

6. 采购项目的验收

《政府采购法》规定：采购人或者其委托的采购代理机构应当组织对供应商履约验收。大型或者复杂的政府采购项目，应当邀请国家认可的质量检测机构参加验收工作。项目的验收虽然对采购活动的公平和公正性影响不大，但关系采购项目的质量，更关系供应商的声誉，它影响供应商的业绩、信誉。所以在验收时其验收机构及人员也存在一个回避问题。

7. 采购项目绩效评估

随着绩效预算的推行、政府采购改革的不断深入，今后政府采购的两个"一头一尾"的评估是必不可少的环节，即政府采购项目开始前的可行性评估（可行性研究）和政府采购项目完工后的社会效益、经济效益以及环境效益的绩效评价。而对这两个评估、评价，前后就不能是一套班子和相同人员，对于参与了可行性评估的人员，在绩效评价时就得实行回避。

并不是所有的采购项目这几个环节都要执行回避制度，要具体情况具体分析，由采购人或监管部门来酌情把握。但对于特别大型的工程项目和网络系统项目，以上几个环节是应考虑的。

（二）回避的提出与执行

在政府采购活动中法律规定对回避的提出有主动与被动之分，前者是相关人员自己主动提出回避，后者是供应商申请其相关人员回避或要求其回避。有三种情形，可以要求其回避，一是评标委员会的专家认为其他专家有嫌疑存在利害关系的，可以向采购活动组织者或监管部门提出，申请其回避；二是采购活动的组织者认为相关人员需要回避的可以向监管部门提出，申请其回避；三是监管部门的人员认为相关人员需要回避的也可以提出，申请其回避。目前在回避执行上有两个问题需要探讨。

1. 非政府采购参加人有没有提出申请回避的权利

作为非政府采购参加人其提出的申请回避是否有效？如在采购活动结束后的评标结果公告中，非政府采购参加人知晓评标委员会中的专家是必须回避的，但其却没有自己回避而参与了评标活动，而参与供应商及其他参加人又不知情，非政府采购参加人提出是否有效。虽然按《政府采购法》的规定，供应商只有认为自己的权益受到损害时才能质疑、投诉。但提出申请回避不是质疑或投诉，非政府采购参加人提出的申请回避是有效的，包括一般公民，因为他们是在履行一个公民的监督权利。所需要注意的是提出的人员必须是以书面、署名的形式，必须有事实依据，不可道听途说，应最好在公示期内。超出公示期的也可以提出，只要事实确凿，可供监督管理部门查处。而这种形式就是事后的检举了。

2. 回避中的保密与知情的冲突

《政府采购货物和服务招标投标管理办法》第四十七条规定：评标委员会成员名单在评标结果公告前应当保密。这个规定就有矛盾，评标委员会名单在招标结果确定前都保密，供应商怎么知道哪些评标委员会成员需要回避？仅靠评标委员会成员自觉回避是不够的。所以供应商不知情，就无形中剥夺了供应商申请回避的权利，而当招标结果公示后，供应商认为某一个评标委员会成员需要回避也已是事后了。如果供应商所提出的回避申请是事实，其整个评标活动是否有效？而评标委员会成员不在招标结果确定前保密，让供应商都知晓，其结果可能是供应商有了知情权，也给供应商"活动"评标委员会成员的机会，这是一个"两难"问题。但不能因为怕供应商"活动"而剥夺其他供应商的知情权及申请回避的权利，应该运用高科技的手段阻断供应商与评委的联系，防止其干扰评标（审）。

（三）回避中的救济与法律责任

政府采购活动中各主要环节都有回避问题，但各环节所处的阶段不一样，回避申请之后由谁来确认、谁来处理以及责任追究，都应有一个明确的规定。

1. 谁来确认与处理

将政府采购活动中需要注意回避的环节划为八个（包括评标委员会人员组成时），由于每个环节中其主体和组织者不一样，则回避的确认与处理就不相同。一是由采购人作为主体和组织者的有采购项目需求方案的制定、供应商资格条件的设定、供应商资格的审查、采购项目的监理、采购项目的验收五个环节，采购人负责确认与处理。二是由采购人的受托人采购代理机构作为主体和组织的有供应商资格的审查（有交叉）、招标文件的制定、评标委员会的组成、采购项目的验收（如果采购人委托）、采购项目的监理（采购人委托给代理采购确定）五个环节，采购代理机构负责确认与处理。三是监管部门作为主体和组织以及必须由其处理的采购项目绩效评价和投诉、检举的回避问题，由监管部门负责确认与处理。

2. 责任的追究

对于回避中的法律责任，目前政府采购法律法规中还没有十分明确的规定。参照有关规定，在政府采购活动中凡应该回避的相关人员自己没有主动回避，所造成的损失由当事人负责；相关人员提出了回避申请，而相关责任人没有履行职责，不作为，所造成的损失由相关责任人负责。

对于违规的处理，可分为三个部分：一是采购人方面的由采购人的单位负责按法律法规追究相关责任人的责任；二是采购代理机构方面的人员由采购代理机构负责按法律法规追究相关工作人员的责任；三是对于评标专家以及参与政府采购论证、评估、验收等相关人员由监督管理部门提请其所在单位处理或按《政府采购评审专家管理办法》的规定给予追究责任。

四、政府采购评审专家聘用应规范

随着我国政府采购制度改革的不断推进，政府采购评审专家在评标（审）过程中的话语权也越来越重要，但因评审专家责任心不强出现过失或过错而导致政府采购活动被投诉或废标，以及评审专家直接参与舞弊的事件也不断发生，已严重影响了政府采购的声誉，造成了极坏的影响，人们也因此怀疑政府采购的公正性。同时，评审专家的数量不足的问题也显现出来，如何解决？措施之一就是采取"强制性"聘用。

（一）政府采购评审专家聘用、使用存在的问题

1. 评审专家来源窄

政府采购评审专家的来源最基本的一条为自我推荐或专家推荐，也就是自己愿意。专家本人不申请或不愿意不可强行定为政府采购评审专家。这就给"招募"政府采购评审专家设置了一个"障碍"。普遍存在两个方面的问题：一方面有关专家不愿意担任政府采购评审专家，存在多一事不如少一事或怕承担风险的心理；另一方面评审专家选择范围窄小，不能满足要求，很多评审专家是退休人员，知识陈旧，难以胜任。

2. 评审专家是否参与评审"决定权"过大

由于评审专家参与政府采购评审活动是临时性抽取，许多评审专家在时间上不能保证要求。

3. 对非行政监督对象的评审专家难以管理

目前，对于评审专家的过失或过错以及徇私舞弊行为的处罚，《政府采购评审专家管理办法》虽有规定，但不便操作，特别是对

于非行政监督对象的评审专家更是难以管理,只能用信用记录来约束。

(二)"强制性"聘任

在实践中,评审专家在评审过程中出现过失或过错以及徇私舞弊的现象时有发生。为了杜绝这种现象的发生,增强评审专家的责任感,就必须从政府采购专家的来源及管理上想办法。对此,笔者建议:推行"强制性"聘任。

1. "强制性"聘任的理由

所谓强制性聘任,就是由政府采购监督管理部门在本级人才库中寻找,对具有高级职称的人员进行考核后聘用,凡符合《政府采购评审专家管理办法》规定条件的各类人员,都纳入专家库中。

这种"强制性"来源于作为一个具有高级职称的公民有义务、有责任参加公益性的活动和参与、监督政府采购活动。我国《宪法》规定:人民依照法律规定,通过各种途径和形式管理国家事务,管理经济和文化事业,管理社会事务。政府采购使用的是财政性资金,其本质具有公益性,最终是为公众服务的。每一个公民都有义务和责任来维护、监督这种公共服务的公正性、公平性及效益性。因此,基于这一理论,"强制性"聘任那些具有高级职称的公民参与政府采购的评审活动是有一定道理的,可以把它列入专业技术人员年度考核项目与标准之一。这样就较好地解决了政府采购评审专家的来源及管理问题,也增强了评审专家的责任心。

2. 操作与管理

"强制性"聘任的具体操作和管理办法如下:由政府采购监督管理部门在本级人才库中,依据政府采购评审专家的条件及评审需要,择优聘用,不能接受聘任的应书面说明情况,并同时报本级职称管理办公室和人才办及政府采购监督管理部门,政府采购监督管理部门对既符合资格条件又能参与政府采购评审活动的专家发聘书。凡接受聘任的专家有义务和责任参加政府采购的评审活动。被随机抽到而因特殊原因不能参加评审活动的专家，事后应说明情况，一年内连续3次因故不能参与评审活动的，由所在单位出具证明。同时，政府采购监督管理部门每年将专家参与评审活动的情况进行汇总、分析及总结，对每一名专家参与评审情况进行鉴定，然后报同级职称管理办公室和人才办，职称管理办公室和人才办可将专家参与评审活动的表现纳入专业技术人员的年度考核中。

（三）还权于采购人

采购人是政府采购活动中的主要当事人，是政府采购活动的主体，应该做到选择权、决策权的统一和权利、义务的对等。

在《政府采购法》设计之初，更多地考虑通过程序的规范来防范腐败现象的发生。所以，整个政府采购是一个重程序性设计的制度。随着我国依法治国理念的不断推进，反腐倡廉深入人心，信息公开力度的加大，如果还通过多重程序设计来阻断腐败现象发生不仅意义不大，而且成本较高。当初设计将采购人的采购权与决策权分离，防范采购人利用采购权搞腐败，很大原因是政府采购信息不透明。而目前政府采购活动全过程从预算编制、采购意向、采购项目公告、采购救济事项、采购结果（包括参与评审人员）、采购合同等所有信息都分别公开，可以说没有死角了。使采购活动的腐败行为易发现、易查处，违法违规的成本加大。所以，到了还权于采购人的时候了。如何还权呢？

1. 依据不同采购方式或者其采购项目的复杂程度或者采购项目预算资金的大小，采取不同的组成评标委员会的形式

目前，我国有"5+2"种法定的采购方式，其中2种招标采购方式，5种非招标采购方式（暂且将竞争性磋商也称为非招标采购方式）。不管是招标采购，还是非招标采购，其评标委员会的组成都是在专家库中抽取（特殊情形除外），哪怕是询价采购，也是如此要求操作。通过改革，将采购项目中采购需求明确且采购预算资金少的评标委员会的成员，都由采购人的相关人员担任，需要"借智"的采购项目，可以聘请专家作为参谋或者参与评审。

2. 采购人有选择评审专家的权利

按照规定，除特殊情形外，评审专家都是在专家库中随机抽取，采购人对被抽取的评审专家根本不了解。按理，采购人对采购项目是比较清楚的，而且对业内的相关专业的专家十分熟悉，知晓什么专业、什么类型、什么知识结构的评审专家适合评审该项目。所以，建议给采购人选择评审专家的权利，让采购人有针对性地选择评审专家，改变一味抽取专家的方式。

3. 增加评标委员会中采购人代表的比例

对于大型的、复杂的需要利用集体智慧来评审的采购项目，其评标委员会中采购人的代表比例应增加，保证采购人的话语权。只有保证了采购人的话语权，才能体现采购人的决策权。可以将采购人的代表所占比例增加至3/5。同时，取消法律类专家参与评审的规定。因为，采购项目合同的相关法律条款可以由采购人的法律顾问把关。

4. 充分发挥专家的参谋作用

目前，专家参与评审，是直接走到了前台，起决策作用。而要真正落实采购人的主体责任，就是要让评审专家从前台，退到后台，大的或复杂的或采购需求不明确的采购项目，采购人或者采购代理机构可以聘请专家先成立咨询小组，起参谋作用，采购人只是"借专家的智"，而不是"让决策权于专家"，专家只起咨询作用。

五、国货概念应科学

政府采购购买国货是基本要求之一，要求采购人有国货意识就必须对国货有一个科学的界定。我国是一个发展中国家，国货的界定应该考虑我国的基本国情、国家的发展、经济政策、产业水平、政策功能、国家的安全、就业、税收政策的落实等。同时，国货也不是一成不变的概念，它应随着我国经济的发展、国力的增强、开放的程度来增加、充实和完善；而且货物、工程和服务的国货概念可采取分别界定的办法进行明确。

鉴于目前学术界难以形成统一的观点或各种利益集团存在博弈的情况，国货的界定可以借鉴 GPA 框架中保其关键、考虑重点、兼顾一般的原则。例如，服务（软件业）采购考虑更多的是国家安全和扶持发展的问题，那么国家安全是关键、扶持发展是重点；货物采购更多的是考虑支持自主创新、民族品牌，那么就把自主知识产权作为核心因素；工程采购更多的是考虑就业和税收，那么就把注册地、纳税等因素作为重点。

因此，综上所述，国货是一个动态的、发展的概念。国货的概念应随着我国经济的发展、企业竞争力的增强而变化。这种变化应是有利于我国民族工业的发展，从保护到促进、从护航到自由搏击，逐渐放开的过程。

国货是一个便于理解、操作的概念。建议采用分别界定的方式进行，特别是对于关系到国家政治、经济安全的采购对象，更应单独界定，并进行详细说明，如信息管理软件的开发设计。同时，对于国家重点扶持的产业，在界定国货时应多一些限定词，如在国内注册、具有自主知识产权等。

六、全国性的政府采购行业协会应尽快成立

行业协会的民间性、广泛性、自愿性和双重赋权性的特性，可以弥补管理部门对行业管理的不足，它为行业协会会员间开展相互交流、反映诉求提供了一个平台。因此，建立全国性的政府采购行业协会刻不容缓。

(一) 建立全国性的政府采购行业协会的必要性

1. 完善政府行政管理职能的需要

成立政府采购协会是创新政府采购监管模式的重要举措。政府采购协会作为行业性组织，它的民间性、广泛性和自律性决定了其具有政府采购监管部门所不可替代的作用。随着我国行政管理体制改革的不断深入、政府职能的转变，行业协会与政府管理职能部门将实行合理分工。政府管理部门主要行使宏观、决策、规划等方面的职能；行业协会主要行使中观和微观等方面的职能，特别是执行与技术性相关的事务。同时，行业协会还可以受政府的委托，参与政府有关行业管理的宏观决策和规划方面的事务。政府作为社会公共利益的代表、市场经济秩序的监控者，规范和监督行业协会的运行，防止行业垄断；行业协会代表会员向政府反映会员的诉求，组织行业活动和维护行业活动秩序。所以，政府行政管理部门与行业协会相互补充、相互配合，相得益彰。

2. 发挥政府采购政策功能的需要

受国际经济形势的影响，我国经济社会发展的内外环境趋紧，贸易保护主义抬头，为促进经济的发展，党的十八大以来，我国出台了一系列的刺激经济发展的政策，以此拉动内需，实施创新驱动发展战略。政府采购作为宏观调控的一种有效手段，在购买国货、促进民族产业、扶持中小企业发展、支持自主创新、支持节能减排的政策作用将进一步发挥。通过建立政府采购协会可以进一步沟通政府与企业的联系，使企业积极参与政府采购活动，从而更好地发挥政府采购的政策功能。

3. 深化政府采购制度改革的需要

2009年4月10日，国务院办公厅发布了《关于进一步加强政府采购管理工作的意见》。该意见从七个方面对加强政府采购管理工作提出了具体要求，其任务十分艰巨。2018年11月14日，中央全面深化改革委员会第五次会议通过了《深化政府采购制度改革方案》，今后一段时间，贯彻落实深改方案需要做大量的工作，而做好这些工作仅靠财政部门等行政机构的力量是不够的，需要集中政府采购相关部门、社会相关机构和行业的力量，来共同打造政府采购"阳光工程"。新的形势、新的机遇、新的挑战，对政府采购事业的发展提出了新的、更高的要求。这就迫切需要成立一个全国专业性的组织机构来协调完成新的使命，协调政府与市场、政府与社会、政府与企业、企业与市场的关系，从而促进政府采购事业继续发展。

4. 加入《政府采购协议》谈判的需要

我国自 2008 年正式启动加入《政府采购协议》谈判以来，各参加方先后要求我国对等开放政府采购市场。2010 年 7 月 9 日，我国正式向 WTO 提交了《中国加入 GPA 修改出价清单》。这标志着我国加入《政府采购协议》谈判进入到了实质阶段。2018 年 4 月 11 日，习近平主席在博鳌亚洲论坛 2018 年年会开幕式上，强调要加快推进 GPA 的谈判步伐。随着谈判进程的深入，参加方对我国再次修改出价关注的重点已经由中央实体转为次中央实体，地方的谈判应对工作也转入实质性的准备阶段。加入《政府采购协议》对我国的经济和社会将带来全面深刻的影响，这种影响既有有利的一面，也有不利一面，它对推进和完善政府采购制度改革的紧迫性和艰巨性提出了新的要求。为此，迫切需要整合各方面的力量，就加入《政府采购协议》有关事项作出全面深入研究，提出应对措施和建议。从发达国家应对《政府采购协议》谈判的经验表明，行业协会在应对《政府采购协议》谈判中的作用是政府部门所不能替代的。

5. 规范政府采购运作和促进有序发展的需要

政府采购活动的规范运作是政府采购的生命所在。政府采购制度之所以有强大的生命力，并被市场经济体制国家所推崇，在于它的公开透明机制和规范的管理运行体制。政府采购活动的规范运作包括管理规范和执行规范。管理规范是基础，执行规范是目的。要通过管理的规范,最终实现执行的规范。通过建立政府采购协会,加强行业间的交流,多渠道加强行业监管,实行自我服务、自我完善、自我管理,从而实现达到规范政府采购运作和促进政府采购事业的健康发展的目的。

6. 调动和发挥政府采购各相关人积极性的需要

政府采购各相关人相对较多,按照非歧视性原则,仅供应商就可以分为多种类型。为了协调会员之间、会员与相关组织之间、会员与政府部门之间、供应商与采购人之间、政府采购行业与社会各界之间的沟通与联系,迫切需要一个组织来协调和沟通各利益主体之间的关系,从而充分调动和发挥政府采购各相关人参与政府采购活动的积极性,促进政府采购制度改革的发展。

(二) 政府采购行业协会的职责

随着政府采购制度改革的不断深入,政府采购工作中的各种矛盾也相继显现,各相关人的利益诉求也越来越多,仅靠政府的监督管理部门管理和协调政府采购相互间的矛盾、关系已不能适应政府采购事业发展的要求了,这就迫切需要出现新的交流与诉求平台,发挥连接政府与市场的桥梁和纽带的作用,担当起化解矛盾的职责。成立中国政府采购协会是最佳选择。那么,在我国市场经济条件下的政府采购协会将扮演什么角色?其职能又如何定位呢?笔者认为政府采购协会应有八方面职责。

1. 制定行业标准

纵观各类行业协会的职能与发展历程,无不把行业自律作为主要职责。所以,实行行业的自我管理、自我约束也是政府采购协会的重要职能之一。实行行业自律,首先必须确定以什么标准自律。大概念的行业自律应包括:确定行业标准、执行行业标准和监督落实行业标准全过程。

政府采购是一个特殊的行业,它的特殊性源于实现采购目标的多重性和从业者的多元性,从而加大了行业自律的难度。因此政府采购的行业标准应由三个部分构成，一是具有共性的政府采购行业技术标准；二是政府采购各当事人的职业标准；三是政府采购各当事人的行为规范和道德操守。政府采购协会应依据政府采购工作的特点，分别制定政府采购的行业标准，并制定系列规章制度，督促政府采购行业内的所有相关人员自觉执行与遵守。

2. 推行资格管理

政府采购的特殊性决定了政府采购是一项准入性的职业，所以，建立政府采购从业人员职业化管理制度势在必行。职业资格是对从事某一职业所必备的学识、技术和能力的基本要求。职业资格包括从业资格和执业资格。从业资格是指从事某一专业（职业）学识、技术和能力的起点标准。执业资格是指政府对某些责任较大、社会通用性强、关系公共利益的专业（职业）实行准入控制，是依法独立开业或从事某一特定专业（职业）学识、技术和能力的必备标准。

从业资格是起点标准，只有具备了政府采购这个职业所需的学识、技术和能力的人员并通过一定的专业知识考试，才能获得从业资格。执业资格是被承认具有对某些文件签字的权力，且要负法律责任。它是政府对某些责任较大、社会通用性强、关系公共利益的专业技术工作实行的准入控制，是专业技术人员依法独立开业或从事某种专业技术工作学识、技术和能力的必备标准，必须通过考试取得。

按照国际惯例，职业资格的管理是由行业协会进行的。随着我国行政管理体制改革的不断深入，我国对于职业资格的管理也将推行"三分离"的管理模式，就政府采购的职业资格管理而言，其管理模式为：由人力资源和社会保障部负责全国的职业资格统筹规划、法规的制定、职业的分类等；行业协会具体履行该行业职业标准的制定、职业资格准入、后继教育、注册登记等管理职能；政府采购监管部门负责对行业协会所履行的职业资格管理的职能进行监督和管理。

根据我国目前职业资格制度与专业技术职称并存的现况,政府采购行业协会还肩负着政府采购专业技术职称的相关工作,政府采购的职称分为政府采购员、助理政府采购师(助理级)、政府采购师(中级职称)、高级政府采购师(副高级、正高级)。

所以,政府采购协会的职能之一就是在政府采购监管部门的监管下,履行政府采购从业人员的职业化制度管理和政府采购专业技术职称管理的服务工作。

在政府采购职业资格的管理上,政府采购协会主要承担:一是制定政府采购各相关人的职业从业的准入标准,即采购人、供应商、采购代理机构、评审专家、监管人员的职业从业的准入标准;二是按照职业标准组织开展政府采购从业人员资格考试的培训工作;三是组织开展从业人员资格的考试工作;四是协助政府采购管理部门或受政府采购管理部门的委托做好政府采购从业人员资格证的发放(大多数国家由行业协会直接颁发职业资格证);五是对获取职业资格的人员进行后续管理,组织继续教育,对取得从业资格的人员实行登记管理制度,对取得执业资格且从业的人员实行注册管理制度,对取得执业资格但暂不执业的人员实行会员管理制度。

在政府采购专业技术职称的管理上,政府采购协会主要承担:一是制定政府采购职业标准。职业标准属于工作标准,它是在职业分类的基础上,根据职业(工种)的活动内容,对从业人员工作能力水平的规范性要求,是从业人员从事职业活动、接受职业教育培训和职业技能鉴定以及用人单位录用、使用人员的基本依据。二是组织申请专业技术职称的人员培训、考试。三是协助相关部门做好专业技术职称的考评工作。四是为政府采购专业人员做好后续服务工作。

3. 维护正当权益

政府采购协会会员主要来自六个方面,即政府采购监管部门、采购人、供应商、采购代理机构、评审专家和研究政府采购的专家学者。由于政府采购协会各方面会员在政府采购活动中所充当的角色和所处的地位不同，其代表的利益阶层也不一样，因此，各方利益需求也不一样，当发生矛盾时，需要政府采购协会这个渠道和平台，来反映政府采购各相关利益团体的诉求，维护政府采购各相关人的正当权益。政府采购协会主要是通过三个渠道来反映诉求和维护各相关人的正当权益的。一是政府采购协会通过组织专题的调研活动、召开研讨会等形式，了解各相关人的诉求；二是各相关人直接向政府采购协会反映诉求，政府采购协会综合后形成一致意见再向相关管理部门反映；三是相关管理部门委托政府采购协会征求政府采购相关人的诉求，为出台政策及管理制度和决策提供依据。

4. 实施技术服务

政府采购应当有助于实现国家的经济和社会发展政策目标，包括保护环境，扶持不发达地区和少数民族地区，促进中小企业发展等。在市场经济条件下，不发达地区和少数民族地区以及中小企业，参与政府采购活动一般处于劣势，所以，《政府采购法》规定应采取有效措施支持不发达地区和少数民族地区以及中小企业，即在合同预留、评标打分优惠上作了明确的硬性规定。作为政府采购的行业组织如何支持不发达地区和少数民族地区的企业以及中小企业参与政府采购活动呢？最直接的方式是成立政府采购技术援助中心，当不发达地区和少数民族地区的企业以及中小企业在参与政府采购活动中遇到技术困难时，政府采购协会可以利用了解政府采购法规、知晓政府采购政策的优势，直接免费提供咨询服务，做好技术援助工作，帮助供应商特别是中小企业的供应商，解决在政府采购活动中的一些技术问题，为他们作技术支撑，帮助和扶持他们参加政府采购的招投标活动。

5. 完善监督机制

现代社会管理实行的是一种委托制的行政管理模式，需要完善的监督体系和健全的监管机制。政府采购的采购活动是一个多层次的委托活动，如何使政府采购公开、公平、公正的优越性发挥出来，重点在于建立完善的政府采购监督机制。

在政府采购活动中，由于涉及各相关当事人的切身利益，一旦发现自己的权益受到侵害时，就会产生纠纷和争议，而目前解决纠纷和争议的渠道就是质疑、投诉等。为了避免政府采购有些纠纷一开始就直接进入行政救济程序，中间有一个调解的过程，采取由专业技术人员组成的再监督委员会实施调解和监督，可以起到事半功倍的效果。

政府采购协会是人才汇聚的地方，聚集着政府采购各方面的优秀人才，特别是各专业委员会是通过民主选举产生的，全部是政府采购行业的精英，具有代表性和权威性，他们对整个行业十分了解和熟悉。而许多政府采购的执行和操作工作属于委托性质，是由临时性的组织来完成的，如政府采购的评标工作就是由抽取的评审专家临时组成的评标委员会完成的。对他们工作的监督主要有代理机构和政府采购监管部门，但当对评审结果发生了争议或多次评审的结果出现异议或差异时，就必须有一个权威的、公正的、大家都认可的机构或组织来裁决。

因此，政府采购协会就应该充分发挥人才智力优势，成立再监督委员会，其主要职责是：一是对采购代理机构组织政府采购活动的合法性、公正性再监督。二是对评审委员会的评审进行再监督。因评审专家的素质不一，会使评审结果出现偏差，产生争议，而这种争议将可能演变成质疑、投诉。三是对质疑答复进行裁决。对于质疑的答复，是否符合要求或满意，由谁来决定，最好的办法是由公正的第三方，即政府采购的再监督委员会。四是对投诉处理争议的判定。投诉处理决定由政府采购监管部门作出，是否公正、公平，也需要第三方来进行判定。

通过建立政府采购的再监督委员会，一方面可调解纠纷，化解矛盾；另一方面可以作为一种监督的补充形式，从而完善政府采购监督体系，健全政府采购监督机制。

6. 进行理论研究

对政府采购进行研究是每一个从事政府采购工作者的责任和义务，也是政府采购理论不断向前发展的动力。政府采购协会的职能之一就是要充分利用协会人才济济、联系广泛、协会的会员熟悉和了解政府采购实践活动的优势，组织开展政府采购的理论研究，建立政府采购的学科体系，用理论指导实践、用实践丰富理论。

在此基础上，协会要广泛地组织会员开展调查研究活动，为政府制定有关政府采购的法律法规、政策措施、行业发展战略、政府采购发展规划、改革方案提供决策依据。

7. 开展宣传培训

宣传政府采购法规、对政府采购从业人员进行继续教育培训，提高政府采购从业人员素质是一项长期的工作。因此，作为一个行业组织，政府采购协会有责任协助政府采购监管部门做好政府采购的宣传和业务培训工作。宣传工作包括宣传政府采购的法律法规，新出台的管理办法、制度、操作规程，各类与政府采购相关的政策等。在宣传的对象上，既包括对协会会员的宣传，也包括对全社会的宣传。政府采购的业务培训包括政府采购从业人员的岗前培训、专业知识的提高培训、从业资格的考试培训、职业道德教育和继续教育的知识更新培训。

8. 组织交流活动

要通过政府采购协会这个平台，组织开展横向的学习交流活动，特别是与国内和国际政府采购团体、政府采购的执业组织开展业务交流活动。通过交流，学习和借鉴发达国家或地区以及国际经济组织政府采购的先进管理经验，从而提高政府采购的管理水平。

七、采购方式的评审模式应规范

当前，由于我国政府采购法规对评标模式没有具体、统一的规定,所采用的评标模式基本上是依据自己对《政府采购法》的理解而设计的。由于没有统一的评标模式,各采购当事人在选用采购方式后,不知采用何种评标方法、评标程序等与之相配合使用,致使评审结果的权威性、公正性、公平性大打折扣,甚至出现评审专家敷衍了事、不负责等现象发生,最后造成供应商对评标结果不满意,投诉事件增多。为了规范评标行为与过程,有必要尽早规范政府采购各采购方式的评审模式。

政府采购的评标模式是指评标活动组织过程中应该遵守或执行的标准样式或形式。它主要包括采购方式、评标方法、评标标准、评标程序、评标形式、评标职责六个方面的内容。这六个方面相互关联、互为前提,是一个有机的整体,缺一不可,共同组成了完整、规范的评标模式。

(一) 采购方式

我国《政府采购法》对采购方式进行了明确的规定,即公开招标、邀请招标、竞争性谈判、询价和单一来源采购五种方式。2014年、2022年又分别确认了竞争性磋商和框架协议采购。

(二) 评标(审)方法

评标方法是指运用评标标准审查、比较投标文件的具体方法。一个采购项目,采用何种方法评标,取决于采购的对象、采购标的预算金额的大小、采购标的的技术性标准的难易程度和采购方式。这些因素都影响着评标方法的选择与运用。我国政府采购的采购对象有三种:货物、工程和服务;采购方式有七种:公开招标、邀请招标、竞争性谈判、竞争性磋商、询价、单一来源采购和框架协议采购。

目前,我国法规规定的评标方法有两种,即《政府采购货物和服务招标投标管理办法》规定的最低评标价法、综合评标法,以及发改委等部门的《评标委员会和评标方法暂行规定》中规定的最低投标价法和综合评估法。梳理之后发现，只有采用招标方式采购的才规定了评标方法；而采用竞争性谈判、竞争性磋商、询价、单一来源采购和框架协议采购等采购方式采购的则没有规定评审方法。

1. 单一来源采购方式

一个采购项目确定采用单一来源采购方式其前提有三个，由于没有可选择性、没有竞争，采购人往往处于劣势或被动地位，没有规定评审方法。

2. 询价

之所以采用询价采购方式是因为：采购的货物规格、标准统一，现货货源充足且价格变化幅度较小的政府采购项目。法律又间接规定了，只有货物的采购才适用询价采购方式；同时又规定，"采购人根据符合采购需求、质量和服务相等且报价最低的原则确定成交供应商"。所以，询价采购方式也不需要有评审方法。

3. 竞争性谈判

《政府采购非招标采购方式管理办法》规定，货物和服务可采用竞争性谈判方式采购。确定采用竞争性谈判采购方式的前置条件或情形有四个。这四个前置条件或情形说明其原因各不相同，情况都十分复杂，且有可能一个采购项目中这四种情形都存在，因此，这就有一个谈什么、怎么谈的问题了，也就是用什么采购方法谈的问题。例如，采购对象是货物或服务就不应是一种评审方法，而因"技术复杂或者性质特殊，不能确定详细规格或者具体要求的"和"采用招标所需时间不能满足用户紧急需要的"这两种原因，同时采用竞争性谈判采购方式，其评审方法也应不一样。

因此，依据竞争性谈判采购方式的特点，可以大致规定以下三种评审方法。

（1）轮次式，即在满足采购需求的前提下，通过几轮（最少是三轮）的谈判或报价，最后由报价最低者中标的方法。它适用于"采用招标所需时间不能满足用户紧急需要的"和"不能事先计算出价格总额的"情形下货物和服务的采购。在轮次式评审方法中，供应商的投标报价是决定性的因素。

（2）淘汰式，即经过几轮的谈判，将不符合要求的供应商逐步淘汰，确定最后一名或几名为中标候选供应商的方法。它适用于"技术复杂或者性质特殊，不能确定详细规格或者具体要求的"情形下货物的采购。在淘汰式评审方法中，供应商的投标报价不是决定因素。

（3）综合性价比式，即在谈判过程中，通过综合考虑各种因素，在重点突出性价比的基础上，确定中标供应商的评审方法。它适用于"招标后没有供应商投标或者没有合格标的或者重新招标未能成立的"情形下货物和服务的采购。同样，在综合性价比式评审方法中，供应商的投标报价不是最终决定因素。

4. 竞争性磋商

竞争性磋商是先磋商，然后依据综合评分法进行评审。

5. 框架协议采购

框架协议采购包括封闭式框架协议采购和开放式框架协议采购。

封闭式框架协议采购是指符合《政府采购框架协议采购方式管理暂行办法》第三条规定情形，通过公开竞争订立框架协议后，除经过框架协议约定的补充征集程序外，不得增加协议供应商的框架协议采购。

封闭式框架协议的公开征集程序，按照政府采购公开招标的规定执行，《政府采购框架协议采购方式管理暂行办法》另有规定的，从其规定。

开放式框架协议采购是指符合《政府采购框架协议采购方式管理暂行办法》第二款规定情形，明确采购需求和付费标准等框架协议条件，愿意接受协议条件的供应商可以随时申请加入的框架协议采购。开放式框架协议的公开征集程序，按照《政府采购框架协议采购方式管理暂行办法》规定执行。

（三）评标（审）标准

评标标准是指由采购人或采购代理机构依据招标文件及采购需求而制定的评审标书和确定采购结果的准则。评标方法是解决怎么评的问题，评标标准是解决按什么标准评的问题。没有统一的评标标准，各评审专家将没有参考系，可能会按照各自的理解去评审。所以应该是有什么样的采购方式就有什么样的评标方法，以及相对应的评标标准，且各种评标标准是不一样的。每一种评标方法的评标标准都应有几个基本的或必需的条款或要素。目前，虽然我国的政府采购法规没有对各评标方法的评标标准进行专门或具体的规定，但从相关条款中还是可以归纳出来的，且评标标准也包含有定标标准的内容。所以经过综合各方面的因素，各评标（审）方法相对应的评标标准主要有以下几点。

1. 最低评标价法的评标标准

最低评标价法是指以价格为主要因素确定中标候选供应商的评标方法。即在全部满足招标文件实质性要求前提下，依据统一的价格要素评定最低报价，以提出最低报价的投标人作为中标候选供应商或者中标供应商的评标方法。那么最低评标价法的评标标准有哪些呢？一是满足招标文件实质性要求；二是报价都在采购项目的预算范围内；三是以报价最低为第一中标候选供应商；四是按投标报价由低到高顺序排列，投标报价相同的，按技术指标优劣顺序排列。

在最低评标价法中，其评标标准的核心因素为价格，基础是满足采购文件的实质性要求。

2. 综合评标法的评标标准

综合评标法是指在最大限度地满足招标文件实质性要求前提下，按照招标文件中规定的各项因素进行综合评审后，以评标总得分最高的投标人作为中标候选供应商或者中标供应商的评标方法。那么综合评标法的评标标准有哪些呢？一是最大限度地满足招标文件实质性要求。二是招标文件约定的、直接影响采购标的的性质或质量的因素，包括价格、技术、财务状况、信誉、业绩、服务等纳入评标范畴并占有相应的分值。三是按评审后得分由高到低顺序排列。得分相同的，按投标报价由低到高顺序排列；得分且投标报价相同的，按技术指标优劣顺序排列。

在综合评标法中，其评标标准的核心因素为综合考虑。

3. 最低投标价法的评标标准

最低投标价法是七部委依据《招标投标法》而出台的评标方法，它一般适用于具有通用技术、性能标准或者招标人对其技术、性能没有特殊要求的招标项目的评标。它与《政府采购货物和服务招标投标管理办法》中规定的最低评标价法相似，也是在全部满足招标文件实质性要求前提下，依据统一的价格要素评定最低投标价，以提出最低投标价的投标人作为中标候选供应商或者中标供应商的评标方法。它的评标标准也是类似于最低评标价法，即：一是满足招标文件实质性要求；二是投标价都在采购项目的预算范围内；三是以投标价最低为第一中标候选供应商。

在最低投标价法中，其评标标准的核心因素也是价格。

4. 综合评估法的评标标准

综合评估法是七部委依据《招标投标法》而出台的评标方法，对于不宜采用最低投标价法的招标项目一般应当采取综合评估法进行评审。它也是在最大限度地满足招标文件实质性要求前提下，按照招标文件中规定的各项因素进行综合评估后，以评标总得分最高的投标人作为中标候选供应商或者中标供应商的评标方法。它的评标标准为：一是最大限度地满足招标文件实质性要求。二是招标文件约定的、直接影响采购标的的性质或质量的因素，包括价格、技术、财务状况、信誉、业绩、服务等。

在综合评估法中，其评标标准的核心因素是综合考虑。

（四）评标（审）程序

评标程序是指评标委员会对供应商的投标文件进行评价和比较的工作步骤，它是保证评标工作正常进行的基本程序。规范的评标程序既可保证评标工作顺利进行，又可实现其公开、公平、公正的原则。因此，有什么样的采购方式和评标方法就有与之相适应的评标程序。评标程序，既不可互换或代用，也不可前后顺序颠倒，更不可以省略。

目前，我国政府采购法规对各种采购方式大的采购程序进行了规定，如《政府采购货物和服务招标投标管理办法》对货物和服务进行招标投标的评标程序进行了规定，但具体到每一种采购方式的采购程序还没有全国的统一、完整的评标程序。例如，竞争性谈判采购方式等就没有具体的、详细的规定，所以需要规范。

1. 最低评标价法、综合评标法评标程序

在《政府采购货物和服务招标投标管理办法》中，对这两种评标办法的评标程序进行了大致的、统一的规定，即：一是投标文件初审，包括资格性检查和符合性检查；二是澄清有关问题；三是比较与评价；四是推荐中标候选供应商；五是编写评标报告。

2. 工程招标采购两种评标方法的评标程序

我国《招标投标法》对工程采用最低投标价法和综合评估法两种评标方法的评标程序没有具体规定，只是《评标委员会和评标方法暂行规定》有一个原则性的规定，将其归纳为：一是评标的准备与初步评审，包括编制表格，研究招标文件，阅读标书，整理资料，详细列出主要技术数据、性能和商务条款对照表及偏差表。二是对投标文件进行审查，检查投标文件是否对招标文件作出了实质性的响应、投标文件与招标文件有无实质性偏差，以确定其是否为有效的投标文件。对于投标文件与招标文件的主要技术和商务条款有实质性差异或背离或价格超出标底值规定范围（一般为±5%，具体值可根据设备品种的情况而定）的投标人应予以排除。三是详细评审。经初步评审合格的投标文件，评标委员会应当根据招标文件确定的评标标准和方法，对其技术部分和商务部分作进一步评审、比较。评标方法包括经评审的最低投标价法、综合评估法或者法律、行政法规允许的其他评标方法。四是推荐中标供应商。五是撰写评标报告。评标委员会完成评标后，应当向招标人提出书面评标报告，并抄送有关行政监督部门。评标报告由评标委员会全体成员签字。对评标结论持有异议的评标委员会成员可以书面方式阐述其不同意见和理由。评标委员会成员拒绝在评标报告上签字且不陈述其不同意见和理由的，视为同意评标结论。评标委员会应当对此作出书面说明并记录在案。

3. 竞争性谈判采购方式的谈判程序

即使同样采用竞争性谈判采购方式，但由于采购项目的情形不同，其谈判程序也不一样。

（1）轮次式的谈判程序。因为轮次式适用的情形为"采用招标所需时间不能满足用户紧急需要的"和"不能事先计算出价格总额的"货物和服务项目的采购，那么轮次式的谈判程序有哪些呢？一是确定谈判小组负责人以及主谈判人员。二是谈判专家熟悉谈判文件，了解采购需求，提出谈判的主要内容，做好谈判准备。三是确定谈判顺序。一般采用抽签或递交谈判文件时间顺序等方式决定供应商的谈判顺序。四是对供应商的谈判文件进行符合性审查。五是实施谈判。第一轮谈判。谈判小组分别与单个供应商就符合采购需求、质量和服务等进行谈判，并了解其报价组成情况。通过第一轮谈判后对谈判文件进行修正，各供应商依据修正后的需求再对此作出响应，然后在此基础上进行第二轮谈判。当所有供应商都作实质响应后，要求供应商进行投标报价。第三轮谈判。在规定的时间内要求响应供应商做最后报价。六是推荐成交供应商。谈判小组按报价从低到高排序，推荐成交供应商，并形成谈判报告。

（2）淘汰式的谈判程序。因为淘汰式的谈判方式其适用情形为"技术复杂或者性质特殊，不能确定详细规格或者具体要求"的货物的采购。所以要通过谈判小组与供应商双方交流来达成共识，这里有一个供应商借"智"的技巧问题。那么淘汰式的谈判程序即为：一是确定谈判小组负责人并进行适当分工，确定主要的谈判人员。二是谈判专家熟悉谈判文件，了解采购需求，提出谈判要解决或了解的主要内容，做好谈判准备。三是确定谈判顺序。一般采用抽签或递交谈判文件时间顺序等方式决定供应商的谈判顺序。四是对供应商的谈判文件中的商务部分进行符合性审查，查看供应商的相关资质，了解供应商的实力与专长。五是实施谈判。第一轮谈判。谈判小组分别与单个供应商就采购需求、质量和服务等进行谈判，了解供应商对采购需求的响应情况，熟悉各供应商的思路与对应措施，然后形成统一的、大多数供应商认可的采购需求。通过第一轮谈判后对谈判文件进行修正，各供应商依据修正后的需求再对此作出响应，不能响应的供应商将被淘汰，以此类推，在所剩下的供应商中，报价最低者为成交候选供应商。六是推荐成交供应商。谈判小组对作出实质响应的供应商按报价从低到高排序，推荐成交供应商，并形成谈判报告。

（3）综合性价比式谈判程序。之所以采用综合性价比式谈判方式，是因为出现了"招标后没有供应商投标或者没有合格标的或者重新招标未能成立的"的情形，因此综合性价比式谈判的程序在实施过程中要重点考虑性价比问题，在突出性价比的前提下，再考虑投标价格因素。它的程序为：一是确定该采购项目方面的专家为谈判小组负责人，并对成员进行适当分工。二是谈判专家熟悉谈判文件，了解采购需求，提出谈判要解决或了解的主要内容以及需要满足何种需求。三是确定谈判顺序。一般采用抽签或递交谈判文件时间顺序等方式决定供应商的谈判顺序。四是对供应商的谈判文件中的商务部分进行符合性审查，查看供应商的相关资质，了解供应商的实力与专长。五是实施谈判。第一轮谈判。

谈判小组分别与单个供应商就采购需求进行谈判，吸收各供应商投标方案的优点，然后形成统一的、大多数供应商认可的采购需求。通过第一轮谈判后对谈判文件进行修正，各供应商依据修正后的需求再对此作出响应。第二轮谈判再在此基础上进行报价，然后，谈判小组各成员对各供应商的方案进行综合评价，按方案的优劣进行排序，最后再进行报价。六是推荐成交供应商。谈判小组依据谈判文件约定的性价比（供应商的实施方案）和投标报价各自的权重进行打分计算，再按得分由高到低进行排序来推荐成交候选供应商，并形成谈判报告。

竞争性磋商采购方式的磋商程序与竞争性谈判大致相似，只是多了一道综合打分程序。

（五）评标形式

评标形式是指评标委员会在评标过程中采取何种组织形式评标，即采取独立评标，还是集中合议；是采取开卷式评标，还是密封式评标；等等。对于在政府采购评标过程中，采取何种评标组织形式，应与采购方式、评标方法相对应，所以，有什么采购方式和评标方法，就应规定与之相对应的评标组织形式。

目前，许多地区借鉴工程招标采购的评标时的组织形式，采取独立评标室评标的模式，即评审专家各自在一个单独的评标室里独立评标。对于评审专家如何独立评标，不可机械地、片面地去理解，特别是目前各地都要求政府采购招投标活动进入公共交易中心进行操作的情况下，更不可生硬地照搬工程评标的模式，而不分采购对象、采购方式和评标方法都采用评委单独评标室的独立评标模式。因为评审专家中，不全是采购标的方面的专家，它还有包括经济类、法律类的专家，所以在评标过程中要依据实际情况，即采购项目评标的难易程度、采购的方式、评标的方法、评标委员会专家的组成情形来决定其评标的组织形式。

评标的组织形式，大致有四种。一是独立式评标。独立式评标又分为完全意义的独立评标和相对独立式评标，即在整个评标过程，每个评审专家都在单独的评标室里独立地完成和所有的评审专家都集中在一个评标室内独立地评标。二是先合后分式评标。即将评标过程分成两段，评标专家先集中合议，对所有投标文件进行初审，然后分开各自对有效投标文件进行独立评标。三是密封式评标。即在招标文件中就约定，要求投标供应商将技术标、商务标和投标报价分别密封在不同的封袋内，评审专家在评标时先对技术标进行评审，只有技术标符合要求的才开启商务标，当技术标和商务标都符合要求时，才开启投标报价密封袋。开启密封袋的工作由采购代理机构的工作人员在公证机构工作人员的监督下进行，每个评审专家在评审技术标时，都不知道评的是哪一个投标供应商的投标文件。这种评标组织形式是为了体现公平、公正的原则，保证每个评审专家都能客观、独立、公正地评标。四是合议式评标。即评审专家集中合议，形成统一意见，作出评审结果。

法规规定评审专家独立评标，是指评审专家不受他人的左右、不依靠他人而发表自己的评审意见，而并非形式上的单独评标。所以，依据采购标的情况、采用的采购方式和评标方法来确定评标的组织形式。

1. 相对独立式

采购标的不复杂，采用招标方式采购，且运用最低评标价法的，适用于相对独立式评标。

2. 先合后分式

采购标的比较复杂，技术性要求比较高，采用招标方式采购，且运用综合评标法或性价比法评标的，评标委员会中既有该采购项目专业方面的专家，也有经济和法律类的专家，还有采购人代表的，适用于先合后分式评标。对于招标采购中，需要进行资格性和符合性审查的，适合于先合评后分开评标。也就是说由评标委员会集体进行资格性和符合性评审。

3. 完全独立式

采购标的比较复杂,专业技术要求非常高,采用邀请招标方式采购,并经过严格的资格审查,且运用综合评标法或性价比法评标,评标委员会的组成人员都是相同专业的专家的,适用于完全意义的独立评标。

4. 封闭式

采购标的比较复杂,专业技术要求非常高,技术方案或要求所占权数较大,采用公开招标方式采购,运用性价比法评标的,适用于密封评标。

5. 合议式

采用竞争性谈判方式采购的必须是合议式评审。

(六) 评标职责

在采购活动中,特别是在评标过程中,通常各参加人都是一个临时性的团队或组织,由于没有一个统一的明确各参加人的职责、权力的法规性规定,在评标过程中会出现各参加人职责不清、责任不明,所以能推则推,尽量将自己的责任推卸得一干二净的情况。

为了解决这些问题就必须有一个在评标时明确各参加人职责或职权的规定,防止各参加人不作为或乱作为,以及出现问题时推卸责任和无法追究责任的现象发生。在评标过程中的参加人主要有:采购代理机构及工作人员、评审专家(有时分为技术专家和经济类、法律类专家)、公证机关及公证员、采购人及代表(包括参与评标的人员)、监督部门及人员(包括特约监督员等)。

1. 采购代理机构及工作人员在评标过程中的职责

在采购活动中,一旦进入评标程序,采购代理机构及工作人员的职责主要有三个:组织、服务和监督。所谓组织,就是按照评标程序规定,组织评审专家开展评标活动。在组织职责中采购代理机构及工作人员组织评标委员会召开评标前的预备会，组织评审专家学习有关评审专家的管理规定、评标程序、评标职责相关制度等，重申和告知评审专家的权利与义务。所谓服务，就是为评审专家评标时做些辅助性的工作，帮助传递投标文件、统计得分、召集投标供应商答疑、做好评标记录等。所谓监督，就是督促评审专家按规定的评标方法和评标程序进行评标，每一个程序不可省略或颠倒，审核评审专家的评审意见，看有没有严重偏离现象，防范评审专家与供应商或采购人合谋围标。采购代理机构及工作人员在行使组织、服务和监督职责的过程中，不可越位，更不可干扰评标委员会的独立评标。做好评审专家的信用评价记录。

2. 评审专家在评标过程中的职责

一个项目的评标委员会的评审专家，都是在开标前随机抽取的，虽然是一个临时性的组织或团队，但却有着决定权，决定着投标供应商在该项目中的"命运"，既要为采购人采购到高性能、符合要求的采购对象，又要实现政府采购的政策功能，还要为纳税人节约资金，可谓责任重大。因此其职责主要有：一是认真开好评审预备会，学习有关规定，知晓该采购项目的评标方式、评标方法、评标程序以及评审专家的权利与义务等方面的规定和制度。二是熟悉招标文件，了解采购需求。三是认真审阅投标文件，客观、公正地发表自己的意见。四是对有疑惑的地方，申请提出答疑。五是发现供应商有不正当竞争或恶意串通等违法行为，及时向评标活动的组织者或政府采购监管部门报告。六是保守商业秘密。七是协助有关部门对政府采购评审工作有关问题进行答询或质疑。在评标过程中，当评审专家为经济类或法律类专业人士时，应充分发挥自己的专业特长，要将专业知识实行分享，充分陈述自己的意见，同时，在听取该采购项目专业评审专家的专业性建议的基础上，通过综合分析，独立地进行评审。八是对采购代理机构进行信用评价。

3. 采购人及代表在评标过程中的职责

无论是采购人自己组织,还是委托采购代理机构组织采购,进入评标环节,采购人的职责就是服务,即为评标委员会服务,提供详细的需要资料。即使是采购人的代表作为评审专家一员,参与评标,也只能按评审专家的身份履行职责,只有一票的权力,不能影响或左右其他评委,采购人更不能通过其代表人干扰评标活动。

4. 公证机关及公证人员在评标过程中的职责

在政府采购活动中请公证机构介入,是为了监督整个采购活动的有效性、合法性、公正性。公证机构之所以能保证采购活动的公开、公平、公正,是依据政府采购法律的规定,监督政府采购当事人各类资格的合法性、采购程序的完整性、活动过程的严谨性来实现的。公证机构及公证人员在评标过程中的职责,是它在整个采购活动中所应履行职责的延续,也就是说,它在整个采购活动中其职责是一致的,就是监督。即查看、核实投标供应商商务文件的合法真实性,监督评标过程的合法公正,监督评审专家依法履行职责,客观公正地评标。在整个评标过程中,公证机构及公证人员只有否决权或建议权,没有决定权,更不能干扰采购代理机构和评标委员会的正常评标活动。

5. 监督部门及人员在评标过程中的职责

在评标过程中,不管是财政部门的监督人员,还是纪检监察部门的监督人员,以及聘请的政府采购特约监督员,都只有监督之责。主要是监督评标过程的完整性、合法性、公正性,监督采购代理机构及工作人员、评审专家是否履行职责,看有没有违规操作或不按程序操作的现象发生。作为监督人员,不可在履行职责的过程中,以监督者自居,指手画脚、干扰正常的评标活动。

公共资源交易中心只是一个服务机构,不是管理部门,其工作人员的职责就是为采购代理机构或评审专家评审做好服务的。

总之，评标模式是一个完整的统一体，它的构建将有利于评标活动的规范、科学，更有利于实现政府采购政策目标。

八、进行绩效评价首先需要引入寿命周期成本概念

政府采购进行绩效管理，需要引入寿命周期成本概念，只有这样才能真实地反映政府采购活动的效益。

（一）什么是寿命周期成本

在成本管理中，主要有生命周期成本、后采购期成本、寿命周期成本三个概念比较适于在政府采购中推行。

生命周期成本，也称全寿命周期成本，它是指产品在有效使用期间所发生的与该产品有关的所有成本，它包括产品设计成本、制造成本、使用成本、废弃处置成本、环境保护成本等。

后采购期成本是指产品在采购后运行所发生的一切费用，包括使用费用、维护费用、环境保护费用以及废弃处置费用等。

寿命周期是指采购物品在有效使用期内发生的一切费用再减去残值。

在这三个概念中，更倾向于在政府采购中引入"寿命周期成本"概念。

寿命周期成本概念与生命周期成本概念，虽然只有一字之差，但内涵有所不同。在现阶段引入寿命周期成本概念更能准确、合理、科学、完整反映我们所要达到的目的，即社会效益与经济效益的统一。之所以采用寿命周期成本概念比较合适，是因为：一是生命周期成本概念反映的是产品全过程的成本，它既包括使用成本，也包括研制和生产期间的成本。而在一般情况下，采购人是不需要也不可能了解研制和生产期间的成本或社会必要劳动时间的，研制和生产期间的成本是商业秘密。采购人只需关

心采购成本，而采购成本与研制和生产成本是不能画等号的，因此，采购人只需了解市场平均价格。而只有在采购人与供应商签订成本合同（所谓成本合同，它是指以合同允许或其他方式议定的成本为基础，加上该项目成本的一定比例或定额费用确定价款或者报酬，或辅以一定激励机制、当事人按事先约定比例承担风险的合同）情况下，采购人才关心研制和生产期间的成本。所以，生命周期成本比寿命周期成本涵盖的内容更广、更复杂，目前没有必要也不可能要求采购人了解研制和生产成本。二是引入寿命周期成本概念比生命周期成本概念更能让人们理解和接受，因为它与使用寿命相联系，采购人更容易了解和接受。三是寿命周期成本概念包括了残值内容，而生命周期成本概念不包括残值内容。虽然不同的采购对象其残值大小不一，但残值不管多少，毕竟是有价值的，政府采购要做到精细化管理，就必须从点滴处入手。

（二）引入寿命周期成本概念的关键

在政府采购中引入寿命周期成本概念，关键是要转变观念。长期以来，人们在政府采购活动中往往只重视采购成本，忽视使用成本、注重经济效益，而忽视社会效益。这缘于人们的采购观念和宣传的导向问题。在推行政府采购初期，我们过多地宣传政府采购的节资功能，在采购时没有算综合账，更没有指标去考核社会效益等，因此过多地、僵化地考虑采购成本，普遍认为采购的节约率越高越好，所以应转变观念。

目前主要应转变两个观念：一是转变片面追求采购成本越低越好的观念，树立综合效益观念。推行政府采购制度的目的，不仅是为了节约财政资金，更多的是实行政府采购的政策功能，即支持自主创新、节能环保等，所以在政府采购活动中，要将经济效益、社会效益和政治效益进行综合考虑，针对不同的采购对象或采购活动，有目的地重点突出和考虑社会效益和政治效益。二是转变片面追求短期效益的观念，树立长期效益观念。短期的效益是看得见、摸得着的，是立竿见影的，是当代人可以享受或感受到的，在政府采购中追求短期效益无可厚非，但不可以以牺牲长期效益为代价，换取一时的短期效益，所以应树立长期效益观念。

（三）引入寿命周期成本概念的措施

1. 科学确定采购需求

采购项目的采购需求，是采购项目的关键性、重要性的指标，采购需求必须科学、合理，只有这样，才能既达到采购目的，又保证采购项目的经济效益、社会效益和政治效益。

2. 细化预算

在政府采购中推行寿命周期成本理念，其前提是必须细化政府采购预算，只有细化政府采购预算，才能对采购成本和使用成本进行认真比较，通过比较采购成本和使用成本在总成本中的比例，才能全面、准确地反映出推行寿命周期成本的成效和效果。只有保证其使用成本费用较低且符合低碳的理念，其采购相同标的项目时的采购成本可相对高一点。引入寿命周期成本管理其政府采购预算如何细化呢？

采购项目的总预算＝采购成本预算＋（使用寿命×使用成本费用）＋废弃处置费用－残值

采购成本预算是指采购时应支付给中标供应商的预算金额。它一般为当年支出的预算。

使用寿命是指采购对象的服务年限。它一般有两个使用寿命，即理论设计寿命和实际使用寿命。在预算时应考虑采用平均值（采购时应考虑最大值）。

使用成本费用是指采购对象每年在使用或服务中所发生的一切费用。使用成本费用包括直接费用和间接费用。直接费用是采购对象正常运转的直接费用，在一定情况下是一个不确定值，可能递增或递减。间接费用是保障采购对象正常运转或服务的费用，即维修和保养费用。一般来讲，间接费用是递增的。

废弃处置费用是指采购对象到了使用年限后，处置或报废所需的费用。有些采购对象可能不需要处置，所以就没有处置费用，有些采购对象的处置费用还相当高，如医疗设备等。

残值是设备原值减去按法定使用年限计的折旧费后的价值。一般残值的计算方法：固定资产原值×残值率。固定资产的预计净残值率常见为3%~5%，可根据具体情况调整。除国务院财政、税务主管部门另有规定外，行政事业单位固定资产计算折旧的最低年限如下：一般房屋、建筑物为50年；飞机10~15年；火车和轮船20年；载客汽车15年（80万公里）；空调设备18年；电子计算机和电视机8年；医疗设备20年；等等。

3. 规范操作

在政府采购中推行寿命周期成本，核心问题是在操作时程序必须规范。它主要包括：一是采购人要做认真的市场调研，了解采购项目标的的基本情况，编制出详细的需求说明。采购人应通过对市场的调研，计算出详细的采购成本和使用成本，并对采购需求方案进行认真的分析和比较，最终确定采购项目的具体技术指标和采购标的。二是有一套完整的招标评标（评审）程序。对于采购项目按寿命周期成本进行预算且符合节能环保的，在采购操作时，应采用专门的招标文件和评标办法。招标文件要求供应商提供采购项目详细的使用年限的理论值和实际值，以及年度的使用费用及维护费用。该评标办法只能在综合评分法的基础上进行改进，突出性价比权重的比例。此权重还应依据不同的采购对象分别予以规定，且全国统一标准和模式。三是规范对供应商的考核办法。对于供应商所提供的技术参数要加强验收和考核，防止欺诈行为。有些采购项目使用寿命较长，其使用和维护费用是否如供应商的书面阐述的那样，还有待实践的证明，因此，采购人应认真履职，进行验收和考核，一旦发现其产品偏离投标文件所承诺的正常值，则证明供应商为欺骗行为或不诚实，就要在供应商诚信档案上进行记载。

4. 配套措施

虽然我国推行政府采购制度改革已有二十多年的时间，但由于我国还处在社会主义市场经济的初级阶段，各地的经济水平也参差不齐，在现阶段推行寿命周期成本管理有一定的难度。因此，必须出台相关配套的措施，保证其实施。一是建立奖励机制。推行寿命周期成本管理，采购人要做大量的前期工作，如果没有一定的动力，推行和不推行寿命周期成本管理一个样，那么谁都不会去做。所以，对推行后节约下来的经费或取得一定社会效益的采购人应给予一定精神和物质奖励，鼓励人们去实践和探索。二是要建立固定资产双台账，即采购人和资产管理部门同时建立固定资产台账。建立固定资产双台账是推行寿命周期成本管理的基础性工作，只有固定资产账实清楚和相符，才能完整地实行寿命周期成本管理。三是建立完整的政府采购预算和执行数据库。寿命周期成本分为两块预算，一块为当年执行的预算，另一块为今后逐年执行的预算。所以必须有详细的数据资料做支撑。四是建立全国联网的供应商库，便于采购人或采购代理机构查验供应商的相关资料和对违规供应商进行处罚。

九、救济机制应接轨

随着我国进入新时代，我国政府采购规模将不断扩大、供应商依法维权意识也将不断增强，政府采购活动中的争议也将越来越多，因此，亟待建立和完善政府采购行政裁决机制，应对日益增多的争议和投诉事宜。而我国现行的政府采购救济处理最终裁决权在政府采购监管部门或行政诉讼机关，这种模式既有优势，也有弊端。为了适应政府采购规模的快速增长和与国际接轨，有必要重构我国的政府采购行政裁决机制。

(一) 组织架构

1. 组织名称

建议我国国家级的政府采购争议和救济机构可定名为：中国政府采购争议和救济裁决委员会。

之所以在名称中加"争议和救济"，是因为在政府采购活动中，采购人与供应商是两个对立的统一体，一个要求采购的产品和服务最好，一个希望利润最多，必然永远有矛盾。解决争议（国内和国际争议）是救济程序的前置或必要手段，能通过磋商机制或手段解决争议的问题，不进入救济程序。况且，我国的政府采购市场开放后，政府采购活动中贸易争端一定是会发生的，因此，作为一个全国性的政府采购裁决部门，应将政府采购活动中的争端问题纳入其协调或调解职责之中，当有些争端问题无法通过磋商手段调解时，才进入救济程序。

2. 组织形式

建议"中国政府采购争议和救济裁决委员会"主任采用任命制，由财政部任命，属于行政系列。主任再任命和聘任副主任若干名。裁决委员会下设综合处、国际处、国内处、培训处、咨询处和援助中心等。这些处室为常设机构，属于事业一类编制。同时，根据工作需要，设立若干个专业或咨询委员会，各委员会为临时性的议事机构，不需编制。然后通过政府购买服务的形式，购买法律服务。从而形成以常设机构为骨干主体，各专业或咨询委员会为技术支撑，以购买法律服务为保障的组织结构体系。

3. 人员构成

裁决委员会人员由三部分人员构成，一是行政管理人员。行政人员采取任命和向社会招聘的方式解决，主要为常设机构的人员。二是聘任的人员。主任将聘任政府采购方面的专家与学者、技术专家、基层实操人员、行业协会人员代表、采购代理机构人员代表、法律专家等人士组织各专业或咨询委员会。三是购买法律服务的人员。

可能有人会建议，应全部采用政府购买服务的形式。但在没有修改《政府采购法》的前提下，以及与《政府采购协议》接轨的情形下，投诉和行政复议的处理属于行政职能，对于行政职能，按国务院《关于政府向社会力量购买服务的指导意见》的规定，行政管理职能不属于政府购买服务的范畴。所以，只设计法律的服务通过购买来实施，其他的不能购买。

（二）职责定位

依据我国《政府采购法》的规定和《政府采购协议》的要求，投诉和行政复议的处理属于独立于采购实体之外的行政管理部门的职责。依据法律的规定及要求，裁决委员会的职责主要有以下几个方面。

1. 受理投诉

受理涉及中央及国家机关政府采购项目的投诉事宜。

2. 受理行政复议

受理国务院部门或者省、自治区、直辖市人民政府的关于政府采购的行政复议事宜，或按《行政复议法》和《行政复议法实施条例》的规定受理行政复议事项。

3. 提出制度建议

作为我国最高层级的政府采购投诉处理部门，必定对规制的优劣感受最深，故应提出制度修订建议。

4. 制定规范

制定政府采购投诉处理规范，并指导全国的政府采购投诉处理工作。政府采购投诉处理属于行政行为，行政行为最基本的要求就是依法和规范。政府采购投诉处理的事项虽然千差万别，但处理的主体与客体、程序、文体使用等应该全国是统一的、规范的。

5. 指导工作

指导各级财政部门应对政府采购的行政诉讼。在目前的制度设计下,财政部门在处理政府采购投诉事项时,稍有不慎就会成为被告。因此,裁决委员会应指导下级财政部门应对政府采购的行政诉讼。

6. 协助维权

指导、协助我国供应商在对外政府采购活动中维护自己的权益。随着我国改革开放的不断深入和加入《政府采购协议》谈判步伐的加快,我国企业将参与国际政府采购市场的竞争,我国供应商也会在国际竞争中依法维护自己的合法权益。

7. 信用评定

协助做好供应商的信用记录和信用等级评定工作。

8. 解决争端

协调解决政府采购活动中的争端。

9. 建立案例库

对特殊案例进行剖析,形成我国的案例库。虽然产生投诉的原因有许多,处理的方式与方法也不一样,但总有规律可循。因此,专业委员会要对全国范围内特殊的、有代表性的案例进行剖析,形成案例库,用以指导基层的投诉处理。

10. 开展研究和培训

开展政府采购解决争端和救济的理论研究与培训工作。

(三) 处理程序

目前,我国的政府采购法规对政府采购的质疑和投诉以及行政复议、行政诉讼的程序等已有相关规定,但与国际上通行的做法还是有不同之处,特别是行政救济前的磋商机制没有设定为前置条件或可选择路径,直接进入到了行政救济程序,致使在政府采购活动中发生争端后没有调解的余地,也没有相对应的调解部门。为了适应新的形势和与国际接轨,建议我国的政府采购行政裁决的程序重新进行设计。

1. 磋商程序

在选择是否用"磋商"或"协商"一词时，需要考量的是，"磋商"含有"商量、研究"，并有交换意见之意。"协商"是指为了取得一致意见而共同商量。在政府采购活动中，并非为了取得一致意见，而是要通过"商量、研究"来遵循法规精神，也可以说是修正错误、坚持真理。

当供应商的权益受到侵害时，可以选择通过磋商解决，而磋商途径并非必要选择。这种模式，并非供应商质疑和投诉的前置条件，供应商可以选择用磋商的途径解决问题，也可以通过质疑、投诉后直接进入行政诉讼程序。只是多了一条解决问题的途径。增加磋商途径也是落实"放管服"改革的措施之一。

目前，关于是选用磋商模式还是仲裁模式，业界有不同的意见。磋商重在矛盾双方的自我协商解决争端或争议，仲裁重在第三方介入对矛盾双方协议进行裁决。在政府采购活动中，虽然有协议争议可以通过仲裁，但不在政府采购救济范围之类。所以，赞成选用磋商模式。协议需要仲裁时，适用仲裁法规与程序。

在供应商提出质疑、投诉和提起行政复议、行政诉讼之前，给供应商与采购人或采购代理机构多一条解决争议的路径选择，通过磋商将矛盾化解，避免直接走质疑、投诉等程序。

2. 质疑程序

质疑作为投诉的前置条件，虽有利于明确采购人的主体责任，减轻监管部门的工作量，但加大了供应商的负担，延长了采购周期，增加了采购操作成本。如果设计磋商程序选择，可将质疑程序修改为投诉非前置条件。

将质疑程序改为投诉非前置条件，主要是为了强化采购人、采购代理机构的主体责任。目前，由于法规没有对采购人或采购代理机构的质疑回复的质量提出明确的规定，造成部分采购人或采购代理机构在回复质疑时不负责任。一是对质疑的对象不负责。他们往往存有侥幸心理，对明知有违规违法，或有歧视性、排他性的采购公告、文件都是发了再说，反正有质疑，有人提出就改，没有人提出就顺利过关。二是对质疑事项不重视。因为后面还有投诉程序，对质疑的答复敷衍搪塞，不负责任。

为此，凡是供应商直接投诉且成立的，政府采购监管部门视其情况及原因对采购人或采购代理机构进行记录并处罚，直至追究直接责任人的责任。属采购人责任的，采取包括诫勉谈话、责令限期整改、通报等措施；属采购代理机构的，采取进行信用记录和停业处罚，并进行通报等措施。

对于滥用投诉权的供应商，也应进行信用记录，并予以通报。

通过建立磋商和责任追究机制，可倒逼采购人认真履行责任、采购代理机构提高专业水平。

3. 投诉程序

增加一个磋商选项，将质疑改为投诉非前置条件，看似增加了投诉处理的工作量，但随着采购人主体责任的强化、对采购代理机构管理的加强、供应商信用体系的建立和对投诉处理的专业化，投诉处理的案件将会减少。

将质疑作为投诉的非前置条件，一方面要加大政府采购投诉处理力量，也是倒逼监管部门提高管理水平；另一方面也是体现"放管服"的思想，该"放"的事放开、该"管"的事管好。

4. 行政复议或行政诉讼程序

政府采购的行政复议或行政诉讼案件基本上是"民告官"，被告是政府采购监管部门或一级政府。由于在政府采购的行政复议或行政诉讼中，没有设计争议的调解机制，供应商对投诉处理不服的情况下，只能选择"上告"了，否则不能辨别是非。为了避免供应商与政府部门关系僵化，在行政复议或行政诉讼前设计一个为期七个工作日的调解时间，可以进行先调解，调解不成再"上告"。

5. 增加信息的公开环节

目前,我国政府采购法规及于 2018 年 3 月 1 日起施行的《政府采购质疑和投诉办法》都没有关于质疑、投诉信息的统计、公示制度的规定,只要求将投诉处理结果进行公告。而至于什么事被质疑、质疑的供应商是谁、采购人或采购代理机构是谁、怎么答复的质疑、供应商是因为没有得到答复或答复不满意才提出投诉等情形,没有一个全面、权威的统计,也没有一个信息披露机制,更没有考核或监督的对应措施,致使采购人或采购代理机构对质疑答复不重视。同时,供应商也由于质疑、投诉没有"成本",不需对其后果负责。

十、政府采购的学科体系应加快建立

政府采购制度是世界大多数国家和国际经济组织所推崇的一种调节经济的重要手段,是公共财政改革的三大支柱之一,它具有规范财政支出、促进民族经济发展、支持自主创新和节能环保、扶持中小企业和不发达地区以及少数民族地区经济发展、建立廉洁政府、保护国家核心利益的作用。政府采购制度经过两百多年的发展,已成为一个影响国际经济秩序的重要制度,它的重要性需要我们将政府采购专业知识教育纳入高校教育体系,并逐步形成一门财政学科下的专业课。

(一)建立政府采购学科的必要性

1. 宣传贯彻《政府采购法》的需要

法律的贯彻与落实的深度,取决于宣传与普及的广度。自我国的《政府采购法》于 2002 年颁布以及《政府采购法实施条例》出台以来,我国的政府采购制度改革推进速度之快,是有目共睹的。但按照国际惯例,一国的政府采购总规模一般占 GDP 的 10%或财政支出的 30% 左右;而我国近年来政府采购规模占 GDP 和财政支出的比重分别只达3%左右和12%左右，这说明我国的政府采购还有很大的潜力可挖，因此，我们还需要加大对《政府采购法》的宣传力度，规范政府采购行为，拓展政府采购范围，扩大政府采购规模。不仅要通过各种形式和方式宣传政府采购法律法规以及政府采购知识，更重要的应在财经类和管理类学校开设政府采购专业，通过开设政府采购课程来培训专门的人才，从而培训一支专业化的队伍，来宣传普及《政府采购法》、贯彻落实《政府采购法》，使人们对政府采购制度改革重要性的认识再提高、再强化。

2. 推进供给侧结构性改革的需要

经过四十多年的改革发展，我国较好地解决了市场短缺问题，但随之而来的是结构性失衡问题。我国的结构性问题主要反映在产业结构、区域结构、要素投入结构、排放结构、经济增长动力结构和收入分配结构等六个方面。解决结构性失衡，需要从供给侧和需求侧两端发力。政府采购是调节经济的重要手段之一，政府通过扩大和减少政府采购的规模，可以调节经济，促进经济的稳步、协调增长。同时，通过政府采购，可以促进企业自主创新、推进社会节能减排、支持中小企业的发展、促进落后或不发达地区的经济增长。因此，政府采购的政策功能作用可以在一定程度上解决"去产能、去库存、补短板"等问题。所以，在大专院校开设政府采购课程，培训一批政府采购的专业队伍，对加强政府采购的理论与实务研究，充分发挥政府采购的政策功能，推进供给侧结构性改革有积极的促进作用。

3. 开展政府采购研究的需要

实行政府采购，不仅仅是为了节约财政支出，更重要的它是市场经济发展到一定阶段的产物，是民主政治的体现。通过政府采购可以达到支持民族企业发展、扶持不发展地区经济、实现节能环保、平抑物价保持社会稳定等政治、社会和经济目标。我国自20世纪80年代初开始探索政府采购制度改革以来，主要走的是试点推进的形式，无论是采购方式，还是采购程序，基本是借鉴发达市场经济国家和国际组织成功的经验，可以说是边实践边完善，对政府采购理论性的研究还处于空白，而政府采购的重要性迫切需要构建具有中国特色社会主义的独立的、完整的、科学的政府采购理论学科体系，来加强对政府采购的理论研究，从理论角度来分析政府采购的重要性，从理论的视野去把握政府采购的地位与作用，从理论的构架去探索政府采购与其他学科的逻辑关系，从理论的方式去研究政府采购的发展规律，并指导政府采购实践的开展，为经济和社会的发展服务。

4. 培养政府采购专业人才的需要

随着我国政府采购制度改革的不断深入和发展，政府采购的专业人才缺乏的问题已开始显现。特别是实施简政放权和大力推行"双创"以后，政府采购的代理机构如雨后春笋般地涌现，而随之而来的是政府采购专业人才的缺乏。由于我国的高校还没有开设政府采购专业，政府采购专业科班出身的人可谓凤毛麟角，无论是在政府采购监管部门还是在执行机构，以及采购人、供应商和评审专家队伍；无论是在政府采购的实务操作部门还是在政府采购的理论研究机构，从事政府采购工作的人大多都是半路改行，是边干边学，这也导致政府采购队伍良莠不齐。由于专业知识的缺乏，使一些从事政府采购工作的人对政府采购法规理解出现偏差，采购活动中的违法违规行为增多，质疑、投诉案例明显上升。政府采购专业人才的缺乏，不仅影响了政府采购的效率和效益，还产生了许多负面效果，对政府采购事业的发展造成了不利影响。所以，迫切需要开设政府采购课程，培养政府采购专业人才。通过建立政府采购专业，一方面可对现有政府采购在职人员进行系统的岗位培训，提高他们的理论水平和专业技能，从而全面提升政府采购队伍的专业水平；另一方面可通过正规化的专业培训，造就一批政府采购的新生力量。

5. 进行人才储备的需要

经济的全球化是大势所趋，政府采购的全球化也是必定方向。《政府采购协议》（GPA）是 WTO 的一项诸边协议，目标是促进成员方开放政府采购市场，扩大国际贸易。我国在加入 WTO 时承诺，尽快启动 GPA 的谈判，并在 2007 年 12 月底之前向 WTO 秘书处提交加入 GPA 申请和附录 1 出价，启动加入 GPA 谈判。时任国家主席江泽民曾代表中国政府在《大阪行动议程》中承诺：中方将于 2020 年向 APEC 成员对等开放政府采购市场。① 习近平主席在博鳌亚洲论坛 2018 年年会开幕式上要求加快 GPA 谈判步伐。我国的政府采购市场将逐步与世界接轨，但由于全球经济不景气，贸易保护主义开始抬头，各国都希望利用政府采购规则在打开他国的政府采购市场的同时，能保护自己的市场。因此，我们必须有所准备，从现在起在高校开设政府采购课程，培养相关人才。一方面，培养懂得《政府采购协议》规则的专门人才，在谈判和国际贸易中保护我国的利益，同时，尽快使我国的政府采购管理理论和实践与国际接轨，也为加强与其他国家或地区和国际组织进行政府采购交流打下良好的基础；另一方面，通过高校的培养，为学习和借鉴国外的政府采购的先进理念，加强与其国家或地区和国际组织进行交往提供人才储备。

6. 丰富财政理论的需要

推行积极、稳健的财政政策是我国今后一个时期进行结构性改革的重要举措。积极财政政策的重要标志是加大财政投入的力度，增加政府的购买力，即扩大政府采购范围，通过扩大内需，来促进经济的增长。随着我国公共财政框架的建立，财政的支出中用于公共采购支出的比重较大，特别是政府购买服务的改革和 PPP 模式的推进，使得财政管理出现了许多新课题，

---

① 《WTO 专家：中国若加入 GPA 外企每年可占千亿美元市场》，载于中国经济网，2013 年 11 月 18 日。

财政在国家治理中的地位与作用更加突出，这更加要求财政支出管理的科学、完善、规范和高效，所以，在高校开设政府采购课程，加强对政府采购的教学与研究，是丰富和完善财政理论的需要。

7. 加强与其他国家或地区和国际组织进行学术交流的需要

政府采购作为一门科学进行研究在国外已经有一百多年的历史，而在我国时间相对较短。随着我国加入 WTO 以后，我国与其他国家或地区和国际组织谈判、交往将越来越多，通过交往使我们可以更好地了解世界政府采购的发展。而建立政府采购学科体系，既为我国与其国家或地区和国际组织进行交往搭建了一个新的平台，又丰富了交流内容。通过这个平台，可以学习和借鉴别人的先进理念、研究方式，缩短我国与其他国家政府采购研究方面的差距，对全面认识、理解政府采购大有益处。

（二）政府采购学科体系的人才培养目标

建立政府采购学科体系其目的就是为了培养政府采购的专业人才，推动政府采购制度改革进程，更好地保护国家利益和社会公共利益。依据我国目前政府采购发展的实际情况，政府采购学科人才培训目标分为三种。

1. 应用型人才

应用型人才的发展方向主要为供应商队伍、采购代理机构和采购人等方面培养实际操作人员。重在对政府采购的法规、政策、实务操作等有一定的了解，突出政府采购知识的普及。

2. 管理型人才

管理型人才的发展方向主要为政府采购监管部门、采购代理机构培养监管人员。重在对政府采购的理论、原理、法规、政策等较全面的掌握。

3. 复合型人才

复合型人才的发展方向主要为各级经济类的咨询机构、决策部门、研究部门培养研究人员。重在对政府采购的学科领域的知识进行全方位的了解、把握和研究。

(三) 政府采购学科的知识点

政府采购学科所涉及的知识点主要包括以下几个方面。

1. 经济学

经济学是现代的一个独立学科,是关于经济发展规律的科学。在经济学中与政府采购相关的知识点主要包括以下几个方面。

(1) 财政学。财政学是研究政府收支活动及其对资源配置、收入分配和宏观经济稳定产生影响的经济学分支。关于政府采购属于哪个学科,国内目前有争议,但不管是从政府采购的性质,还是政府采购的理论基础,以及政府采购研究的对象,政府采购学应属于公共财政学科,所以,财政学是政府采购学的基础。在财政学中的主要知识点包括财政理论、财政预算、财政管理、财政监督等。

(2) 国民经济学。国民经济学是从宏观、战略的角度来研究国民经济与社会发展问题,并对国民经济与社会的发展作出预测与规划的学科。政府采购作为经济调节手段之一,在国民经济与社会发展中起着举足轻重的作用。

(3) 区域经济学。区域经济学是研究经济活动在一定自然区域或行政区域中变化或运动规律及其作用、机制的科学,是经济学与经济地理学相结合的产物。区域经济是一个国家经济的空间系统,是经济区域内部社会经济活动和社会经济关系或联系的总和,是经济区域的实质性内容。我国是一个地域特点很强的大国,区域经济特点比较明显,因此,政府采购与区域经济联系紧密,互为影响。

(4) 产业经济学。产业经济学主要包括产业结构、产业组织、产业发展、产业布局和产业政策等,主要研究和探讨资本在以工业化为中心的经济发展中产业之间的关系结构、产业内的企业组织结构变化的规律、经济发展中内在的各种均衡问题等。通过研究为国家制定国民经济发展战略和产业政策提供经济理论依据。产业经济是居于宏观经济与微观经济之间的中观经济，是连接宏观和微观经济的纽带。

（5）国际贸易学。国际贸易学是研究国际间商品与劳务交换过程中的生产关系及有关上层建筑发展规律的科学。它的研究对象既包括国际贸易的基本理论，也包括国际贸易政策以及国际贸易发展的具体历史过程和现实情况。现代政府采购是国际贸易的手段之一，各国一方面利用政府采购政策保护本国经济，另一方面利用国际组织政府采购规则打开他国的国内市场。

（6）市场营销学。市场营销学是一门建立在经济科学、行为科学、现代管理理论基础上的应用科学，它探讨在买方市场条件下，营销者如何适应其营销环境，捕捉市场机会，设计、生产适销对路的产品或劳务；并在最适当的时间和地点，以最适应的价格、最灵活的方式，将其送到消费者或用户的手中，从而获利。虽然市场营销学是卖者研究市场的学科，只有知己知彼，方可百战不殆，所以政府采购参加人都应研究市场、把握市场。

2. 管理学

管理学是研究如何将人力、财力、物力、时间、信息等因素有机结合从而提高生产力水平的科学，它是一门综合性的交叉学科。在管理学中与政府采购相关的知识点主要包括以下两点。

（1）公共管理学。公共管理学，是运用管理学、政治学、经济学等多学科理论与方法专门研究公共组织，尤其是政府组织的管理活动及其规律的学科体系。政府采购管理属于公共管理中财政支出管理的一个分支。

（2）工商管理学。工商管理学是研究营利性组织经营活动规律以及企业管理的理论、方法与技术的学科。采购代理机构和供应商是政府采购的主要参加人，必须掌握工商管理知识，用于管理企业，参与和服务政府采购，赢得政府采购市场。

3. 法学

法学是研究法、法的现象以及与法相关问题的专门学科，是关于法律问题的知识和理论体系。政府采购制度的改革最终是各种法律关系主体利益的调整与保护，在政府采购的活动中，无时不涉及法律问题，因此，在政府采购学科中相关法学知识点主要涉及以下四点。

（1）国际公法学和国际私法学。国际公法学是研究国家之间关系的有约束力的原则、规则和规章、制度等体系的学科。包括国际贸易法、国际货币金融法、国际税法、国际经济组织法等。国际私法的调整对象是国际民事关系，从一个国家的角度来讲，就是涉外民事关系。经济的全球化，使政府采购活动的领域更加广阔，同时也使其经济关系更加复杂，政府采购参加人必须了解国际相关法律。

（2）经济法学。经济法是调整在国家调节社会经济过程中发生的各种社会关系，以保障国家调节，促进社会经济协调、稳定和发展的法律规范的总称。它是研究经济法及其发展规律的法学学科。

（3）行政法学。行政法学是以行政法以及行政相关的社会关系为研究对象的一门法律学科。作为一门独立的法律学科，行政法学主要研究行政法产生和发展的规律，行政法的本质、内容和形式，行政法的地位和作用，国家行政管理关系以及在这种关系中当事人的地位，由此确立行政法的原则、原理和理论体系。

（4）民法学。民法学是研究民事法律制度、民事法律现象和民法所反映的社会发展规律的科学。

4. 政治学

政治学是一门以研究政治行为、政治体制以及政治相关领域为主的社会科学学科。在政治学中与政府采购相关的知识点主要包括以下两点。

（1）公共政策学。公共政策的研究对象是组织而非个人的决策行为；并非所有的组织的决策行为都属于公共政策学的研究对象，只有公共组织的决策行为才是公共政策学的研究对象；政府组织的决策行为是研究对象的核心和重点。

（2）公共行政学。行政管理学是研究国家行政机关及其官员依法管理国家事务、社会事务和机关内部事务的客观规律的学科。

5. 伦理学

伦理学是关于道德的科学，又称道德学、道德哲学，是对人类道德生活进行系统思考和研究的学科，它试图从理论层面建构一种指导行为的法则体系。在政府采购活动中各参加人的职业道德尤其重要，它关系到国家利益和公共利益。因此，在政府采购活动中涉及伦理学的职业道德知识点。

6. 商品学

商品学是一门以自然科学为主，将社会科学、经济学融合起来的一门应用性学科，是研究商品使用价值及变化规律的科学。商品学是以自然科学为主，又与其他经济科学、社会科学相互渗透的交叉性学科。政府采购对象包括货物、工程和服务，其中货物占了相当大的比重，因此，在政府采购中涉及商品学的知识点包括商品质量及其影响、商品质量管理与质量监督、商品标准与标准化、商品检验等。

7. 价格学

价格学是一门研究价格的形成、价格的运动规律及国家、企业如何运用价格和管理价格的科学。实施政府采购其功能之一就是节约财政支出，政府采购参加人都应了解价格学知识，从而维护自己的权益。

8. 其他学科

政府采购是一个综合性的学科，因此还涉及其他一些学科的知识点,包括国际经济组织政府采购规则、计算机、电子商务、政府采购文体写作、商务谈判、公共关系、审计等。

(四) 政府采购学科的课程设置的基本原则

学科课程也称分科课程,它的设置是根据教育教学需要分科编排课程,达到便于教师进行教学,有利于学生掌握相应的知识的目的。

1. 基本原则

根据政府采购学科培训目标,政府采购学科的课程设置的基本原则为以下三点。

(1) 理论性与实践性并重原则。政府采购是一个理论性和实践性都很强的学科,因此,在课程的设置上其理论性知识的教学和实践性实务的操作应并重,应安排一定的实践性教学时间。

(2) 逻辑性与系统性并存原则。在政府采购学科的课程设置上要依据政府采购的内在规律性安排课程,既考虑相对独立、自成体系的特点,又考虑政府采购知识的系统性特点,因此坚持逻辑性与系统性并存原则。

(3) 拓展性与相关性并进原则。政府采购是一个新的专业,发展空间很大,因此,在课程设置上,要注意其拓展性,要向政府采购从业资格方向拓展,如注册政府采购师。同时要注意向相关就业方向考虑,如物流管理、采购师等。

2. 课程设置

依据政府采购学科的特点和课程设置原则,共开设 45~48 门课程,总计 150 左右学分,2700 左右学时。其分别为:必修课共 27 门,计 108 学分,1900 学时;占总学分的 72%、总学时的 70.37%。限制性选修课为 15 门中选 3 门,计 8 学分,144 学时;任意选修课 10~14 门,计 24 学分,500 学时;选修课占总学分的

21.13%、总学时的 23.7%。文化素质课 10 学分,156 学时;占总学分的 6.87%、总学时的 5.93%。限制性选修课在第 5 学期从 5 门选 1 门,第 6 学期从 10 门选 2 门;任意选修课从第 3 学期开始由学生自主选修。

课程种类		课程名称	学分	学时	周课时							
					一学期	二学期	三学期	四学期	五学期	六学期	七学期	八学期
必修课	公共课	形势与政策教育	2		1	1	1	1	1	1	1	1
		国防教育	2									
		马克思主义政治经济学	3	54	3							
		马克思主义哲学原理	3	54			3					
		毛泽东思想概论	3	54					3			
		伦理与修养	3	54								
		社会主义市场经济理论	2	36		2						
		邓小平理论与科学发展	3	54						3		
		当代世界经济与国际关系	2	36							2	
		法律基础	2	36								
		微积分	6	113	4	3						
		概率论	2	36				2				
		线性代数	2	36			2					
		外语	20	360	6	6	4	4				
		计算机应用	6	108	3	3						
		体育	6	120	2	2	2	2				
		小计	67	1151	24	17	12	12	4	3	1	

续表

课程种类	课程名称		学分	学时	周课时							
					一学期	二学期	三学期	四学期	五学期	六学期	七学期	八学期
必修课	专业基础课	西方经济学	4	72	4							
		经济法学	5	90			5					
		国家预算	3	54			3					
		会计学	5	84			5					
		公共财政	4	72				4				
		国际贸易学	3	54				3				
		财务管理	4	72				4				
		产业经济学	3	64						3		
		小计	31	562								
		累计	98	1713	24	21	25	24	7	3	1	
	专业主干课	政府采购学	4	72					4			
		政府采购法规	3	54						3		
		政府采购文体写作	3	54							3	
		小计	10	180					7	3		
		累计	108	1893	24	21	25	24	14	6	1	
选修课	限制性选修课	文化素质教育课模块		8	144							
		小计	8	144								
		累计	116	2037	24	21	25	24	14	5	1	
		管理方向	附表一	8	114							
		执行方向	附表二	8	114							
		小计	8	114						3	5	
		累计	124	2151	24	21	25	24	17	10	1	
	任选课	选课模块指导,学生自选										
		小计	26	500								
		总计	150	2651	24	21	25	24	17	10	1	

第十讲 您是大咖，可以修改规则

附表一：管理方向

	课程名称	学分	学时	5学期	6学期
限制性选修课	国民经济学	3	54	3	
	区域经济学	3	54	3	
	公共管理学	3	54	3	
	审计学	3	54	3	
	商品贸易学	3	54	3	
	公共行政学	3	54		3
	行政法学	3	54		3
	行政诉讼学概论	3	54		3
	行政复议学概论	3	54		3
	合同法概论	3	54		3
	公共关系学	2	36		2
	中国财政史	2	36		2
	国际经济组织政府采购规则	2	36		2
	电子政务基础	2	36		2
	俄、法、西语等任选一	2	36		2
	总计	8	144		

附表二：执行方向

课程名称	学分	学时	5学期	6学期
市场营销学	3	54	3	
税务基础知识	3	54	3	
价格学	3	54	3	
物流学基础	3	54	3	
商品贸易学	3	54	3	
国际礼仪	3	54		3
民俗学	3	54		3
民法概论	3	54		3
产品质量法概论	3	54		3
合同法概论	3	54		3
公共关系学	2	36		2
商务谈判技巧	2	36		2
国际经济组织政府采购规则	2	36		2
电子商务	2	36		2
俄、法、西语等任选一	2	36		2
总计	8	144	8	8

参考资料

[1] 楼继伟：《政府采购》，经济科学出版社1998年版。

[2] 肖捷：《中华人民共和国政府采购法辅导读本》，经济科学出版社2002年版。

[3] 张通：《中华人民共和国政府采购法讲座》，经济科学出版社2003年版。

[4] 钟明：《中国政府采购实务操作全书》，中国审计出版社1999年版。

[5] 冯秀华、秦晓鹰：《政府采购全书》，改革出版社1999年版。

[6] 朱少平、杨晋明：《中华人民共和国政府采购法释义》，中国物价出版社2002年版。

[7] 杨灿明、李景友：《政府采购问题研究》，经济科学出版社2002年版。

[8] 张得让：《政府采购支出综合效益分析》，经济科学出版社2004年版。

[9] 张家瑾：《我国政府采购市场开放研究》，对外经济贸易大学出版社2008年版。

[10] 张照东：《政府采购制度比较研究》，江西出版集团2007年版。

[11] 焦富民：《政府采购救济制度研究》，复旦大学出版社2010年版。

[12] 熊学刚：《关贸总协定与中国经济》，海南出版社、三环出版社1995年版。

[13] 孙家恒：《国际贸易理论与实务》，中共中央党校出版社

1998 年版。

[14] 王亚琴：《政府采购与行政权利救济》，人民法院出版社 2004 年版。

[15] 刘汉屏、李安泽：《政府采购理论与政策研究》，中国财政经济出版社 2004 年版。

[16] 章辉：《政府采购风险及其控制》，中国财政经济出版社 2009 年版。

[17] 姚文胜：《政府采购法律制度研究》，法律出版社 2009 年版。

[18] 宗煜：《政府采购概论》，电子科技大学出版社 2007 年版。

[19] 潘彬：《政府采购绩效评价模式创新研究》，湘潭大学出版社 2008 年版。

[20] 刘小川、唐东会：《中国政府采购政策研究》，人民出版社 2009 年版。

[21] 马海涛、徐焕东、李燕、崔军：《政府采购管理》，经济科学出版社 2003 年版。

[22] 马海涛、姜爱华：《政府采购管理》，北京大学出版社 2008 年版。

[23] 肖北庚：《WTO〈政府采购协定〉及我国因应研究》，知识产权出版社 2010 年版。

[24] 宋军：《政府采购词解》，湖北辞书出版社 2005 年版。

[25] 宋军：《政府采购文体解》，经济科学出版社 2009 年版。

[26] 施锦明：《政府采购》，经济科学出版社 2010 年版。

[27] 宋丽颖、王满仓：《政府采购》，西安交通大学出版社 2007 年版。

[28] 梁戈敏：《中国政府采购道德风险及其规避》，经济科学出版社 2011 年版。

[29] 邹昊：《政府采购体系建设研究》，清华大学出版社 2011 年版。

[30] 祝志刚、刘汉荣:《中国军事订货与采购》,国防工业出版社 2007 年版。

[31] 宋雅琴:《中国加入 WTO〈政府采购协议〉问题研究:站在国家利益的角度重新审视国际制度》,经济科学出版社 2011 年版。

资源搜索

[1]《中国财经报》
[2]《中国政府采购报》
[3]《中国政府采购》杂志
[4] 中国政府采购网
[5]《政府采购信息报》
[6] http://tieba.baidu.com
[7] http://www.legalinfo.gov.cn
[8] http://www.shanghai.gov.cn
[9] http://baike.baidu.com
[10] http://www.shenmeshi.com
[11] http://zhidao.baidu.com
[12] http://www.civillaw.com.cn
[13] http://sh.focus.cn
[14] http://www.chinalawedu.com
[15] http://yanjiang.ziyang.gov.cn
[16] http://www.148com.com

后 记

笔者自1997年起就在基层财政科研所工作并开始接触和关注政府采购工作；2000年在刚成立的市级政府采购办公室从事政府采购管理与执行工作；2003年"管办分离"后在政府采购监管部门从事监管工作；2010年湖北政府采购协会成立，任第一届常务理事会副秘书长，负责协会日常管理。2012年被中南财经政法大学中国政府采购研究所聘为特聘专家。2021年退休后，又被有近二十年政府采购代理经验的武汉创世纪招标有限公司聘为技术总监，2021年申请成为政府采购评审专家。2022年3月，被财政部聘为政府采购法规修订专家组成员，参与《政府采购法》、财政部第74号和第87号令的修订工作。二十多年的政府采购工作经历，见证了我国政府采购从吸收借鉴、试行探索、规范发展、深化改革的发展历程，在政府采购执行部门、政府采购管理部门、政府采购行业协会、政府采购科研机构、采购代理机构、评审专家等整个行业各部门、岗位上历练过，形成了一个完整的"闭环"工作经历，对政府采购全过程、全流程、全领域、全环节有一个全面、深入的了解。

自接触政府采购工作以来，笔者就坚信政府采购是一项新兴且前景广阔的事业，是与市场经济紧密相连的事业，并暗自"发誓"，这后半辈子就交给政府采购工作了。不管是实务操作，还是监督管理，还是行业协会、科研机构，总是勤学好问，处处做有心人。

特别是受聘于武汉创世纪招标有限公司任技术总监以来，在以采购代理机构的身份与采购人、供应商、评审专家、行业协会和政府采购监督管理部门、公共资源交易中心的人员交流、接触后发现，许多参加政府采购的人员对政府采购了解不多，沟通不畅。为此，才萌发了写《政府采购与您的关系》一书的想法。

武汉创世纪招标有限公司是2004年6月成立的专门从事采购代理业务的专业机构，获得过财政部颁发的甲级政府采购资质，并具备中央投资招标、国际招标、外贸代理等资质，是湖北省政府采购协会第二届理事会秘书长单位、第三届理事会副会长单位，湖北省招标投标协会第三届常务理事单位。该公司对本书的写作与出版，给予了极大的支持。

另外，宋从斌作为从事政府采购代理工作多年的政府采购"老兵"，有着深厚的政府采购理论知识和丰富的政府采购实操经验，为本书的框架、内容提出了许多宝贵的意见，并参与了本书第三和第五讲的撰写工作。杨锦、刘明明、万盼、王军参与了本书的资料收集、编写与校对工作。

二十多年的政府采购工作实践与创作，本人提出了一些独到的见解，"强制聘任评审专家模式""国货是一个动态的概念""寿命周期成本""再监督机制""政府采购评标模式""我国政府采购执业资格管理模式""政府采购协会职能定位""采购模式的构建""政府采购学科体系的建立""建立政府采购风险基金""采购方式的重构""谈政府采购的十大关系""政府采购助力乡村振兴战略实施的对策"等，这些观点和见解，逐步被业界认可和接受，有些设想、建议和意见逐渐成为各级政府采购制度的有机部分。

有参与财政部政府采购法规修订的经验与体会，有对政府采购行业全方位历练，有撰写《政府采购词解》和《政府采购文体解》专著的经历，有参与筹划编写《政府采购工作规范概论》《政府采购基础知识》《政府采购法律法规》《政府采购操作实务》

后 记

《政府采购与文化产业》《政府采购》等书籍的经验,所以,撰写本书起来比较顺利。

二十多年的恪守坚毅,换来了业内许多专家、学者的肯定与友谊。王绍双、杜强、贾康、杨灿明、王晓光、孙天法、徐焕东、白志远、殷亚红、范春荣、刘亚利、林青、郭先旗、吕伟奇和宋志成等专家、学者都成为笔者的良师益友。在此,也对这些业界专家、学者表示最衷心的感谢。

由于笔者水平有限,对政府采购有关问题可能一知半解,希望大家批评指正,以共同促进我国政府采购事业的发展。

宋 军

2023 年 5 月 22 日于武昌